THE HISTORY BOOK 世界史大図鑑

世界史大図鑑

レグ・グラント ほか著
小島 毅 日本語版監修
越前敏弥 訳

THE HISTORY BOOK

三省堂

Original Title: The History Book

Copyright © 2016 Dorling Kindersley Limited

A Penguin Random House Company

Japanese translation rights arranged with

Dorling Kindersley Limited,London through Fortuna Co., Ltd. Tokyo.

For sale in Japanese territory only.

Printed and bound in Malaysia

A WORLD OF IDEAS:
SEE ALL THERE IS TO KNOW

www.dk.com

執筆者

レグ・グラント（編集顧問）

　軍事史、歴史一般、時事問題、伝記の領域で多くの著作を発表する。DK社刊行の著書に、『世界航空機文化図鑑　鳥人間からスペースシャトルまで』（東洋書林）、『海戦の歴史大図鑑』（創元社）、『第1次世界大戦決定版ビジュアル・ガイド』（2014年、未訳）がある。

フィオナ・コワード

　ボーンマス大学上級講師（考古学・人類学）。研究テーマは人間社会の変遷で、先史時代の非常に小さな社会集団から今日の人々の生活の特徴である地球規模の社会ネットワークまでに及ぶ。

トーマス・カッサンス

　著述家、歴史家で、数多くの歴史書に寄稿する。DK社刊行の書籍に、『世界史年表』（2002年、未訳）、『ビジュアル版　世界の歴史』（ポプラ社）、『歴史　決定版ビジュアル・ガイド』『世界の歴史　大図鑑』（以上、河出書房新社）がある。『「タイムズ」世界史』（2008年、未訳）および『「タイムズ」ヨーロッパ史地図帳』（1998年、未訳）の編集もつとめた。最新の著書は『ホロコースト』（2015年、未訳）。

ジョエル・レヴィ

　歴史一般と科学史を専門とする著述家。『失われた都市』（2008年、未訳）、『歴史上の大発見』（2015年、未訳）、『図説　世界史を変えた50の武器』（原書房）など20冊以上の著書がある。

フィリップ・パーカー

　古代と中世の世界を専門とする歴

史家。著書に『知の遊びコレクション　世界史』（2010年、未訳）、『帝国の果て　ローマ帝国辺境への旅』（2009年、未訳）、『古代北方人の猛威　ヴァイキング世界の歴史』（2015年、未訳）、編纂書に『世界の交易ルート大図鑑　陸・海路を渡った人・物・文化の歴史』（柊風舎）がある。『ビジュアル版　世界の歴史』（ポプラ社）、『1,000個のもので見る世界の歴史』（2014年、未訳）へも寄稿。外交官や歴史地図帳の編集者をつとめたこともある。

サリー・レーガン

『世界の歴史　大図鑑』（河出書房新社）、『第2次世界大戦』（2009年、未訳）、『サイエンス大図鑑』（河出書房新社）など10冊以上のDK社刊行書籍に寄稿。英チャンネル4とBBCのテレビ・ドキュメンタリー制作者として受賞歴もある。

フィリップ・ウィルキンソン

歴史上のさまざまなテーマや文化遺産、建築史、芸術について多くの著作がある。ベストセラー『ローマ人はわれわれに何をしたのか』（2001年、未訳）、高い評価を得た『古建築の衝撃』（2000年、未訳）や『誰も知らない"建築の見方"』（エクスナレッジ）などの著者であり、多くの百科事典や一般向け参考図書にも寄稿している。

日本語版監修
小島　毅〔こじま・つよし〕

東京大学教授。1962年生まれ。東京大学卒。専門は中国思想史。著書に、『中国思想と宗教の奔流』『近代日本の陽明学』（以上、講談社）、『儒教の歴史』（山川出版社）、『義経の東アジア』『父が子に語る日本史』『父が子に語る近現代史』（以上、トランスビュー）、『増補　靖国史観』（筑摩書房）、『天皇と儒教思想』（光文社）、『儒教が支えた明治維新』（晶文社）などがある。

訳者
越前敏弥〔えちぜん・としや〕

文芸翻訳者。1961年生まれ。東京大学文学部国文科卒。訳書に『世界文学大図鑑』（三省堂）、『オリジン』『ダ・ヴィンチ・コード』『Xの悲劇』（以上、KADOKAWA）、『解錠師』（早川書房）、『チューダー王朝弁護士シャードレイク』（集英社）、『夜の真義を』（文藝春秋）など多数。著書に『文芸翻訳教室』（研究社）、『翻訳百景』（KADOKAWA）、『越前敏弥の日本人なら必ず誤訳する英文』（ディスカヴァー）など。

目次

はじめに 10

人類の起源
20万年前〜紀元前3500年

少なくとも、コロンブスのアメリカへの旅やアポロ11号の打ちあげと同じくらい重要だった
人類がはじめてオーストラリアに到達する 20

なにもかもとても美しく、とても新鮮だった
アルタミラの洞窟絵画 22

現在のヨーロッパの基礎は、最終氷期の出来事によって築かれた
最終氷期最盛期 28

アナトリア高原に巨大文明が出現した
チャタルヒュユクの集落 30

古代の文明
紀元前6000年〜後500年

国土において正義を実現するために
ハンムラビ法典 36

すべての国は、彼のサンダルの下に永遠にひれ伏した
アブ・シンベル神殿 38

執着は苦の根源である
ゴータマ・シッダールタが仏教を説く 40

ギリシアに絵文字の体系があった手がかり
クノッソスの宮殿 42

平和のときには子が父の弔いをするが、戦いとなれば父が子を弔う
ペルシア戦争 44

政体は少数者ではなく多数者の手にある
アテネの民主主義 46

勇敢な者に勝ちとれぬものはない
アレクサンドロス大王による征服 52

もし秦王が天下を志せば、天下の者はみなその虜になるだろう
始皇帝が中国を統一する 54

専制者はみな、かくのごとく
ユリウス・カエサルの暗殺 58

この印にて勝利せよ
ミルウィウス橋の決戦 66

全世界を収奪していた都市が収奪された
ローマの略奪 68

もっと知りたい読者のために 70

中世の世界
500年〜1492年

帝国の拡大とさらなる栄光を求めて
ベリサリウスによるローマ奪還 76

真実が訪れ、虚偽は消え去った
ムハンマドが神の啓示を受ける 78

キリスト教国に平和をもたらす統治者
カールの戴冠 82

為政者は豊かだが、国は荒廃している
安史の乱 84

精神の高まりと知性の目覚め
バグダードの建設 86

かつてない恐怖がブリテン島を襲った
リンディスファーン修道院へのヴァイキングの襲撃 94

ローマ教会は過ちを犯したことなどない
聖職叙任権闘争 96

世の主となるべき者
源頼朝が征夷大将軍になる 98

わが国の民はあらゆる自由、権利、許容を有し、保持する
マグナ・カルタへの署名 100

この世の武力、領土、財力のすべてを備えた最強の男
フビライ・ハーンが宋を征服 102

わたしは見たことの
半分しか語らなかったが、それは信じて
もらえないとわかっていたからだ
マルコ・ポーロが上都へ到着する 104

いままでわずかな金で雇われていた
兵士たちが、永遠の報奨を手に入れる
エルサレム陥落 106

巨人の作品
アンコールワットの建造 108

臣下の首長や王宮の役人で
多量の黄金を賜らぬ者はいなかった
マンサ・ムーサのメッカ巡礼 110

太陽に敵の血を捧げて飲ましめよ
テノチティトラン建都 112

かろうじて生き残ったのは
身分を問わず10人にひとりだった
ヨーロッパで黒死病が大流行する 118

朕は懸命に天意を果たせり
洪武帝が明朝を築く 120

わがキリストの民が
敵を打ち倒さんことを
グラナダ陥落 128

予は二十八の文字を新たに定めた
世宗が新たな文字を採り入れる 130

もっと知りたい読者のために 132

近世の時代
1420年〜1795年

わが都の陥落とともに、われも死なん
コンスタンティノープルの陥落 138

太陽の光を追って
われわれは旧世界を発った
**クリストファー・コロンブスの
アメリカ大陸到達** 142

この子午線をもって
未来永劫にわたって分界線とする
トルデシリャス条約 148

古代人がこれほど高い建物を
建設したことはなかった
イタリア・ルネサンスのはじまり 152

戦争はまったく異なるものになった
カスティヨンの戦い 156

われわれのものとは、
昼と夜ほどにちがっているのです
コロンブス交換 158

わたしの良心は
神のことばにとらえられている
マルティン・ルターの95か条の論題 160

彼はボヘミアで戦争をはじめ、
その地を征服し、信仰を強制した
プラハ窓外放出事件 164

王権は反逆精神を封じる手立てである
アクバル大帝による征服 170

彼らは大いなる希望と情熱を
胸にいだいていた
メイフラワー号の航海 172

かならずや王の首を刎ねるのだ、
王冠を載せたまま
チャールズ1世の処刑 174

プランテーションの存亡は
まさに黒人奴隷の供給に頼っております
王立アフリカ冒険商人会社の設立 176

いたるところでだれかが株の話をしている
アムステルダム証券取引所の設立 180

勝って兜の緒を締めよ
関ヶ原の戦い 184

夷をもって夷を制す
三藩の乱 186

この論述では、
哲学を論ずるように数学を探求している
**ニュートンが『プリンキピア──自然哲学
の数学的諸原理』を出版** 188

人間が行き着ける最果てへ向けて
クック船長の世界周航 189

朕は国家なり
ルイ14世が親政を開始 190

みずからが持つ大いなる武器を
忘れてはならない。これこそが最も
正当な君主の権利の主張だ
ケベックの戦い　191

全地球上に散らばっている
すべての知識を集積する
ディドロが百科全書を刊行　192

ヨーロッパの輝きを取りこむ窓として、
わたしはサンクトペテルブルクを建設した
サンクトペテルブルクの建設　196

もっと知りたい読者のために　198

変わりゆく社会
1776年〜1914年

われわれは以下の事実を
自明のことと信じる。すなわち、
すべての人間は生まれながらにして
平等である
アメリカ独立宣言の採択　204

陛下、これは革命でございます
バスティーユ牢獄襲撃　208

ヨーロッパのすべての国民をひとつの
国民に、パリを世界の首都にしなくては
ならない
ワーテルローの戦い　214

恐れることなく
アメリカの自由の礎を築こう。
ためらうことは滅ぶことだ
ボリバルが大コロンビアを建国　216

勤勉さのない人生は罪である
**スティーヴンソンのロケット号が
営業運転開始　220**

見て見ぬふりをすることもできるが、
知らなかったと言うことは、
もはやできない
奴隷貿易廃止法　226

社会は二分された
1848年革命　228

この事業は
計り知れない見返りをもたらすだろう
スエズ運河の建設　230

きわめて美しくきわめて驚嘆すべき
無限の形態が生じ、
いまも進化しつつある
ダーウィンが『種の起源』を出版　236

武器を持とう。
同胞のために戦おう
千人隊の遠征　238

この死と苦しみの場面は
いつ終わるのでしょうか
ラクナウ包囲戦　242

下からの廃止を待つより、
上から農奴を解放するほうがよい
ロシア農奴解放　243

人民の、人民による、人民のための
政治を地上から絶滅させてはならない
ゲティスバーグの演説　244

この大陸を覆いつくすことが、
われわれの明白な運命だ
カリフォルニアのゴールドラッシュ　248

アメリカは神のるつぼ、
偉大なメルティング・ポットだ
エリス島の移民局開設　250

富国強兵
明治維新　252

この手に天地を殺伐するための
剣を握り
第2次アヘン戦争　254

エッフェル塔に嫉妬する。
わたしより有名なのだから
エッフェル塔の完成　256

できることなら、惑星だって併合したい
ベルリン会議　258

わが国民は、民主主義の原則と、
真実の命ずるものと、
科学の教えを学ぶであろう
青年トルコ革命　260

ことばより行動を
エミリー・デイヴィスンの死　262

もっと知りたい読者のために　264

現代の世界
1914年〜現在

死んだほうがましだと何度も思った
パッシェンデールの戦い　270

もしいまわれわれが
権力を掌握しないなら、
歴史はわれわれを許さないだろう
十月革命 276

これは平和などではない。
20年の休戦だ
ヴェルサイユ条約 280

死はあらゆる問題への解決策だ。
人間がいなければ、問題もなくなる
スターリンが権力を握る 281

アメリカ経済の未来に自信を持たない
などというのは、ばかげたことだ
ウォール街大暴落 282

実のところ、
人間は自由に飽き飽きしている
国会議事堂放火事件 284

戦争を開始し遂行するにあたって
問題になるのは、
正義ではなく勝利である
ナチスのポーランド侵攻 286

ユダヤ人問題の最終解決
ヴァンゼー会議 294

眠るほかは、
ひたすら飛行機を飛ばした
ベルリン空輸 296

世界が眠っていて、
時計が午前零時を告げるとき、
インドは生と自由に目覚める
インドの独立と分割 298

われわれの国家の名は
イスラエルとする
イスラエルの建国 302

長征は宣言であり、
プロパガンダ隊であり、種蒔き機でもある
長征 304

ガーナ、みなさんの愛する国は
永遠に自由となった
**エンクルマがガーナの独立を
勝ちとる** 306

われわれはにらみ合いをつづけていたが、
いま向こうがまばたきしたらしい
キューバ・ミサイル危機 308

全世界の人々がこの衛星を指さしている
スプートニクの打ちあげ 310

わたしには夢がある
ワシントン大行進 311

ヴェトナムを失うつもりはない
トンキン湾事件 312

革命はバラの道ではない
ピッグス湾侵攻 314

旧世界を破壊して新世界を建設せよ
文化大革命 316

われわれは、血と力でこれを守り、
攻撃には攻撃を、悪には悪をもって応じる
スエズ危機 318

鉄のカーテンは取り払われた
ベルリンの壁の崩壊 322

すべての権力を人民へ
1968年革命 324

けっして、けっして、
けっして繰り返してはならない
ネルソン・マンデラの釈放 325

徹底的に不安定で耐えがたい状況を作り、
以降の生き残りや生命の望みを断つ
サラエヴォ包囲 326

国民のみなさん、今日、
わたしたちの生き方、わたしたちの自由
そのものが攻撃されました
9・11同時多発テロ 327

何をブラウズするかで、
あなたは世界を動かせる
最初のウェブサイト公開 328

アメリカの住宅ローン市場ではじまった
危機が、世界の金融システムを
崩壊寸前まで導いた
世界金融危機 330

今日は、
わたしたち全人類のための日です
世界人口が70億を超える 334

もっと知りたい読者のために 340

用語解説 342

索引 344

日本語版監修にあたって 350

引用出典一覧・訳者あとがき 351

図版出典一覧 352

はじめに

歴史の究極の目的は、人間が人間自身を知ることである。20世紀の歴史家R・G・コリングウッドは「歴史の価値とは、人間が何をしてきたか、そして人間とは何者であるかを教えることだ」と言う。われわれは、歴史を抜きにして自分たちの存在を理解することなどできない。

歴史自体にも歴史がある。あらゆる社会が、文字を持つと持たないとにかかわらず、みずからの起源や過去について物語を語ってきた。そのほとんどは神や英雄の行動にまつわる空想物語である。はじめて文字を持った文明は、支配者たちのおこないをも粘土板あるいは宮殿や寺院の壁に刻んだ。しかし当初こういった古代社会では、体系的に過去の真実を突きつめようとする試みはなされず、実際に起こったことと、神話や伝説に記された出来事とを区別してはいなかった。

古代の歴史物語

紀元前5世紀に、証拠を集めて解釈することによって過去への問いかけをはじめておこなったのが、古代ギリシアの著述家ヘロドトスとトゥキディデスだった。「歴史（ヒストリー）」ということばは、ヘロドトスがはじめて使ったもので、これはギリシア語で「探究」を意味する。ヘロドトスの著作には神話がまだかなり混じっていたが、トゥキディデスが書いたペロポネソス戦争の説明は、現代の歴史研究の条件をおおむね満たしている。紛争の目撃者による証言をもとにし、出来事の原因を神の介入や行動ではなく人間の営みに見いだしていたからだ。

トゥキディデスは、歴史の語りのなかでも最も長くつづく形式のひとつを発明した。戦争や政治的対立、外交や意思決定についてくわしく述べる物語形式だ。その後、ローマが台頭して地中海世界を支配すると、歴史家はより視野の広い別のジャンルを発展させる。「いまいるところへ、どのようにたどり着いたのか」を説明する形式だ。ギリシア人の歴史家ポリビオス（紀元前200年～118年）とローマの歴史家リウィウス（紀元前59年～後17年）が、いずれもローマ帝国台頭の物語を綴り、長期にわたる数々の出来事を理解する助けとなる「全体像」を描こうとした。ローマ世界にかぎられてはいたが、これが「普遍史」とときに呼ばれるものの出発点となった。「普遍史」とは、最古の起源から現在までの進歩をゴールのある物語として描き、過去に目的と方向性を見いだそうとする歴史観である。

同じころ、中国では歴史家の司馬遷（紀元前145年ごろ～86年）が、伝説上の黄帝（紀元前2697年ごろ即位）から漢王朝の武帝治世の途中（紀元前109年ごろ）までの数千年の中国史をたどった。

道徳的教訓

古代世界の歴史家たちは、物語を通して出来事の意味を明らかにするとともに、歴史を道徳的教訓と省察の源泉とする伝統も打ち立てた。たとえば、リウィウスやタキトゥス（55年ごろ～120年ごろ）の歴史叙述は、英雄と悪人の行動を検証したり、王や将軍の性格に見られる長所と短所を検討したりして、善人が真似や回避をできる具体例を示した。これは歴

>
> 過去を覚えていられぬ者は、
> それを繰り返すよう
> 宿命づけられている。
> **ジョージ・サンタヤナ**
> 『理性の歴史』（1905年）
>

史のひとつの役目として、のちの時代にも引き継がれる。フランスの年代記作家ジャン・フロワサール（1337年ごろ～1405年ごろ）によると、百年戦争で戦う騎士道にかなった戦士たちについて記したのは、「勇敢な男たちが触発されて、このような例にならうように」するためだった。現在でも、リンカーン、チャーチル、ガンディー、マーティン・ルーサー・キング・ジュニアらについての歴史研究は、同じ役目を果たしている。

「暗黒時代」

ローマ帝国後期にキリスト教が台頭すると、ヨーロッパでは歴史の概念が根底から変化した。歴史上の出来事を、キリスト教徒は神の摂理、神の意志の表出と見なすようになった。現実に起こったことを懐疑的に検証することはほとんどなく、奇跡や受難としてとらえる見方が概して無批判に受け入れられた。イスラム世界は、ほかのさまざまな点も含めて、中世にはキリスト教世界よりも進んでいることが多かった。たとえば、アラブの歴史家イブン・ハルドゥーン（1332年～1406年）は、空想的で実証できない説明を見境なく無批判に受け入れることへの異議を強く唱えていた。

キリスト教の歴史家もイスラムの歴史家も、1084年に宋代の中国で完成した年代記（『資治通鑑』）に比肩する規模の著作を生むことはなかった。これは1400年近くに及ぶ中国の歴史を全294巻に記録したものだった。

ルネサンス期の人文主義

近代の歴史方法論が最も発展したのは、ヨーロッパだった。ルネサンスはイタリアで15世紀にはじまり、ヨーロッパ全体にひろがって、地域によっては16世紀末までつづいたが、それは過去の再発見に基づいていた。ルネサンスの思想家は、古典古代にインスピレーションの豊かな源泉を見いだし、その領域は幅広く

ほかの世紀の人々と交わるのは、旅をするのと同じようなものだ。
ルネ・デカルト
『方法序説』（1637年）

建築から哲学、政治、軍事戦術にまで及んだ。ルネサンス期の人文学者が歴史学を新しい教育カリキュラムの一主要科目と位置づける一方、知識階級では古物収集が人気となり、古代の遺跡を歩きまわって古銭や碑文を集めることが多かった。また、この時期には活版印刷技術が広まり、歴史がかつてないほど多くの人に読まれるようになった。

啓蒙時代

18世紀の終わりまでにヨーロッパでは、史料を批評・比較することで事実を突き止める歴史学の方法論がかなり洗練されていた。ヨーロッパの思想家は、過去を3つの主要時代に区切ることでおおむね合意していた。古代、中世、近代である。教会に支配された中世を非理性的で野蛮な時代と見なし、威厳のあった古代文明世界と新たに現れてきた近代ヨーロッパの合理的世界とを隔てる時代と考えたのだ。啓蒙時代の哲学者たちは、過去の愚かさを揶揄する歴史を書いた。

ロマン主義精神

それとはまったく対照的に、18世紀末からヨーロッパを席捲したロマン主義は、過去と現在とのちがいに本質的な価値を

  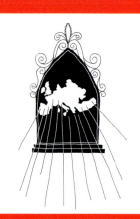

見いだした。ロマン主義の歴史家はかつてのように過去を近代への準備段階と見なすのではなく、想像力を働かせて過去の精神へはいりこもうとした。これはナショナリズムと密接に結びついている。ドイツのロマン主義思想家ヨハン・ゴットフリート・ヘルダー（1744年〜1803年）は、ナショナル・アイデンティティと「本物のドイツ精神」のルーツを求めて過去へ分け入った。ナショナリズムが19世紀にヨーロッパで隆盛をきわめると、歴史の多くは国民性や国民的英雄を賛美するものとなり、神話作りへと逸脱することもしばしばだった。すべての国家が、国旗や国歌だけでなく、神聖で英雄的な歴史を持つことも望んだ。

「大きな物語」

19世紀には、歴史がしだいに重要な位置を占め、必然性を備えたものになった。ヨーロッパ文明は傲慢にもみずからを最終到達点と見なし、あらゆる歴史がそこへ向かって進歩してきたと考えて、この視点から過去を理解する物語を作りあげた。ドイツの哲学者ゲオルク・ヴィルヘルム・フリードリヒ・ヘーゲル（1770年〜1831年）は、論理的展開としての歴史体系を打ち立て、プロイセン国家を終着点として歴史は頂点に達したと論じた。哲学者で社会革命家のカール・マルクス（1818年〜83年）は、のちにヘーゲルの体系をみずからの理論（「史的唯物論」）に取りこみ、社会階級間の葛藤を生じさせてきた経済発展は、いずれプロレタリアートによるブルジョワジーからの権力奪取へと必然的に行き着き、資本主義社会の秩序は内なる矛盾によって崩壊すると主張した。おそらくマルクス主義は、歴史の「大きな物語」のなかで最も影響力が大きく、長く生き残ったものだと言えよう。

知のほかの領域と同じように、歴史学も19世紀に専門化が進んで、ひとつの学問領域となった。学問としての歴史学は科学の一分野をめざし、「事実」を蓄積

歴史とは、人類の犯罪、愚行、不幸とほとんど変わらない。
エドワード・ギボン
『ローマ帝国衰亡史』(1776年)

することを目的に掲げた。経済統計に偏ることの多い「本格的」な歴史学と、ジュール・ミシュレ（1798年〜1874年）やトーマス・マコーリー（1800年〜59年）といった歴史家が大衆向けに書いた著作とのあいだには、大きな溝が存在した。

社会史の台頭

20世紀には、歴史学の対象がしだいにひろがった。かつてはもっぱら王や女王、首相や大統領や将軍に集中していたが、そこに一般庶民も加わり、庶民が歴史上の出来事で果たした役割もくわしい研究でわかるようになった。歴史家のなかには「出来事の歴史」と呼ばれる個々の事件よりも、それぞれの時代の社会構造や日常生活のパターン、思想信条や物の考え方（心性）を研究しようとする者もいた。

ヨーロッパ中心のアプローチ

大まかに言うと、20世紀の後半になるまで、世界史のほとんどは西洋文明の大勝利の物語として書かれていた。これは技術や企業活動や自由民主主義の進歩を賞賛する歴史観が暗に前提としたものだが、マルクス主義史観も同様にこれに拠っていた。かならずしも楽観的ではな

はじめに

く、衰退や破滅を予言する者も数多くいたが、歴史は本質的にヨーロッパとその伝統に基づく諸国によって作られ、いまなお作られつづけているとの想定が確実にあった。たとえば、ヨーロッパの高名な歴史家たちは、アフリカの黒人には歴史と呼べるようなものは存在せず、黒人は人類の進歩に寄与してこなかったと主張しても問題ないと考えていた。

ポストコロニアリズム時代の修正論

20世紀後半には、目的を持った単一の歴史の「大きな物語」があるという考えが、ヨーロッパ中心主義とともに崩れ去った。ポストコロニアルの世界、ポストモダンの世界では、さまざまな社会的アイデンティティの立場から語られる多様な歴史が求められた。黒人史、女性史、同性愛史の研究への関心が急激に高まるとともに、アジア人、アフリカ人、アメリカ先住民の視点から語られる歴史も注目を集めた。社会の周縁にいた人々や抑圧されていた人々が、受動的な犠牲者ではなく歴史の「行為主体」として再評価されるようになった。

多種多彩な修正論が現れたことで、西洋の教養人に広く共有されていた世界史は根底から覆された。とはいえ、満足のゆく別の歴史観が代わりに示されたわけでもない。たとえば、クリストファー・コロンブスがはじめてアメリカ大陸へ航海してから500周年の節目の年となる1992年の反応には、とまどいが見られた。アメリカ合衆国では広く祝福されると予想されていたが、実際にはいささかの当惑をもって受け止められただけだった。人々は、従来の歴史や偉人たち、時代を特徴づける数々の出来事をどうとらえたらよいのか、もはやわからなくなっていた。

21世紀の視点

『世界史大図鑑』の内容は、人類進歩の「大きな物語」が放棄されたあとの歴史理解を反映している。本書の目的は一般読者に世界史の全体像を示すことにあるが、それにあたっては特定の瞬間あるいは出来事を取りあげ、それらを窓として、過去の重要な側面を見通したい。現代の関心に合わせて、本書では、人口増加や気候や環境といった要因が人類史を通じて長期的に持つ重要性も省察する。同時に、マグナ・カルタや黒死病やアメリカ南北戦争など、従来からよく知られてきた歴史上のテーマにも説明を加える。本書は人類の起源と「先史時代」からはじまり、さまざまな歴史上の時代を経て現在へ至る。もちろん、現実には時代と時代のあいだにこのような区切りが明確にあるわけではないので、複数の時代にまたがった場合、その項目は最も適切と思われる概念上の時代区分に含めた。

本書を読めばわかるように、歴史においては、出来事がばらばらに存在するのではない。いまわれわれが経験している出来事がどのように未来の歴史を形作るのかは、ただ想像することしかできない。21世紀前半に生きながら、歴史の意味を体得したと主張できる者などいまいが、詩人アレグザンダー・ポープと同じく「人間本来の研究対象は人間そのものだ」と信じる者にとって、歴史学はこれからも根元的な学問分野でありつづける。■

われわれは歴史を作るのではない。
歴史によって作られるのだ。
マーティン・ルーサー・キング・ジュニア
『汝(なんじ)の敵を愛せよ』(1963年)

人類の起源
20万年前～紀元前3500年

最初の人類(ホモ・サピエンス)が東アフリカに現れる。ネアンデルタール人(ホモ・ネアンデルターレンシス)がヨーロッパと西アジアに生息する。

旧石器人が**芸術**(動物の彫刻や洞窟壁画)や**工芸品**(装身具や装飾品や武具)を創作しはじめる。

最終氷期最盛期として知られる寒さのきびしい期間が生じる。北方の人間や動物は、死滅するか南へ移動する。

エリコ(現在のヨルダン川西岸地区に所在)に人が住みつくようになる。現在まで絶えず**人が住みつづける最古の町**のひとつである。

↑ 約20万年前　　↑ 約4万年前　　↑ 約2万3000年前　　↑ 紀元前9000年ごろ

↓ 約4万5000年前　　↓ 約3万5000年前　　↓ 約1万5000年前　　↓ 紀元前7500年ごろ

人類が地球上のさまざまな場所に**拡散し、ユーラシア大陸とオーストラリア**の大部分に住むようになる。オーストラリアへは東南アジアから舟でたどり着いた。

人間をかたどった小像がはじめて見られるようになる。たいていは**女性**を象徴し、骨や象牙やテラコッタや石をもとに彫刻あるいは塑造されている。

アジアと北アメリカをつなぐ**陸橋**(現在のベーリング海峡)を渡って、あるいは海を経由して、人類が**北アメリカ**に到達しはじめる。

トルコ中部の**チャタルヒュユク**に集落が形成される。複雑な**儀式**がおこなわれていた形跡があり、社会に**一体性**があったことがうかがえる。

　人類の起源はアフリカにあると広く考えられている。通常の生物進化と自然淘汰を経て、ヒト属(ホモ属)は近縁にあたるチンパンジーとともに東アフリカで何百万年もかけて進化した。同じ生物学的プロセスにより、現生人類ホモ・サピエンスもほかのヒト族(ホミニン。人類の近縁にあたるもので、たとえば4万年前に絶滅したネアンデルタール人)と並んで進化した。

　およそ10万年前、狩猟採集生活を送る人類は群れを作って点在していたが、ほかの類人猿とほとんど区別がつかなかった。しかし、ある時点から(正確な時期を特定するのはむずかしいが)人類はそれまでとはちがう変化をはじめる。生物学的な進化ではなく、文化的な進化による変化だった。道具、言語、信仰、社会慣行、芸術を創出することで、みずからの生活様式を変える能力を発展させたのである。洞窟の壁にみごとな動物の絵を描き、小像を石や骨から彫刻・塑造するようになると、独特の存在としてほかの動物と一線を画した。当初の変化はゆるやかだったが、短期間に信じがたい勢いを得る。人類は歴史を持つ唯一の動物となった。

歴史の発見

　人類の文化と社会がその初期にどう発展したかは、歴史家にとって特別な問題だ。最初の文字が発明されたのは、人類の物語ではかなりあとになってからの約5,000年前である。従来、文字が生まれる前の時期は「有史以前」として片づけられる傾向にあったが、これは歴史家が研究できる文書が残っていなかったからだ。しかし近年、遺伝物質の研究や有機質遺物の放射性炭素年代測定法など、さまざまな新しい科学的方法が生み出されて、すでに確立されている考古学の手法に加わったため、研究者たちは文字使用以前の時代にいくらかの光をあてられるようになった。

　人類の遠い昔の物語は、新たな発見や研究が——その成果はしばしば論争の的になる——根元的に物の見方を変えるのにともなって、つねに更新される。ひとつの洞窟、埋葬地、人間の頭蓋骨を新たな視点から調査することで、いま受け入れられている広範囲の知識に疑問が呈されることもある。とはいえ、21世紀の現在、人類初期の歴史の大部分は、かなりの確

人類の起源

紀元前5000年ごろ	紀元前3300年ごろ	紀元前3000年ごろ	紀元前2500年ごろ
銅の精製がおこなわれた形跡がセルビアで見られる。近東で、おそらく輸送のためではなく陶器製作のために**車輪**が発明される。	**青銅器時代**が**近東**ではじまり、**インダス文明**がインド亜大陸に出現する。	世界**最古**の筆記法のひとつである**楔形文字**が、メソポタミア（現在のイラク）南部の**シュメール**で発明される。	イギリスの**ストーンヘンジ**で、それより500年前に造られていた土塁の囲いの中心に**石が立てられる**。石の配置はのちに変えられる。

紀元前4000年ごろ	紀元前3100年ごろ	紀元前2700年ごろ	紀元前1800年ごろ
ティグリス川とユーフラテス川の流域のメソポタミア（現在のイラク、シリア、クウェート）で**文明**が発展し、そこで**灌漑農業**が確立される。	ナルメル王が上下**エジプト**を統一し、**第1王朝**の王となる。エジプトの**ヒエログリフ**が広く使われる。	**エジプト**で、最初の石造**ピラミッド**が巨大な**墓**として建設される。ギザの大ピラミッドがその2世紀後に建てられる。	**アルファベット**（ヒエログリフに基づいた原シナイ文字）が**エジプト**に現れ、現在のほとんどのアルファベットの原型となる。

信を持って描くことができる。

遊動する狩猟採集民

すべての歴史家が合意するのは、およそ1万2,000年前まで人類は狩猟や採集を営み、石器を使い、移動する小規模集団で暮らしていたことだ。この時代は旧石器時代と呼ばれる。人類は種として繁栄し、おそらく1,000万人ぐらいにまで数を増やして、地上のほとんどの場所へひろがった。何万年ものあいだ、自然現象による大きな気候変動におおむねうまく適応していたが、氷河期と一般に呼ばれる最も寒い時期には、イギリスやスカンディナヴィアなどの北方地域から一時的に逃れた。

人類は自然環境と調和して生きていたが、人類が環境に与えた影響は、歴史の初期段階ですら、かならずしも穏やかではなかった。狩猟生活を送る人類が地球上に拡散したのと、ケナガマンモスやマストドンなどの大型動物相が絶滅したのが同時期だったのは、はたして偶然だろうか。人類による狩猟がこれらの動物が絶滅した唯一の原因と断定できるわけではなく、自然に起こった気候変動も一因だとしてもおかしくないが、現代のわれわれの視点からは、気がかりな前例のようにも思われる。

農業革命

狩猟採集の生活様式は人類にとって「自然」と言って差し支えなく、望ましい点もたくさんあったと考えられる。狩猟採集社会の人骨を調べると、われわれの先祖はたいがい豊富な食料に恵まれ、食料を得るのに過剰な労力を必要とせず、病気になることも少なかったことがうかがえる。だとしたら、なぜ世界じゅうで多くの人間が決まった場所に村落を作って定住し、農業を発達させて作物を育てたり動物を飼育したりするようになったのだろうか。土地を耕すのは過酷な重労働であり、流行病がはじめて根をおろしたのも農村だった。

人類の生活の質にどんな直接的影響を与えたにせよ、定住が進んで農業が発達したことで、人口密度が大幅に高くなったのはまちがいない。新石器革命（あるいは新石器時代）とも呼ばれるこの時期は、人類の発展における大きな転換点となり、初期の町や都市の成長へと道を開いて、やがては各地域の「文明」へとつながっていった。■

少なくとも、コロンブスのアメリカへの旅やアポロ11号の打ちあげと同じくらい重要だった

人類がはじめてオーストラリアに到達する
（およそ6万年～4万5,000年前）

背景

キーワード
移動

前史

およそ20万年前　ホモ・サピエンス（現生人類）がアフリカで進化する。

およそ12万5,000年～4万5,000年前　ホモ・サピエンスの集団がアフリカの外へ出てひろがる。

後史

およそ5万年～3万年前　デニソワ人がロシア中南部に生息する。

4万5,000年前　ホモ・サピエンスがヨーロッパに到達する。

およそ4万年前　ネアンデルタール人が絶滅する。判明している最後の生息地はイベリア半島。

およそ1万3,000年前　人類が米ニューメキシコ州クローヴィスに生息するが、アメリカ大陸最初の人類ではない可能性もある。

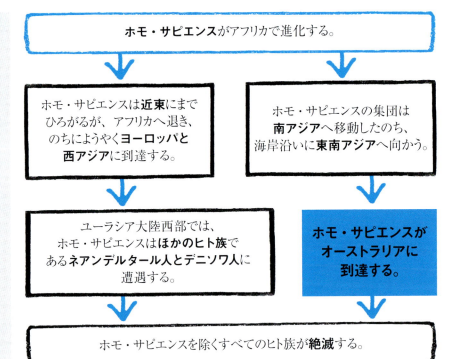

現生人類は、真にグローバルと言える唯一の哺乳類種である。アフリカでおよそ20万年前に進化してから、ホモ・サピエンスは急速に世界にひろがったが、これは人類が周囲を探索する好奇心を持ち、さまざまな環境に適応する創造性を持つ証だ。とりわけ、多くの研究者が指摘するのが、人類は海辺の環境を活用する能力を持っていて、それがアジア南部の海岸沿いに急激に拡散していく鍵となったことだ。

オーストラリアでは植物相や動物相が大きく異なるが、それも妨げにはならなかった。人類はオーストラリアに6万年

人類の起源

参照　アルタミラの洞窟絵画 22-27　■　最終氷期最盛期 28-29　■　チャタルヒュユクの集落 30-31

ホモ・フローレシエンシスの化石が2003年にインドネシアのフローレス島で見つかった。小ぶりなのは病気のせいで、新種ではないとする研究もある。

前には到達していた可能性があるが、最初がいつだったかは論争の的になっている。小規模な集団がはるかに前に訪れていたこともありうるとはいえ、大半の証拠によると、オーストラリアに人類が広く住みついたのはおよそ4万5,000年前のことで、ホモ・サピエンスがヨーロッパに到達したのとほぼ同時期だった。

その他のヒト族

ホモ・サピエンスは、オーストラリアに最初に到達したヒト族だった。しかしユーラシア大陸のいくつかの場所では、人類は競争に直面した。ヨーロッパに到達したころには、ネアンデルタール人がすでに25万年にわたってそこに生息していた。ネアンデルタール人は現生人類と同じ先祖、ホモ・ハイデルベルゲンシス（ハイデルベルク人）から進化した種で、地域の生活にうまく順応した。

さらに東では、ロシアのアルタイ山脈に位置するデニソワ洞窟で、謎めいた種の痕跡が見つかった。デニソワ人という、DNAだけしか知られていない種だ。また東南アジアのフローレス島では、別の種の可能性がある化石が見つかった。背が低く脳が小さいホモ・フローレシエンシス（フローレス原人）という種である。

こういったさまざまな種のなかで、ホモ・サピエンスだけが生き残って、「新世界」に住みついた。氷河期に海水位がさがると、ロシアとアラスカをつなぐ陸橋ベーリンジアが現れ、人類が北東アジアからアメリカ大陸へ渡ることが可能となった。この当時のこと、特に南アメリカの古い時代のことについては、いまなお論争が絶えない。

社会ネットワーク

さらなる証拠が見つかるまで、デニソワ人やホモ・フローレシエンシスがたどった運命は未知のままだが、近年の研究によると、ネアンデルタール人はおよそ4万年前に絶滅したようだ。多くの研究者の考えでは、ホモ・サピエンスがほかの種の本拠地で最終氷期最盛期の気候変動にさらされながらも生き延びた決定的要因は、すぐれた対応力を備えていたことだった。特に、ホモ・サピエンスはほかの種よりも広範な社会ネットワークを持っていたと考えられていて、その強みのおかげで困難な時期を生き残ることができた。また、おそらくは動物の群れを追って地球のあらゆる場所にひろがり、なじみのない環境に遭遇したときにも、うまく順応してそこに住みつくことができた。■

アメリカ大陸を席捲した人類の電撃戦は、ホモ・サピエンスの比類ない創意工夫と卓越した適応性の証だ。

ユヴァル・ノア・ハラリ
『サピエンス全史』（2011年）

ホモ・サピエンス──唯一生き残ったヒト族

人類とほかの種のあいだに暴力闘争があった形跡はない。それどころか、現生人類のDNAにはネアンデルタール人やデニソワ人の遺伝子の痕跡がわずかに見られ、それぞれの種に、別の種と交配する者もまれにいたことがうかがえる。

ネアンデルタール人は石器の製作にすぐれ、狩りにも卓越していたが、現生人類のほうがすばやく環境に適応したので、氷河期が進行するのにともなって起こった急速な気候変動に対処できたのだろう。現生人類は新しい石器を開発し、骨や角などの資源を活用する技術も発達させた。また、助け合いのネットワークを作って、さまざまな集団が広い範囲で資源を蓄積できるようにし、生き残りの可能性を高めた。人類はこのような文化的な適応力を持つことで、確実に入手することがしだいにむずかしくなった資源をめぐって、ほかの近縁の種との競争で勝つことができた。

なにもかもとても美しく、とても新鮮だった
アルタミラの洞窟絵画（およそ4万年前）

24 アルタミラの洞窟絵画

背景

キーワード
旧石器文化

前史

およそ4万5,000年前 現生人類がヨーロッパに到達する。

およそ4万年前 ドイツのホーレンシュタイン・シュターデルの「ライオンマン」彫刻など、ヨーロッパで現在知られる最古の芸術作品が作られる。

後史

およそ2万6,000年前 チェコのドルニ・ヴィエストニッツェで、3人の若者の謎めいた埋葬がおこなわれる。

およそ2万3,500年前 イタリアのアレネ・カンディデで、「王子」がツノガイの殻の宝飾品をふんだんに身につけて埋葬される。

およそ1万8,000年前 最終氷期が最高潮を迎える。

スペイン北海岸のサンタンデール近くにあるアルタミラ洞窟地帯は、300メートル近くにわたってひろがる一連の通路と部屋から成り、これまでに発見された旧石器時代の洞窟美術の最高例がいくつか見られる。1880年に洞窟の存在が発表されると、壁画があまりにもみごとだったために偽物と考えた人が多く、先史時代の狩猟採集民による本物の創作物だと認められるまでに20年近くかかった。ここに見られる初期の芸術活動には3万5,000年以上前にまでさかのぼるものもあるが、有名な壁画はほとんどがおそらくそれよりかなりあとに創作されたものだ。名高い「バイソンの部屋」の壁画もその一例で、低い天井が動物たちの絵で覆われ、複数の色を使って実物そっくりに描かれたバイソンの絵もある。それは岩が自然のまま起伏したところに巧みに描かれていて、ほとんど三次元のようだ。

芸術の萌芽

みごとな洞窟美術が見られる場所はほかにも知られているが、フランス南西部とスペイン北部に集中している。そこでは精巧な動物画だけでなく、記号やシンボルや手形も彫られ、描かれている。石器時代の芸術の意味と機能について、考古学者たちの見解はいまも分かれている。一方で、昔の人たちもただ芸術の美的性質を楽しんでいたのであり、子孫である今日のわれわれと変わらないという解釈がある。他方で、いくつかの絵は信じられないほど緻密に描かれていて、たとえば動物の性別や描かれた季節がいまでも識別できるものもあるので、これらはどの動物を捕まえるべきか、いつどのように見つけて狙うべきかなど、生存に不可欠な情報を伝えようとしたものだったと解釈する専門家もいる。

狩りの儀式

あるいは、洞窟美術は旧石器人の世界観や宗教と結びついていたのかもしれない。いまでも狩猟採集を主として生活する多くの社会は、アニミズム的信仰を共有している。そこでは植物、地形などにも霊魂が宿っていると信じられ、人間は日々の暮らしのなかでそれらとかかわり

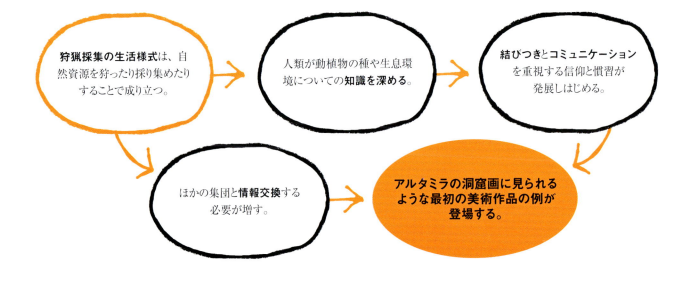

人類の起源 25

参照　人類がはじめてオーストラリアに到達する 20-21　■　最終氷期最盛期 28-29　■　チャタルヒュユクの集落 30-31

アルタミラの岩窪に見られる起伏は、絵画を損ねることがなく、むしろ際立たせている。「バイソンの部屋」に描かれた動物たちには、三次元に近い性質が備わっている。

脂の灯火のみを持って進みゆくのは、若者に課されたある種の通過儀礼だったのかもしれない。それを乗り越えるには、大きな勇気が求められたはずだ。

埋葬と死後の生

　人類が当時、宗教的あるいは儀礼的な行為をしていた証拠は、埋葬のあり方にも見ることができる。たとえば、チェコのドルニ・ヴィエストニッツェ遺跡では、3つの遺体が性的なものを連想させる姿勢でいっしょに埋葬されていた。女の遺体の左右にふたりの男が横たわって、一方が女の下腹部へ手を伸ばし、もう一方はうつ伏せで埋められている。3体の頭部と女性の下腹部には、黄土として知られる赤っぽい顔料がちりばめてある。興味深いことに、3体ともに同じ珍しい骨

合っている。そういった社会の多くでは、シャーマン（呪術師、巫女など）がみずから霊魂と交流して病人や怪我人を助けうると信じられている。歴史的に見ると、岩絵はシャーマンの意識の状態が変化しているあいだ、つまりトランス状態に陥っているあいだに、この交流の一環としてシャーマン自身が描いたものであるため、

研究者のなかには旧石器社会にも同様の信仰があったのではないかと論じる者もいる。また、シャーマンは動物に変身して、狩人にみずからを捧げるよう仲間の動物たちを促すことができると考えられることも多い。そのことを踏まえると、ドイツのホーレンシュタイン・シュターデルの「ライオンマン」や、フランスのレ・トロワ・フレール洞窟の「呪術師」（鹿の頭を持つ人間）など、人間と動物の特徴を組み合わせた絵が見られるのも説明がつく。

　動物の絵を描くのは、狩りを成功させようとする「魔術」の儀式の一部だったのかもしれない。食料の大部分を動物資源に頼っていた社会では、そのような儀式はこの上なく重要だった。

通過儀礼

　絵とともに洞窟で見つかった手形や足形の多くが、かなり若い人間のものではないかと考える研究者もいる。真っ暗で湿度が高く、危険がひそむ洞窟へ、動物

スペイン・カンタブリア地域にあるフエンテ・デル・サリン洞窟の手形は、おそらく若者が残したもので、地下に足を踏み入れるのは成人する際の儀式だったと考えられる。

人間はどこでもどの時代でもみな、自分たちと世界をイメージとシンボルで表現しようとする根元的な本能を持っていた。

ジル・クック
『氷河期の芸術』（2013年）

格変形が見られるため、血縁関係にあった可能性もある。なぜこのように配置されたのかは、おそらく謎のままだろうが、単に遺体を処分する以上の何かがこの埋葬にあったのはまちがいない。

ほかの遺跡では、多くの副葬品とともに埋葬された遺体もある。たとえば、イタリアのアレネ・カンディデではツノガイの殻でできた手のこんだ宝飾品が見つかり、ロシアのスンギルでは、小さな子供ふたりの埋葬地からマンモスの牙で作った槍が発見された。このように贅沢に飾られた遺体があることから、階級や身分の区別が発達しはじめていた集団もあったことがうかがえると論じる研究者もいる。死亡時に特別扱いを受けられるほどの名声を、短い人生では持てたはずがない遺体があることからも、それが示唆されるという。だが、そのような身分差が、その後長きにわたってひろがったとは考えにくい。とはいえ、人間はここではじめて、死後に何が起こるのか、そしてどのように死後の生へと移行すべきなのかに関心を持つようになった。

縄張りを示す

最も「古典的」な旧石器時代の洞窟美術はフランス南西部とスペイン北部に集中している、と主張する研究者たちもいる。この地域は比較的住みやすい場所だったのだろう。最終氷期最盛期のさなかでも、温暖な気候で生息環境が豊かだったため、さまざまな動物が群れをなしてやってきた。その結果、人間もかなりの数が密集して住んでいたと考えられ、土地や資源をめぐって人々が争い、社会の緊張が高まったのかもしれない。

現代の人々の集団も、サッカーのサポーターや国民国家など、旗や衣装などのシンボルを使って、境界線や縄張りや集団的アイデンティティを示すが、ヨーロッパの旧石器人の集団も、資源をめぐ

> **人間はみずからを生きた世界の一部と見なし、そこでは動物や植物、さらには地形や無生物にまで、それ自体の生命があると考えていた。**
> **ブライアン・フェイガン**
> 『クロマニョン人』（2010年）

る競争が激化しかねないなかで、同様の理由から洞窟に装飾を施した可能性がある。

生き残りのための協力

このように複雑な社会交流があったからこそ、ホモ・サピエンスは氷河期ヨーロッパのきびしい環境を生き延びたと言えるかもしれない。狩猟採集民はおそらく小集団で広範囲に点在していた。この時代のほとんどの遺跡には複雑な建物や構造物の形跡が見られず、人々は気候や地域環境によって、頻繁に移動していたことがうかがえる。季節の変化とともにトナカイなどの動物の大群が移動するのを追った場合も少なくないだろう。

ホモ・サピエンスは周囲と新たな関係をたやすく築くことができたため、時と必要に応じて狩猟集団同士が合流することもあった。資源が豊富なときには、ともに狩りをする。たとえば、移動中のトナカイの群れが最も無防備なとき、つまり谷間のせまい道を通ったり川を渡ったりしたときには、途中でそれらを捕らえた。資源が乏しいときには、集団はふたたび別れて広範囲に展開し、生き延びる

歴史家がいまだに確信を持てずにいるのは、多くの洞窟美術の背後には何かはっきりとした意味が隠されているのか否かということだ。芸術のための芸術、霊性、通過儀礼、縄張りの印、狩猟についての重要な情報の伝達手段。推測できるのは、せいぜいそれらのどれかひとつ以上と関係しているのではということぐらいだ。

人類の起源

狩りの道具、たとえば投槍器などは、標的として殺す動物の形に削られていることが多く、これはおそらく狩りが成功する可能性を高めるある種の「魔術的儀礼」だった。

ために野生の資源を探した。

初期の技術

これらの狩猟採集民は、狩りの技術の向上にかなりの力を注いだ。それが生死を左右したからだ。巧みに削った石を槍の先につけ、それを標的に向かって投槍器で発射することで、飛距離を伸ばすとともに、命中した際の威力を高めようとした。これらの道具は狩りの成功に不可欠だったので、投槍器に美しい彫刻や装飾が施されていたのも不思議ではない。それは多くの場合、動物が狩られる場面を表現したものだった。同様に、骨や角を根気強く削って、魚捕り用の棘のついた複雑な銛も作った。

社会の萌芽

巧みに作られた石錐や針が見つかっていることから、石器時代の人類はそれ以前の人類よりもはるかに手をかけて、動物の皮や毛皮からあたたかい着衣を作っていたと推測できる。ほかにも、動物の歯や貝殻から精巧に作られた宝飾品から、石を彫刻したり粘土を彫塑したりして製作した小像まで、たくさんの品が生み出された。これらの多くは、大規模な社会ネットワークのなかで他集団の人々と取引されたり、贈り物にされたり、交換されたりしていたのかもしれない。

最終氷期最盛期のヨーロッパでは、環境がいかに変わるかが予測不可能だったため、資源に余裕があるときに他集団に分け与えておくと、のちに大いに役立つことがあった。どこかの地域で、ある集団が資源を見つけられず苦心していると、ほかの場所の集団は、前に恵みを受けた場合には、より積極的に返礼をしようという気になるからだ。この種の相互関係がきわめて広範囲に及ぶ諸集団を結びつけ、このようなきびしい環境で生き残るのに欠かせない複雑な個人間・集団間のネットワークを形成していた。■

ヴィーナスの小像

石や象牙や粘土を彫刻あるいは塑造して作った女性の小像は、旧石器時代に典型的に見られる芸術作品で、ヨーロッパじゅうで広く見つかっている。これらの小像には、際立った類似点がたくさんある。顔の特徴や足などの細部はほとんど無視されているが、女性らしさを特徴づける部分（胸、腹部、臀部、腿、外陰部）が誇張されていることが多い。性と生殖に関する特徴に焦点を合わせ、まるみを帯びた体型を表現することで（氷河期には脂肪が貴重だったと考えられる）、この小像は出産、あるいはより広く豊穣さにかかわるお守りとして、象徴的な役割を果たしていたのかもしれない。

研究者のなかには、像が象徴しているのは「地母神」だという者もいるが、この解釈を裏づける確固たる証拠はない。ほかの研究者たちは、この小像には広く共有された文化的な考え方とシンボルが示されていることに注目する。これらは、氷河期に資源や情報や結婚相手を得るため、社会的な交流や交換をおこなうのにきわめて重要だったと推測できる。

現在のヨーロッパの基礎は、最終氷期の出来事によって築かれた

最終氷期最盛期（紀元前21000年ごろ）

背景
キーワード
気候変動

前史
およそ258万年前　更新世あるいは氷河期がはじまる。

およそ20万年前　ホモ・サピエンスが種として現れる。

後史
紀元前9700年ごろ　更新世が終わり、現在の比較的温暖で安定した気候の完新世がはじまる。

紀元前9000年ごろ〜8000年ごろ　近東で農業が確たる技術として普及する。

紀元前5000年ごろ　海水位が現在とほぼ同じレベルに達し、低地が水面下に沈む。

紀元前1700年ごろ　最後のマンモスがロシアのウランゲリ島で死滅したと考えられる。

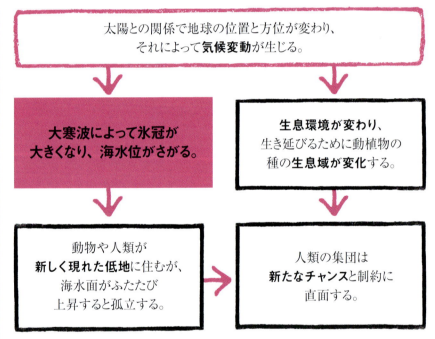

科学者は最近になってようやく、人間と周囲の環境との双方向的な関係が人間社会の発達に影響を与えてきたことに気づきだした。人類は最終氷期に、非常に寒い気候条件（氷河期）と現在のものに近い比較的温暖な気候（間氷期）とのあいだの周期的な変化を乗り越えて進化した。しかし氷河期の終わりに差しかかると、この変化はより激しくなって間隔も短くなり、紀元前21000年ごろの最終氷期最盛期に寒さが頂点に達する。氷冠が大きくなって、イングランド南部まで達すると、北方に暮らしていた人間や動物は、死滅するか南へ退避した。膨大な量の海水が凍結したために海水位がさがり、北アメ

人類の起源

参照　人類がはじめてオーストラリアに到達する 20-21 ■ アルタミラの洞窟絵画 22-27 ■ チャタルヒュユクの集落 30-31 ■ アブ・シンベル神殿 38-39

マンモスの全身がロシアのシベリアで1900年に発掘された。はじめて発見された完全な個体である。剥製はサンクトペテルブルクの動物学博物館に展示されている。

リカとアジアをつなぐ大陸棚ベーリンジアなどの低地が水面上に現れたあと、このルートを伝って人類がはじめてアメリカ大陸に到達した。

気温上昇

気温はやがてふたたび上昇し、紀元前7000年ごろには現在の比較的温暖で安定した気候に落ち着いた。氷冠が解けて海水位はあがり、ユーラシア大陸とアメリカ大陸が切り離された。東南アジアは群島になり、日本やイギリスのように半島が島に変わって、人間の多くの集団が隔離された。生態系への影響は、大型動物相と呼ばれるマンモスなどの大きな動物にとりわけ深刻に見られた。大型動物相が栄えた凍てつくステップの大草原は森林に変わり、環境の変化と人間による狩猟が組み合わさった結果、地球上のあらゆるところで多くの種が絶滅に追いやられた。氷河期後の新世界に現れた森林と湿地帯は、人類に新たなチャンスを数多くもたらした。アカシカやイノシシなどの大型の森林動物や、ウサギのような小型の哺乳動物を狩ったり、水中や沿岸の食用になるものを捕ったりした。サケのような回遊魚やアザラシなどの海洋哺乳類、甲殻類や季節ごとの猟鳥、さまざまな果物や塊茎やナッツや種子など、すべてが日々の生活に欠かせない食料となった。

生活様式の変化

天然資源が特に豊富な地域では、人類の集団はひとつの場所にとどまらず、特定の資源を狙って遠くへ少人数を送ったと考えられる。たとえば、地中海東岸のナトゥーフ人の共同体は、近隣に豊富にあった野生穀類を活用できた。環境を操作しはじめた集団もあり、草木を燃やしたり木を切り倒したりして、望みどおりの種の動植物がよく育つようにした。生産性の高い植物種を選んで育て、希望する品種の種蒔きをする一方、特定の動物を管理し、支配するようにもなった。このように操作することで、これらの動植物種は人間からの働きかけにさらに依存するようになった。また、農業の発達が人類の生活のあり方を根本的に変え、それ以降、人間が環境へ一段と大きな影響を与えていった。■

これほど極端な気候変動と環境変化の世界に生きた人類は、これまでほとんどいない。
ブライアン・フェイガン
先史時代人類の研究者

氷床コアと古環境

古気候学者は、海底に長年蓄積されてきた沈殿物の成分元素を研究し、過去に気候がどう変化したかを考察する。有孔虫と呼ばれる小さな海洋生物は、^{16}Oと^{18}Oという酸素のふたつの同位体を海水から吸収する。^{16}Oのほうが軽くて空気中へ蒸発しやすく、温暖な時期には雨となってふたたび海に流れこむ。^{16}Oと^{18}Oが海水中に存在する割合は、有孔虫の殻に存在する割合とほぼ同じである。しかし寒冷な条件のもとでは、蒸発した^{16}Oはほとんど海にもどらずに凍るため、海水中では^{18}Oの割合が高くなる。有孔虫が死ぬと殻が海底に沈み、長年にわたって蓄積される。古気候学者は海底を掘りさげて沈殿物のコアを摘出し、異なる層に見られる^{16}Oと^{18}Oの割合の変化を調べることで、気候が時間とともにどのように変化してきたかを調査する。

アナトリア高原に巨大文明が出現した
チャタルヒュユクの集落
（1万年前）

背景

キーワード
新石器革命

前史
紀元前11000年〜10000年　農作物の栽培や動物の家畜化の形跡が近東で見られる。

紀元前9000年ごろ　トウモロコシの栽培がメソアメリカではじまる。

紀元前8800年ごろ　農耕型の生活様式が近東に根づく。

後史
紀元前8000年　農耕と動物の家畜化、植物の栽培が東アジアではじまる。

紀元前7000年〜6500年　農業がキプロスやギリシア、バルカン半島を経由してヨーロッパにひろがる。

紀元前3500年　最初の都市がメソポタミアに建設される。

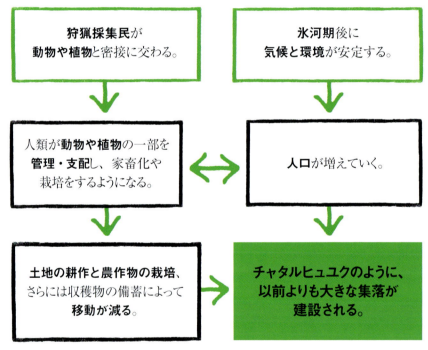

新石器時代の町チャタルヒュユクはトルコのコンヤ平原にあり、ジェームズ・メラートが1960年代に発見した。その大きさ、集落の密度、目を瞠る壁画、複雑な宗教的・儀礼的行動の形跡ゆえに、世界屈指の有名遺跡となった。この遺跡が発見されてから、ほかにも大規模集落がいくつか近東で見つかっており、狩猟採集型から農耕型へと生活様式が変わるなかで人類の共同体の規模が大きくなったことがわかる。この生活様式の変化は「新石器革命」とも呼ばれ、紀元前10000年から7000年ごろに起こった。人口増加にともなってより安定した生活手段を確保せざるをえなくなったからか、あるいは農業

人類の起源

参照　人類がはじめてオーストラリアに到達する 20-21　■　アルタミラの洞窟絵画 22-27　■　最終氷期最盛期 28-29　■　ハンムラビ法典 36-37

この図は、チャタルヒュユク遺跡で人間が互いに身を寄せて生活し、働いていた様子を示していて、家畜化された動物が近くで飼われているのも見てとれる。

によってより多くの子供を持てるようになったからか、集落の多くは規模がはるかに大きくなり、同じ場所に長くとどまるようになった。近隣同士の諍いなど、社会的ストレスを解消する新たな方法を模索する必要も生じた。

住民は時間と労力を注いで農作物を植え育て、その年の生活をまかなえる収穫物を蓄えたので、狩猟採集民のようにただ移動することはできなくなった。

共同体の一体性

形式に則った宗教組織と集団儀式がさらに発達したせいで、共同体の一体性が生まれたのではないかと考えられている。多くの遺跡では、儀式などの目的のために専用の建物が設けられていた。それらは住居よりも大きく、漆喰でできたベンチなど珍しい特徴を備えていて、象徴的・表象的な芸術の形跡もたくさん見つかっている。チャタルヒュユクには壁画や小像が数多く見られ、その題材は雄牛や豹や猛禽類などの野生動物をはじめ、あらゆるものに及んでいた。多くの遺跡では住民が死んでからもなお共同体内部にとどまる例が見られ、遺体が家の床下に埋葬されていた。のちに掘り出されて頭蓋骨が取りはずされることもあり、それらのなかには顔の特徴が漆喰で形作られ、黄土で色が塗られて見た目を整えられたものもある。ヨルダンのアイン・ガザルなどの遺跡では、漆喰で作られた大きな像が見つかっていて、動物や（おもに女性の）人間の形をした粘土製小像の標本もたくさんある。これらはおそらく、共同体のイデオロギーや儀式や社会慣行の一部として、諸個人とより広い地域集団のあいだの緊張関係を和らげるのに役立っていたと考えられる。地域集団のあいだには、長距離交易と物品交換のために、より深いつながりが築かれつつあった。チャタルヒュユクの繁栄は、ハサン・ダーの黒曜石から作られる品の大規模交易の中心地としての役割を果たしていたことに基づく部分もあるかもしれない。

新石器革命とともに訪れた多くの劇的な社会的・経済的変化が、それ以降の人類の歴史と世界の生態系を形作るのにひと役買ったのである。■

農業と健康

農業を採り入れることで、長期的な食料源を安定してじゅうぶん確保できるようになり、人口が増加した。一方、これにはマイナス面もあった。狩猟採集民よりも仕事の負担が大きくなることがあり、また食料はかぎられていて数種の農作物と動物しかなかったため、栄養不足を招いたのである。

このころの農民が健康を損ねる理由は、ほかにもいくつかあった。せまい区画で動物とともに暮らすと、動物の病気の一部が人間に伝染することがある。たとえば、天然痘、炭疽、結核、インフルエンザなどだ。人口密度が高い大共同体では、こういった病気がとりわけ流行しやすかった。このほか、人間や動物の排泄物処理にもしばしば問題が生じ、腸の病気や水系感染症、たとえばコレラやチフスなどが発生した。また、灌漑が蚊や寄生虫の温床となり、人間をマラリアなどの病気に感染させることもあった。

古代の文明
紀元前6000年～後500年

はじめに

メソポタミアの偉大な王のひとり、**ハンムラビ**が**法典**を制定する。知られている成文法の体系としては史上**最古**のもののひとつである。

↑
紀元前1780年

エジプトのファラオ、**ラムセス2世**がふたつの巨大な神殿を**アブ・シンベル**に建て、ファラオを讃えてヌビアでの**支配力**を誇示する。

↑
紀元前1264年ごろ

民主政がクレイステネスによって**アテネ**に導入される。アテネ市民はみな、アテネの政策について直接的に**投票することが許される**。

↑
紀元前507年

ペルシア戦争が**ギリシア**と**ペルシア帝国**のあいだではじまり、軍事的成功が古典ギリシアのアイデンティティの発達に影響を与える。

↑
紀元前490年

紀元前1700年
↓

クノッソス宮殿がクレタ島で**ミノス人**によって建設される。ミノスは、ヨーロッパではじめて**文字の表記法**(音節文字**線文字A**として知られる)を創り出した文明である。

紀元前650年
↓

ケルト文化が栄える。この文化は、**オーストリア**のハルシュタット周辺で発達し、フランスやルーマニア、ボヘミア、スロヴァキアへひろがった。

紀元前500年ごろ
↓

ゴータマ・シッダールタ(**ブッダ**として知られる)が物質的生活を退けて**悟り**を求め、インドで**仏教**を伝道する。

紀元前334年ごろ
↓

マケドニア王の**アレクサンドロス大王**が小アジアに攻め入り、広大な帝国を築く。**ギリシア文化が東方へひろがる**。

およそ5,000年前、人類はかつて見られなかった複雑な社会を形成しはじめた。これらの「文明」は通常、国家の仕組みと社会階層を持ち、都市を建設して神殿、宮殿、ピラミッドなどを作り、なんらかの文字を用いた。文明の発展を支えたのは農業の進歩だった。食料を生産するために田畑で働くのは人々の一部だけでよく、残りは町や宮殿に住んで官吏、商人、写字生、聖職者などのさまざまな専門職に従事した。文明が発明したものが多くの面で──技術、芸術、天文学、時刻制度、文学、哲学などの領域で──人類の生活を新次元へ高めたことは疑いない。しかし、不平等と搾取もまた社会に根ざし、国家が帝国へと拡大するのにともなって大規模な戦争も起こるようになった。

出現する文明

最初期の文明が発達したのは、集約農業が可能だった地域で、多くの場合は灌漑の仕組みをともなっていた。たとえば、メソポタミア(現在のイラク)のティグリス川とユーフラテス川、エジプトのナイル川、インド北部とパキスタンのインダス川、中国の長江と黄河の流域だ。これらのユーラシア大陸と北アフリカの諸文明は別々に成立したようだが、時の経過とともにさまざまな面で接触し、考えや技術、さらに病気までも共有するようになった。どの文明も、石器(石器時代)から青銅(青銅器時代)へと変わり、それから鉄が主になる(鉄器時代)というパターンをたどった。アメリカ大陸ではオルメカ人とマヤ人がメソアメリカ文明を発達させたが、そこでは石器が引きつづき使われ、ユーラシア大陸を苦しめた流行病はほとんど見られなかった。

文字と哲学

紀元前1000年ごろから、ユーラシア大陸の文明は革新的な勢いを得た。文字の使用が、実務的な記録作成から、多様な社会の創始期にまつわる神話や信仰を表現する聖典や古典文学作品へと進化した。ギリシアのホメロスに代表される雄大な物語、中国の儒教の五経、インドのヒンドゥー教のヴェーダなどだ。アルファベットを使った表記法は地中海東岸地域で発達し、交易と航海の民族であるフェ

古代の文明 35

秦始皇帝がそれまで戦国時代にあった**中国を統一**し、**万里の長城**の建設など主要事業をはじめる。

紀元前221年

ローマの**ユリウス・カエサル**が**暗殺**される。カエサルが権力欲を増しつつあると考えた元老院議員たちによる。

紀元前44年

古典期マヤ文明がはじまる。多くの都市や神殿やモニュメントが**メキシコとグアテマラ**のいたるところに建てられる。

250年

西ゴート族が**ローマを陥落**させる。ローマ帝国が縮小し、ヨーロッパの大部分が「**蛮族**」に侵略される。

410年

紀元前218年

カルタゴ(アフリカ北部)の将軍**ハンニバル**が、アルプスを越えて**イタリアに侵攻**する。ローマを占領することはできず、アフリカへもどる。

後43年

将軍アウルス・プラウティウスの率いるローマ軍が、**イングランド**南部に侵攻する。のちにローマの支配は**ウェールズ全域とスコットランド**の一部にまで拡大する。

312年

ローマの**コンスタンティヌス帝**が、ミルウィウス橋の戦いで勝利をおさめたのち、**キリスト教**を採用する。キリスト教は急速に**人々のあいだにひろがる**。

486年

サリ族に属するフランク王国の王クローヴィスがガリアで**ローマを破り**、ロアール川以北の**フランスを王国に統合**する。

ニキア人によって広められた。

ギリシアの都市国家は、民主主義をはじめとする新しい政治形態の実験場として、芸術と哲学における新しい考えの源泉となった。ギリシア文化の影響は遠くインド北部にまで及んだ。一方、インド自体は仏教発祥の地で、この最初の「世界宗教」は発祥の地を超えて多くの人々を改宗させていった。

増加する人口

古典時代の世界が頂点に達したのはおよそ2,000年前だった。世界の人口は最初の文明が出現したときの2,000万人から、推定2億人にまで増えた。そのうち約5,000万人が中国の統一王朝である漢のもとに暮らし、ほぼ同数が、すでに大西洋の海岸地帯やペルシアとの境界にまで支配を拡大していたローマ帝国の統治下にいた。概してこれらの帝国が繁栄したのは、陸上と水上の交流を効率よく活用するとともに、軍事力を容赦なく用いたからだ。長距離の交易ルートがヨーロッパとインド、中国を結び、都市はめざましく発展した。ローマの人口は100万人を超えていたと推定される。

文明の衰退

これら古典時代の有力な帝国は3世紀以降衰退したが、その原因は歴史家のあいだで長く論争されてきた。人口過密都市で発生し、交易ルートを伝って伝染した流行病が原因の一部だったのはまちがいない。帝国内部での権力争いも大きな要因で、これは政治的分断と政府の質の低下を招いた。しかしおそらく最も決定的だったのは、文明化された地域が地理的にかぎられていたことだろう。ローマ帝国も漢王朝も壁を築くことで帝国の境界線を示して守ろうとし、その外側にはたいがい遊牧民や半遊牧民の「蛮族」が暮らしていた。文明社会は、軍事面ではそれらの民族とほぼ互角か、わずかに優位にあったにすぎず、「蛮族」は徐々に帝国の領域内に侵入あるいは定住するようになった。キリスト教化されたローマ帝国の東側は1453年まで生き延び、中国文明は618年以降、唐王朝のもとで力を取りもどすが、西ヨーロッパではローマ統治下の人口と秩序のレベルへ回復するまでに何百年も要することになる。■

国土において正義を実現するために
ハンムラビ法典（紀元前1780年ごろ）

背景

キーワード
文明の起源

前史

紀元前5000年ごろ 銅と金の精錬がメソポタミア内外で広く見られる。

紀元前4500年ごろ メソポタミアのウルクが、都市と呼ぶにふさわしい規模を備えたはじめての集落となる。

紀元前3800年ごろ 上下エジプト王朝がナイル川流域に成立する。

紀元前3500年ごろ インダス文明が発展する。

紀元前3000年ごろ ストーン・サークルがヨーロッパ西部と北部に建てられる。

紀元前1600年ごろ 殷（いん）王朝が中国各地に最初の都市を建設する。

後史

紀元前1500年ごろ メソアメリカでオルメカ文化が台頭する。

600年ごろ マヤ文明が出現する。

- 農業化と人口増加と**都市化**が進む。
- 地域の**ネットワークが解体**し、紛争解決の仕組みが弱まる。

→ **ハンムラビが新しい法典を作り、地域への支配力を固めようとする。**

- 法律、長期保存記録、司法など、**統治のための手段を準備する必要が高まる**。
- 円筒印章（商取引を管理するため）や文字、司法機関、**成文法が発達する**。

1901年にスーサの町の遺跡で、高さ2メートルに及ぶ1枚の黒い石板が見つかった。表面には約280の「裁き」つまり法律が刻まれており、これは知られるかぎり最古の成文法典のひとつである。この石板はもともと、古代メソポタミアの偉大な王のひとりであるハンムラビが、紀元前1750年ごろバビロンに建立した。

青銅器革命

メソポタミアは「ふたつの川のあいだ」という意味であり、ユーフラテス川とティグリス川のあいだに位置した人類初の文明と考えられている。その文字や数学や天文学も、知られるかぎり最古のもので、

古代の文明

参照　チャタルヒュユクの集落 30-31　■　アブ・シンベル神殿 38-39　■　クノッソスの宮殿 42-43　■　アレクサンドロス大王による征服 52-53　■　バグダードの建設 86-93　■　テノチティトラン建都 112--17

法典の制定者
ハンムラビ

紀元前2000年ごろ、シリアから来た半遊牧民アモリ人（西方人）がメソポタミア一帯を襲い、多くの都市国家で地元の支配者に代わってアモリ人長老の指導者が長（おさ）となった。紀元前18世紀はじめまでに最も力を持っていたアモリ人の王は、北部の英主シャムシ・アダド、南部ラルサのリム・シン、そして中部バビロンのハンムラビの3人である。長年の統治のあいだに、ハンムラビはメソポタミア南部全域を自分の王国に統合し、最終的にはティグリス川上流ではニネヴェまで、ユーフラテス川上流ではバリフ川との合流点であるトゥトゥルまで版図を拡大した。ハンムラビは多くの神殿やその他の建物の建築をみずから監督した。

法典の序文はハンムラビへの賛辞と彼の征服についての長い歴史記述から成る。そこでは、ハンムラビの王としての資質は神から聖なる形で認められたものだと誇っている。神は人間を支配する権利をマルドゥク（バビロンの神）に、そしてその国の王に手渡したということだ。また序文からは、公正で秩序ある社会を保証するのがみずからの役割だとハンムラビが考えていたこともわかる。

世界最初の真の都市の例とも見なしうる。人口と富の増加によって社会にヒエラルキーが現れると、頂点にいる支配者や廷臣や聖職者が主導権を握り、商人や職人を経て最底辺の使用人や労働者に至る社会ができた。全員が食料生産に従事していたそれ以前の自給自足社会とは異なり、社会の構成員が異なる役割を果たすようになった。

メソポタミアのさまざまな共同体は、人員を出し合って、防御壁や巨大神殿などの大規模建造物を建てたり、軍隊を動員したりした。水工学を使って川の流れを変え、沖積平野の氾濫原に水を引いた。簿記などの事務上の必要から、楔形文字（くさびがた）という筆記文字が発達し、分数、方程式、幾何学といった複雑な数学概念も発達した。洗練された天文学も暦のために発達した。青銅器革命と呼ばれることもあるこの大きな進歩は、産業革命以前の人類世界において最も重要な変化だと考えられる。

メソポタミアの統一

紀元前4000年から2000年にかけてのほとんどの時期、メソポタミアはウルク、イシン、ラガシュ、ウル、ニップル、ラルサといった競合する王国や都市国家のモザイクだった。バビロンのアモリ人都市国家の王ハンムラビが、策略、外交、便宜主義、軍事力、在位期間などの要因を組み合わせて地域を統一した。他国を征服した王がたいていそうしたように、ハンムラビもかつての布令を土台にしてみずからの法を定めたが、その帝国の勢力範囲が広く、石碑（石板）に刻まれて永久に記録されたことから、法律として際立った存在となった。

ハンムラビ法典とその詳細な序文は、古バビロニア時代として知られる世界の生活について多くを教えてくれる。そこには、財産争いや人に対する暴力から、逃走した奴隷や呪術に至るまで、幅広い問題を扱う法規が含まれている。

ハンムラビの遺産

帝国はハンムラビの死後すぐに解体したが、それでもその治世はメソポタミア南部の転換点となった。ハンムラビはバビロンを中心とした統一国家の概念を確立し、彼の法律はメソポタミアの写字生たちの手で、紀元前6世紀まではまちがいなく書き写された。ヘブライ語聖書の法との類似点も多く、そこに影響を与えた可能性もある。そのヘブライ語聖書は、現在の多くの社会の法律に影響を及ぼしている。■

> 神マルドゥクは
> 人々を支配するために
> わたしを派遣したので……
> 〔わたしは〕虐げられた者たちに
> 幸福をもたらした。
> **ハンムラビ**

すべての国は、彼のサンダルの下に永遠にひれ伏した
アブ・シンベル神殿（紀元前1264年ごろ）

背景

キーワード
ファラオのエジプト

前史
紀元前3050年ごろ ナルメル王が上下エジプトの諸王国を統一する。

紀元前2680年ごろ クフ王がギザに大ピラミッドの建設をはじめる。史上最大のピラミッドとなる。

紀元前1480年ごろ トトメス3世がシリアを征服し、帝国をユーフラテス川まで拡大する。

後史
紀元前1160年ごろ ラムセス3世が、リビア人や「海の民」によるエジプト侵攻を撃退する。

紀元前1085年ごろ 新王国が崩壊し、エジプトは北方のリビア人支配者たちと南方を治めるテーベ人聖職者の王たちによって分割される。

紀元前7世紀 エジプトがアッシリア人に侵略され、のちにペルシア人に侵略される。

紀元前1264年ごろ、ファラオのラムセス2世（在位紀元前1278年ごろ〜1237年ごろ）が、エジプト南部ナイル川西岸の崖に巨大神殿をふたつ刻ませた。入口は4体の大きなファラオ像に守られ、像は誉れ高く椅子に腰をかけて、上下エジプトに対する支配を意味する二重冠など、神から授けられた王権を象徴するものを身につけている。この神殿は、古代エジプトのファラオが持つ独特の地位と野心と力を体現するために設計された。

ファラオの伝統

ラムセス2世は、当時すでにはるか過去のものになっていた伝統を継承した。およそ1,800年前にナルメル王（古代ギリシアの歴史家ヘロドトスはメネスと呼ぶ）が、ナイル川の上（南部）と下（北部）の王国をはじめて統一した。ナルメル王の功績は石のパレットに記録されたが、これはヒエラコンポリスの神殿で19世紀に発見され、エジプト王についての記述としては現在知られる最古のもののひとつである。パレットには数多くのシンボルや伝承が刻まれていて、それがその後3,000年間のファラオの典例となった。たとえば、ナルメル王が敵の髪をつかんで相手をまさに打ちつけようとしている姿が記され、ラムセス2世もしばしば同じように描かれるなど、軍事力と超自然的な力がエジプト王たる者の特徴となった。ファラオは神と同様に、通常の人間よりもはるかに大きく描かれることが多かった。

エジプトの地理的状況、すなわち北の

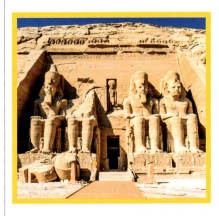

アブ・シンベルの壮大な神殿の集合体は、1964年から68年にかけてのアスワン・ハイ・ダム建設工事中に、ナイル川の水位上昇から守るため、200メートル内陸へ、また65メートル上方へ移動することになった。

古代の文明

参照　ハンムラビ法典 36-37 ■ クノッソスの宮殿 42-43 ■ アレクサンドロス大王による征服 52-53 ■ ユリウス・カエサルの暗殺 58-65

> われ〔創造主〕は汝ラムセス2世に不断の収穫を与える……〔汝の〕作物の束は砂の数ほど豊富になり、汝の穀倉は天に達し、穀物を積みあげると山のごとくなるであろう。

アブ・シンベル神殿の碑文
紀元前1264年ごろ

地中海に注ぐ肥沃なナイル川流域およびそのデルタと、それを取り巻く広大な無人砂漠との著しい対比は、王国の独自の文化と文明を生み出した。ファラオは生きた神と見なされ、肥料となる沈泥を土壌にもたらすナイル川の毎年の洪水も含めて、全世界の秩序を制御できると考えられていた。ファラオはまた、農業の場面では農場主としても描かれ、土地の守護者としての役割が示されている。

古王国

ナルメル王のあとにつづいた古王国は、有力なファラオたちが率いる一連の王朝が支配し、ファラオは統一王国の官僚機構と経済の力を注いでピラミッド建設など不朽の建築プロジェクトを推進した。これが科学や技術や経済の発展を刺激し、近東と地中海沿岸のほかの王国との交易が盛んになった。古王国で支配的な位置を占めた神は、太陽の神ラー、冥界の神オシリス、創造の神プタハである。テーベ出身の一族が支配した中王国と新王国では、アメンが主たる神となった。主権者であるファラオは神々と密接に結びつけられ、特定の神の生きた化身だと信じられた。

新王国

紀元前22世紀に古王国が崩壊した。中間期と呼ばれる期間ののち、紀元前2134年から中王国の諸王朝がエジプト全土の支配を回復したが、1750年ごろにヒクソス（おそらくシリアのセム人）の侵攻を受けた。ヒクソスは紀元前1550年ごろにエジプトから駆逐され、最大で最も重要と見なされる第18王朝が権力を握って、新王国を打ち立てた。このころには、ファラオだけでなく聖職者や写字生、さらには、供物や呪文やミイラ化を準備できる富者たちも不死を手に入れられると信じられていたので、王家の谷では多くの墓が掘られて、非常に豪華な埋葬品で満たされた。

トトメス3世やラムセス2世ら、領土拡張を重んじたファラオのもとで、エジプトの支配はアジアではユーフラテス川まで、またナイル川上流ではヌビアまでひろがった。ラムセス2世がヌビアにアブ・シンベル神殿を建てたのは偶然ではない。この神殿は、エジプトのファラオ全般の神聖な栄光を示すと同時に、ラムセス2世が征服したばかりの領土に対する支配力も象徴していた。■

ナイル川流域が接しているのは**生活には向かない砂漠**だが、世界最長の川が流れて**水を供給する**ので、きわめて**肥沃な土地**でもある。

↓

洗練されて結束力の強い、統一された文明が、広範囲にわたって発展する。　⇄　**交易と征服**によって経済が繁栄し、**人口が増える**。大規模で豊かな王国が現れる。

↓

エジプトの力と富と信仰体系を反映した、アブ・シンベル神殿の集合体などの巨大モニュメントが建てられる。

執着は苦の根源である
ゴータマ・シッダールタが仏教を説く
（紀元前500年ごろ）

背景

キーワード
仏教の伝播

前史
紀元前1200年　ヴェーダ（別名アーリア）文化がインド北部と中部にひろがる。

紀元前1200年～800年　長く口承されてきたものがサンスクリット語でヴェーダとして文字にされる。

紀元前600年ごろ　ヴェーダ期インドで競合する16の王国マハージャナパダが現れる。

後史
紀元前320年ごろ　チャンドラグプタ・マウリヤがマウリヤ朝をはじめる。

紀元前3世紀　スリランカが仏教に改宗する。

紀元前185年　マウリヤ朝が崩壊する。

後1世紀　仏教が中国に伝わる。

7世紀　仏教の伝道者が僧院設立のためチベットに招かれる。

シッダールタすなわちブッダが、物質的生活を否定してみずからの哲学を説く。

アショーカ王がインドを征服し、帝国を統一する。

↓

アショーカ王が仏教を国教とし、南アジアと東アジア一帯に広める。

↓

マウリヤ朝崩壊後、インドでの仏教は衰退する。

スリランカ、東南アジア、中国、日本、チベット、中央アジアで仏教が栄える。

ブッダとして名高いゴータマ・シッダールタは、ヴェーダ時代（紀元前1500年ごろ～600年ごろ）の終わりに、転換期の南アジアで生まれた。この国のカースト制のもとでは、司祭のバラモンと戦士のエリートであるクシャトリヤが最上位に位置づけられていて、ゴータマ・シッダールタが生まれたのは後者の集団だった。

インドは当時、さまざまな宗派や新しいイデオロギーが入り乱れた状態にあり、そのなかには物質世界を拒絶する哲学を信奉するものもあった。シッダールタも神秘主義的なヒンドゥー主義に基づいて同類の哲学を発展させたが、束縛のきびしさを増しつつあったヴェーダの儀式と、先祖から受け継がれるバラモンの身分については否定した。やがて、物質的所有を退けて悟りを求め、ついに解脱してブッダとなった。インド北東部で伝道し、仏教

古代の文明

参照 アレクサンドロス大王による征服 52-53 ■ インダス文明が崩壊する 70 ■ アンコールワットの建造 108-09 ■ アクバル大帝による征服 170-71

> この世に
> 別離が定まっているとすれば、
> この理法のため、
> むしろ自分から別離を果たすほうが
> よいとお思いになりませんか。
>
> **ゴータマ・シッダールタ**

の僧団サンガを創設して活動をつづけた。

その後数世紀のあいだ、仏教はいくつかある小宗派のひとつにすぎなかったが、マウリヤ朝のアショーカ王（紀元前304年〜232年）のもとでインドの国教となった。アショーカ王の統治は血みどろの征服からはじまったが、紀元前261年ごろ、王は心変わりする。それ以降、アショーカ王は寛容と非暴力の信念に則った支配と宗教哲学の新しい形を受け入れた。王はマウリヤ朝の支配を拡大し、仏教が強力な求心力を見せつけるなか、南端を除くインド全域を統合して3,000万人の帝国を築いた。

世界宗教

アショーカ王は仏教を国教としたのち、僧院を創設して奨学制度を設けた。仏教の伝道者をインド亜大陸の隅々まで、また海外でははるかギリシア、シリア、エジプトまで派遣した。アショーカ王の伝道によって、仏教は当初、上流階級に定着したが、その後、社会のあらゆる階層に根をおろしていき、スリランカや東南アジア、インド・グリーク朝（現在のパキスタンとアフガニスタン）のシルクロード沿い、さらにのちには中国、日本、チベットへも浸透した。誕生の地であるインドでは、仏教は紀元前232年にアショーカ王が没したあと、ヒンドゥー教の復活とイスラム教の伝来の影響を受けて衰退しはじめた。しかしインドの外では、仏教の伝統と学問は栄え、上座部仏教、大乗

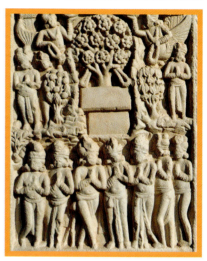

石のレリーフにブッダの生涯が描かれ、紀元前3世紀にアショーカ王の命で建立されたサーンチーのストゥーパの塔門を飾っている。

仏教、密教、ヨーガなどさまざまな形態へ進化した。

発生した社会の外にまで広く拡散したはじめての宗教、すなわち最初の「世界宗教」である仏教は、紀元前6世紀から信仰されてきた最古の宗教のひとつでもある。■

ブッダ

ゴータマ・シッダールタの生涯は、彼を取り巻く神話や伝説によって覆い隠されている。言い伝えはさまざまあり、そこで語られる生から死までの歴史はそれぞれ異なるが、紀元前6世紀生まれ、5世紀没という説が有力である。奇跡的に母親の脇から生まれたと言われ、父親でサーキヤ族の長スッドーダナ・タルー王の宮殿で贅沢に育てられた。

29歳のとき、シッダールタはこの贅沢な暮らしを退けて妻子のもとを去り、物質を放棄して苦行を通じた悟りを求めた。その後、6年間の放浪と瞑想を経て悟りを開くに至り、ブッダとなったが、仏教の目的である超越状態（涅槃）にのぼりつめるのではなく、世界にとどまって新しいメッセージであるダルマを伝道することにした。

信徒を集めてサンガ（僧団）を作り、80歳で没するまで聖職に従事した。弟子たちにダルマに従うよう説き、こう指示した。「ひとつひとつのすべてのものは消え去る。たゆまず努力せよ」

ギリシアに絵文字の体系があった手がかり
クノッソスの宮殿（紀元前1700年ごろ）

背景

キーワード
ミノアのクレタ島

前史
紀元前7000年ごろ　クレタ島の植民地化がはじまる。

紀元前3000年ごろ　クレタ島で青銅器時代がはじまる。

後史
紀元前1640年ごろ　大規模な火山噴火によって、ミノア人の植民地と海岸地帯が壊滅状態に陥る。

紀元前1500年ごろ　ミノア文化の階層化が進む。地方の統治権が大土地所有者に委譲される。

紀元前1450年ごろ　ミケーネ人がクレタ島に侵攻する。

紀元前1100年ごろ　「海の民」が地中海世界を脅かし、ミノア文明を決定的に衰退させる。

1900年　アーサー・エヴァンズがクノッソスの発掘をはじめる。

1908年　イタリアの考古学者ルイジ・ペルニエルがファイストス円盤を発見。

ミノア社会が**農業と交易**によって大いに繁栄する。

社会の階層化が進み、富裕層のエリートが交易を支配する。

複雑な構造の宮殿が建築され、再分配のために物資が貯蔵される。

記録の必要から**ヒエログリフ**の形で「文字」が生まれる。

クノッソスでヒエログリフが線文字Aに進化する。

1890年代、イギリスの歴史家アーサー・エヴァンズが、アテネで古代の粘土製印章が売られているのに出くわした。まだあまり調査されていなかった地中海のクレタ島で見つかったもので、ヨーロッパ最初の文字体系の存在を思わせるものとしてエヴァンズの関心を引いた。

印章を追ってその出所であるクレタ島へたどり着いたエヴァンズは、島北部のクノッソスで有望そうな一区画を発掘すると決め、そこで広大な宮殿を発見した。宮殿に見られる図像は、牛の崇拝にかかわるものが中心だった。その一例が牛跳びの様子を描いた壁画だ。エヴァンズはこの文明を神話上のクレタ王ミノスにちなんで「ミノア」と名づけた。ミノス王は、ギリシアの伝説によると、迷宮を作って半人半牛の恐ろしい生き物ミノタウロスを閉じこめた人物だ。発掘の過程でエヴァンズは、ミノア人が初期のアルファベットを発明していたことを発見し、これを線文字Aと呼んだ。

宮殿時代

ミノア人の起源は定かでないが、新石

古代の文明　43

参照　チャタルヒュユクの集落 30-31 ■ ハンムラビ法典 36-37 ■ ペルシア戦争 44-45 ■ アテネの民主主義 46-51 ■ 世宗が新たな文字を採り入れる 130-31 ■ コンスタンティノープルの陥落 138-41

器時代の紀元前7000年ごろにクレタ島に定住した。農作物を栽培し、羊を飼い、洞窟や山頂や泉で礼拝をしたが、紀元前2400年までには大きな宮殿を建てはじめた。紀元前1900年までの時期には、クノッソス、ファイストス、マリア、カニアにほぼ同じ様式の宮殿が建てられ、中でもクノッソスの宮殿が最大だった。火事あるいは津波によって紀元前1700年ごろに破壊されたが、すぐに同じ場所に再建された。絶頂期となった紀元前1500年ごろにはクノッソスの宮殿は75ヘクタールの範囲に及び、人口は1万2,000人に達した。

ミノアの宮殿はどれも大きな中庭があって、多くの部屋を備えた建物がそれを取り囲み、動植物の壁画で大いに装飾されていた。広大な貯蔵庫（倉庫）に支配者が――聖職者と王あるいは女王のふた役を兼ねていた可能性がある――再分配のために多くの物資を集めた。

ミノアの支配者はまた、地中海沿岸のほかの青銅器文明との交易もおこなった。相手にはフェニキア（現在のレバノン）のビブロス、シリアのウガリット、ファラオ支配下のエジプト、キクラデス諸島にあるミケーネのギリシア人居住地、さらに遠くの都市までもが含まれている。

線文字Aの書記法

ミノア人は、おそらく最初は記録と事務を目的として自分たちの文字を発達させた。はじめはヒエログリフの絵文字だったが、のちに線文字Aの音節文字を持つ言語に進化し、そこでは記号が（アルファベットのように文字を表すのではなく）音節を表す。線文字Aで記録されたミノアの言語はいまなお解読されていないが、紀元前1450年ごろ、ミノアへ侵攻したギリシア本土のミケーネ人が書記法を改変して線文字Bを作り、これが古代ギリシア語を書くのに使われた。

ミケーネ人がクレタに侵攻すると、まもなくミノア文明は完全に崩壊した。しかしミノア文字の遺産は、ミケーネのアルファベットとのつながりを通して残り、これがさらに本土のギリシア人が使う文字に影響を与えることとなった。■

この牛跳びの壁画はクレタ島のクノッソス宮殿にあり、闘牛士を描いた数枚の漆喰製パネルのうち最も完全に復元されたものだ。牛を扱う姿は、当時の芸術によく見られる主題だった。

ファイストス円盤

1908年にクレタ島南部ファイストスのミノアの宮殿跡から発見されたファイストス円盤（写真）は、焼成粘土でできた直径およそ15センチの円盤で、未知の書記体系のシンボルが記されている。紀元前1700年にさかのぼるものだが、木版印刷の技術を用いて作られていた。木版印刷はその約2,000年後に（中国で）発明されたと考えられていたため、この円盤は考古学上の大きな謎のひとつだった。シンボルの多くは身のまわりで日常的に目にするものと見られ、螺旋状に並べられて単語ごとに縦の線で区切られている。研究者のなかには、クレタのヒエログリフの一部のシンボルと線文字Aのあいだに類似点を見いだし、円盤の文字は既存のミノア書記体系の発展型だったと考える者もいる。円盤の意味については諸説あり、記されているのは女神への賛歌だと考える人もいれば、物語を語っているという人や、暦やゲームだと論じる人もいる。この円盤はよくできた偽物だと考える専門家すらいる。

平和のときには子が父の弔いをするが、戦いとなれば父が子を弔う
ペルシア戦争（紀元前490年〜449年）

背景
キーワード
ペルシア帝国

前史
紀元前7世紀 メディア人が強力な王国を現在のイランの地に確立する。

紀元前550年ごろ 大王キュロスがメディア人の支配に反旗をひるがえし、アケメネス朝のペルシア帝国を樹立する。

紀元前499年ごろ ギリシアの都市国家がペルシアの支配に反旗をひるがえすが、反乱は失敗に終わる。

後史
紀元前431年 アテネとスパルタがギリシアの覇権をめぐってペロポネソス戦争で衝突する。

紀元前404年 アルタクセルクセス2世がアケメネス朝の王となる。

紀元前331年 アレクサンドロス大王がダレイオス3世を破り、ペルシア帝国を征服する。

紀元前312年 ペルシアが、アレクサンドロスの後継者のひとりによって築かれたセレウコス朝の一部となる。

ペルシア戦争（紀元前490年〜449年）はギリシア＝ペルシア戦争としても知られており、広大で多民族から成る帝国がギリシア南部の都市国家の小部隊と戦った。この戦いは古代ギリシアのアイデンティティと文化の発達に大きな影響を与え、西洋の文学と神話に鮮明な足跡を残した。一方、ペルシアのアケメネス朝はあまり顧みられることがなく、この偉大な中東文明が存在した意義は過小評価されている。

アケメネス朝

最初のペルシア帝国はアケメネスと呼ばれる王朝によって治められ、急速に拡大した。絶頂期には世界人口の半分以上を支配下に置いていたと考えられる。はじまりは紀元前550年ごろ、ペルシアのキュロス大王がメディア人の支配者たちを打ち倒したのちに、バビロニアとリュディア（現在のトルコにあった）を征服し、イオニアのギリシア人をペルシアの支配下に置いたときのことだ。キュロスの後継者カンビュセス2世とダレイオスが帝国をエジプトとバルカン半島まで拡大し、バルカン半島のトラキアとマケドニアがペルシア人にとってヨーロッパでの足場

重装歩兵、すなわちギリシアの市民兵がペルシア人を倒すさまが、紀元前460年に作られたワイン容器に描かれている。勝者の楯には翼を持つ馬ペガサスがいる。

となった。

アケメネス朝が打ち立てたペルシアの支配は、のちの帝国のモデルとなった。規模が広大だったにもかかわらず、国家は多文化主義をある程度受け入れ、被征服者の宗教、言語、文化の自由を認めた。軍隊とインフラへの投資があり——ローマ人と同じく、ペルシア人は道路網を建設して帝国の一体性を確保した——行政の権限は地方の州へ委譲された。アケメネス朝のもとで、中東ははじめてひとつの包括的な文化のもとに統一された。

古代の文明

参照 ハンムラビ法典 36-37 ■ アテネの民主主義 46-51 ■ アレクサンドロス大王による征服 52-53 ■ ペロポネソス戦争 70 ■ ムハンマドが神の啓示を受ける 78-81

紀元前499年にイオニアがペルシアの支配に対して反乱を起こすと、失敗に終わりはしたものの、それをアテネやエレトリアなどの都市国家が支援したため、独立を保っていたギリシア人たちとアケメネス朝とのあいだで紛争が生じた。ダレイオスはこれに反応してギリシア本土に侵攻するが、紀元前490年にマラトンでアテネ人とその同盟軍に敗北した。ダレイオスはさらに大規模な侵攻を計画したが、それを実行に移すために巨大な軍隊が招集されるのは、彼の死後、息子のクセルクセスによってだった。

嘘の父

ペルシア戦争についてのおもな情報源は、古代ギリシアの歴史家、ハリカルナッソスのヘロドトスで、彼は「歴史の父」と「嘘の父」の両方として知られている。ヘロドトスの見立てでは、クセルクセスの陸上部隊は170万人だったというが、現在の歴史家の考えでは多く見積もっても20万人ほどだった。

紀元前480年におこなわれたペルシア人による2度目のギリシア侵攻は、テルモピュライでのレオニダスと配下のスパルタ人300人による勇ましい防衛と、アルテミシオンにおけるギリシア側の海上での抵抗によって妨げられた。その後、アテネの海軍がペルシアの艦隊をサラミスの海戦で罠におびき寄せて打撃を与える。クセルクセスは大軍に戦闘をつづけさせたままペルシアにもどったが、紀元前479年のプラタイアの戦いで、スパルタ人に率いられたギリシア連合軍がペルシアを破り、ペルシアはミカレでもスパルタに敗れた。ギリシアの勝利はおそらく、クセルクセスが海戦で敗北を喫してから巨大な軍隊に物資の供給や支援をおこなうのがむずかしくなっていたせいだが、ヘロドトスはギリシア側の大義が道徳的にまさっていたためだと論じている。

デロス同盟

ギリシアは攻撃に転じ、デロス同盟を結成してペルシアと対峙した。紀元前449年にペルシアはついに講和し、イオニア諸国家の独立を認めた。

ペルシア戦争はギリシアのアイデンティティを強化し、文化と軍事の面での自信を高めさせたが、これはとりわけアテネで顕著だった。アテネは力を持つとスパルタと対立するようになり、やがて紀元前431年～404年のペロポネソス戦争が起こった。ペルシア帝国の拡大は限界に達したが、紀元前331年にアレクサンドロス大王に敗れるまで力を保った。■

> ほかのすべての遠征は……このたびの遠征軍の規模には及ばなかったであろう。というのも、アジアに住む民族で、クセルクセスがギリシア遠征に従えなかった民族など、あったはずがないからだ。
> **ヘロドトス**

キュロス大王

アケメネス朝の創始者はキュロス2世で、のちに「大王」として知られることとなる。紀元前557年ごろ、メディア王の属領だったアンシャンの王となった。

伝説によると、彼がペルシア軍の支援を得たのは、兵士たちに1日かけてイバラのやぶを刈らせ、翌日に宴会を開いて、こう問いかけたことによってだという。反乱を支援したら贅沢な暮らしができるようになるのに、メディア人の奴隷にとどまる理由などあろうか、と。

10年ほどのちには、キュロスはすでにメディアを征服し、小アジアのサルディスとリュディアも支配下におさめていた。その7年後にバビロンを征服したが、その際にはユーフラテス川の流れを変えて、干あがった川底に進軍させて攻め入った。この勝利によってキュロスは、アッシリア、シリア、パレスティナを含む新バビロニア帝国の領土を手に入れた。バビロニア人によって囚われの身となっていたユダヤ人を解放し、エルサレムに神殿を再建することを許したのである。ギリシアの著述家クセノフォンは、キュロスを理想の統治者と見なしている。

キュロスは紀元前530年、中央アジアへ出征中に死んだ。遺体は、ペルシアのパサルガダエに自分が建てた王宮内の大きな墓に埋葬された。

政体は少数者ではなく多数者の手にある
アテネの民主主義（紀元前507年ごろ）

アテネの民主主義

背景

キーワード
ギリシアの政治と哲学

前史
紀元前14世紀〜13世紀 ミケーネ人がアテネに定住し、アクロポリスの要塞を築く。

紀元前900年ごろ アッティカの小都市が、アテネを中心とした都市国家に政治統合される。

紀元前590年ごろ ソロンの改革によって、アテネの政治機構が階級に関係なくすべての市民に開かれる。

後史
紀元前86年 アテネが将軍スラ指揮下のローマ人に略奪される。

紀元前50年ごろ ローマ人のギリシア崇拝がはじまる。アテネがローマ帝国の有力者たちの注目の的になる。

529年 キリスト教徒の皇帝ユスティニアヌス1世がプラトンの学園を閉鎖し、異教徒の学者たちを追放する。

「民主主義（democracy）」ということばは、ギリシア語のdemos（民衆）とkratos（支配）ということばに由来する。民主主義は古代アテネで紀元前507年ごろに発展し、中断はあったものの紀元前462年から322年に最も純粋な形態で栄えて、その後の世界で支配的となる統治形態のモデルになった。2015年までに、世界195か国のうち125か国が選挙による民主主義国家となっている。だが、古代アテネの民主主義は現在の形式とは異なり、アテネの歴史と、交戦中だった当時のギリシア諸都市の歴史を反映したものだった。

寡頭制支配者と重装歩兵

古代ギリシアの暗黒時代は、ミケーネ文明が紀元前1100年ごろに崩壊したあと、紀元前9世紀ごろまでつづいたが、この時期の混乱がおさまると、新しく現れた都市国家のほとんどは寡頭制国家となり、力のある貴族が政府を独占して自分たちの利益を追求した。アテネではアレオパゴス（貴族出身の男性たちから成る評議会と法廷）が国家の機構を支配し、役人の任命や民事裁判をおこなう一方で、より低い階級の人たち（テテス）は公職から排除された。

しかし紀元前8世紀から7世紀にかけて、「重装歩兵」という市民兵が発達することで、一定水準の平等主義がもたらされ、権力者の立場は揺るがされた。重装歩兵はおもに自由市民の男性から成り、ファランクスを主戦法として用いた。ファランクスは陣形のひとつで、兵士が密集して並び、各人が持つ楯でそれぞれ自分の左側にいる兵士を守った。武器と甲冑を買える男性はだれでも、国を守るために命を懸けて戦うことになった。その結果、一種の中間層が現れ、兵役をつとめた者は完全な市民権と政治的代表権を与えられるべきだと主張した。それと同時に、より低い階級の人たちも要求をはじめたため、中下級層と上流層とのあいだで土地改革や借金による奴隷などの重要な問題をめぐる対立が生じ、国内断絶につながりかねない事態となった。

ソロンとクレイステネス

アテネでは、この対立は紀元前594年ごろに政治家ソロンの改革によってやや

> アテネ人にとって、他国の産物は自分たちの恵みと同様に味わうことができる。
> **ペリクレス**

ペリクレス

ペリクレス（紀元前495年ごろ〜429年）はアテネの最も有名な民主主義者であり、30年にわたってアテネ都市国家の指導者として活躍した。紀元前462年ごろに、政治家エフィアルテスを助けて寡頭支配の最後の砦アレオパゴスを解体し、名を知られるようになったペリクレスは、エフィアルテスの死後、さらに改革をおこなった。そのなかには法廷でつとめを果たす者に報酬を与えるというものもあり、どんなに貧しい市民でも意見を表明することができるようになった。ペリクレスはまた、アテネがデロス同盟で支配的な位置にあるのを利用して、強硬な対外政策を推進したとも考えられている。紀元前440年代から430年代にかけては、野心的な公共建築事業に携わり、国内で論議を呼んだが、反対勢力を鎮圧した。国外でも、デロス同盟の資金を徴発してパルテノンの費用をまかなっていると非難され、論争を巻き起こしている。だがペリクレスは人気があり、紀元前443年から毎年、将軍に選出された。

古代の文明 49

参照　ハンムラビ法典 36-37　■　クノッソスの宮殿 42-43　■　ペルシア戦争 44-45　■　アレクサンドロス大王による征服 52-53　■
ペロポネソス戦争 70　■　コンスタンティノープルの陥落 138-41

パルテノンはアテネの女神に捧げる神殿として紀元前447年～438年に建てられたもので、しばしば民主主義と西洋文明の象徴と見なされる。

緩和された。ソロンはすべての市民が国家の問題に投票できる法律を作り、すべての市民が参加できる裁判所を設立した。しかしそれと同時に、富に応じて権力が付与される階層制の寡頭制を導入し、上流階級を懐柔した。その制度では、貴族が最上級の役職、中間層がそれより劣る役職を担い、貧民はくじで選ばれて陪審として働いた。

紀元前6世紀後半、アテネはペイシストラトスとその息子たちの支配下にはいった。これに反発して、クレイステネス率いる貴族の一派がより位の低い人々と手を結び、権力を掌握した。アテネで真の民主主義が確立されたのはこのときであり、紀元前507年ごろのことと通常は考えられている。クレイステネスは真の民衆政治、すなわち直接民主主義を導入し、すべての市民がアテネの政策に直接投票できるようにした（選挙で選ばれた代表が立法府を構成する現在の代表民主主義とは異なる）。クレイステネスはまた血縁関係ではなく地理を単位とした集団に市民を再編することで、アテネの

貴族社会を支えていた伝統的な結びつきを破壊し、また抽選の仕組みを確立して、世襲に基づかず無作為に市民を選んで政府の役職に就けるようにした。それに加えて、ブーレー（議会）を再編し、法案を起草して有権者の集会（エクレシア、民会）に法を提案する500人評議会を設けた。紀元前501年には、軍の指揮権が民衆に選ばれた将軍たち（ストラテーゴイ）へと委譲された。

紀元前462年、エフィアルテスがアテネの民主主義運動のリーダーとなって、協力者ペリクレスとともにアレオパゴス会議を廃止し、権限の多くをブーレー、エクレシア、民衆裁判所に移した。エフィアルテスが紀元前461年に暗殺されると、ペリクレスが政治指導者の立場を引き継ぎ、古代ギリシア史上屈指の影響力を持つ統治者となった。

完璧な民主主義？

アテネは真の直接民主主義をとるようになったが、真の市民とは見なされずに制度への参加を認められない人々も多くいた。政治的権利は成人男性のアテネ人に限定され、女性、外国人、奴隷は除外

アテネの民主主義

アテネの国制は権力を注意深く分立させた上に成り立っていた。このことは直接民主主義を実際に動かすのに不可欠だった。またこれによって、全市民（20歳以上の男性）が役割を果たせるように、そして権力が悪用されないようにもなった。

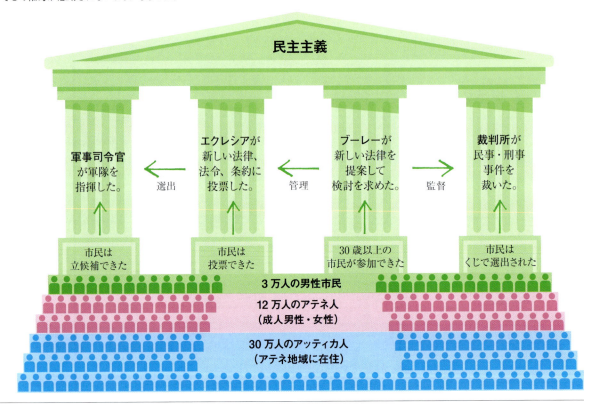

された。紀元前4世紀の時点で、アテネが支配するギリシアのアッティカ地方の人口30万人のうち、有権者は3万人にすぎなかった。規定では男性は18歳で投票権を持つ市民となったが、通常は2年間の兵役義務があるため、20歳になるまで名簿に登録されることはなく、完全な政治的権利は30歳まで得られなかった。

「50年史」のあいだ、すなわちペルシア戦争でのギリシアの勝利（紀元前479年）からペロポネソス戦争がはじまるまで（紀元前431年）の数十年間に、アテネは全盛期を迎える。紀元前447年には、ペリクレスがデロス同盟（反ペルシアの同盟で、アテネの覇権を体現していた）の資金を流用し、アクロポリスと呼ばれる岩山に壮大な神殿（パルテノン）を建設しはじめた。アテネの市民権を求める人は多く、紀元前451年、ペリクレスは法を作って、市民権を両親ともにアテネ人の男性に限定した。

哲学の中心地

アテネは、古代ギリシアで最も力のある都市国家であったのと同時に、哲学の革命的な新展開のるつぼでもあったが、これはソクラテス（紀元前469年ごろ〜399年）に負うところが大きい。

ソクラテス以前のギリシアの哲学者たちは、紀元前5世紀と6世紀に人間についての思想に独自の変革をもたらした。彼らは世界を超自然的な視点から説明したり、神話の力で世界を説明したり、伝統の権威に拠ったりするのを拒み、自然界の起源と仕組みを理性と観察によって明らかにしようとした。自然哲学者は、

われわれの一般市民は、
日々の仕事に励みながらも、
公の事柄に公正な判断をくだせる。
ペリクレス

元素の理論、自然界の分類、数学的・幾何学的証明などを発達させた。

ソクラテスは問いを内面に向けて、より人間にかかわる事柄を考えた。キケロはソクラテスについて「哲学を天上から呼びおろした」と述べている。ソクラテスの方法は、ただ単に問いを投げかけるというものだった。友情とは何か。正義とは何か。知とは何か。その方法は既存知識の限界を暴き、人々が愚か者や傲慢な者だと暴露することも多く、それゆえソクラテスはきらわれ、ついには敵からふたつの罪で訴えられた。政府に楯突くよう扇動して若者を堕落させた罪と、不信心、つまり神への敬意を欠いた罪だ。その結果、彼は死刑判決を受けた。

ソクラテスの継承者

ソクラテスの死は民主主義の誤りを示すものだと後継者たちは見なした。中でも有名なのが、ソクラテスは真実に殉じて死んだと考えたプラトン（紀元前428年ごろ～348年ごろ）である。プラトンは学園（アカデメイア）を運営し、その後の西洋世界におけるあらゆる宗教と哲学の枠組みを定める普遍的真理と形而上学の概念を発展させた。プラトンのもとで学んだアリストテレス（紀元前384年～322年）もまた大きな影響力を持ち、リュケイオンに学園を設立するとともに、政治学、倫理学、法学、自然科学といった幅広い主題で著述をおこなった。

プラトンは民主主義に反対したが、これは民衆が立法に必要とされる哲学的な徳をじゅうぶんに備えていないため、政治が一般市民の手に委ねられると専制政治が生じると考えたからだ。プラトンが理想とした国家では、見識ある哲学者が王として統治する。プラトンはまた、民主主義の基本原理である自由（エレウテリア）の原理に異議を申し立て、自由のせいで民衆の心が倫理を適切に追求することができなくなり、社会に不和が生じる可能性があると考えた。

民主主義の凋落

ペロポネソス戦争（紀元前431～404年）でアテネは最終的にスパルタに敗れるが、この戦争のあいだにアテネの民主主義は紀元前411年と404年の2回、停止された。寡頭支配者たちが、アテネの立場の弱さは民主主義のせいだと主張し、

独裁制は民主主義から自然に生じ、最も深刻な専制と隷属は最も極端な自由から生まれる。
プラトン

「アテネの聴衆」（1884年）。ウィリアム・ブレイク・リッチモンドの手になるこの作品は、紀元前450年ごろにアイスキュロスが物したギリシア悲劇「アガメムノーン」の雰囲気をとらえている。この時代は古代ギリシアにおける戯曲の黄金時代と見なされている。

民主的統治から極端な寡頭制へ移行しようとする反革命を主導したからだ。どちらの場合も、1年以内に民主的統治が回復した。

民主主義はその後、80年にわたって栄えた。しかし、フィリッポス2世と息子のアレクサンドロス（のちのアレクサンドロス大王）のもと、紀元前322年にマケドニアがアテネを征服すると、アテネの民主主義は廃止された。ヘレニズム期には、紀元前1世紀と2世紀に民主主義が断続的に復活したが、紀元前146年にローマがギリシアを征服すると、事実上ついえた。

民主的統治は廃止されたが、アテネの科学と哲学は生きつづけた。プラトンとアリストテレスの名声と影響はのちの時代にもつづき、彼らの業績の多くが現在の西洋思想にまで影響を及ぼしている。■

勇敢な者に勝ちとれぬものはない
アレクサンドロス大王による征服
（紀元前4世紀）

背景

キーワード
ヘレニズムの世界

前史
紀元前359年　マケドニアのフィリッポス2世が権力の座に就き、革新的な軍事技術と戦術を開発する。

紀元前338年　フィリッポス2世がギリシア諸国家を打ち破り、だれもが認めるギリシアの指導者となる。

紀元前336年　フィリッポスが没し、息子のアレクサンドロスがマケドニア王に即位する。

後史
紀元前321年　アレクサンドロスの死後、配下の将軍たちのあいだで諍いが起こり、広範囲にわたる内戦が勃発する。

紀元前278年　アレクサンドロスの将軍たちがギリシア、中東、エジプトに3つのヘレニズム王国を打ち立てる。

紀元前30年　ローマ皇帝オクタウィアヌスが、最後のヘレニズム王国だったエジプトを併合する。

史上有数の速さと大胆さで軍事力を拡張したバルカン半島の若き王、アレクサンドロス大王は、当時ギリシアの人々に知られていた世界のほとんどの場所で征服を先導し、その後数百年つづくヘレニズム化、すなわちギリシア文化の拡散と、非ギリシア的な東方の伝統とギリシア文化との融合のきっかけを作った。

アレクサンドロスの父フィリッポス2世は、かつての小国を恐るべき軍事大国に変え、周辺諸国に出兵してギリシア全土をマケドニアの支配下におさめた。紀元前336年に暗殺されたときには、ペルシアにふたたび征服されたかつてのギリシア都市国家を解放すべく、西アジアへの遠征を計画していた。アレクサンドロスは、ライバルたちを滅ぼしてマケドニアの王座を手に入れると、父が計画していた遠征を実行に移すとともに、栄光を求める自分自身の欲望も満たしていく。

世界の王

ギリシアのほかの都市国家におのれの権威を受け入れさせたのち、アレクサンドロスは紀元前334年に4万3,000の歩兵と5,500の騎兵を率いて小アジア（現在のトルコ）に進軍した。中心ではマケドニア人から成る重装歩兵がファランクスの陣形を作り、よく訓練された1万5,000人の男が「サリッサ」と呼ばれる最長7メートルの槍で武装し、密集して一隊をなしていた。王の護衛をつとめた「ヘタイロイ（仲間たち）」による重装騎兵の激しい突撃がこれと組み合わされ、この陣形は抗いがたいものとなった。

まず小アジア北西部のグラニコス川でペルシア軍を破ると、アレクサンドロスは小アジアを横断してさらに進軍した。中部の王国フリギアのゴルディオンに立

ローマ時代後期のモザイク画。紀元前333年にダレイオス3世がイッソスで戦う姿が描かれている。アレクサンドロスは1回も敗れることなくこのペルシア王の帝国を征服し、首都ペルセポリスを破壊した。

古代の文明

参照　ペルシア戦争 44-45 ■ アテネの民主主義 46-51 ■ ユリウス・カエサルの暗殺 58-65 ■ ベリサリウスによるローマ奪還 76-77 ■ バグダードの建設 86-93 ■ コンスタンティノープルの陥落 138-41

東西の**文化交流**が**ペルシア戦争**の時代にはじまり、ペルシア帝国西部が**ヘレニズム**化されて、マケドニア人がペルシア文化の諸側面を受容する。

アレクサンドロスによる征服によってギリシア文化と東方文化の統合が加速し、ヘレニズム時代の種が蒔かれる。

エジプトと西アジアの**ヘレニズム**化された社会が、ローマ帝国に**同化**する。

ヘレニズムの学問はビザンツ帝国のもとで、また**イスラム黄金時代**にギリシアの古典が**アラビア語**に**翻訳**されたことで、ローマの没落後も生き残る。

ち寄ったとき、そこには街の創設者が作った複雑な結び目をほどいた者が大陸全体を征服するという言い伝えがあったが、アレクサンドロスは平然と剣で結び目を断ち切った。その後、アレクサンドロスはペルシア王ダレイオス3世が集めたはるかに強力な軍隊を2度にわたって破った。紀元前333年のイッソス（小アジアの南海岸沿い）、また紀元前331年のガウガメラ（現在のイラク）の2回である。また、そのあいだにエジプトも征服した。

ペルシアを降伏させると、軍を東へ進め、いくつもの山や砂漠や川を越えて、抵抗を容赦なく退けつつアフガニスタンと中央アジアにはいり、インドのパンジャーブに至った。さらにインドへも進軍しようとしたが、紀元前325年には疲弊した部下たちが先へ進むのを拒んだ。

ヘレニズムの遺産

アレクサンドロスが新たに王となった帝国は広大で多様な民族を含み、70の新都市が造られたが、ギリシアの文化、習慣、言語を共有することで一体となり、交易ルートによって結びついていた。アレクサンドロスの遠征以前から、ヘレニズム化はすでにペルシアの西半分で進んでいたが、アレクサンドロスがこれを加速させて中東全体へひろげた。

紀元前323年、アレクサンドロスは後継者を指名せずに死んだ。おそらく病死だが、毒殺の可能性もある。帝国は部下たちに分割され、彼らが創設したヘレニズム王朝のなかには、セレウコス朝シリアやプトレマイオス朝エジプトなど、ローマ時代までつづいたものもある。■

アレクサンドロス大王

古代を通して、アレクサンドロスは人類史上最も卓越した人物だと見なされた。名声が長きにわたって広範囲にとどろき、中央アジアから西ヨーロッパにかけての国民文学に中心人物として登場するようになったことからも、歴史上屈指の著名人物だと言えよう。

半神半人と英雄の子孫とされる両親のもと、紀元前356年に生まれたアレクサンドロスは、哲学者アリストテレスのもとで教育を受け、それゆえにギリシアの伝説に心酔して、自分は無敵で神聖ですらあると信じるようになった。将軍としては決断力に富み、自分自身の命についても部下の命についても向こう見ずなほど大胆で、すばらしい戦術家だった。長くきびしい出征のあいだ、軍は忠誠を保っていたが、短気で暴力的な性格が大量の飲酒によってさらに激化し、ときには友人などのきわめて近い者を突発的に殺害することもあった。アレクサンドロスは権力の絶頂期にあった32歳で没した。彼の葬列は、部下の将軍プトレマイオスに乗っとられ、エジプトのアレクサンドリアへと行き先を変更させられた。のちにユリウス・カエサルがそこにアレクサンドロスの墓を訪れたが、現在は失われている。

もし秦王が天下を志せば、天下の者はみなその虜になるだろう
始皇帝が中国を統一する（紀元前 221年）

背景

キーワード
漢

前史
紀元前1600年ごろ～1046年　殷王朝による支配。

紀元前1046年ごろ～771年　西周王朝。

紀元前771年～476年　春秋時代（東周王朝の前半）。

紀元前551年～479年　孔丘（孔子として知られる）の生涯。

紀元前476年～221年　戦国時代（東周王朝の後半）。

後史
紀元前141年～87年　漢の皇帝、武帝（劉徹）の治世。帝国拡張の時代。

220年～581年　魏晋南北朝時代。

581年～618年　隋王朝。

618年～907年　唐王朝。

中国はおそらく、世界史上最も長くつづくまとまりのある国家だが、これはひとりの人物の意志によるところがきわめて大きい。最初の皇帝を自称する秦始皇帝だ。紀元前221年に始皇帝が統一する前の古代中国は、異なる文化、民族、言語を持つ多様な国家から成る地域だった。中国の歴史家が春秋時代と呼ぶ期間（紀元前771年～476年）、この地域は名目上、周王朝の王たちの支配下にあったが、封建制度の統治のもとでは、現実には王の権威は形式上のものであり、事実上独立していた諸国家の真の権力はそれぞれの封建

古代の文明

参照 武王が天命を受けたと主張する 70 ■ 中国が3つの王国に分割される 71 ■ 安史の乱 84-85 ■ フビライ・ハーンが宋を征服 102-03 ■ 洪武帝が明朝を築く 120-27

> 困窮したとき
> 〔秦始皇帝は〕人に卑下するが、
> 得意なときには平気で
> 人を食ったようなことをする。
>
> **司馬遷**
> 漢の歴史家

領主が握っていた。140に及ぶ小国が権力と領土をめぐって競い合った。

春秋時代は戦国時代（紀元前476年～221年）へと移行し、権力は7つの王国へ統合された。斉、楚、燕、韓、趙、魏、秦だ。この時点では、中国全体のアイデンティティや、国家としての中国が出現するか否かは、まったく定かではなかった。王国は多様で、地理、気候、文化、民族が大きく異なっていたため、どちらかと言えば、この地域は何世紀もあとのヨーロッパと同じような形で発展し、数多くのそれぞれ異なる多様な国民集団によって成立するようになる可能性が高かった。

秦の台頭

紀元前247年、嬴政という名の13歳の王子が秦の王座を継承した。彼が引き継いだのは軍事国家であり、そこでは有能な官僚、強力な軍隊、優秀な将軍が結びついて、恐ろしくも冷酷な戦争機構が成立していた。嬴政はライバルたちを殺害あるいは追放し、きわめて有能な将軍や宰相を任命してその地域のほかの6国を征服したすえ、紀元前221年までに7か国すべてをみずからの支配のもとに統一した。古い称号である「王」をきらい、「皇帝」を自称した。彼は秦王朝最初の皇帝だったため、始皇帝と呼ばれた。

秦国の統治を支えた基本哲学は法家思想だった。徹底して中央集権をおこない、法遵守をきびしく強制する思想である。始皇帝はこの哲学を中国全土へ適用し、文化、言語、経済、技術の面で統一を容赦なく強要した。小篆以外の文字はすべて禁じられた。また、伝説によると、皇帝の命令で400人の儒学者が生き埋めにされ、既存の書物はすべて埋められたという（焚書坑儒）。この治世は、中国の歴史と文化の新たな「元年」となった。始皇帝はまた数多くの経済改革も実施した。度量衡をひとつの体系に統一して、貨幣を統一し、さらに荷車が通る溝の幅まで標準化して、帝国内ではどこでも車軌の幅が同じになるようにした。

新しい秩序

帝国の新しい社会・政治秩序は、春秋時代から進行していた変化を反映したものだった。封建制は廃止され、農民の大部分は封建領主や氏族の長ではなく国家に忠誠を誓うようになった。10万以上の貴族が首都である咸陽（陝西省西安の近く）に移転させられ、彼らの武器は没収されて溶かされたあと、それを使って巨

秦始皇帝

中国最初の皇帝である嬴政（のちに秦始皇帝として知られる）（紀元前259年～210年）は中国史上で屈指の重要な人物であり、この国を統一して、その後2,000年近くつづいた皇帝支配の時代をもたらした。

残忍な独裁者だったが、革新的かつ精力的で活気に満ちた人物でもあり、1日1時間しか睡眠を必要とせず、処理する紙の重さで自分自身に1日の仕事量を課していると噂されていた。また、定期的に街の通りを変装して歩いて民衆を監視し、帝国内を5度にわたって巡行した。命を狙われているのではないかと偏執的なまでに怯えていて（少なくとも1度、暗殺未遂に遭っている）、取りつかれたように不死を求め、永遠に生きつづけられるよう、魔法の材料を探させたり、不老不死の霊薬を煎じることができるとされる神秘主義者を支援したりした。皮肉なことに、始皇帝が50歳で死んだのは、寿命を延ばそうと試みて、有毒な水銀をもとにした霊薬を飲んだことが原因である可能性がある。

大な像が鋳造された。戦国時代には、軍事競争が絶え間なくつづいたため、それが圧力となって実力主義による出世の道が開かれ、社会の流動性が高まって貴族の血統は重要性を失った。秦王朝では、貴族による支配の代わりに集権化された官僚行政が中心となり、国は36の郡に分けられて、この行政区は（世襲ではなく）任命された太守によって治められた。御史すなわち監察官が国をまわって秦の法を遵守させた。

秦王朝ではまた、社会階層のあり方も新しくなり、社会は4つの階級に分けられた。紳士（士）と農民（農）、それに周王朝期に現れた新しいふたつの階級、職人（工）と商人（商）である。教育を受けた紳士階級が貴族に代わって国の官職を担うようになった。商人階級は公式には最底辺に位置して最も軽蔑され、法的にも差別されていたが、裕福な商人は財力を使って政治で重要な役割を果たすようになった。

鷹のように胸が突き出て、
豺のような声をした秦王は、
残忍で狼のような心を持った男だ。
司馬遷
漢の歴史家

偉業

秦始皇帝の偉業のなかに野心的な土木事業の数々があるが、大きな人的損害をともない、多くがその過程で命を落とした。始皇帝は万里の長城の現存する部分を最初に造った人物だと従来見なされている。遊牧民族の侵入を防ごうと戦国時代に建てられた古い壁の部分部分をつなぎ、それに1,000キロメートル以上の新しい壁を付け足した。その他の事業としては、霊渠の運河を建設して湘江と漓江を結び、軍事物資を中国北部から南部へ輸送できるようにしたことや、咸陽から万里の長城までつづく800キロメートルもの「直道」など軍事用道路を建設したことがあげられる。

始皇帝の最もよく知られた事業は、手のこんだ自分自身の陵墓であり、建設するのに38年間と70万人以上の労働者を要した。これは巨大なピラミッド状のものに土をかぶせて広大な塚にしたもので、高さは何十メートルにも、幅は何百メートルにも及ぶ。中には墓があり、そこには始皇帝が慈しんだ帝国が小型模型で再現されていて、水銀でできた川と海まで備わっている。墓のまわりには大きな穴がいくつもあり、そこには何千体にも及ぶ等身大の粘土製の兵士、文官、芸人がところせましと並んでいる。これらはすべて、皇帝の死後の生に仕えることを目的としたものだ。墓の建造に従事した労働者は役目を果たすと殺害され、陵の場所と中身は彼らとともに秘密のまま葬られて、この墓は2,000年以上発見されなかった。

始皇帝が権力をほしいままにしていたにもかかわらず、秦王朝は短命に終わった。農民に容赦なく金銭を供出するよう強要したり、長年の強制労働を課したりしたことから根深い恨みを買い、それが農民の反発を招いた。また、野心的にすぎる土木事業のせいで財政は破綻してい

秦始皇帝の墓を守るこれら等身大の粘土製兵士は、1974年、井戸を掘っていた農民が発見した。像はもともとは色鮮やかに塗装され、それぞれが独自の表情をしている。

古代の文明 57

た。これらが組み合わさって、皇帝と主要な宰相たち（筆頭の丞相は李斯）が率いる入念に秩序づけられた政権を脅かした。

始皇帝が紀元前210年に没すると、末の息子の胡亥が、助言者でかつて教えを受けた趙高の支援を得て王座を奪い、李斯を追放してのちに処刑した。胡亥はわずか3年権力の座にいたのちに自殺に追いこまれ、後継者となった子嬰は、みずからの権威が非常に限定されていたことから、皇帝ではなく王の称号を用いた。

漢王朝

中国は反乱と社会不安の状態に陥り、子嬰が即位した数日後には漢の将軍、劉邦が咸陽へ進撃した。紀元前202年には漢王朝の帝位に就き、この王朝はその後400年にわたって中国を支配する。漢王朝はその後の中国の歴史を形作り、中国の主民族集団は現在、漢族と呼ばれるほどだ。

漢は中国の領土をあらゆる方面に拡大し、西は新疆や中央アジア、北東は満州や朝鮮、南は雲南、海南、ヴェトナムまで達した。最も重要なのは、北方の強力な匈奴の帝国を瓦解させたことだ。漢はまた、儒教を国の公式の哲学として再導入した。儒教の教育と倫理はすぐに学者＝官僚の土台となり、やがてきわめて重要な官僚選抜試験制度の基礎となって、この制度が帝国の諸機関に能力主義の原理を導入し、その後2,000年にわたって貴族制と対抗することとなる。

統一・集権化された中国を漢が作りあげて維持できたのは、始皇帝が整えた基礎を土台としたからだった。社会不安が募り、自然災害に襲われるなか、中国人は自分たちの王朝が「天命」を失ったと考えるようになり、220年に漢王朝はついに崩壊して魏晋南北朝時代と呼ばれる暴力に満ち混沌とした時代へ移行した。王朝崩壊の打撃は壊滅的で、中国の人口は156年の5,000万人余りから280年の1,600万人余りへと急減したが、統一中国の概念は360年の国内分断の期間にも失われず、581年に隋王朝による中国再統一を可能とした。始皇帝の影響は現代の中国でも感じられ、毛沢東（1893年〜1976年）は始皇帝をはっきりと意識した発言をしている。1958年、批判的な知識人たちに対する弾劾演説で毛沢東はこう言ってのけた。「あなたがたは秦始皇帝のようにふるまうとわれわれを非難するが、それはあたらない。われわれは、秦始皇帝を100倍も超えている。秦始皇帝の独裁を真似ているとわれわれをなじるが、われわれは喜んでそれを認めよう。あなたがたがまちがっているのは、表現が控えめすぎることだけだ」。■

孔子は一般に中国史上最も影響力のある哲学者だと考えられている。孔子の教えは、道徳、高潔さ、謙譲、自己修養の重要性を強調する。

専制者はみな、かくのごとく
ユリウス・カエサルの暗殺（紀元前44年）

ユリウス・カエサルの暗殺

背景

キーワード
共和制ローマの崩壊

前史

紀元前509年 ローマが共和制となり、少数の裕福な一族が権力を独占する。

紀元前202年 ローマが北アフリカのカルタゴを破り、帝国が急速に拡大する。

紀元前88年～82年 ライバルであるふたりの将軍、スラとマリウスのあいだで内乱が勃発し、共和国に危機を招く。

後史

紀元前31年 オクタウィアヌスがアクティウムの海戦で勝利して、ローマ初の皇帝の座に就き、共和制に幕がおろされる。

後79年 ウェスウィウス山が噴火し、ポンペイの町が破壊される。

2世紀 ローマ帝国の勢力範囲が最大となり、人口はおよそ6,000万人に達する。

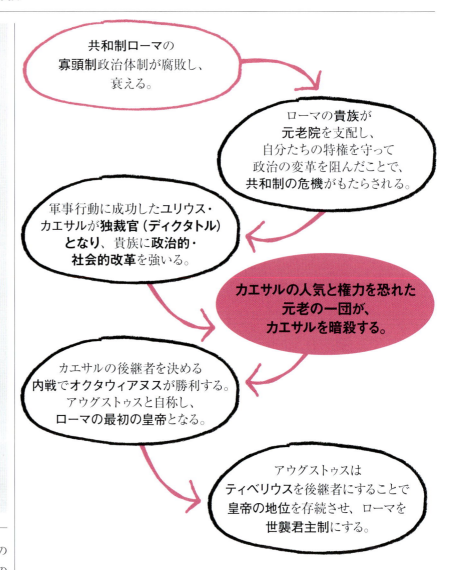

紀元前44年3月15日、ローマの独裁官ユリウス・カエサルの命が、血まみれの最期を迎えた。手をくだしたのは貴族の元老の一部で、カエサルの統治を暴政と見なし、共和制ローマを救おうと決意していた。現実には、独裁官が死んでも共和制が救われることはなく、すでにたびたび起こっていた内戦をまた新たに引き起こしただけで、それがローマの国家を疲弊させた。カエサルの姪の息子オクタウィアヌスが絶対的な権力を握ると、それに抗する力はローマには残っていなかった。アウグストゥスの称号を名乗るようになったオクタウィアヌスは、みずからが皇帝となって支配できる新たな政治の仕組みを作りあげ、500年つづいた共和制ローマは名前だけ残して終わりを告げた。

共和制の起源

ローマは、古代にテヴェレ川近くの7つの丘に位置する小村の集まりとして出発したが、発展してイタリア半島に数多く存在する都市国家のひとつとなった。伝説によると、ローマははじめ王たちが治めていたが、紀元前509年に君主制が打ち倒されて共和国になった。新しい国制では、執政官（コンスル）と呼ばれるふたりの最高公職者が選挙で選ばれて国家を運営できるようになったが、権力の濫用を防ぐために執政官の任期は1年にかぎられた。王の職を置くことも禁じられ、危機の折には執政官の代わりに独裁官を任命する特別規定が設けられた。独裁官の任期は6か月かぎりだった。

古代の文明　61

参照　武王が天命を受けたと主張する 70 ▪ 中国が3つの王国に分割される 71 ▪ 安史の乱 84-85 ▪ フビライ・ハーンが宋を征服 102-03 ▪ 洪武帝が明朝を築く 120-27

トラヤヌス帝記念柱は、ローマの軍隊についての第一級の情報源である。よく訓練された軍団の姿が螺旋状に彫刻されている。

　共和制ローマの滑り出しは、きわめて上々だった。紀元前500年から300年までのあいだ、征服と外交を組み合わせることで勢力範囲をひろげ、イタリア全土を併合した。紀元前202年から120年までのあいだに、ローマは北アフリカ、イベリア半島、ギリシア、現在のフランス南部などの地域を部分的に支配するようになった。征服した領土は属州にまとめられ、短任期の総督によって統治された。

　紀元前1世紀までにローマは地中海地域の超大国となったが、集団統治によってひとりの人間が支配力を持ちすぎないようにする長年の伝統は、きわめて有力な軍人数名の個人的野心によって脅かされていた。血なまぐさい一連の内戦や国内政治闘争や社会不安のすえに、有能な将軍かつ政治家だったユリウス・カエサルの独裁制が登場する。カエサルが政敵に殺害されたのち、共和制が崩壊してローマ帝国が誕生した。

共和制の崩壊

　ユリウス・カエサルがローマの政界で名を知られるようになった時期（紀元前70年ごろ）、ローマは混乱状態にあって、社会・経済問題の悪化に悩まされ、政治紛争に引き裂かれていた。ローマの歴史の初期には、非奴隷住民は公式にふたつの階級に分けられていた。パトリキ（古代の世襲貴族と裕福な土地所有者）とプレブス（一般人）だ。共和制になったときには、パトリキだけが元老院（ローマの統治・諮問会議）の議員をつとめる資格を持ったが、紀元前368年から367年に法が改正されて、裕福なプレブスの選出も認められるようになり、それによって権力分配の仕組みが整った。

　だが現実には、パトリキの小集団である閥族派（オプティマテス）が長きにわたって元老院を支配し、用心深く自分たちの特権を守っていた。共和制ローマ後期には、プレブスの権利の擁護者である平民派（ポプラレス）が民衆の利害のために、より多くの場合には自分自身の出世のために、民衆の支持を求めて閥族派と対立した。ローマ市民の新しいニーズを満たすため、社会・経済改革が急務だったが、利己的な閥族派はそれに抵抗していた。イタリアや属州では、不平等な税制と腐敗した統治から社会不安が生じており、それに加えてローマでは、都市の人口増加に公共の基本設備がほとんど耐えられなくなっていた。帝国が急速に拡大することで、属州から奴隷労働者が大量に押し寄せ、ローマの農場労働者や小自作農は土地を離れて仕事を求め、都市へ流入した。»

カエサルは才能、理性、記憶力、教養、熱意、思考力、勤勉さを併せ持っていた。

キケロ
『ピリッピカ（第二演説）』第116節

ユリウス・カエサルの出現

　そのころ、ローマ属州の一部の軍事指導者が、自分たちの軍隊を使って政治的主導権を握ろうと動きだした。そのひとりがユリウス・カエサルである。パトリキの一家出身のきわめて聡明で野心的な将軍で、平民派と手を組んで政治の世界でたちまち頭角を現した。カエサルは共和制の課題に対処するのに必要な改革をしたいと考えていたので、この目標を達成できる地位に就こうと画策した。

　紀元前60年、カエサルは執政官に選ばれ、その2年後に属州ガリアの総督に任命された。この職のおかげで、カエサルは元老院の状況を引きつづき把握しながら、軍事的成功への足がかりも得た。その後8年間で一連の鮮やかな作戦行動を展開し、ガリアを征服して現在のフランス全土とドイツおよびベルギーの一部を支配下に置いた。また紀元前55年と54年の2度、ブリタニアへの遠征を指揮した。英雄的軍功によって巨大な富を得、名声を高めたカエサルは、軍からもローマの大衆からも支持された。自身も大衆に惜しみなく饗宴や娯楽や金銭を与えた。

　成功に勢いを得たカエサルは、ローマ政界への復帰に際しての条件に注文をつけ、ガリアを指揮したまま2度目の執政官に立候補できるよう求めた。そのため、カエサルは元老院の閥族派と衝突する。ローマの法は軍事指導者がローマにはいる前に軍の指揮権を放棄するよう求めていて、これが公職へ立候補する際の前提条件だったからだ。カエサル自身は、もし要求に応じて一般市民としてローマにはいったら、政敵たちに裁かれる可能性が高いと読んでいた。

　ローマでは、カエサルが急速に力をつけたのを警戒した閥族派が、カエサルのおもな政治ライバルのひとりで高名なポンペイウスと手を結んだ。元老院は、カエサルがガリアからもどったときに指揮権を剥奪するための法律をいくつか可決し、紀元前49年にはカエサルが「ホスティス」、すなわち共和国の敵であると宣言した。この露骨な威嚇に反応して、カエサルは意表を突いた行動に出た。軍をローマに進めたのである。途中、ガリアの属州とイタリア本土との境界、ルビコン川という小川のほとりでいったん進軍

> いまからでも引き返せるが、いったんこの小さな橋を渡ると、すべてが武力で決められる。
> **ユリウス・カエサル**
> ルビコン川を渡る前の自軍への演説

をやめた。川を越えたら元老院に宣戦布告することになると重々承知していたが、アテネの詩人メナンドロスを引用して「アーレア・ヤクタ・エスト（賽は投げられた）」とそこで宣言し、兵士たちをふたたび前進させた。

カエサルの新秩序

　紀元前48年、ギリシア北部でのファルサロスの戦いで、カエサルはついにポンペイウスの軍に勝利した。敗れたポンペイウスはエジプトへ逃れたが、のちにそ

ユリウス・カエサル

　ガイウス・ユリウス・カエサルは、紀元前100年にローマでパトリキの名家に生まれた。若いころから、絶望的に腐敗した政治体制のもとでは金銭が権力への鍵となることを理解していた。また、成功には協力者と後援者のネットワークを築くことが不可欠であることも、すぐに学んだ。紀元前72年、スパルタクス率いる奴隷の蜂起を鎮圧する戦争に従軍したあと、カエサルは短期間、海賊の人質となった。紀元前60年にローマにもどると、カエサルは巨額を投じて影響力と地位を買収し、ついにはクラッススとポンペイウスというローマの有力者ふたりと手を組んで、いわゆる第1回三頭政治を打ち立てる。紀元前58年から50年のあいだに、カエサルはガリア属州に権力基盤を築き、そこで元老院の認可を得ずに一連の軍事行動を起こして、途方もない富と強力な軍隊を持つ西ヨーロッパの主となった。しかし、こういった軍事行動によって支配階級に多くの敵を作り、カエサルの仕事と生涯は短命に終わった。

こで暗殺された。ところどころに残る抵抗勢力を壊滅させると、カエサルは紀元前45年にローマへもどり、みずからの政治的地位を固める。紀元前46年に10年任期の独裁官に就任していて、2年後にはその地位を生涯保証された。ローマ国家を再建して帝国の安定を取りもどす巨大な仕事を目論んだカエサルは、広範囲にわたる社会・政治改革に着手する。ローマの市民権をひろげるとともに、元老院を拡大して属州の貴族から味方を議員に加えた。また、イタリアの外に植民地を作り、ローマ文化の拡散と帝国の団結も図った。壮大な公共事業や建築物に惜しみなく資金を投じ、減税も実施する。ローマの暦までも手を加え、現在も使われる閏年の仕組みを導入した。

殺害計画

カエサルは、帝国の統一を回復しようと現実的な解決策を講じ、社会の多くの人たちから支持を得たが、徐々に独裁的な態度で権勢を振るうようになって、支配階級の仲間からは疎んじられた。支配階級の人々は、カエサルが伝統を破壊して貴族の特権を脅かそうとしていると感じ、彼が王になろうと企てているとの噂を広めた。あいにくカエサルはこの疑念を払拭することができなかった。「インペラートル（勝利将軍）」の称号を苗字としたり、みずからの栄誉を讃える神殿や像を建立することを許したり、自分の肖像を刻んだ硬貨を鋳造させたりと、前例のない名誉に浴していたからだ。姪の息子オクタウィアヌスを養子にすると、王のように地位を世襲させようとしているのではとの危惧がひろがった。数名の元老院議員が、この問題への唯一の解決策はカエサルを暗殺することだとの結論に達し、これを実行に移すべく陰謀を企てた。カエサルの改革に反対する者を代表して暗殺の首謀者となったのがガイウス・カッシウス・ロンギヌスである。カッシウスは、ペルシアでの戦いのあいだに政界で名をあげた将軍だった。古代ローマの歴史家は、カッシウスが加わったのは嫉妬と欲のためだと論じている。彼はまた、最も重要な共謀者、マルクス・ユニウス・ブルートゥスを仲間に入れたとも言われる。ブルートゥスはカエサルの信頼する同僚で親友だったが、カエサルが君主制を打ち立てようと野心をいだくさまに反発を覚えていた。

独裁者の死

暗殺計画は急速に進展して、最終的に60人の元老院議員が参画し、そのなかにはカエサルの親しい仲間もいた。共謀者たちは3月15日（"イドゥス・マルティエ"）に元老院で開催予定だった議会を襲撃することに決めた。当日、議員たちはカッシウスの家に集合し、それぞれが短剣をローブの下に忍ばせて元老院議会の会場

クルスス・ホノルムは、権力への野心を持つローマのパトリキがたどらなくてはならない官職の順序で、のぼりつめたところにある最高位が執政官である。

執政官（コンスル）は裁判の長で元老院の議長をつとめ、軍を指揮した。

法務官（プラエトル）は裁判官をつとめ、執政官不在時にローマで軍を指揮した。

市場管理官（アエディリス）は公共建築物や神殿の維持や、ローマの穀物供給に責任を負った。

プレブスの市場管理官はパトリキの市場管理官よりも地位が低かった。

審問官（クアエストル）は選挙で選ばれて最初に就く官職。国家財政の執行を監督した。

護民官（トリブヌス）は法案や判決に拒否権を行使することで、権力の濫用からプレブスを守った。

元老院議員（セナトル）はほかの政務官たちを指導し、公的資金の交付を管理した。

別の職階によって、プレブス（貴族の生まれでない者）の官職が定められていた。市場管理官がプレブスの到達できる最高職位だった。

となるポンペイウス劇場——カエサルのかつてのライバルが建設した大規模な都市複合施設——へ向かった。劇場には、剣闘士の一団が配置されていた。剣闘士たちは人混みで問題が生じたときの対策として控えていたのだが、共謀者の多くは計画が発覚したと思いこみ、不安を覚えていまにも逃げだそうんばかりだった。

　実のところ、カエサルは事前に警告を受けていた。共謀者のリストを手渡されたものの、それを無視したのである。妻は元老院議会に出席しないようカエサルに懇願したが、カエサル宅に駐留していた共謀者のひとりが彼女をなだめて落ち着かせた。カエサルが議会に到着すると、共謀者のひとりがカエサルの部将でもうひとりの執政官、マルクス・アントニウスを劇場の外で足止めした。カエサルが席についたところへ、共謀者たちが短剣を取り出して襲いかかり、23回にわたってカエサルを刺した。皮肉にもカエサルはかつてのライバル、ポンペイウスの像の台座に寄りかかって息を引きとった。

第2回三頭政治

　異常な熱狂に囚われた共謀者たちは、カエサルの血に自分たちの手を浸して広

> わたしはローマを煉瓦の町として引き継ぎ、大理石の都として残した。
> **アウグストゥス**
> アウグストゥス伝記の著者、スエトニウスによる。

> カエサルはきわめて温和な医者のごとく、天からローマ人に授けられた。
> **プルタルコス**
> 『英雄伝』

場へと走り、暴君殺しを宣言した。その後の権力の空白期間に、マルクス・アントニウスとカエサルの後継者オクタウィアヌスがすぐさま国家の支配権を握り、紀元前43年にカエサルの元盟友のレピドゥスとともに三頭政治を形成した。

　じゅうぶんな資金を集めて自分たちの権威を安定させるとともに、政敵を排除する必要があったため、三頭政治の面々はカエサル暗殺に荷担した者のリストを作り、彼らが反逆者であると宣言した。およそ200人の元老院議員と2,000人以上の下級貴族が、殺害あるいは財産を没収された。国庫は満たされ、ブルートゥスとカッシウスは三頭政治の面々に追われて破滅へ追いやられた。紀元前40年、こんどはローマ世界を分割するために3人の執政官がふたたび顔を合わせた。アフリカはレピドゥスに、東部はマルクス・アントニウスに、西部はオクタウィアヌスに与えられた。しかし、すぐにオクタウィアヌスがアントニウスに北アフリカで戦争を仕掛けて、紀元前31年にギリシア西部のアクティウムで勝利し、ローマ世界の主となった。

ローマ最初の皇帝

　オクタウィアヌスは紀元前28年にローマへもどり、カエサルの前例にならうことなく、アントニウスに戦争を仕掛けるために自分に与えられていた独裁的権限を放棄した。紀元前27年、オクタウィアヌスのローマでの勲功を讃えて、元老院は彼にアウグストゥス（「尊厳なる者」）の称号を贈り、広範囲に及ぶ法律上の権限を与える。政治的な術策を使って、彼はついにローマのただひとりの支配者となり、ローマ国家の全側面を統制するとともに軍の指揮権を握った。

　名前以外のあらゆる面で皇帝となったアウグストゥスは（皇帝の称号を退けるだけの慎重さを備えており、代わりにプリンケプスすなわち「第一人者」を自称した）、その後の40年で、崩壊した共和制を帝国独裁制へと転換し、その間ずっと彼の権威は民意に拠っているとの幻想を人々のあいだに保ちつづけた。アウグストゥスは帝国のおおよその境界を画定し、改革を遂行して私人としても公人としても生活を正しつつ、敵対者を抑圧した。長年の内戦によって消耗したのちにようやく訪れた平和は、帝国内の多くの人に歓迎された。

パクス・ロマーナ

　ローマ軍が力を持ち、それによって広大な領土全体に安全と安定が生じたことで、パクス・ロマーナ（「ローマの平和」）とのちに呼ばれる状態がもたらされた。そこでは交易や経済活動が盛んになり、人口が増えて全般に繁栄が見られた。芸術と文化が栄え、公的・私的な建築物が数を増やすとともに、イタリア外部の属州がローマ化し、ローマの言語、文化、法律、制度が民族の境界線を越えて多

様な社会に根をおろした。一定期間の兵役を経れば、属州人もローマの完全な市民権を与えられるまでになった。

しかし帝国の境界線の外では、アウグストゥスのパクス・ロマーナはしばしば平和とは正反対の状態を意味した。軍隊を80軍団から常備軍28軍団にまで減らしたあとも、アウグストゥスは15万の兵士の雇用を確保しなくてはならなかった。境界線をひろげるために一連の軍事行動をおこない、反抗勢力や「蛮族」を鎮圧・襲撃して、征服先の地域で奴隷を確保した。

帝国の遺産

14年に死ぬまでにアウグストゥスは、

アラ・パキス・アウグスタエの祭壇はローマの平和の女神パクスに捧げられたものである。壁のパネルに彫られた行列には、ローマの元老院議員たちと聖職者ひとりが描かれている。

> わたしが［ローマの］未来の政治のために据えた土台がそのまま揺るぎなく存在しつづけるという希望を持ったまま、死んでいきたいものだ。
> **アウグストゥス**

その後何百年もつづく新しい帝国の仕組みを確立した。死の数年前から、後継者が跡を継いで国家の支配をつづけられるよう準備していた。養子のティベリウスが徐々に権力を与えられ、最終的には実質上の共同皇帝とも呼べる存在となっている。そのおかげで、アウグストゥスの死に際して権限はスムーズに移され、権力の空白状態に陥らずに連続性を確保することができた。

このようにアウグストゥスは直系世襲の原則を打ち立て、皇帝の地位の存続を確実にした。この仕組みはさまざまな王朝を通してつづき、帝国はネルウァ＝アントニヌス朝のもと、最盛をきわめる。その時代には、皇帝ハドリアヌスがブリテン島北部に防壁を築き、帝国の境界線を画した。

共和制から君主制への移行は抜本的なものだったが、ローマに新たな安定をもたらした。民主主義者に見せかけたアウグストゥスが新たな独裁政治の仕組みを作り、これによって、政治参加は制限されたものの、1世代前の共和制ローマを悩ませた手に負えない動乱を抑えることができるようになった。■

この印にて勝利せよ
ミルウィウス橋の決戦（312年）

背景

キーワード
キリスト教の普及

前史
33年 キリストが磔刑に処される。

46年〜57年 使徒パウロの伝道の旅。

64年〜68年 ローマで火災が発生し、皇帝ネロが数百人に及ぶキリスト教徒を見せしめに殺害する。ペトロとパウロの殉教。

284年〜305年 ディオクレティアヌスとガレリウスが帝国全土でキリスト教を禁止する。

後史
325年 第1回ニカイア公会議で、正統なキリスト教信仰の性質が定義される。

340年ごろ 「ゴートのモーセ」ことウルフィラがアリウス派のキリスト教をゲルマン系諸族に広めはじめる。

380年 キリスト教がローマ帝国の国教となる。

391年 ローマ帝国で異教崇拝が禁じられる。

312年10月、皇帝コンスタンティヌス1世はローマ近くのミルウィウス橋付近に駐屯し、西ローマ帝国支配をめぐるライバル、マクセンティウスとの戦闘がはじまるのを待っていた（285年にローマ帝国は東西ふたつに分割され、それぞれ独自の皇帝と副帝によって治められていた）。言い伝えでは、衝突の数日前、コンスタンティヌスは"イン・ホク・シグノ・ヴィンケ"（この印にて勝利せよ）と刻まれた十字架が天に光り輝くのを見たという。これを目にしてキリスト教の神に支持されていると信じ、その後、マクセンティウスの兵を打ち破るこ

コンスタンティヌス1世がミルウィウス橋で勝利したのちに採用したせいで、キリスト教は大きな勢いを得た。信徒が急激に増え、異教徒を押しのけるようになった。

とでこれは確信に変わった。コンスタンティヌスは、唯一の皇帝となる野心を正当化する神学的な「後ろ盾」を求めていたらしく、一神教の神がそれにふさわしいと考えたのかもしれない。地上でのみずからの地位を天上に投影したのが一神教の神だからだ。神の幻を見たというその伝説があるものの、コンスタンティヌスのキリスト教への改宗はゆるやかで、すぐにはおこなわれず、洗礼を受けたの

古代の文明

参照 ■ ローマの略奪 68-69 ■ ベリサリウスによるローマ奪還 76-77 ■ カールの戴冠 82-83 ■ 聖職叙任権闘争 96-97 ■ エルサレム陥落 106-07 ■ コンスタンティノープルの陥落 138-41 ■ マルティン・ルターの95か条の論題 160-63

は何年もあとの死の直前だった。しかし、ミルウィウス橋での勝利の直後、コンスタンティヌスはキリスト教復興に着手し、のちにさらなる発展につとめた。313年にはミラノ勅令を発布し、これが帝国内でのキリスト教が寛容に受け入れられる土台となった。

多宗教の帝国

イエス・キリストの死後およそ300年間、キリストの教えに基づいた宗教はローマ帝国内で小さな宗派にとどまり、その他多くの一神教、多神教と並行して信仰されていた。しかし平等主義的な性格など、キリスト教には帝国の権力者の目に疑わしく映る側面があり、しばしば迫害された。

この時期には古代世界全体で社会、政治、経済の状態が変化しつつあり、それが文化と宗教の変化にも反映された。ローマ帝国ではさまざまな一神教が人気を高めつつあって、キリスト教はそのうちのひとつにすぎなかった。ほかにもたとえば、キリスト教と共通点の多いペルシアの宗派ミトラ教などがあった。

キリスト教の台頭

324年、東ローマ帝国の皇帝を打ち破ったのちに、コンスタンティヌスはローマ帝国で唯一の支配者となり、不安定な国土をまとめる力としてキリスト教を利用しようとした。しだいに優勢になりつつあった東半分を治めやすくするために、コンスタンティノープル(現在のイスタンブール)という新都市を造り、キリスト教と異教の両方の儀式で町を神に奉献したが、建築を許可したのはキリスト教の教会だけだった。コンスタンティヌスの治世では、政界で出世をめざして皇帝からのひいきを得ようとする社会の上層部の人々が教会に押し寄せ、皇帝は帝国のいたるところにバシリカ(聖堂)を建築した。

とはいえ、当時のキリスト教はまとまりのあるひとつの宗教だったわけではなく、分裂や不和があった。325年に、コンスタンティヌスがニカイア公会議という初のキリスト教教会全体の会議を招集したが、これはおもにアリウス派の問題、つまりイエスが神性を有しているかをめぐる神学論争を解決しようとするものだった。

ローマがキリスト教化される

300年代半ばに、古代宗教の信者だった皇帝ユリアヌスが異教信仰を復興させようとしたが、時すでに遅かった。キリスト教徒は、少なくとも東部ではすでに多数派になっていた。ローマ帝国が教会を社会的かつ政治的な支配や統一、安定の道具として採用し、またそれに合わせて教会を形作っていくにつれて、キリスト教は徐々に帝国との関係を深めていった。

皇帝テオドシウス1世(在位379年〜395年)のもと、異教の神殿や崇拝は禁止され、異端の説は非合法化されてキリスト教がローマ帝国の国教となった。ついには、「蛮族」が継承した西ローマ帝国諸国と、東方のビザンツ帝国の国教にもなる。何世紀も経るうちに、西の教会(カトリック教会)と東の教会(正教会)は異なる教義と組織を持つようになったが、キリスト教自体は存続していった。■

ローマ皇帝が権威と正統性をさまざまな宗教から導き出す。

キリスト教の平等主義がローマ帝国の**厳格な社会秩序を乱す脅威**となる。

コンスタンティヌスが、唯一の至高神を持つキリスト教を**統一の道具**と見なし、**皇帝の権威を立証するもの**と考える。

ミルウィウス橋の決戦ののち、コンスタンティヌスがキリスト教を採用する。キリスト教はのちにローマ帝国の国教となる。

厳格なヒエラルキーと**教義の集権化**を特徴とするローマ国家を雛形として、教会が改造される。

全世界を収奪していた都市が収奪された
ローマの略奪（410年）

背景

キーワード
遊牧民による侵略

前史
後9年　ゲルマン系諸民族がトイトブルクの森の戦いで勝利し、独立を確保する。
285年　ローマ帝国が東西に分割される。
372年　フン族が東ヨーロッパで東ゴート族を破る。
378年　西ゴート族がアドリアノープルの戦いでローマ軍を壊滅させ、皇帝を殺害する。
402年　西ローマの首都がラヴェンナへ移る。

後史
451年　ローマとゲルマンの連合軍がカタラウヌムの戦いでフン族を破る。
455年　ヴァンダル族の海賊がローマを略奪する。
476年　西ローマ最後の皇帝が退位させられる。
489年　東ゴート族のテオドリックがビザンツ帝国の合意のもと、イタリアを征服する。

- 経済力と軍事力において**西ローマ帝国が衰退する。**
- ステップ（乾燥大草原）の遊牧民たちが**移住を強いられる。**
- **帝国の権威**が弱まり、国境が**侵される。**
- 遊牧民たちにゲルマン系諸民族が土地を追われる。
- **蛮族の侵攻がはじまり、ローマの略奪に至る。**
- ゲルマン系諸民族が西ヨーロッパに**さまざまな新しい王国を作る。**

410年、ローマはゲルマン系遊牧民である西ゴート族の軍隊に陥落させられ、西ゴート族は3日にわたって街を略奪した。この略奪は全世界に衝撃を与えた。当時、「民族大移動」あるいは「蛮族の侵攻」と呼ばれる変化が起こっていて、中国からイギリスまでユーラシア全域で人々が大きく移動した。300年ごろから650年ごろにかけて、ローマや中国といったすでに確立された帝国に蛮族が侵攻するようになった。蛮族は新しい王国を築き、多くの場合、それが近世の国家につながっていく。一方、中央アジアの気候が変わったため、ス

古代の文明

参照　ユリウス・カエサルの暗殺 58-65　■　クローヴィスがガリアを統一する 71　■　ベリサリウスによるローマ奪還 76-77　■　カールの戴冠 82-83　■　フビライ・ハーンが宋を征服 102-03

「他者」としての蛮族

蛮族（バーバリアン）はギリシア語で、ギリシア語を話さない人たち、すなわち意味不明なことばを話す非文明人たちを意味していた。ローマ人もこの「彼らと自分たち」を隔てる考え方を継承した。しかし4世紀までには、ローマと周辺蛮族との境界線は文化的にも地政学的にもあいまいになった。蛮族はローマ人に似てきて、ローマ人も蛮族に似てきた。ローマ軍はほとんど蛮族によって構成されていた。兵はゲルマン人の外国人部隊や傭兵、あるいはローマ市民のなかでもガリア人やブリトン人、その他数百に及ぶ集団や民族のどれかに属する人々だった。とはいえ、ローマ文化の大部分は、蛮族の侵入後も残った。たとえば、イタリア、ガリア、スペインのほとんどはゴート族、スエヴィ族、ヴァンダル族といったゲルマン人に支配されたが、言語はゲルマン語の影響を受けることなく、ロマンス語、すなわちローマでローマ人たちが話していたラテン語から発達した言語のままだった。

テップの遊牧騎馬民族がよりよい牧草地を求めるようになり、その結果、近隣の遊牧民たちをいわゆる文明帝国への侵攻へと向かわせることになった。中国は匈奴によって、ペルシアはエフタル族によって略奪された。

迫りくる蛮族

ヨーロッパでは、フン族がライン川東、ドナウ川北の地に出現すると、それまでローマ帝国と微妙なバランスを保ちながら長く暮らしていたゲルマン系諸民族が土地を追われることになった。西ゴート族はローマの領土に侵入し、やがて410年にはローマを襲撃する。また、ヴァンダル族、スエヴィ族、アラン族、フランク族、ブルグント族、アレマン族といったほかの部族が、ガリアからスペイン、北アフリカにかけての領土に侵攻し、そこに定住した。440年代には、アッティラ王に率いられたフン族が東ヨーロッパを略奪したが、のちにローマとゲルマンの連合軍に敗れた。西ローマ帝国はほぼイタリア本土におさまるところまで縮小し、傀儡皇帝は蛮族の将軍たちに支配された。476年に最後の名ばかりの皇帝が、それらの将軍のひとりであるオドアケルによって退位させられ、西ローマ帝国は終わりを告げた。もっとも、西ローマ帝国は遅くとも3世紀にはすでに衰退しはじめていた。人口は減り、経済は落ちこんで、財政的に東ローマ帝国への依存度が高まっていた。軍隊は蛮族から兵を採用することを余儀なくされ、強度を失いつつあった。実のところ、「蛮族の侵攻」は衰亡というより移行の過程の一部だった。ローマの習慣や文化や言語、それにとりわけキリスト教の形式をとる宗教は、属州全体にそのまま残り、新たに支配層のエリートとなった者の多くも、みずからがローマの伝統を継承していると考えていた。ローマの街自体もアラリック率いる西ゴート族による強奪、また455年のヴァンダル族による略奪を生き延び、東ゴートのテオドリックのもとで繁栄した。

つづく数百年のうちにゲルマン系諸民族によって作られた後継諸国家も、やがてマジャール人やヴァイキングなど、さらなる侵略者たちによってつぎつぎと攻撃を受けた。■

「帝国の衰退」（1835年ごろ、トマス・コール作）では、かつて栄華を誇った都市（ローマに見立てられることが多い）を侵略者たちが覆いつくしている。すでに没落した文明を讃える記念碑のまわりに、市民の死体が散乱している。

もっと知りたい読者のために

インダス文明が崩壊する
(紀元前1900年〜1700年ごろ)

インダス文明(紀元前3300年ごろ〜1700年ごろ)は、現在のパキスタンとインド北西部に位置し、計画的に造られた道路やみごとな上下水道を備えた大規模な都市を中心に成立していた。紀元前1900年には、この文明はすでに衰退していて、かつて名高かった精巧な宝飾品類やみごとな印章を生産することはなくなっていた。紀元前1700年ごろには、インダスの大都市であるハラッパーとモヘンジョ・ダロは、ほぼ無人となっていた。理由は定かでないが、穀物の不作とエジプトやメソポタミアとの交易の衰退との組み合わせが原因という説が最も有力である。また、インダス川の流れの変化によって洪水が生じた形跡もある。

武王が天命を受けたと主張する
(紀元前1046年)

中国の王が天の承認を得て支配をするという考えは、周王朝にまでさかのぼる。紀元前1046年、長く支配をつづけていた殷を、武王と軍師の太公望が牧野の戦いで破って周を建国した。殷は長きにわたって平和と繁栄を築いていたが、紀元前1040年代までには腐敗していた。周の「天命」という概念は、殷と同じ轍を踏まないようにすることを狙いとしており、生まれの貴さよりもよき政治を優先させ、望ましい資質を持たない支配者をほかの者が権力の座から引きずりおろすことを認めた。これがその後数千年にわたって、支配者に対する中国人の考え方に影響を及ぼした。

ユダがアッシリアに抵抗する
(紀元前700年ごろ)

紀元前9世紀、ヘブライ人国家ユダ(死海の西に位置した)は巨大なアッシリア帝国の一部だった。紀元前8世紀にユダの王ヒゼキヤが、アッシリアへ恭順を示すのを拒んだ。アッシリア帝国の王センナケリブがエルサレムを包囲したが(この出来事は聖書にも描かれている)、ユダ人はこの強力な敵に立ち向かい、センナケリブは街を陥落させることができなかった。アッシリアにとっては比較的小さな敗北ではあったが、ユダにとっては大勝利であり、彼らはこの勝利をヤハウェのおかげと考えた。これがおもな要因となって、ヘブライ人はその後、まもなく一神教を信仰するようになった。

ケルト文化がハルシュタットで栄える
(紀元前650年ごろ)

現在のオーストリアのザルツブルク南東部にあったハルシュタットのあたりで、紀元前8世紀に特徴的な文化が発展した。ハルシュタットの住民はおそらくロシアから来たケルト人で、この文明が全盛を迎えた紀元前650年ごろには、西はフランス東部まで、東はルーマニアまで、北はボヘミアとスロヴァキアまでひろがっていた。人々は青銅で精巧な道具や装飾物を作ったが、ヨーロッパで鉄を剣などに使った民族の先駆けでもあった。目を瞠るほどの青銅の宝飾品には、渦巻きや編み細工や動物の意匠をあしらった複雑な模様がついており、これはのちのケルト芸術にも影響を残した。

ペロポネソス戦争
(紀元前431年〜404年)

ペロポネソス戦争はアテネ(当初は最も強力なギリシア都市国家で、古典文明の中心地だった)と、より軍国主義的なスパルタとの戦いだった。スパルタはまずアテネに陸戦を挑み、アテネはスパルタにまさる海軍力を用いて海岸沿いの反乱を鎮圧した。紀元前413年、シチリアのシラクサへの攻撃に失敗したアテネ軍は、ほぼ壊滅状態に陥った。すると、ペルシアと同盟したスパルタがアテネ支配下の多くの都市で反乱を支援し、ついにはアテネの艦隊をアイゴスポタモイで全滅させた(紀元前405年)。この戦争によってアテネは深い痛手を負い、ギリシア文化の黄金時代が終わって、スパルタが支配的な位置を占めることとなった。

ハンニバルがイタリアに侵攻する
(紀元前218年)

紀元前3世紀までに、チュニジアのカルタゴは地域の有力都市としての地位を確立し、北アフリカの海岸線に勢力を拡大したのち、紀元前230年代にスペインへ

侵攻した。紀元前218年、スペインにおけるカルタゴの司令官ハンニバルが軍を率いてアルプスを越え、イタリアを攻撃した。第2次ポエニ戦争として知られるこの戦いで一連の勝利をおさめはしたものの、ハンニバルはローマ自体を陥落させることはできず、紀元前202年にアフリカへもどった。ローマ人はみずからの力を示し、カルタゴは地中海で無敵だという考えを覆して、勢力拡大への道筋をつけた。

ウェルキンゲトリクスがアレシアで敗れる
(紀元前52年)

　紀元前52年、ガリア人の族長ウェルキンゲトリクスが地元諸部族の反乱を率い、ガリア（現在のフランス）へ攻めこんできたローマに立ち向かった。ブルゴーニュ（フランス東部）でのアレシアの戦いでは、ユリウス・カエサル率いるローマ軍が町を囲む巧みなドーナツ型の砦を築いてウェルキンゲトリクスを閉じこめ、それと同時にガリア人の援兵に対抗すべく防御設備を築いた。ウェルキンゲトリクスは降伏を余儀なくされ、5年間囚われの身に置かれたのち、カエサルの命令で絞殺された。この戦いの結果、広範囲を支配していたローマ帝国がさらにヨーロッパ全土へ版図を拡大した。

ローマ人がブリテン島を占領する
(43年)

　43年に皇帝クラウディウスの指揮のもと、ローマの侵攻軍がブリテン島に上陸した。カラタクスら地元の族長たちが抵抗し、のちにはイケニ族が女王ボウディッカに率いられて反乱を起こしたが、それをものともせず、ローマの支配はやがてスコットランドとの境界線までのイングランド全域とウェールズにまで及んだ。ローマ人はブリテン島を410年ごろまで治め、数々の町を造って道路網を整えるとともに、床下暖房や建物へのコンクリートの使用などの変革をもたらした。多くのブリテン人が、ローマによる統治から、そして金属や穀物などに富んだ国との強力な交易関係から利益を得ることになった。

中国が3つの王国に分割される
(221年)

　中国漢王朝の末期はきびしい分裂と戦いの時代となり、220年代には国が3人の競合する皇帝によって分割されて、3人がそれぞれ漢の正統な後継者だと主張した。北部の魏、南部の呉、西部の蜀の3国は、領土についてはある程度安定した合意に達したが、いくつかの激しい戦を経て、280年に晋が中国を統一した。これらの戦いは、人々に甚大な影響を与えた。

マヤ文明の古典期がはじまる
(250年)

　マヤ文明は3世紀に古典期にはいり、メキシコとグアテマラの数多くの都市で、段のあるピラミッド形の独特の神殿、複雑なマヤ暦の日付が彫刻された記念碑、広く大きな交易網が見られた。最大の都市はメキシコ中心部に位置したテオティワカンだったが、ティカルのような低地の都市もまた栄えた。マヤ文明は北アメリカと中央アメリカにその後も長く痕跡を残し、マヤの文化はアステカ族などのちに現れる民族にも影響を及ぼした。

アクスム王国でオベリスクが建立される
(4世紀)

　4世紀、エチオピアの都市アクスムの人々が背の高い石のオベリスクを建立し、それはこの文明の特徴となった。アクスムは「アフリカの角」（大陸の東端）周辺およびインド洋へと出る海上交易ルートを支配しており、アジアと地中海を結ぶきわめて重要な海路を商人に提供して、巨額の収入を得ていた。オベリスクは最大で高さ33メートルあり、有力者の記念碑だと考えられている。これらのオベリスクは、この初期のアフリカの王国が力を持ち、独自の文明を発展させたことを証明している。オベリスクはその後も長くつづくアフリカ文化の象徴となった。

クローヴィスがガリアを統一する
(5世紀末)

　486年、サリ族フランク人の王クローヴィスがローマ人の統治者シアグリウスを破ると、ローマによるガリア（現在のフランス）支配が終わりを告げた。この勝利はクローヴィスの父親キルデリクスの数々の勝利につづくもので、これによってロアール川以北のフランスほぼ全域を、メロヴィング朝と呼ばれる彼の王国の支配下に置いた。クローヴィスの祖父メロヴィクスにちなんで名づけられた王朝である。メロヴィング朝はフランスをおよそ300年にわたって支配し、外部の支配者から独立した統一フランスの理念を実現した。

中世の世界
500年～1492年

はじめに

ベリサリウスの率いる**東ローマ帝国軍**が**ローマを奪還**し、**東ゴート族を駆逐する**。

536年

アッバース朝カリフのマンスールによる**バグダード建設**が、**イスラムの黄金時代**の幕あけとなる。バグダードは**イスラム教の学問**の中心となる。

762年

フランク国王**カール**（シャルルマーニュ）がローマ**皇帝**の冠を授けられる。**キリスト教世界**の世俗的支配者として、西ヨーロッパの大部分を統合する。

800年

カンボジアで、巨大なヒンドゥー教寺院**アンコール＝ワット**の建設がはじまる。これは世界**最大**の**宗教的建造物**となる。

1120年

610年ごろ

ムハンマドが神からの啓示を受けたと宣し、**イスラム教を創始**する。この教えは20年のうちにアラビア半島全体を**支配する**ようになる。

793年

ヴァイキングの兵士たちがイングランド北部の聖なる島リンディスファーンの修道院を**襲撃**する——これ以降、ヴァイキングの襲撃が繰り返される。

1099年

十字軍が**エルサレム**を**イスラム**の支配から奪還し、パレスティナとシリアに**十字軍国家**を建設。

1192年

源頼朝が**征夷大将軍**になり、日本では以後**700年**近くにわたって**武士政権**がつづく。

歴史家は西暦500年から1500年までの時期を「中世」と呼び、古代世界と現代にはさまれた独立した時代ととらえている。実際には古代世界との明確な区切りがあったわけではない。地中海東部では、ローマの陥落後もローマ帝国がおよそ1000年にわたって存続したが、歴史家たちはこれをビザンツ帝国の名称で呼んできた。中国では、統一された国土をひとりの皇帝が支配する古代からの伝統が6世紀に復活し、何度か中断されながらも明朝までつづいた。ローマ帝国崩壊後の混乱が最も顕著だった西ヨーロッパにおいても、キリスト教はローマで存続し、「文明」社会と「野蛮な」社会を区別する重要な指標とされた。

イスラムの勃興

ユーラシア大陸のほぼ全域にわたって、この時期最も特徴的だったのが、敵対するふたつの一神教——キリスト教とイスラム教——の支配である。7世紀におけるイスラム教の発生は大きな転換点となった。その信仰に触発されたアラブの軍勢によって政治情勢は一変し、西はスペインから東は中央アジアまで、イスラムの支配がひろがった。

統一されたイスラム帝国としての時代は長くつづかなかったが、支配がアラブ民族からトルコ人など別の民族の手に移っても、宗教の力によってその文明は存続した。イスラム世界の大都市は、規模においても知的洗練の度合いにおいても、キリスト教世界の大都市をしのいでいた。イスラムの学者たちは古代ギリシアの科学を継承し、それをさらに進歩させている。中世全体を通して、イスラム文明はつねに力強く発展しつづけた。

西ヨーロッパの富

西ヨーロッパでは、ローマ帝国のもとで発達した文明が急激に衰退した。戦士でもある王が自給自足農業を営む点在する人々を支配し、残りの土地は10世紀になるまで、非キリスト教のヴァイキングやマジャール人などの侵略にさらされた。

古代ローマへの郷愁は、やがて800年のカールの戴冠をもたらすが、カール大帝が築いた伝統に基づく神聖ローマ帝国は、西ヨーロッパを政治的に統一するには至らなかった。強い中央集権国家のシ

中世の世界

1215年	1324年	1347年	1443年
イギリスのジョン王が**マグナ・カルタ（大憲章）**に署名。マグナ・カルタには、王を含めたすべての人が国の**法に服す**ことが定められている。	**マリ王国**の裕福な王マンサ・ムーサが派手な**メッカ巡礼**をおこない、**イスラム教**が**西アフリカ**に広まる。	アジア起源と考えられている**ペスト**（黒死病）がヨーロッパに流入する。2年のうちにヨーロッパの人口の**3分の1以上が死亡**する。	朝鮮王の世宗が、識字率を高めるために、**朝鮮語**を簡単に表記できる**ハングル文字**を創案する。

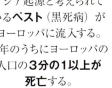
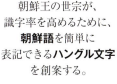

1275年ごろ	1325年	1368年	1492年
ヴェネツィアの商人**マルコ・ポーロ**がモンゴル帝国の皇帝**フビライ・ハーン**の宮廷を訪れる。この4年後、フビライは**中国南部を征服**する。	**アステカ族**が中央メキシコに首都テノチティトランを建設する。**インカ族**は**ペルー**に文明を築く。	**朱元璋**（洪武帝）が**明朝**の皇帝を名乗り、元を駆逐する。その後、約300年にわたって**繁栄と安定**がつづく。	スペインのフェルナンド王とイサベル女王が**グラナダを攻略**し、イベリア半島での800年に及ぶ**イスラムの支配**が終わる。

ステムがないため、社会は個々の封建的な関係によって維持された。11世紀以降、西ヨーロッパの文化、貿易、都市生活の復興は急ピッチで進む。ヨーロッパの気温が平均より高かった「中世の温暖期」（950年～1250年）には、農作物の収穫高も増え、大規模な聖堂や城がつぎつぎと建設された。しかし、十字軍がイスラムの中心にあるエルサレムの奪還をめざしたこの時期も、イスラム世界のほうが医学、哲学、天文学、地理においてはるかに進んでいたため、文化は反対にイスラムから流れこんでいた。

拡大と縮小

世界の人口は、13世紀にはおよそ4億人に達していたと考えられ、これは古代帝国時代の最盛期の総人口の2倍にあたる。ヨーロッパと中国、そして交易で栄えていたアジアの諸王国とは、陸路はシルクロード、海路はインド洋など、さまざまな交通網によって結ばれていた。カイロとヴェネツィアは、この貿易の西端に位置する中心都市として繁栄する。

だが、文化的生活は依然として不安定だった。また、致死率の高い病気も大流行していた。14世紀半ばには、交易路を通ってはいってきた黒死病によって、世界の人口の4分の1が死亡したと考えられている。

発明品と進歩

人類の技術は、ゆっくりだが着実に進歩しつづけていた。紙や印刷、羅針盤や火薬に至るまで、ほとんどの発明が世界で最先端の技術を持つ中国で生まれた。それにやや後れをとっていたヨーロッパでも、造船や金属加工の進歩が鋤や風車の発明・普及につながり、農業を大きく変えた。

中世の終わりになると、西ヨーロッパ諸王国は忠誠の誓いに基づいた「封建」国家から、より安定した中央集権国家へと発展をとげ、資力を植民地建設や探検などの大事業に向けられるようになった。一方、南北アメリカでは、アステカやインカなどの文明が、ユーラシア大陸やアフリカ大陸での進歩の影響を受けることなく、独立して発展しつづけたが、やがて16世紀になるとスペインの征服者たちがやってくる。■

帝国の拡大と さらなる栄光を求めて
ベリサリウスによるローマ奪還（536年）

背景

キーワード
ビザンツ帝国

前史
476年 蛮族の傭兵隊長オドアケルが、西ローマ帝国最後の皇帝を退位に追いこみ、独立した王としてイタリアを支配。
493年 東ゴート族の長テオドリックがオドアケルを倒して王になる。名目上はビザンツ帝国の支配下に置かれる。
534年 ビザンツ帝国によって、ヴァンダル王国の北アフリカの支配が終わる。

後史
552年 ビザンツ帝国がゴート人から3回目にして最後のローマ奪還を果たす。
568年 ランゴバルド族がイタリアに侵入し、ビザンツ帝国のためにユスティニアヌスが奪還した土地を占拠する。
751年 ランゴバルド王国がラヴェンナ——北イタリアに最後まで残っていたビザンツ帝国の領土——を奪取する。

536年12月9日、ベリサリウス率いる東ローマ帝国（ビザンツ帝国）軍が、古代ローマ時代に建てられたアジナリア門からローマにはいった。ビザンツ軍が到着すると、当時ローマを守っていた蛮族の東ゴート族は、フラミニア門からローマを脱出して、北へ逃れた。イタリアがローマ帝国の手から離れて約60年後、帝国発祥の地がようやくローマの支配にもどったかに見えた。

ビザンツ帝国の存続

1世紀にわたって蛮族からの侵略を受けたあと、ついに西ローマ帝国は476年に滅亡したが、コンスタンティノープル（現在のイスタンブール）を首都とする東のビザンツ帝国は、この危機をなんとか乗りきった。エジプトなどの豊かな地方を保持していたため、領土を侵略の手から守ることができたのだ。しかし、帝国発祥の地を失って威信を大きく傷つけられたビザンツ帝国の皇帝たちにとって、それは受け入れがたい事実だった。488年、ゼノン皇帝はローマ奪還のために、ゲルマン人傭兵の一派として東ゴート族を派遣し、西ローマ帝国最後の皇帝を退位に追いこんだオドアケルが率いる別の一族を一掃した。その見返りとして、東ゴート族はビザンツ皇帝の支配下でイタリアの統治を認められた。帝国の領土に侵入していたゴート族をイタリアに追いやれば、両方の問題を相殺できるかもしれないという思惑があったからである。

ゴート戦争

以後40年にわたって、ゴート族によるイタリアの支配は比較的安定していた。しかし、527年にユスティニアヌス（482

国土の大部分がふたたび敵の手に
落ちたいま、イタリアで
戦争の費用を工面することは
不可能だ。
ベリサリウス、545年

中世の世界

参照　ミルウィウス橋の決戦 66-67　■　ローマの略奪 68-69　■　エルサレム陥落 106-07　■　大シスマ 132　■　コンスタンティノープルの陥落 138-41

ユスティニアヌス帝は精力的な人物で、過去の輝かしいローマ帝国を再建するため、野心的で広範にわたる拡大と改革を計画した。

年ごろ〜565年）がビザンツ帝国の皇帝に即位すると、状況は一変した。ユスティニアヌス帝はローマの威信を取りもどす決心を固め、ローマ帝国が失った領土の奪還をめざした。533年にはベリサリウス将軍が率いる軍を北アフリカに送り、ゲルマン民族の一派が支配していたヴァンダル王国を一気に倒した。

この成功に勢いづいたユスティニアヌスは、535年にイタリアへの侵攻を命じた。ベリサリウスの軍は迅速に兵を進め、536年にローマを奪還する。だが、ゴート族の王ウィティギスの反撃に遭い、ローマは1年にわたって包囲され、古代ローマの首都奪還に沸いたビザンツ帝国の歓喜は無残にも打ち砕かれた。

イタリアでの膠着状態

ベリサリウスは新たな攻撃を開始したが、ベリサリウス自身がイタリアで独立した王になることを恐れたユスティニアヌスによって呼びもどされた。戦争は約20年にわたって膠着状態がつづいた。

ゴート族はローマを2度取りもどしたが、それを維持するだけの力がなく、2度ともローマ軍に奪い返された。そしてついに、552年に最後の軍が大敗を喫した。

戦争の影響

ビザンツ帝国はこの戦争に勝ったものの、勝利はむなしいものだった。イタリアは荒廃し、都市から人口の大部分が流出して、地域経済は壊滅状態になった。重要な地位はラテン語を話す従来の支配者層ではなく、コンスタンティノープル出身のギリシア語を話す人々に与えられることが多くなった。ローマはビザンツ帝国の前哨基地として扱われるようになり、この都市を帝国の力の中心として復活させたいという望みは打ち砕かれた。

戦争の爪痕、そして542年に帝国の人口の3分の1を死に至らせたペストのせいで、イタリアに駐屯させる軍を確保するのが困難になった。新しい領土からはいる税収は微々たるもので、逆に経済的負担を強いられた。ローマの奪還を歓迎した楽観的空気は、深い憂鬱へと変わっていく——568年にランゴバルド族がイタリアに侵入し、イタリアの北部と中部にあったビザンツ帝国領のほとんどが奪われると、この傾向は決定的になった。

ビザンツ帝国はその後900年近くにわたってつづいたが、西ローマ帝国の復興に本腰を入れることは二度となかった。その代わりに、帝国の核となる東のギリシア語圏を守ることに徹したため、イタリア、フランス、スペインのゲルマン諸国は自由に発展することができた。■

ビザンツ帝国とイタリアの**不安定なゴート王国**のあいだの**緊張が高まる**。

↓

ビザンツ帝国がイタリアに侵入し、ローマを奪取する。

↓

戦争で**荒廃したイタリア**では、**税収**を増やして守りに必要な資金をまかなうこともむずかしくなった。

↓

負債やペストの影響で**深刻な打撃**を受けた帝国に、国境から新しい**蛮族が侵入**した。

↓

ビザンツ帝国の**西への拡大は止まり**、帝国の関心は**内側に向かう**。

真実が訪れ、虚偽は消え去った
ムハンマドが神の啓示を受ける
(610年ごろ)

背景

キーワード
イスラムの台頭

前史
550年ごろ 南アラビアでヒムヤル王国が滅亡。
570年 ムハンマドの誕生。
615年ごろ ペルシアのホスロー2世がエジプト、パレスティナ、シリアのビザンツ帝国領を征服。

後史
622年 ムハンマドと信者たちがメッカを逃れ、メディナに移る。
637年 イスラム軍がエルサレムを包囲し、のちに占領。
640年 イスラム軍のアムル・イブン・アル＝アース将軍がエジプトを征服する。
661年 シリアのダマスカスで、ムアーウィヤがウマイヤ朝を創始する。
711年 イスラム軍がスペインに進出し、キリスト教国である西ゴート王国を征服する。

610年ごろ、アラビア中部にあるメッカの町を見おろす丘の洞窟で、ムハンマド——商家の出の40歳の男——が、大天使ガブリエルから聖なるお告げを受けたと宣言した。それ以降も長期にわたって同じような啓示がつづき、やがて新しい一神教であるイスラム教が誕生する。この宗教は20年と経たないうちにアラビア半島の全域にひろがり、1世紀後、その信者たちはビザンツ帝国やペルシア帝国を打ち破って、西はスペインから東は中央アジアにまでひろがる国を作りあげた。

中世の世界

参照 バグダードの建設 86-93 ■ エルサレム陥落 106-07 ■ マンサ・ムーサのメッカ巡礼 110-11 ■ アラブの進軍がトゥールで阻止される 132 ■ コンスタンティノープルの陥落 138-41 ■ アクバル大帝による征服 170-71

16世紀の細密画。預言者ムハンマドの誕生に際して、イスラム教の神の家であり、最も神聖な神殿とされるカーバを、天使たちが装飾している。

イスラム教以前のアラビア

紀元前1000年ごろから、南アラビアには高度に発達した王国がいくつもあり、香辛料の貿易によって富を築いた。当初、交易路は北西の海岸沿いに伸びていたが、7世紀になると、商人たちは紅海を北上する海路を使うようになり、陸路は廃れて、比較的豊かだった土地の多くが衰退の途をたどる。メディナやメッカなど、いくつか散在した都市は、穀物やオリーブオイルなどの主要な輸入品のほか、羊毛や革などの地域に密着した品で生計を立てていた。アラビア半島の中央に位置する砂漠地帯は非常に貧しく、遊牧生活を送るベドゥインは、希少資源をめぐる奪い合いから、血族や部族への忠誠を最優先する社会を作りあげた。

ムハンマドの時代、アラビアは宗教的にも政治的にも混乱していた。南のイエメン、それにメディナのような北西のオアシスの町には強固なユダヤ人のコミュニティがあり、その一方で、キリスト教もイエメンや東アラビアに足がかりを得ていた。一神教の教義はアラビア人のベドゥインが昔から信じていた多神教に対抗してひろがったが、多神教信仰は依然として強かった。部族間の対立が頻繁に起こっていたため、メッカの「ハラーム」と呼ばれる聖域では争いが禁じられ、異なる部族の人たちが暴力を使わずに自由に交易できるようになっていた。

メッカのムハンマド

ムハンマドは、メッカの「ハラーム」を支配するクライシュ族の出身だった。ムハンマドは多神教を拒否して神はただひとりだと主張し、また、1日に5回礼拝し、ラマダンのあいだは断食するなど、

ムハンマド

預言者ムハンマドは570年ごろにメッカで、有力なクライシュ族の分家に生まれた。伝承によると、孤児だったムハンマドは、裕福な未亡人ハディージャとの最初の結婚によって経済的に安定した将来が約束された。610年ごろから約20年間にわたって神の啓示——それをのちに書き留めたものがコーランである——を受けたムハンマドが、多神教や女児の間引きなどの慣習を禁じる説教をはじめたことから、従来のメッカの支配

定められた宗教的儀式を守るよう求めたので、信者たちは孤立した。社会的な境界を超えたひとつの宗教的コミュニティの建設を説いたムハンマドは、自分たちの権威が脅かされることを恐れた従来の指導者たちから危険視された。

メディナへの逃亡

622年には、メッカの空気がかなり緊迫したため、ムハンマドとわずかな信者たちは北のメディナへ逃れた。この出来事はヒジュラ（聖遷）と呼ばれ、イスラム共同体が実際に形成されたことを意味する。メッカを拠点とするクライシュ族の力を疎ましく思うメディナの人々は、ムハンマドの理念に共感して、自由に教えを説くことを認めたため、それが改宗者の増加につながった。

クライシュ族はメッカでムハンマドの勢力基盤が大きくなることをきらったので、2年と経たないうちにムハンマドの支持者たちとのあいだに衝突が起こっ

層とのあいだに亀裂が生じた。ムハンマドがメディナへ逃亡した622年は、イスラム教の普及にとって重要な節目となった。メッカの外で受け入れられたことは、イスラム教の人気が伝統的な親族を中心とした仕組みを超えたことを示す。ムハンマドは精神的な指導者として認められ、この新しい宗教が直面した課題に巧みに対処したので、メッカにもどって2年後の632年に没するころには、その信者はアラビア全域にひろがっていた。

ムハンマドが神の啓示を受ける

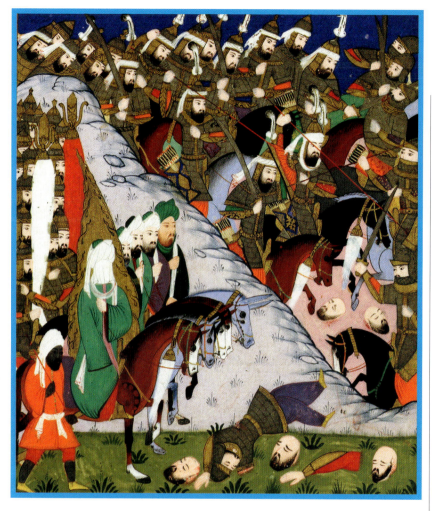

ウフドの戦い（625年）は、ムハンマドが率いるメディナのイスラム教徒とメッカを拠点とするクライシュ族の大軍のあいだで繰り返された血みどろの戦いのひとつである。

た。ムハンマドは裏をかいて、まずクライシュ族の隊商を奇襲し、つづいて627年の大きな戦いで打ち破って、629年にメッカへの巡礼の権利をめぐる交渉に至った。632年に没するまでに、ムハンマドはメッカにもどり、軍事・外交の成功によって他の部族をみずからの理念に引きつけて、不動の地位を築いた。その支配がひろがるとともに、宗教的な教えも浸透し、新たにイスラム教に改宗する人が増えた。

ムハンマドの死後、危機に陥ったイスラム教はたやすく壊滅する恐れもあった。東の部族はイスラム共同体（「ウンマ」）から離脱し、自分たちの指導者に忠誠を誓ったが、メディナの人々はメッカ人による支配が強まるのを快く思わなかった。しかし、ムハンマドの義父であるアブー・バクルがカリフ（後継者）に選出されたことから、イスラム共同体は分裂の危機を乗り越える。また、反体制派に向けた一連の軍事行動が功を奏し、「ウンマ」は存続することができた。

アラビア半島の外への拡大

ムハンマドの後継者たち、特にウマル（在位634年～44年）は、さらに遠征を進めた。アラビア半島の北端で重大な変化が起こっていたことも幸いした。それは602年から628年にかけて、この地域に古くからあるふたつの帝国——北西のビザンツ帝国と北東のササン朝ペルシア——が、長く熾烈な戦争をつづけ、双方ともに壊滅的な結末を迎えたことである。戦争の費用がかさんで両国の財源は枯渇し、甚大な被害をこうむった地域もあった。また、両国は国境の警備をアラブ人に頼るようになり、ふたつの帝国の周辺にアラブ人の小さな半独立国が生まれた。

急激な敗退

630年代に勢いに乗って北上したアラブ軍に対する抵抗は、半世紀前に比べてはるかに少なかった。守備隊が弱体化し、住民の忠誠心も揺らいでいたため、抵抗力が弱まっていた地方の領土はあっけなく陥落した。アラブ軍は比較的少人数で軽武装だったが、機動力にすぐれ、決まった持ち場を守る必要もなかったので、敵よりもはるかに優位だった。アラブ軍が636年にヤルムーク川でビザンツ帝国を打ち破ると、パレスティナとシリア全域にわたる帝国の支配は崩壊する。一方、ササン朝ペルシアについては、わずか9年でその分断に成功した。

イスラム社会

新しく征服した土地はイスラム帝国の

一部となった。そこに住む人々の多くがイスラム教に改宗したが、改宗しなかった場合も、キリスト教徒、ユダヤ教徒、ゾロアスター教徒であれば、特別税を払うことで黙認された。イスラムは吸収した土地をさまざまな方法で変革した。帝国の古い体制を一掃するだけでなく、宗教的コミュニティという新しい存在を感じさせることによって、征服者と被征服者を結びつけた。イスラムの学者たちは、数世紀のあいだ忘れられていたギリシアの哲学者や科学者の文献をよみがえらせてアラビア語に翻訳し、一方、美しいモスクが町という町を彩るようになった。ビザンツ帝国やササン朝ペルシアのもとで軽んじられていた地域は、いまや新しく活気に満ちた文明の中心にあった。

だが、成功はイスラム特有の問題ももたらした。都会化された土地を手に入れたことによって、カリフは結束力の強い信者たちを率いる軍の指揮官から、複雑な経済と社会をかかえた広大な地域の統治者への転換を迫られたのである。そのうえ、このころのイスラム教徒はまだ少数派で、完全には結束していなかった。

> 読め、創造したまえるかた、
> 汝(なんじ)の主の御名によって。
> 凝血から人間を作りたもうた。
> 『コーラン』(第96章)
> ムハンマドがはじめて受けた啓示

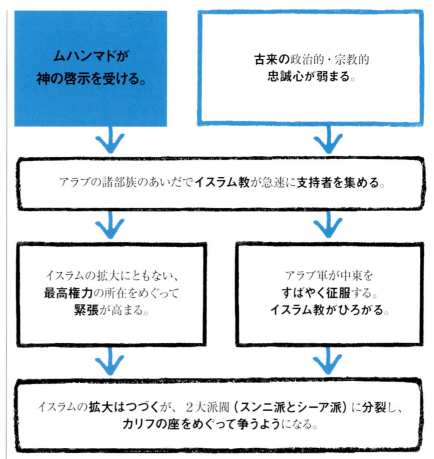

深まる亀裂

カリフの地位の継承をめぐる緊張から、イスラム帝国に大きな亀裂が生じた。ムハンマドの義理の息子アリーとシリアの総督ムアーウィヤとのあいだの確執が内戦へと発展し、アリーが殺害されると、661年にムアーウィヤがカリフの地位に就いた。ムアーウィヤの子孫たちはシリアの都市ダマスカスから帝国を統治したが(ウマイヤ朝)、アリーの信奉者たちはその支配に反発し、アリーの子孫からカリフを選出すべきだと主張した。アリーの息子、フセインが680年にカルバラーで殺害されると、アリーの子孫にイスラム帝国を統治する権利があるとするシーア派とそれを拒絶する主流派のスンニ派とのあいだの分裂は決定的となり、それが現在に至っている。

イスラムの結束には、別の形でもほころびが生じた。東西の国境からのメッセージがカリフの宮廷に届くのに数か月を要する広大な帝国の統治は、不可能に等しかった。辺境の地に独立したイスラム王朝がいくつもでき、10世紀にはスペインやエジプトに、対立するカリフが誕生した。しかし、イスラム帝国の政治的結束が崩れ、宗教的結束も損なわれたものの、ムハンマドの教えに対する人気はまったく衰えず、21世紀にはイスラム教の信者は全世界で約16億人にまで達している。■

キリスト教国に平和をもたらす統治者
カールの戴冠（800年）

背景

キーワード
中世のキリスト教世界の樹立

前史
496年ごろ フランク王国のクローヴィス王がキリスト教に改宗。

507年 クローヴィス王が西ゴート族を破り、ガリア地方を制圧。

754年 教皇ステファヌス3世がピピン3世をフランク王国の王と認める。

768年 ピピン3世が死去し、フランク王国がカール大帝と弟のカールマンとのあいだで分割される。

771年 カールマンの死によってカール大帝がフランク王国の唯一の統治者となる。

後史
843年 ヴェルダン条約によってフランク王国がふたたび分割される。

962年 ザクセン公のオットー1世が教皇から帝冠を授かる。ドイツとイタリアを統一し、のちに神聖ローマ帝国と呼ばれる国を築く。

800年のクリスマスの日、サン・ピエトロ大聖堂で異例の出来事が起こった。ローマ教皇レオ3世が、フランク国王カールにローマ皇帝の冠を授け、西側で300年ぶりに皇帝が誕生したのである。ローマ皇帝となったカールとその後継者たちは、教会の精神的指導者である教皇に匹敵する世俗的指導者として、西側の統治者たちに対して影響力を振るうようになった。やがて、カールの帝国（のちに神聖ローマ帝国として知られるようになる）は広大な地域を支配するようになり、後年の西ヨーロッパ諸国の基盤を築いた。

新しい支配者たち

西ローマ帝国が476年に崩壊する前の半世紀には、蛮族が属州のほとんどに侵

西ローマ帝国が**崩壊**する。

カールが**フランク王国**の領土を**拡大**する。

力を失った**教皇**がイタリアの外に**支持を求める**。

ローマで教皇がカールに皇帝の冠を授ける
── 300年ぶりの出来事だった。

ローマ皇帝をキリスト教世界の世俗的指導者とすることによって、後年のフランク王国の分裂を乗りきる。

中世の世界

参照 ミルウィウス橋の決戦 66-67 ■ ローマの略奪 68-69 ■ ベリサリウスによるローマ奪還 76-77 ■ 聖職叙任権闘争 96-97 ■ エルサレム陥落 106-07 ■ マルティン・ルターの95か条の論題 160-63

> 彼は自由科の学問にだれよりもいそしみ、その指導者たちに深い敬意を払って栄誉を授けた。
>
> **アインハルト**
> フランク王国の学者、廷臣
> （770年ごろ〜840年）

入し、領内に小さな王国がいくつも生まれていた。名目上はローマ帝国の支配下にある土地を新しい国王たちが統治することを、はじめのころ、東ローマ（ビザンツ）帝国の皇帝たちは正当とは認めなかった。しかし、新しい諸王国、特にフランク族の国が勢力を増して統一が進むと、東ローマ帝国の承認は意味を持たなくなった。

王国から帝国へ

768年にフランク王国の王位に就いたカールは徐々に領土をひろげていき、北イタリアやドイツを征服し、スペイン北部のアラブ人の領土の一部を手に入れ、ドナウ川流域のアヴァール族の領土を奪った。またフランク族の支配を強め、「ミッシ・ドミニ」（国王巡察使）——各地方の領地で国王の意思を実行する代理人——のネットワークを作りあげた。かつての西ローマ帝国の領土のほとんどを、数世紀ぶりに強力な統治者が支配す

るようになり、ひとつの政治的実体ができあがった。一方、ローマ教皇にとって8世紀は苦難のときであり、教会の階層化された組織のなかで地位を築こうとするローマの貴族たちのつまらない権力争いに巻きこまれた。799年にローマで襲撃されたレオ3世はアルプスを越えて逃亡し、イタリアに秩序をもたらして教会の地位を回復するよう、カールに助けを求める。その翌年、レオ3世はカールに皇帝の冠を授け、東ローマ皇帝と西ローマ皇帝が同時に存在することになった。

カロリング朝ルネサンス

改革を推し進めたカール大帝は、802年に国王への忠誠を誓うことを求める勅令を出し、臣下としての義務を明確に定めた。また、著名な学者を宮廷に招き、西ローマ帝国の滅亡以来停滞していた文法学、修辞学、天文学などの学問を奨励した。カール大帝の治世には、音楽、文学、美術、建築も全盛をきわめた。

カール大帝が没すると、王国の分割が進んだ。複数の継承者のあいだで王国を分割するフランク族の慣習によって中央権力が弱まり、内戦が起こった。最終的に、フランク王国は大きくふたつに分割され、それが現在のフランスとドイツにほぼ一致する。皇帝の称号はカール大帝の直系の子孫に継承されたが、10世紀以降になると、さらに遠縁のドイツの君主たちへと受け継がれていった。このように、西ローマ帝国は神聖ローマ帝国として、19世紀初頭まで存続していく。■

カール大帝

カールの父ピピン3世は、751年にフランク王国のメロヴィング朝最後の王を退位させて、みずからが王位に就いた。その長男カール（742年ごろ〜814年）は精力的で先見の明のある人物で、フランク王国の領土を大きく拡大した。また、強い指導力を持ち、君主と教会の権威を高めるための改革もおこなった。さらに、新しい貨幣制度の導入、度量衡の統一、さまざまな通貨の一本化などの経済改革を進め、商業や貿易を促進した。800年に皇帝の位に就いたことでその力をさらに強めたが、当初はそれをのちの世代に継承するつもりはなかった。継承についての最初の決断は806年で、王国を3人の息子のあいだで分割したが、皇帝の地位については指示していない。しかし息子ふたりが死去したため、カールは領地と皇帝の位をただひとりの後継者——ルートヴィヒ1世（敬虔王）——に譲った。

為政者は豊かだが、国は荒廃している
安史の乱（755年）

背景

キーワード
中国・唐の時代

前史
618年 李淵が唐の初代皇帝となる。

632～35年 唐が中央アジアのカシュガル、コーカンド、ヤルカンドを攻略。

751年 タラス河畔（キルギスタン）の戦いで、唐軍はアラブ軍に敗れる。

後史
762年 唐軍が洛陽を奪還。763年に燕の最後の皇帝が自殺し、安史の乱は終結。

874年 求心力を失った唐朝は、重税にあえぐ農民による最初の反乱を抑えることができない。

907年 反乱軍を率いていた朱全忠が、唐の最後の皇帝を譲位に追いこむ。朱全忠は後梁を建国。

960年 宋の建国により、短命王朝の時代が終わる。

国境を守るために**大規模な軍備が必要になり**、強力な指揮官の台頭や**増税**につながる。

行政改革によって、それまで**貴族**が振るっていた権力が**弱まる**。

↓

宮廷内の貴族、官僚、軍人のあいだで緊張や勢力争いが生じ、それが安史の乱につながる。

↓

唐の支配がもどるが、**中央の統制力が弱まり**、中国はついに分裂に至る。

618年、唐はそれまで中国を支配していた隋のあとを継ぎ、中国史上有数の輝かしい時代をもたらした。唐初期の皇帝たちは遠征を繰り返して、中国の国境を中央アジアにまでひろげ、高機能の官僚制度を通して統治する中央集権国家を作りあげた。その後は、平和で政治的にも比較的安定した時期がつづき、経済も発展したため、文化と芸術が復興して技術革新を促した。

だが755年、不満を募らせた将軍、安禄山が率いる内乱（安史の乱）によって、この黄金期は突然断ち切られる。中国北部は戦禍に巻きこまれ、その後、唐は支配力を完全に取りもどすことはなかった。

中世の世界

参照　始皇帝が中国を統一する 54-57 ■ フビライ・ハーンが宋を征服 102-03 ■ マルコ・ポーロが上都へ到着する 104-05 ■ 洪武帝が明朝を築く 120-27

「安史の乱」で唐の都、長安を占領したが、安禄山自身は洛陽にとどまった。皇帝は秦嶺山脈を越えて四川に逃れた。

揮官などで、すでに政治に干渉しはじめている者もいた。

だが、唐に対する反乱の直接のきっかけとなったのは、751年にアッバース朝に敗北して、中央アジアへの拡大を阻まれたことなど、度重なる軍事上の失敗だった。

反乱の種

玄宗皇帝（在位712年～56年）のもと、唐の勢力と威光は頂点に達したが、経済・社会・政治における重大な問題がその存続を脅かそうとしていた。

まず、唐は急増した軍事費をまかなうために増税を画策していた。兵士が平時は農業に従事する府兵制は費用効率にすぐれていたが、周辺民族の度重なる侵略にさらされて、じゅうぶんに機能しなくなった。そのため、玄宗皇帝は北の国境沿いに、節度使が率いる募兵軍団を置かざるをえなくなり、大軍を指揮する節度使は大きな権力と自治を手に入れた。

土地の分配と徴税の土台である均田制は、定期的に土地を再分配することで裕福な地主の略奪から小農を守っていたが、これが行きづまり、唐の財源はさらに逼迫した。この制度が徐々に崩壊していくと、貴族たちが土地を奪って地方の勢力基盤とし、農民のあいだに不安がひろがった。

また、唐初期の太宗（在位626年～49年）が官吏の登用のための科挙制度を改革したことで、貧しい生まれで人脈のない優秀な人物にも門戸がひろがったが、能力に基づく官僚制度は貴族の権力と影響力を弱めた。玄宗は宮廷内の反対勢力の押さえこみに苦慮するようになった。それは反乱を起こす可能性のある貴族、野心的で専門的知識を持つ官僚、軍の指

萬戸傷心して野煙生ず
王維
唐代の詩人（756年）

唐に対する反乱

遠征の時代が終わり、自分たちの立場が危うくなってきたと感じる軍のあいだで不満が爆発した。軍の有力な指揮官で寵臣でもあった安禄山は、皇帝の求めに応じて楊国忠（安禄山と激しい勢力争いを繰りひろげた宰相）を解任したとみずから主張し、反乱軍を結集して南進した。

当初、反乱は成功に向かうかのように見えた。756年のはじめに東の都、洛陽――そこで燕朝の樹立を宣言した――を奪ったあと、安禄山は第一の都、長安を攻撃した。玄宗は宮殿を離れ、からくも安禄山の手を逃れる。

8年に及ぶ戦いのすえ、唐は反乱を制圧したが、国力は弱まって存亡の危機に瀕した。つぎの世紀になると、軍はさらに政治力を増し、反乱が繰り返される。907年に帝国は分裂し、その後50年にわたって地方の王朝や王国がしのぎを削ることになった。■

精神の高まりと
知性の目覚め
バグダードの建設(762年)

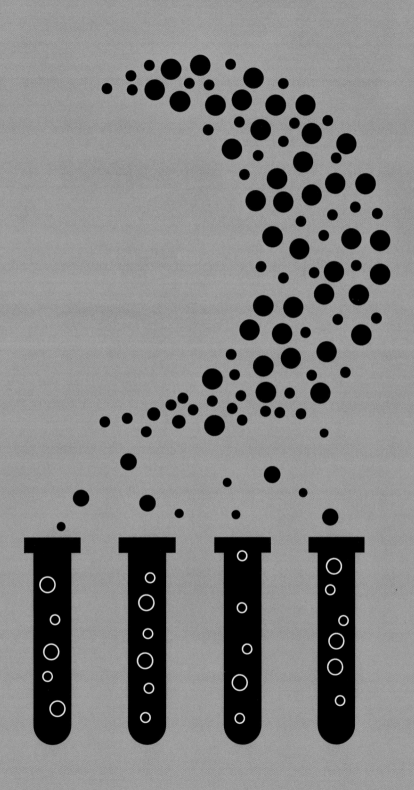

バグダードの建設

背景

キーワード
イスラム社会と科学

前史

711年 イスラム教徒のアラブ人とベルベル人の軍がスペインの西ゴート王国を破る。

756年 ウマイヤ朝の君主アブド・アッラフマーン1世がスペインのコルドバに王宮を建設。

後史

800年ごろ イスラム初の病院がバグダードに設立される。

825年 アル＝フワーリズミーが（インド起源の）10進法をイスラム世界に紹介する。

1137～54年 アル＝イドリーシーがシチリアのルッジェーロ2世のために世界地図を作成。

1258年 バグダードが陥落し、アッバース朝が滅亡。

1259年 マラーゲに天文台が建設される。

イスラムの征服によって、**アラブの支配地域**に**ギリシア語の写本**が数多く集まる。

↓

マンスールがアッバース朝の力を強化するためにバグダードを建設する。バグダードは科学と学問の中心となる。

↓

バグダードの知恵の館でギリシア語の科学文献が**翻訳**され、**アラブ世界における科学の発達**につながる

↓

ギリシアの文献を**アラビア語に翻訳**したものが、ヨーロッパでさらに**ラテン語に翻訳**され、失われた古典文献の知識が広まる。

---

7 62年、創設されたばかりのアッバース朝の第2代カリフ、マンスールは、イスラム帝国の首都をダマスカスから新設されたバグダードへと移した。この遷都は、科学、芸術、文化が全盛をきわめるイスラム黄金期のはじまりと見なされることが多い。イスラム世界の技術の発展ぶりは、802年にアッバース朝のカリフ、ハールーン・アッラシードがフランク王国のカール大帝に使節団を派遣したとき、団が献上した水時計を見るとよくわかる。それは真鍮の玉が台座のシンバルに落ちて毎時を告げるという仕掛けになっていた。こうした精巧な時計もアラブ世界のめざましい進歩の一例にすぎず、ヨーロッパの国々はこうした飛躍的な進歩のはるか後方に取り残されていた。

アッバース朝の台頭

632年に預言者ムハンマドが没したあと、その後継者たちが統治するイスラム帝国は拡大をつづけた。661年以来ダマスカスで帝国を統治していたウマイヤ朝のカリフ、ワリード2世が744年に殺害されると、内戦が勃発してウマイヤ朝が滅亡し、750年にアッバース朝が政権を握った。最初の10年間、アッバース朝はイラン北東のホラーサーンの軍の助けを得て、帝国の平定につとめた。アラブ語を話す人々、ペルシア人、中央アジア人が混ざり合ったこれらの軍の支持を得たアッバース朝は、ウマイヤ朝を支持していた北アラビア、シリア、イラクを拠点とするアラブの諸部族とは別の独立した勢力基盤を獲得できた。

762年にアッバース朝の2代目カリフがバグダードを建設したのは、ホラーサーン軍の兵士たちに土地を与えるためでもあった。この土地は気候が穏やかで、ペルシアとアラビアと地中海沿岸との交易路に位置していた。バグダードはペルシアの首都クテシフォンから南東にわずか30キロの距離にあったが、すぐにそれを

中世の世界

参照 ゴータマ・シッダールタが仏教を説く 40-41 ■ クノッソスの宮殿 42-43 ■ アレクサンドロス大王による征服 52-53 ■ ムハンマドが神の啓示を受ける 78-81 ■ マンサ・ムーサのメッカ巡礼 110-11 ■ アラブの進軍がトゥールで阻止される 132 ■ アクバル大帝による征服 170-71

しのぎ、自分たちを紀元前6世紀のキュロス王以来の文化の担い手と考えるようになる。新しい首都は城壁に囲まれた直径数キロの円状都市で、そのなかにカリフの宮殿とおもな政府組織が置かれた。

知識の探求

アッバース朝は過去の政治的伝統だけでなく、文化・科学的功績をもその手中におさめようとした。ウマイヤ朝の領内にはエジプトのアレクサンドリアなど、古代ギリシアの学問の拠点もあったが、その統治下で科学的試みへの支援はほとんどなかった。これがアッバース朝では一変し、遠征よりもイスラムの支配を強化することに時間をかけた。コーランや「ハディース」(預言者ムハンマドの言行録)にある教えにだけ頼るのではなく、外国の書物から得た知識を探求しようとする学者たちを援助した。

最初に発展を見せたのは医学だった。6世紀半ばから後期にかけて、イラン南西部のゴンディーシャープルにあった哲学の学校が医学の中心となり、おもにビザンツ帝国で迫害されたネストリウス派のキリスト教徒が集まった。そのなかのひとり、ジュルジス・イブン・ジーブリール・イブン・ブフティーシューは、765年、マンスールの胃の病気を診断するためにバグダードに招かれたと言われている。治療に大いに満足したカリフは、主治医として残るようジュルジスを説得し、そ

> 論理学や法学に関する深い知識に加えて、[マンスールは]哲学や観測天文学に強い興味をいだいていた。
>
> **サイード・アル＝アンダルーシ**
> イスラムの歴史家 (1068年ごろ)

の後11世紀中ごろまで8代にわたってブフティーシュー家がバグダード王宮の主治医をつとめ、ギリシアやヘレニズムの文献に書かれた知識や治療法を持ちこんだ。800年ごろ、カリフのハールーン・アッラシードの命により、ジュルジスの孫にあたるジーブリール・イブン・ブフティーシューはイスラム世界で初となるバグダードの病院を率いた。

マンスールはバグダードに図書館を造り、写本の蔵書を保管した。こうした事業がたやすくできたのは、アラブ人が本の材料として紙を使うようになり、795年ごろにバグダードに製紙場が造られたからだった。しかし、アラビア語話者はこうした文献を読むことができず、この図書館はアラブ世界の伝統的な科学の発展にはほとんど役立たなかった。

知恵の館

これを改善するために、ハールーン・アッラシード(カリフ在位786年〜809年)とアル＝マムーン(在位813年〜33年)は、

ハールーン・アッラシード

政権を握ってわずか1年で謎の死をとげた兄ハーディーのあとを継ぎ、ハールーン(763年〜809年)は786年にカリフとなった。即位して最初の20年間は、中央集権の強化に尽力したバルマク家が宮廷を支配した。ハールーンの統治下で、バグダードはイスラム世界最強の都市となり、知識、文化、発明、交易の中心地として栄えた。それでもハールーンは約20年にわたって、ビザンツ帝国との国境近くのラッカを拠点とし、806年にはみずから数千人の軍を率いて攻撃を仕掛けている。ハールーンは802年にカール大帝に象を贈っているが、これはフランク王国との外交取引の一環で、ビザンツ帝国への圧力強化が目的だった。

知恵の館、翻訳機関、図書館、そして帝国全域から学者や識者を集めた学術機関を作ったことから、ハールーンはアッラシード(「正義」)の愛称で呼ばれるようになる。809年、イラン北東部にあるホラーサーンへの遠征の途上で死去した。

バグダードの建設

増えつづける蔵書を保管するだけでなく、学者たちが集う学術機関として、また主要な科学文献のアラビア語翻訳の中心として、「バイト＝アルヒクマ」（知恵の館）を設立した。代表的な学者としては、イラクのアル＝ヒラ出身でネストリウス派キリスト教徒のフナイン・イブン・イスハーク（808年〜73年）があげられ、おもに医学や哲学の文献を100冊以上も翻訳している。また、異教徒の一派であるシヴァ人のサービト・イブン・クッラは、エウクレイデスの幾何学に関する偉大な著作『原論』、プトレマイオスの天文学についての主要な著書『アルマゲスト』を翻訳した。

翻訳は名誉ある事業となった。あるアラブ人のパトロンは、ギリシアの医者ガレノスの著作の翻訳にかかわるために、月にディナール金貨2,000枚という大金を払ったという（ディナール金貨は純金で、重さは大麦72粒ぶん）。およそ150年のうちに、発見された主要なギリシアの文献のほとんどがアラビア語に翻訳された。その多くは西ヨーロッパではまったく入手できず、たとえ手にはいったにしても、そこではギリシア語の知識はほぼ消滅していた。一方、850年ごろのイスラム世界は、ローマ帝国のもとで伝えられて発達した、古典ギリシアやヘレニズム期のギリシアの科学的伝統を足がかりに進歩する──そして、西ヨーロッパのキリスト教徒たちより何世紀ぶんも先行する──素地がじゅうぶんに整っていた。

複雑な計算

イスラム教徒が1日5回の礼拝の時間を計算する（広大なイスラム帝国では地域によって時間は大きく変わった）うえで、数学と天文学の理解が不可欠だったため、どちらも熱心に学ばれた。また、771年には、こうした計算技術の発達につながる別の知的伝統が、インドから訪

> ユダヤ人とキリスト教徒は……
> これらの科学文献を翻訳し、
> 自分たちの功績としている……が、
> ほんとうは
> イスラム教徒による著作である。
>
> **ムハンマド・イブン・アフマド・イブン・アブドゥーン**
> 法学者（12世紀初期）

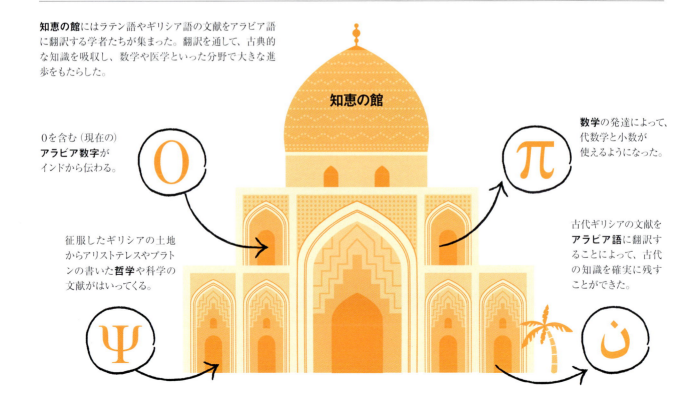

知恵の館にはラテン語やギリシア語の文献をアラビア語に翻訳する学者たちが集まった。翻訳を通して、古典的な知識を吸収し、数学や医学といった分野で大きな進歩をもたらした。

0を含む（現在の）**アラビア数字**がインドから伝わる。

数学の発達によって、代数学と小数が使えるようになった。

征服したギリシアの土地からアリストテレスやプラトンの書いた**哲学**や科学の文献がはいってくる。

古代ギリシアの文献を**アラビア語**に翻訳することによって、古代の知識を確実に残すことができた。

イブン・シーナー、あるいはアヴィケンナ（980年〜1037年）による『医学典範』は、イスラム世界と中世ヨーロッパにおける医学の規範となり、その後何世紀にもわたって権威を保ちつづけた。

れた学者たちによってもたらされた。マンスールの宮廷を訪れたこれらの学者たちは（このことだけでもアッバース朝初期の比較的開放的で寛容な姿勢がわかる）、三角法を使って代数方程式を解く方法など、インドの比較的進んだ数学を紹介した。中でもきわめて重要だったのは、インドの数学者たちが10進法を使っていたことで、知恵の館の学者のひとり、アル＝フワーリズミー（780年ごろ〜850年ごろ）はこれを採り入れ、著書『インドの数の計算法』で説明している。

さらに、アル＝フワーリズミーは平方根の計算方法についても説明し、方程式の研究の先駆けとなった。アル＝フワーリズミーと仲間の学者たちは、エウクレイデスやアルキメデスの球体や円柱についての研究を出発点として、幾何学において急速な進歩をもたらした。

天文学と医学

アル＝フワーリズミーは直接的な天体観測に基づいて計算し、バグダードでの毎日の礼拝時間を記した最初の表を作成した。イスラムの初期の天文学者たちは、プトレマイオスの『アルマゲスト』から、地球は太陽系の中心にあり、惑星は地球を取り囲む8つの天球上をまわっているという説を採り入れた。またインドの天文学者たちからも学び、インドの天体図を翻訳して完成させ、プトレマイオスの天動説を改良しつづけたが、（10世紀のアル＝ビールーニーの著作にあるような）太陽を中心にした地動説を本格的に研究

するには至らなかった。8世紀中ごろには、緯度と経度が引かれた平面に天球を投射した天体観測儀、アストロラーベが使われるようになり、こうした計算が簡単にできるようになった。

13世紀になると、イスラムの天文学は全盛をきわめ、1259年にイラン東部にあるマラーゲに大きな天文台が建設される。ここでナシール・アル＝ディーン・アル＝トゥーシーとその後継者たちは、観測結果を詳細に記録できる機械時計を使って、惑星の軌道を調整し、わずかな誤差を修正した。イスラムの学者たちはほかの多くの分野でも進歩をもたらし、まずアラビア語に翻訳されたギリシアの写本をもとにし、そこから独自の発見をした。しかし、古代の学者たちの説をただ無批判に受け入れたわけではない。アル＝ハイサム（1039年ごろ没）は重要な『光学の書』を著し、プトレマイオスの理論とは逆に、視覚は光が物体から目に到達した結果生まれると推察している。アラブの医者たちも進歩しつづけ、実際の症

例を理論的に分析した。アル＝ラーズィー（925年没）は、天然痘と麻疹についてはじめて記述し、医学の概要をまとめた。これは百科事典の伝統のはじまりとなり、イブン・シーナー（西洋ではアヴィケンナとして知られる）の『医学典範』に至る。1020年ごろに書かれたこの書物には、体の各部位に特有の病気や全身性の病気について、独立した章も設けられている。

イスラム科学のひろがり

7世紀中ごろに拡大しはじめたイスラム帝国は、アレクサンドリアのような古くからの学問の中心地を吸収しただけでなく、スペイン（711年から）やシチリア（827年から）の征服を通して、イスラム教を西ヨーロッパの周辺に広めた。イスラム世界における学問の伝統はどちらの地域にも根づき、特にアラブ人にはアル＝アンダルスの名で知られるイベリア半島では、しっかりと定着した。アッバース革命を逃れたウマイヤ朝のアブド・アッラフマーン1世が756年にイベリア半島に

バグダードの建設

アラビア語の写本に描かれた想像上のシーンで、**古代ギリシア**の思想家アリストテレスがイスラム教徒の学生に、太陽や月、星々の位置の測定方法を教えている。

建設した王宮には、東洋からたくさんの学者が集まり、図書館にはアラビア語に翻訳された貴重な古典文献が保管されるようになった。

967年には、フランスの聖職者で学者であるオーリヤックのジェルベール（999年にローマ教皇シルウェステル2世になる）がスペインを訪れ、カタロニアの修道院で3年間学んだ。そこでは、イスラムが支配するアル＝アンダルスから国境を越えてはいってくる写本を見ることができた。ジェルベールは水時計やアストロラーベ、10進法を使った算盤といったアラブの技術に関する知識をフランスに持ち帰った。これは中世ヨーロッパで10進法が使われた最初の例で、小さなはじまりではあるが、9世紀にサレルノに医学校が設立された南イタリアの例に匹敵する。はじめのうち、手にはいるイスラムの写本はかぎられていたが、11世紀にイスラムの医師、コンスタンティヌス・アフリカヌスがチュニジアのカイラワーンからもどり、写本の数は格段に増えた。アフリカヌスは医学を学ぶためにチュニジアへ行き、アリー・イブン・アッバース・アル＝マジュシ（西洋ではハリー・アッバースとして知られる）の書いた『医学百科事典』のような文献を持ち帰って、その一部をラテン語に翻訳した。この翻訳によって、西洋の医者や学者たちは比較的進んだイスラム医学の知識にふれることができた。

哲学者アリストテレスの著作を含め、古代ギリシアの文献はビザンツ帝国から西洋（特にコンスタンティノープルに交易のための居留地を持っていたピサ）に直接はいってきた。しかし、イスラムの学問がヨーロッパへ流入する最も重要な経路は、依然としてスペインだった。レコンキスタに追いこまれてスペインのイスラム勢力が小さくなるにつれて、流れは加速した。キリスト教勢力による再征服がイスラム諸国を追いつめ、1085年、ついにカスティーリャのアルフォンソ6世がトレドを奪還した。トレドは、国際的な人材が集まり、アラビア語の著作の翻訳がおこなわれる中心地となった。代表的な翻訳者としては、イギリス人ではケットンのハーバート、スラヴ人ではケルンテンのヘルマン、フランス人ではマ

中世の世界

ルセイユのレーモン、ユダヤ人ではアブラハム・イブン・エズラ、イタリア人ではクレモナのゲルハルドなどがあげられる。12世紀中ごろには、数学、医学、哲学に関する書物など、数多くのアラビア語の文献がラテン語に翻訳された。西ヨーロッパは、プトレマイオスの『アルマゲスト』、ガレノスの医学書だけでなく、イブン・シーナーの『医学典範』といった先人たちの著作をもとに、アラビア人が新しく書いた著作や要約まで読めるようになった。この5巻から成る百科事典は、16世紀に至るまでヨーロッパの医学校で最も広く用いられた。

王家による支援

こうした西洋への知識の伝播は、9～10世紀のイスラム世界がアラビア語への翻訳を通してゆっくりとギリシアの学問を吸収したプロセスに似ている。どちらの過程においても、貴族や王家の支援者が同じような役割を果たした。シチリア（1091年にイスラムから奪還）の国王ルッジェーロ2世は1138年にアラブの学者アル＝イドリーシーを宮廷に招き、イスラムの地理や地図製作に関する書物をもとに、世界地図の作成を依頼した。これは完成までに15年以上を要したが、東は朝鮮半島までを網羅した、ヨーロッパではかつて見たことのない正確な世界地図ができあがった。地図には『世界横断を望む者の慰みの書』というタイトルの解説がつけられ、アル＝イドリーシーのパトロンである王は、ボルネオ島の人食い族やガーナでの金貿易など、驚くべき事柄について読むことができた。

学びの伝統

ルッジェーロの孫で、1220年から1250年まで神聖ローマ帝国皇帝だったフリードリヒ2世も、祖父の伝統を引き継いで、アラビア語の文献の翻訳を支援した。少なくとも4つの言語を操り、博学で知られたフリードリヒは、その知識で同時代人を圧倒し、「ストゥポル・ムンディ（世界の驚異）」として知られるようになった。その庇護を受けた人々のなかには、アリストテレスの動物学に関する主要な文献を翻訳したスコットランドの学者マイケル・スコット、商人の家族の要望でイスラムの支配下にある北アフリカのブジーで数学を学んだ、ピサのレオナルド・フィボナッチなどがいる。フィボナッチはそこで10進法を学び、ヨーロッパにおけるアラビア数学体系に関する解説としてはそれまでで最も詳細な『算盤の書』を1202年に出版した。

13世紀のはじめになると、アッバース朝は崩壊の瀬戸際にあった。広大な帝国を統治するむずかしさに加えて、内戦が度重なり、スペイン、チュニジア、エジプトといった重要な地方の領土が帝国か

1138年、ルッジェーロ2世はアル＝イドリーシーを招き、当時知られていた世界の正確な地図を作らせた。アル＝イドリーシーは1154年、支援者のために平面球形図と付属する本を完成させた。

> ［シチリアのルッジェーロ2世の］
> おかげで、どんな君主も
> 成しとげたことのない、
> 並はずれた技術革新や驚くべき
> 発明の数々が生まれた。
> **アル＝イドリーシー、1138年ごろ**

ら独立した。アッバース朝カリフはバグダードに踏みとどまっていたが、もはや名ばかりの君主にすぎなかった。最終的にとどめを刺したのがモンゴル族で、13世紀はじめに西進し、イスラム世界に押し寄せてきた。1258年には、モンゴルの大ハーン、モンケがイラクを攻撃し、バグダードを包囲したすえに占拠して、恐るべき虐殺をおこなった。アッバース朝最後のカリフであるアル＝ムスタシムは処刑され、イスラム世界の政治・文化的統率力はまずカイロのマムルーク朝、その後、1517年にエジプトを征服したオスマン・トルコへと移る。

このころになると、ヨーロッパの人々はあらゆる分野のギリシアやローマの学問を、アラビア語の文献を通して再発見していた。新しい知識を吸収するには数世紀を要したが、15世紀に古典文献への関心が高まり、やがてヨーロッパにおけるルネサンスへとつながる。アッバース朝のカリフが創設した知恵の館は、イスラム世界においてギリシアやローマの科学が存続するうえで重要な役割を果たし、その数世紀後にヨーロッパのキリスト教世界へと伝えられていった。■

かつてない恐怖が ブリテン島を襲った
リンディスファーン修道院への ヴァイキングの襲撃（793年）

背景

キーワード
ヴァイキングの襲撃

前史

550〜750年 スウェーデンはヴェンデル時代（墓群のあった地名による）に繁栄する。

737年 デンマークではダーネビルケ（堡塁(ほうるい)）が建設され、王権が強まっていた。

後史

841年 ヴァイキングがアイルランドに定住の地を建設。これはやがてダブリン市へと発展する。

845年 ヴァイキングの侵略がセーヌ川沿いに進み、パリが略奪される。

867年 デーン人のヴァイキングがイングランド北東部にあるノーサンブリア王国を制圧。

911年 北フランスにノルマンディー公国を建設。

9〜10世紀 スウェーデンのヴァイキング「ルーシ」が、キエフやロシアのノヴゴロドを支配。

793年6月の穏やかな日、北イングランドの神聖なリンディスファーン島の岸辺に男たちの一団が上陸し、修道院に猛襲をかけた。侵略者たちは修道士を殺したり、奴隷として連れ去ったりし、教会の財宝を略奪した。

これが、歴史に記録されるヴァイキング——デンマーク、ノルウェー、スウェーデンから船でやってくる異教徒の戦士たち——の最初の襲撃だった。それから200年にわたって、ヴァイキングはヨーロッパじゅうの町や村で破壊と略奪のかぎりを尽くす。一方で、ヴァイキングは洗練された芸術文化を持つ開拓者で交易商人でもあり、侵略した土地や定住した土地に消えることのない痕跡を残した。

阻止できない力

リンディスファーンの襲撃からしばらくして、ヴァイキング——イングランドでは「デーン人」として知られていた——は、イングランド、スコットランド、アイルランド、フランスにある別のキリスト教施設の富を狙う。こうした作戦が成功する鍵となったのが、細長くて喫水の浅いロングシップで、ヴァイキングたちは川を上流までさかのぼったり、ひそかに岸に上陸したりすることができた。80人乗りの船に乗る戦士を選ぶのは、部下のために戦利品を獲得できる力を持ち、武勇にすぐれた部族軍長だった。

ヴァイキングが危険を冒して海を渡る動機はひとつだけではなかった。スカンディナヴィア半島には、人口が増加したために若者たちが海賊生活を送らざるをえない地域もあれば、地域で力を増した部族のリーダーのあいだで勢力争いが起こり、負けた側が追放されたケースもあっ

異教徒の男たちの破壊行為によって、リンディスファーンの神の教会は無残に破壊され、略奪と殺戮(さつりく)のかぎりが尽くされた。
『アングロサクソン年代記』

中世の世界

たと考えられる。また、北ヨーロッパに新しく誕生した交易で栄える豊かな町は、武勲が物を言う戦士の社会にとって、格好のターゲットだった。

征服と定住

ヴァイキングの規模が大きくなると、その多くはイギリスやフランスなどで占領した土地に定住するようになった。9世紀後半、複数の王国に分裂していたイギリスは、ヴァイキングの攻撃に対して一丸となって抵抗をつづけることができず、またフランスは内戦で疲弊していた。それに乗じたヴァイキングは、イングランド北部や中部を征服しておよそ100年つづく王国を建設し、さらに北フランスの土地も占領した。東方では、ロシアの河川沿いに交易と略奪を進めて、イスラム世界から銀を手に入れ、ビザンツ帝国との接点もできた。

11世紀になると、スカンディナヴィア半島のほとんどの王国がキリスト教に改宗し、襲撃や略奪をやめて、もっと組織立った定住や遠征をするようになった。デンマークのカヌート王はデンマーク、ノルウェー、イングランドにまたがるヴァイキングの北海帝国を築いたが、その死後すぐに帝国は崩壊する。1066年にノルウェー国王ハーラル3世「苛烈王」がイギリスの王位継承権を主張して戦ったが敗れ、それがヴァイキング時代の最後を飾ることとなった。■

- スカンディナヴィア半島では人口の**圧力**が高まり、**政治的に不安定**だった。
- 北海のかなたに豊かな標的があると聞いた**根なし草の若者たち**が、部族のリーダーのもとに集まる。
- **リンディスファーンの修道院が襲撃される。**
- リンディスファーンの襲撃が成功し、新たに**多くの戦士**が襲撃に加わる。
- 襲撃のあと、ヴァイキングはイングランドやフランスに**定住**をはじめる。

ヴァイキングは中世初期の西洋世界において、造船、操船、航海の技術にきわめて長けていた。

北大西洋におけるヴァイキングの勢力拡大

ヴァイキングは風や海流の知識を駆使して航海し、新しい土地を発見していった。800年ごろには、フェロー諸島に入植し、そこを足がかりに北大西洋を探検する。870年代には、ヴァイキングの船はアイスランドに到達し、入植者がコロニーを建設して政治的に独立するまでになった。

982年、殺人罪でアイスランドから追放された「赤毛のエイリーク」が偶然グリーンランドを発見し、そこに新しい入植地を建設した。北欧サーガによると、その18年後、エイリークの息子であるレイフ・エリクソンが航海中に針路をそれて、硬葉樹林と野生のブドウが豊かな土地に上陸し、その土地をヴィンランド（ブドウの地）と名づけたという。

この地域は、カナダ東部にある現在のニューファンドランドにあたり、その後も何度か遠征をつづけて、やがて小さなヴァイキングのコロニーができあがった。しかし、敵対する先住民から攻撃を受け、このコロニーは放棄された。それでも、レイフの一団が北アメリカの土を踏んだ最初のヨーロッパ人であることはまちがいない。

ローマ教会は過ちを犯したことなどない
聖職叙任権闘争（1077年）

背景

キーワード
中世の教会と教皇制度

前史

1048～53年　教皇レオ9世が聖職売買と聖職者の結婚を禁じる法令を公布し、改革運動をはじめる。

1059年　新しい教皇を選出するための枢機卿会が創設される。

1075年　教皇のみが司教を任命できるという法令が定められる。

1076年　グレゴリウス7世がハインリヒ4世を廃位・破門する。

後史

1084年　ハインリヒ4世がローマを占領し、グレゴリウス7世は南イタリアへ逃れる。

1095年　教皇が十字軍を招集し、キリスト教圏での指導力を発揮する。

1122年　ヴォルムス協約において、ハインリヒ5世は聖職叙任権のほぼすべてを放棄する。

聖職者の結婚や叙任に関する**教会の規則がゆるみ、改革を求める声があがる**。

教皇グレゴリウス7世は、**俗人による聖職者叙任禁止**を含めた改革を推し進める。

皇帝と教皇が聖職者の叙任をめぐって衝突し、皇帝が破門される。

聖職者叙任をめぐる争いで**教皇が勝利し、改革運動と教皇の支配力が強まる**。

1077年、神聖ローマ帝国ハインリヒ4世は、イタリアのカノッサ城外の雪のなかで、3日間裸足で立ちつづけ、教皇グレゴリウス7世に許しを請う。この事件は聖職叙任権をめぐる論争のすえに起こった。ふたりは教会に対する世俗権力の度合い、そして聖職者の叙任権をめぐって争っていた。

王と教皇はそれぞれの領域を統治する立場にあったが、キリスト教圏を率いる象徴的存在をめぐって競争関係にあった。皇帝が帝位に就くには教皇から冠を授からなくてはならない。教皇グレゴリウス7世は、精神的領域における教皇の権威は絶大であり、世俗的領域においても、君主たちよりはるかに大きな権力を持つと主張した。

グレゴリウス7世は悔いる皇帝を許したが、この出来事は皇帝の威信を大きく傷つけ、教会の独立を大きくあと押しすることになった。

教会の地位

11世紀のはじめになると、教皇の力は弱まっていた。イタリア以外の国教会で

中世の世界

参照 ミルウィウス橋の決戦 66-67 ■ カールの戴冠 82-83 ■ エルサレム陥落 106-07 ■ オットー1世が神聖ローマ皇帝となる 132 ■ マルティン・ルターの95か条の論題 160-63

ハインリヒはアルプス山脈を越えてようやく城門までたどり着くが、城内にはいることを拒否された。3日間許しを請いつづけ、ようやく皇帝の破門は解かれた。

は、君主が独自に聖職者を任命していた。特にドイツでは、聖職者の地位に広大な領地がともなうことが多かった。一方、教会が本来の姿からかけ離れてしまったという感覚も広まっていた。修道院は財宝をかかえこみ、司教は世俗の領主のように土地を支配し、聖職が公然と売買された。巡回説教師がこうした背信行為を激しく批判しはじめ、改革を求める声が教会内部からもあがるようになった。

グレゴリウス7世は教皇の権力強化を熱心に推し進め、1075年の会議において、教皇だけが司教の任命や異動の決定権を持つと宣言した。ドイツの広大な領土で支配力を失う危機に瀕したハインリヒは、聖職者の任命をつづけ、教皇の退位を求めたので、グレゴリウスはハインリヒの破門と廃位という形で報復する。ハインリヒの中央集権化に不満を感じていたドイツの貴族たちは、国王への忠誠の誓いから解放される好機と見て、その多くが反乱を起こした。教皇と貴族たちからはさみ撃ちにされたハインリヒは譲歩を迫られ、「カノッサの屈辱」へと至る。

ヴォルムスでの最終合意

しかし、ハインリヒの服従は長くはつづかなかった。聖職者叙任権問題は水面下でくすぶっていて、教皇と皇帝の支持者による衝突がたびたび起こったが、1122年に息子のハインリヒ5世がヴォルムス協約に同意し、ようやく終結する。教皇の至上性を主張する声が強まる一方

新しい修道院制度

11世紀になると、修道会が本来の使命を見失って、富を蓄えるようになり、高潔さを失ったと感じる人が多くなった。ケルンの聖ブルーノなどが先頭に立ち、修道院をもっと純粋な形にもどすべきだと呼びかけた。1084年にブルーノがグルノーブルのそばの隠修士のグループに加わると、その生き方に共感する人たちが集まって同じようなグループがいくつもでき、それがカルトゥジオ修道会の核となった。また、シトー修道会は1098年に設立され、1153年には350近い修道院を有していたが、こうした閉鎖的な修道院は、富と教育と流動性が高まりつつある社会の精神的要望にじゅうぶんに応えられなかった。13世紀には、清貧生活を送りながら各地をまわって人々に説教する托鉢修道士の新しい波が起こる。この使徒的生活を主導する新しい修道会で最も成功したのが、1209年にアッシジの聖フランチェスコによって設立されたフランシスコ修道会、1216年にドミニクス・デ・グスマンによって設立されたドミニコ修道会である。

> 神の御心によって
> ローマ皇帝に任ぜられたわたくし、
> ハインリヒは……指輪と杖を通して、
> 聖なるカトリック教会に
> すべての聖職叙任権を委譲し、
> すべての教会が選定と
> 叙階の自由を有すことを認める。
> **ハインリヒ5世、1122年**

で、貴族たちのあいだでは独立の機運が高まり、窮地に立たされた皇帝が事実上すべての聖職叙任権を手放した。

この成功がはずみとなって、教皇の支配が確固たるものとなった。学問への渇望が高まるにつれて、ボローニャ大学などの大学がつぎつぎと創設され、多くの学生が教会法を学ぶようになる。自信を強めた教皇は異端者たちを容赦なく迫害し、それまでのゆるやかな流儀は一掃された。

この改革によって教会の力が強まり、ほかのどの君主にも劣らない外交的地位を得た。このように強大になった教会の力は16世紀の宗教改革までつづくことになる。一方、神聖ローマ帝国の皇帝は大きな打撃を受けた。これを機に世俗的な領主たちの力が強まり、帝国は分裂して、皇帝に表向きだけ従う領主たちがひしめき合う状態となった。■

世の主となるべき者
源頼朝が征夷大将軍になる（1192年）

背景

キーワード
日本の幕府時代

前史

1086年　院政のはじまり——貴族や台頭する武士階級の力に対抗するために、天皇は譲位後も実権を握りつづける。

1156年　天皇家の内部抗争が、源氏と平氏の武力に頼った合戦となる（保元の乱）。

1180年　平氏の専横に対する不満に乗じて、源頼朝が挙兵する。

1190年代　源頼朝が地方に権力の基盤を築く。

後史

1221年　後鳥羽上皇が承久の乱で破れ、朝廷の権力奪回に失敗する。

1333年　鎌倉幕府が滅亡する。

1467年　応仁の乱が起こり、室町幕府の威信がゆらいで日本じゅうで1世紀以上にわたって戦乱がつづく戦国時代の幕あけとなる。

日本では、1192年に源氏の棟梁、源頼朝が征夷大将軍となった。これは武士階級の力の増大を示し、その後700年近くにわたる武士の支配の道筋をつける。

9世紀の半ばから日本の朝廷は藤原家出身の摂政・関白によって支配され、天皇は名ばかりの存在になっていた。藤原家以外の貴族は宮廷での昇進が望めなくなり、地方の役職を求めた。また、京都

源平合戦の時代、武士は馬に乗り、弓を持って戦ったが、15世紀には、刀剣や長槍が主な武器になった。

を拠点とする官吏と、地方の政治を支配する武士のあいだの溝も深まっていく。京都の朝廷は最も有能な武士たちを受領などに任命した。これは彼らを朝廷に縛りつけ、独自の権力基盤を築けないようにするためである。ところが、武士は天

中世の世界

参照 安史の乱 84-85 ■ フビライ・ハーンが宋を征服 102-03 ■ モンゴルの日本侵攻が撃退される 133 ■ 関ヶ原の戦い 184-85
明治維新 252-53

皇よりも一族とその棟梁に忠誠心をいだき、地方の権力基盤を拠点に互いに争うようになった。河内源氏と伊勢平氏が頭角を現して朝廷の軍事力となり、やがてそれが源平合戦へと発展して、平氏は大敗を喫する。

幕府政治

勝利した源氏の棟梁、源頼朝は、京都から東に約400キロ離れた鎌倉を拠点とする幕府を作った。他の一族の棟梁は、頼朝の臣下である御家人となり、頼朝は各地方にまで支配が及ぶように守護を置いた。1192年、頼朝は天皇から征夷大将軍の位を授かり、軍事的支配者としての地位を確立した。この地位は彼の息子たちに世襲された。

その後数世紀にわたって、天皇は将軍に対する優位を取りもどそうと何度か試みたが、成功したのはごく短い期間だけで、すぐにまた別の幕府が生まれた。一方、将軍も武士たちに対する支配力を維持できなくなり、武士たちは自分の領地を支配し、互いに争うようになった。やがて、みずからの権力基盤と家来を持つ「大名」が割拠するようになった。こうして15世紀後半から100年以上に及ぶ戦国時代がつづいたが、1603年、徳川家の新しい将軍によって日本はふたたび統一された。■

源頼朝

清和天皇の子孫にあたる頼朝は、1159年の平治の乱で平氏に大敗を喫した源氏の後継者だった。この乱ののち、孤児となった頼朝は伊豆国の蛭ヶ小島に流される。頼朝はここで20年過ごしたあと、兵を集め、平氏打倒のための反乱を起こした。その後、鎌倉に幕府を開き、そこから豪族や武士たちをまとめて、独立した政府を確立する。

1185年、平氏に対して決定的な勝利をおさめたことで、頼朝の軍事的成功は確実なものとなり、まぎれもない日本の支配者となった。

頼朝は武家と公家のあいだの緊張を和らげる政策を打ち立て、行政組織を作りあげた。それはすぐに中心機関として機能したが、頼朝の残りの人生の大半は、源氏の支配を受け入れなかった豪族たちの制圧に費やされた。

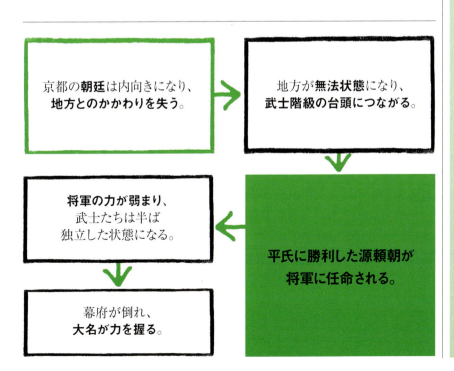

わが国の民はあらゆる自由、権利、許容を有し、保持する
マグナ・カルタへの署名（1215年）

背景

キーワード
臣民の権利の発展

前史
1100年 ヘンリー1世の戴冠憲章は不当な圧制を排することを約束している。

1166年 クラレンドン法の制定によって、諸侯の裁判権が制限され、国王の司法権が強まる。

1214年 ブーヴィーヌの戦いで敗れ、遠征による損失や失地に諸侯たちの不満が高まる。

後史
1216年 ヘンリー3世の即位に際して、マグナ・カルタ（大憲章）が再発行される。つづいて1225年にも確認され、国王の徴税権が制限される。

1297年 マグナ・カルタが再確認され、エドワード1世によって明文化される。

1970年 実効性のない古い成文法を無効にする法案ができるが、マグナ・カルタの39章を含む4つの章がそのまま残される。

　1215年6月15日、イギリスのジョン王はテムズ河畔の牧草地ラニーミードで憲章に署名した。国王と反乱諸侯のあいだの和解を目的としたマグナ・カルタは、明文化されたものとして知られるようになったが、当初は実効性がなかった。しかし、王権の濫用を防ぎ、臣民の権利を求める主張——法の支配の基本原理——は、8世紀以上経った現在でもイギリスやその他の国々で基本的人権の出発点と見られている。

封建社会

　1199年にジョン王が即位したが、そのころのイギリスは、すべての土地の所有者である国王を頂点とし、土地を仲立ちとした階層制を基盤とする封建社会だった。国王直属の領主（諸侯）は、忠誠を誓い、軍役を果たす代わりに国王から土地を与えられた。領主はその土地を武装した家臣に貸し、家臣たちはそれを小作人である農奴に貸し与えた。しかし、君主たち、特にイギリスの国王は増税を繰り返し、諸侯たちの経済的負担が増す。ヘンリー1世（在位1100年～35年）以降のイギリス国王たちも、王権の拡大を

マグナ・カルタには国王の森林に関する条項もあった。これは諸侯がイギリスの森林法に基づいて王の権利を制限し、森林の境界の管理と役人の取り調べをおこなうために定められた。

図った。そのひとつとして一連の国王裁判所が設立され、王は罰金や手数料によって収入を増やしたが、これはそれまで自分の領内の裁判で収入を得ていた諸侯たちの犠牲の上に成り立つものだった。

ジョン王の不当な要求

　ジョン王の要求が大きくなるにつれて、諸侯たちの不満は高まった。莫大な費用を投じた1200年から04年のフランスとの

中世の世界

参照　エルサレム陥落 106-07 ■ ノルマン人のイギリス征服 132 ■ カスティヨンの戦い 156-57 ■ チャールズ1世の処刑 174-75 ■ アメリカ独立宣言の採択 204-07 ■ バスティーユ牢獄襲撃 208-13

戦いは、ノルマンディー地方を失うという結果に終わった（このため「欠地王」という俗称がついた）。軍役代納金がさらに課され、金貸しから借金をしていた多くの諸侯たちは怒りを募らせた。王が戦争で大敗を喫しただけでなく、諸侯に望みどおりの土地を与えるという暗黙の取り決めを破ったからだ。

諸侯たちは、1209年にジョン王を破門した教皇の支持を得られることを期待して、ジョン王に立ち向かった。交渉は決裂し、1215年5月に諸侯たちはロンドンを占拠し、内戦を避けるために協定を結ぶようジョン王に迫った。カンタベリー大司教スティーヴン・ラングトンが慎重に交渉を進めた結果、和平というよりは停戦の協定に署名がなされた。

憲章の条項

この憲章はマグナ・カルタ（大憲章）の名で知られ、1217年に出されたさらに厳格な森林憲章と区別される。マグナ・カルタの大部分は諸侯の不満を取り除くためのものだが、長年にわたって最も影響力が大きかったのが39条である。制限のないこの条項は、拘束や土地の没収など、君主の恣意的な行動からすべての「自由人」を守ることを謳っている。マグナ・カルタが調印され、1215年8月に教皇がこれを否認して諸侯たちを破門したのちに起こった内戦のあとも、この憲章は存続した。エドワード3世の1354年の法のもと、39条は「自由人」（厳密にはほとんどが農奴だったイギリスではかなり少なかった）だけでなく、「あらゆる地位や状況にある」人に適用されるようになった。これは王が合意した義務を果たさなかった場合に、諸侯たちが王のすべての土地を奪うことができるという補償条項も含めて、ほかのほとんどの条項よりも長く存続している。

ラニーミードでわずかな譲歩に見えたものは、王の絶対権力に反対し、長く闘っていく者にとっての出発点となった。■

- 中央集権化が進むとともに、**諸侯の力と収入が減じる**。
- フランスでの戦争資金をまかなうために**金銭的要求が強まる**。

→ **諸侯たちが反乱を起こし、ジョン王にマグナ・カルタへの署名を迫る。**

- 君主から**恣意的な処罰を受けることのない個人の権利**が認められる。
- **諸侯の会議との協議なしに、新しい税の賦課はできない**という原則が発展する。

マグナ・カルタの影響

マグナ・カルタは、臣民の権利の憲法上の基盤として神話的存在になった。これは13世紀以降の議会の発達を促し、17世紀にはステュアート朝のチャールズ1世やジェームズ2世が提唱した王権神授説に反対する人々の根拠としても使われた。アメリカの植民地にもこれをモデルにした条項を含む憲章があり、独立戦争開始のころに選ばれたマサチューセッツ州の印章には、片手に剣を持ち、もう一方の手にマグナ・カルタを持つ民兵が描かれている。アメリカで独立の機運が高まったのは、イギリスのすべての臣民が認められるべき基本法を国王が破ったと見なされたからであり、1789年に制定されたアメリカ合衆国憲法も、その2年後に採択された権利の章典も、臣民に対する政府の恣意的な力を制限するマグナ・カルタ大憲章の影響を受けている。

この世の武力、領土、財力のすべてを備えた最強の男
フビライ・ハーンが宋を征服（1279年）

1279年3月、モンゴル人兵士たちが中国南部を制圧し、宋王朝の最後の砦を占拠した。この勝利によって、モンゴル勃興から70年を経て元王朝が確立し、無名だった中央アジアの大草原の遊牧民族、モンゴル族は全盛期を迎え、中国から東ヨーロッパにまたがる広大な帝国を支配するようになる。ここで大きな課題となったのが、放浪の民族から定住する征服者への転換だった。

モンゴルの興隆

13世紀初頭まで、モンゴルは敵対するさまざまな部族から成っていた。しかし、1206年、テムジン――のちにチンギス・ハーンとして知られるようになる――が、モンゴル統一国家の支配者と名乗る。チンギス・ハーンは、人々のエネルギーを部族同士の争いではなく、もっと採算性の高い侵略へと向け、大草原で暮らす近隣の部族を皮切りに、ペルシアやロシア、中国北部（1219年～23年）のようなもっと組織立った国々へと侵略の手をひろげた。また、モンゴルの遊牧民族を組織し、遊牧生活で身につけた技を特徴とする正式な軍を作った。馬術に長けた兵士たちは、運動戦に精通していたため、破壊的な力と驚くようなスピードで敵に襲いかかることができた。

モンゴルによる中国の支配

チンギス・ハーンの孫であるフビライ・ハーンは1260年以降に中国を統治したが、モンゴルの遊牧民の伝統と征服した民族の複雑な文化との折り合いをつけることに腐心した。大草原で昔から守られ

背景

キーワード
モンゴル民族による中国の支配

前史

1206年 チンギス・ハーンがモンゴル帝国を建設する。

1215年 チンギス・ハーンが金の首都、燕京（現在の北京）を陥落させる。

1227年 チンギス・ハーンの死によって帝国は分裂し、ひとりの大ハーンに忠誠を誓う小ハーン国がいくつもできる。

1260年 フビライ・ハーンが大ハーンを名乗る。

1267年 フビライ・ハーンは燕京の再建を命じ、ハーンバリク（大都）と名前を改める。

後史

1282年 フビライの姦臣アフマドが漢人に暗殺される。

1289年 大運河の南への拡張工事が完成する。

1368年 モンゴル帝国を駆逐した漢民族が明王朝を建設する。

紙幣は10世紀ごろ、中国人によって発明された。元朝のころには、（1287年に発行された上の写真のように）政府によって紙幣が発行されるようになっていた。

中世の世界

参照　始皇帝が中国を統一する 54-57　■　安史の乱 84-85　■　マルコ・ポーロが上都へ到着する 104-05　■　洪武帝が明朝を築く 120-27　■　モンゴルの日本侵攻が撃退される 133　■　三藩の乱 186-87

フビライ・ハーン

チンギス・ハーンの孫であるフビライ・ハーン（1215年～94年）は、1251年に大ハーン（モンゴルの最高位の統治者）となった兄モンケのために中国北部を統治した。中国式の政治を復活させたことから多くのモンゴル人から不興を買い、1258年に危うくその地位を追われそうになるが、モンケが死去したため、1260年に大ハーンの位に就いた。おもに漢人から成る官僚制度を確立したが、要所となる町には、帝国への忠誠心の強いモンゴル人の役人（「ダルガチ」）を配した。経済復興策として、最初は宗教的寛容を奨励し、専門知識を採り入れるために、マルコ・ポーロのような外国人を宮廷に招いた。中国制圧後は、日本や安南（ヴェトナム）、ビルマ（ミャンマー）、ジャワ島に派兵したが、いずれも失敗か、一時的な支配に終わる。晩年は失意のため酒に溺れて、肥満に苦しみ、最後のころの外征には担いかごで移動しなくてはならなかったという。

てきた階級制は、大都市を含む国土を治めるうえではもはや役に立たず、略奪によってすぐに報酬を手に入れるのではなく、すぐれた統治と租税によって時間をかけて利益を得る方法へと転換を図った。しかし、こうした変化になじめないモンゴル人たちへの懐柔策として、フビライ・ハーンは漢民族よりも大きな権利と特権を与えた。一方で、中国のエリートたちに与して儒教学者を昇進させたり、道教の寺院に資金を提供したりし、自分の息子には仏教の経典を学ばせた。また、農民のための学校を建設し、馬と中継所を使った帝国全域をつなぐモンゴル式の郵便制度を整えた。この郵便制度は商人たちに利益をもたらす。

帝国の終焉

南宋の征服は1268年まで実現しなかった。これは最終的には成功したものの、11年にわたる遠征に莫大な費用がかかった。兵士たちの意欲を保つために、モンゴルは征服によって戦利品を手に入れ、大きな軍隊の費用をまかなう必要があったのである。モンゴル軍はしだいに弱体化していく。飢饉、恐ろしい伝染病、宮廷の腐敗などが何十年もつづいたのち、1368年にフビライ・ハーンの後継者たちは明朝の創始者となる朱元璋の率いる反乱に打ち破られた。1世紀以上にわたる占領ののち、中国はふたたび漢民族の手にもどった。■

チンギス・ハーンによってモンゴルの多数の**遊牧民族が統一**される。

↓

他の部族はモンゴル帝国に**加わるか**、**征服**される。

→

モンゴル帝国はしだいに強大化し、中国のような進んだ国々を征服する。

→

モンゴルの統治者たちは、**遊牧民の伝統**を保ちながら**広大な領土**を支配するのに苦慮する。

↓

モンゴル軍は**機動力**を失い、帝国は**崩壊**する。

わたしは見たことの半分しか語らなかったが、それは信じてもらえないとわかっていたからだ

マルコ・ポーロが上都へ到着する（1275年ごろ）

背景

キーワード
国際交易の隆盛

前史

紀元前106年 中国の使節団がはじめてシルクロードを全踏破し、パルティアへ使者を送る。

751年 タラス河畔の戦いで中国が敗北を喫したため、シルクロードを使った西方への勢力拡大は阻まれる。

1206年 チンギス・ハーンがモンゴル諸部族を束ね、中央アジアと中国に向けたモンゴルの征服がはじまる。

後史

1340年代 黒死病がシルクロードを通って1347年にヨーロッパにひろがっていく。

1370年〜1405年 ティムールが広大な地域を征服し、短期間ながらモンゴル帝国とシルクロードを復活させる。

1453年 オスマン帝国がコンスタンティノープルを陥落し、ヨーロッパとアジアを結ぶルートが制限される。

- 中国から中東への**長距離交易**が、従来の権力の衰弱によって**損害をこうむる**。
- シルクロードが通る地域を**モンゴルが征服**することで、交易路が**安全になる**。
- その交易路を使った通商が**盛んになり、マルコ・ポーロをはじめとするヨーロッパの商人を引きつける**。
- **モンゴルが崩壊**してオスマン帝国が栄えると、交易路のある地域の**安全に陰り**が出る。
- ヨーロッパの権力者たちは**代わりの東方交易路を海に求める**。

ヴェネツィアの商人マルコ・ポーロは、大ハーンのフビライが築いた都、上都に1275年に到着し、4年間の旅に終止符を打った。はるばるイタリアからモンゴルの上都までたどった道は、のちにシルクロードと呼ばれ、何世紀にもわたって中国とヨーロッパのあいだを貴重な品々が行き交った古い道筋である。シルクロードは紀元前2世紀の後半、中国漢王朝の中央アジア侵攻にともなって交易路ができたのがはじまりである。以来、ひすいや絹などの交易品が隊商から隊商へと何人もを介して運ばれ、逆方向へは毛皮や黄金や馬を引

中世の世界

参照 ゴータマ・シッダールタが仏教を説く 40-41 ■ フビライ・ハーンが宋を征服 102-03 ■ 洪武帝が明朝を築く 120-27 ■ トルデシリャス条約 148-51 ■ スエズ運河の建設 230-35

いた隊商が旅をした。中国の発明品の一部もその交易路を通って西へ運ばれ、終着点のコンスタンティノープルや黒海沿岸の港に着いてから、おもにジェノヴァやヴェネツィアで売られた。

モンゴルによる交易路の復活

13世紀まで、シルクロードの地帯ではいくつもの王国が群雄割拠していた。このため旅人にとって安全な経路とは言えず、商人はシルクロードをなかなか通ることができなかった。しかし、1206年から1269年のあいだ、モンゴルが——たとえゆるやかな統治であっても——ただひとりの支配者大ハーンの力でこの地帯を制圧したので、商人は大都（北京）からバグダードまで、モンゴルの勢力範囲から出ずに旅をつづけることができた。こうした新たな安定のおかげで交易路は息を吹き返した。

この時期、ヨーロッパの商人にとっても、世界がひろがりつつあった。中世初期には、交易商人はせまい地域でのみ売り買いし、もっと遠くの交易ルートにつながる中継場所まで品物を運ぶだけだった。12世紀になると、ピサ、ジェノヴァ、ヴェネツィアのようなイタリアの都市国家が東地中海で海運業を先駆けたので、商人は海路で西アジアやエジプトへ直行し、そこからインド洋を通って中国まで行くことができるようになった。

「パクス・モンゴリカ」すなわち「モンゴルの支配による平和」に乗じて、商人は莫大な利益をあげただろう。13世紀後半、隊商を一団組むには3,500フロリンかかったと考えられるが、積み荷が中国で売れればその金額の7倍の売り上げをもたらすこともあり、中国泉州の主要な港でジェノヴァの交易商人を見かけるのはあたりまえのことだった。

陸路交易の衰退

シルクロードはその後1世紀にわたって栄えたが、ペルシアにあるモンゴル帝国の地方政権、イルハーン朝が1335年に滅亡し、中国を統治していたモンゴルの元王朝が1368年に終焉を迎えると、交易路はいくつかの弱小国によってふたたび分断された。また西の果てでは、イスラム教のオスマン帝国が勢力を強め、ヨーロッパ商人の活路を阻んだ。

贅沢品を遠方まで運んで売り買いすることの利点を知ったヨーロッパの人々は、閉ざされたシルクロードを見かぎって海へ乗り出した。1514年、ポルトガルの商人たちは広州付近の沖合いに到着し、中国とじかに貿易交渉をしようと勇み立ったが、すでに2世紀半前に、先達マルコ・ポーロによって道はつけられていた。■

> インドから大都まで、
> ありとあらゆる貴重な品が運ばれ
> ——宝石、真珠、ほかにも珍しい
> 品物がある……千台の荷車に
> 積まれた絹糸が日々大都へ
> はいってくる。
> **マルコ・ポーロ　1300年ごろ**

マルコ・ポーロ

マルコ・ポーロ（1254年～1324年）はまだ17歳のときにヴェネツィアを出立し、モンゴルの支配者フビライ・ハーンの王宮をめざした。父親とおじが先に中国を訪れ、信を得たフビライからローマ教皇宛の親書を託されて帰国したのち、このふたりにともなわれての東方旅行だった。ポーロはモンゴルの王宮で大いに厚遇され、17年間中国にとどまった。ハーンに仕えて国じゅうをあまねく見聞し、1291年前後にようやく帰国の途についた。

ポーロは1298年の海戦でジェノヴァに捕らえられて投獄された。獄中で語った大ハーンの国の話が同房の男ルスティケロを魅了し、ルスティケロが書き留めて脚色を加えた。こうしてできあがった書物が多くの言語に翻訳され、13世紀後半の中国の様子を伝える貴重で豊かな情報源となったのである。ポーロは解放されたあとヴェネツィアへ帰り、余生をそこで過ごした。

いままでわずかな金で雇われていた兵士たちが、永遠の報奨を手に入れる
エルサレム陥落（1099年）

背景

キーワード
十字軍

前史
639年 イスラム帝国軍がエルサレムを占領する。
1009年 カリフのアル・ハーキムがエルサレムの聖墳墓教会の破壊を命じる。
1071年 セルジューク朝がビザンツ帝国を破り、ロマノス4世ディオゲネスを捕虜とする。
1095年 ビザンツ帝国皇帝アレクシオス1世がローマ教皇に救援を求める。

後史
1120年 テンプル騎士団が結成される。
1145年 第2回十字軍遠征がはじまる。
1187年 イスラムの指導者サラディンがエルサレムを征服し、第3回十字軍遠征がはじまる。
1198年 バルト十字軍が開始される。
1291年 イスラム勢力がパレスティナとシリアの一帯をふたたび手中におさめる。

1099年7月15日、約1万5千のキリスト教徒の戦士が1か月の攻囲戦ののちにエルサレムへとなだれこんだ。十字軍の兵は、イスラム側の守備軍もユダヤ教徒も区別なく殺戮し、聖地をめぐるイスラム教徒対キリスト教徒の200年に及ぶ戦いの火蓋が切られた。

キリスト教信仰の保護

エルサレムは639年にイスラム教徒の手に落ちた。そこはコンスタンティノープルのビザンツ帝国と西ヨーロッパのキリスト教諸国双方にとっての聖地だった。

だが11世紀にはいると、新興勢力のセルジューク朝が進出して、マラズギルトの戦いでビザンツ帝国軍を破り、コンスタンティノープルの近くまで迫る勢いを見せた。1095年、皇帝アレクシオス1世コムネノスはローマ教皇ウルバヌス2世に使者を送り、報復戦への協力を求めた。

正義の戦い

教皇ウルバヌスは、ローマ・カトリック教会の威信を高めるという大義を追い求

勝利をおさめた十字軍はエルサレムへ押し寄せて、残忍な攻撃でファーティマ朝カリフの支配から都城を取りもどし、新しい王国の基礎を築いた。

中世の世界

参照　ムハンマドが神の啓示を受ける 78-81　■　バグダードの建設 86-93　■　聖職叙任権闘争 96-97　■　グラナダ陥落 128-29　■　コンスタンティノープルの陥落 138-41

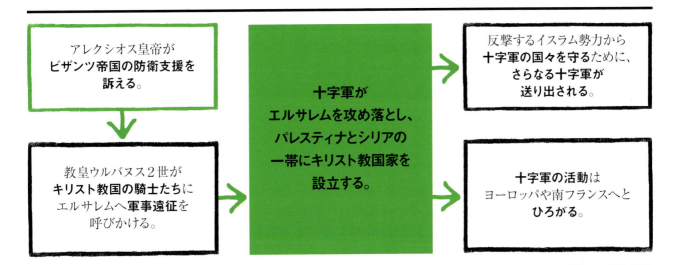

めた。1095年におこなった演説で、聖地でキリスト教徒が受けている残虐行為を並べあげ、遠征して同胞を救うべきだと訴えた。キリスト教徒の戦士たちはその大義名分のもとに集まり、神の名による「正義の戦い」に加わることで、救出と略奪の双方を果たそうと勇み立った。

大半がフランス人とノルマン人から成る、およそ10万人の十字軍兵士が1096年に出発した。エルサレムまでの歩みは遅かった。十字軍はセルジューク朝の抵抗に遭ってたびたび後退せざるをえず、アンティオキアの長い攻囲戦で士気がくじけそうになったが、それでも進軍をつづけ、フランスの騎士ゴドフロワ・ド・ブイヨンの指揮でついに聖地を奪還した。

十字軍は征服した領域に4つの国を設けた。エデッサ伯国、アンティオキア公国、トリポリ伯国、エルサレム王国で、総称してウトラメールという。手強いイスラム教徒の反撃に備えるため、十字軍はボーフォート、マルガット、クラック・デ・シュヴァリエなどの要塞を築いて緊密な防衛網を敷き、聖地への戦略的経路を押さえた。最初の十字軍遠征の熱が冷めると、ウトラメールは人手不足に陥りはじめた。この問題はテンプル騎士団やホスピタル騎士団など、禁欲的な誓いを立てて聖地を守る騎士修道会の設立によって、ある程度解決した。

後続の十字軍

だが、これもじゅうぶんとは言えず、1144年にイスラムの軍隊がエデッサ伯国を攻め落とすに及んで、第2回十字軍が

神とはまったく無縁の種族がキリスト教徒の土地を侵し、剣と強奪と炎をもって人々を屈服させた。
教皇ウルバヌス2世　1095年

招集された。この遠征と、1187年のエルサレムでの壊滅的な敗北を受けて掻き集められた第3回十字軍には、フランス王フィリップ2世、イギリス王リチャード1世、神聖ローマ帝国皇帝フリードリヒ1世（赤髭王）といった君主級の貴人までが陣頭に立って出征した。

1270年までに8回の十字軍遠征があり、その動きは北アフリカのイスラム教徒への襲撃、レコンキスタ（スペインのイスラム領をキリスト教徒が再征服する活動）への参加、東ヨーロッパの異教集団を攻撃する遠征へとひろがっていき、南フランスのカタリ派など、キリスト教の異端の一派にまで矛先が向けられた。一方、中東ではエジプトのマムルーク朝など従来より強大な国が興り、十字軍の圧力をはねのける力を持っていたので、後半の遠征の成果はほとんどあがらなかった。

1244年、エルサレムはついにイスラム教徒の手に落ちた。聖地における十字軍最後の砦アッコンは、1291年にマムルーク朝に奪われた。■

巨人の作品
アンコールワットの建造（1120年ごろ）

背景

キーワード
中世の東南アジア

前史

700年ごろ 港市国家シュリーヴィジャヤ王国がスマトラ、ジャワ西部、マレー半島の大半まで勢力をひろげた。

802年 ジャヤーヴァルマン2世がクメール王朝を樹立する。

後史

1177年 チャンパ王国が侵攻し、アンコールを破壊する。

1181年～1220年 ジャヤーヴァルマン7世がチャンパを撃退し、クメール帝国を復興する。

1250年ごろ はじめてタイの統一国家が生まれ、首都がスコータイに定められる。

1293年 モンゴルがジャワを領土とするシンガサリ王国に敗れ、東南アジアへの勢力拡大に終止符を打つ。

1440年ごろ アンコールの都市が放棄されるが、アンコールワットは仏教巡礼の地として残る。

12世紀初頭、カンボジアに加え、ヴェトナムとラオスとタイの一部を含む東南アジアの大陸部は、アンコール（現在のカンボジアの北東）を都とするクメール帝国が治めていた。アンコールは居住地区、寺院のほか、貯水池から引かれた水路網を備えたみごとな都市複合体であり、ヒンドゥー教シヴァ神の現し身として君臨する歴代神王によって造られた。

1120年ごろ、クメール王スーリヤヴァルマン2世が新しい建設計画に乗り出した。200ヘクタールの敷地にヒンドゥー教のヴィシュヌ神を祀る寺院群を建立し、王の業績も後世に残そうというものだ。37年後に完成した壮麗なアンコールワットは、巨大な堀で囲まれて数々の蓮の形の塔で飾られ、800メートルの回廊の壁には、ヒンドゥー教の神話の場面やヴィシュヌ神の化身である王の姿が浅浮き彫りで表されていた。

アンコールワットは、東南アジア史上屈指の国家が持っていた秀でた生産性と創造性の証だが、その建設が衰退の端緒ともなった。のちの王たちは外国の侵攻、交易の変化、敵国との戦争に直面し、勢力圏をせばめていった。ジャヤーヴァルマン7世の治世下で帝国は命運を取りもどし、国教を大乗仏教にして膨大な建設工事に着手したが、1218年ごろに王が没すると、国は一気に衰えた。

外からの影響

紀元千年紀を迎えるころ、現在のカンボジア、ミャンマー、そしてインドネシアのジャワ島とスマトラ島にあたる地域では強国が割拠していたが、そのなかでクメール帝国は群を抜いていた。国々が形成されていく過程で、それぞれの社会は

> 巨大な柱や梁のすべてに
> 仏の姿形が施されている。
> **周達観**
> 中国の外交官

中世の世界

参照 フビライ・ハーンが宋を征服 102-03 ■ マルコ・ポーロが上都へ到着する 104-05 ■ 洪武帝が明朝を築く 120-27 ■ トンキン湾事件 312-13

インドと中国から強い影響を受けた。この2国間の交易が、おもにベンガル湾を抜けてマレー半島を横切り、ふたたびタイランド湾にはいって中国南部へ至るルートをとったからだ。こうした輸送網は東南アジアの特産物の交易を可能にするとともに、インドや中国の知識、概念、習慣を当地域の文明へ伝え、それらに変化が加えられることで、特に建築と美術の分野で独自の土着文化が生まれた。

海の帝国

クメール帝国が東南アジアの大陸部を統治しているあいだ、インドネシア群島ではシュリーヴィジャヤ王国がスマトラのパレンバンを拠点として、ふたつのインド・中国間航路——マラッカ海峡とスンダ海峡——を掌握することで通商を牛耳った。この国はスパイスの交易、特にヨーロッパとインドと中国が切望するナツメグの取引でしだいに豊かになったが、12世紀の終わりには衰えて小国となり、のちにジャワのマジャパヒト王国が現れてからは影をひそめた。

13世紀後半、中国の皇帝フビライ・ハーンの治世下でモンゴル軍がヴェトナム、ジャワ、ミャンマーへ侵入し、遠征が失敗に終わったとはいえ、その余波でクメールはタイ東部への支配力を失った。1400年代のはじめ、クメール帝国はチャンパ（現在のヴェトナムの一部）とアユタヤ（現在のタイの一部）の軍にさらに国土を制圧されて、いっそう規模を縮小した。1431年、アユタヤがアンコールを占領して首都を海岸へ移し、スーリヤヴァルマンの精神を具現した傑作はジャングルに覆われるままになった。■

アンコールワットの再発見が19世紀後半のヨーロッパ人によってなされたあと、ここは長いあいだ略奪と無規制の観光という被害をこうむったが、1992年にユネスコ世界遺産地に登録された。

スーリヤヴァルマン2世

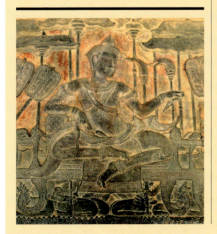

1113年、クメール帝国屈指の偉大な王スーリヤヴァルマン2世が強敵を倒して即位し、数十年に及ぶ動乱を終わらせてカンボジアを平定した。すみやかに中国と国交を回復し、1128年に冊封国（中国王朝を宗主国とした従属国）として認められたクメールは、周辺諸国からの攻撃を抑止する力を得た。スーリヤヴァルマンは好戦的な王であり、1123年から1136年にかけて、現在のヴェトナムの一部にあたる大越へ出兵し、1145年には東の宿敵チャンパを攻めた。さらに帝国の国境をタイの領土へ大きく押しひろげ、ミャンマーのパガン王国にも進出した。

スーリヤヴァルマン2世は、いまなお世界最大の宗教建造物であるアンコールワットだけでなく、同様式のいくつかの寺院を首都にも建てた。しかし、政治と軍事の面では業績が長つづきせず、チャンパ出征中の1150年に王が死去すると、国は内乱に揺れて、滅亡寸前にまで追いこまれていった。

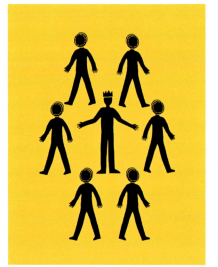

臣下の首長や王宮の役人で多量の黄金を賜らぬ者はいなかった
マンサ・ムーサのメッカ巡礼（1324年ごろ）

背景

キーワード
イスラムと西アフリカ交易

前史

紀元500年ごろ　ガーナ王国が興る。

1076年　ガーナは、スペインからサヘルまでを治めるイスラム帝国ムラービト朝に征服される。

1240年　スンジャータがイスラム教のマリ帝国を建設し、ガーナを占領して塩や銅や金の資源を掌握する。

後史

1433年　マリがトンブクトゥへの支配力を失い、ガオのソンガイ帝国に組みこまれる。

1464年　ソンガイの王スンニ・アリが領土拡張に乗り出し、マリの領土がいっそう縮小する。

1502年　マリがソンガイ帝国に敗北する。

イスラム勢力が9世紀から西アフリカにひろがり、**サハラ縦断交易**が生まれる。
→
マンサ・ムーサのメッカ巡礼でイスラム教国マリの富と力が示される。
↓
他国のイスラム教の学者が**マリに引きつけられ、マリがイスラム教の学びの一大中心地**となる。
←
マリ帝国滅亡後も西アフリカ全域に**イスラム世界は根をおろしつづける**。

　西アフリカのイスラム教国マリが世界の舞台に華々しく躍り出たのは14世紀初期、途方もない財力を持つ支配者マンサ・ムーサが豪華なハジ（メッカ巡礼）をしたときであり、それを支えたのはサハラを縦断する隊商を支配することで得た莫大な富だった。マンサ・ムーサの1年に及ぶ巡礼の旅は、イスラム世界ばかりかヨーロッパでも語り草となり、その後の国内でのイスラム文化と学問の振興は、西アフリカの貿易帝国にもイスラム教がしだいに浸透していたことを物語っていた。

アフリカの交易とイスラム

　サヘル（サハラ砂漠の南にある半乾燥地帯）の周辺で国が形成されはじめたのは5世紀ごろで、はじめにガーナ王国が

中世の世界

参照 ムハンマドが神の啓示を受ける 78-81 ■ バグダードの建設 86-93 ■ アクバル大帝による征服 170-71 ■ 王立アフリカ冒険商人会社の設立 176-79 ■ 奴隷貿易廃止法 226-27

> ［マンサ・ムーサは］カイロを施し物であふれさせ……彼らは金を両替したので、やがてエジプトの金の価値がさがり、金価格が下落する原因となった。
> **シハーブ・アル゠ウマリー**
> （1300年〜84年）

興り、莫大な富の源である「黄金の国」として知られるようになった。7世紀になると、アラブ人の北アフリカ征服によって、サハラ縦断交易に新たなはずみがついた。この交易の発展にともない、ニジェール川とセネガル川の源流のはざまに、商人をはじめとするイスラム教徒が引き寄せられた。

だが、平和な交易はまもなく征服によって打ち砕かれた。モロッコで興ったベルベル人のムラービト王朝が1076年に南方を席捲し、ガーナの首都を破壊してその地域での支配を無に帰した。

衰退したガーナは、ニジェール川上流で勃興したマリにしだいに吸収され、マリは13世紀中ごろに勢力を伸ばしはじめた。マンサ・ムーサ（在位1312年〜37年）の治世下でマリの国力が最高潮に達した

マンサ・ムーサのメッカ巡礼はヨーロッパの地図製作者の注目を集めた。1375年のカタロニア図に描かれた帝王は金塊と金の笏を手にしている。

のは、エジプトをはじめとする北アフリカの商業中心地を相手に、見返りの大きい隊商交易をおこなったからだった。

学問の中心

マンサ・ムーサはメッカに巡礼をした最初の王ではないが、随行団の規模の大きさは――従者6万人以上で、500人の奴隷が純金の棒を手にしていた――見る者を圧倒し、王の富を見せつけた。

巡礼はマリの威光を広めるためでもあったが、王はその機会にイスラム教の学者たちと偉大な建築家アブー・イスハーク・アル゠サーヒリーを招聘して国へ連れ帰った。アル゠サーヒリーは西アフリカで最初の日干し煉瓦のモスクを、少し前にマリが隣国ソンガイから奪った交易地トンブクトゥとガオに建設した。マンサ・ムーサの指導のもと、トンブクトゥはマリの商業の中心地となり――砂漠の交易路とニジェール川から海への交易路との接点という地の利もあった――さらに、その地域の知と精神を支える首都として繁栄しはじめた。教育施設はアル゠サーヒリーが建てたサンコーレ・モスクを中心に発展し、有名なサンコーレ大学やほかのマドラサ（イスラム世界の学院）の基礎を作った。

マンサ・ムーサ没後のマリは、はじめのうち息子の治世下で栄えたが、やがて無力な支配者、外国の侵略、部族の反乱防止などによって力を弱め、やがてガオのソンガイ帝国の影に隠れていった。1550年には、マリはもはや主要国ではなかった。マンサ・ムーサの偉大な帝国――14世紀で最も豊かな国のひとつ――は短命だったかもしれないが、名高いメッカ巡礼はその後長く影響を及ぼし、西アフリカにイスラム文明をひろげる先鋒の役目を果たした。■

太陽に敵の血を捧げて飲ましめよ
テノチティトラン建都（1325年）

テノチティトラン建都

背景

キーワード
アステカ帝国とインカ帝国

前史

1200年ごろ　ペルーの谷クスコにインカ族が現れる。

1250年ごろ　メキシコ盆地にアステカ族が来る。

1300年　クルワカンの王の土地にアステカ族が住みつく。

1325年　アステカ族がクルワカンの支配を逃れ、テスココ湖周辺へ南下する。

後史

1376年　アカマピチトリがアステカの初代君主となる。

1428年　インカの勢力拡大がはじまる。アステカ三都市同盟の成立。

1470年ごろ　インカがチムー文化の中心であるチムー王国を侵略する。

1519年　スペイン人がメキシコに到達する。

1532年　スペイン人がペルーに到達する。

いくつもの小国が競合するメキシコとペルーの中心部に**アステカ族とインカ族が移り住む。**

↓

アステカはテノチティトランに、インカはクスコにそれぞれ首都を築く。

↓　　　　　↓

アステカ帝国は武力での**侵略と報復の恐怖**をもって領土をひろげ、**力を維持する。**

インカ帝国は**征服した部族を吸収統合することで**領土をひろげる。

↓　　　　　↓

どちらの型の帝国も**スペインの侵略**から生き残ることはできない。

1325年、中央アメリカの流浪の戦士アステカ族が、古来の守護神ウィツィロポチトリの神託に則り、鷲(わし)がサボテンに留まるのを見てその地を住みかと定めた。やがてそこに神殿を建て、首都テノチティトランの中核とした。2世紀にわたって、その都市はメソアメリカ——現在のメキシコ中央から南のベリーズ、グアテマラ、エルサルバドル、ホンジュラス、ニカラグア、コスタリカ北部にあたる、先コロンブス期の文化を共有する広範な地域——の歴史で最も傑出した帝国の中心地だった。この興隆とまったく同時期にインカの首都クスコも発展をとげ、はじめは弱小だったアンデスの民は数十年のうちに南アメリカではじめての大国を築いた。

アステカの草創期

アステカ族は1200年ごろにメキシコ北部をさまよいはじめたと考えられる。つづく100年のあいだ、一族は傭兵(ようへい)になったり許される程度に居座ったりして窮状をしのいだが、ときには人身供犠にかかわる暴力行為に及んで逃亡を余儀なくされることもあった。

一族のテノチティトラン行には以下の事情がある。アステカは一族の長の花嫁(おき)に盟主クルワカンの王の娘を所望した。クルワカンの王は娘が妃(きさき)としての栄誉を得ると信じて承諾した。ところが恐ろしいことに、アステカは自分たちの神シペ・トテックの生け贄(にえ)として、花嫁を殺して皮を剝いだ。王に追われたアステカの戦士たちは南へ逃げ、将来テノチティトランとなる地へ向かったという。

テノチティトランの島があるテスココ湖周辺の土壌はぬかるみ、建材となる木はほとんどなかったものの、首都は防衛に適し、アステカはこの地で足場を固めた。はじめはテパネカの君主テソソモクと盟約を結んで庇(ひ)護を受け、テパネカは1371年から1426年までメキシコ盆地で権勢をふるったが、1428年にアステカはテスココとトラコパンと三都市同盟を結ぶに至った。その同盟が強力な勢力拡大のきっかけだった。

アステカの拡大

初期のアステカ社会には正式な階級制度がほとんどなかった。社会はいくつもの共同体（カルプリ）から成り立ち、人々は土地を共同所有して、カルプリの長が

中世の世界 115

参照　マヤ文明の古典期がはじまる 71　■　クリストファー・コロンブスのアメリカ大陸到達 142-47　■　トルデシリャス条約 148-51　■
　　　コロンブス交換 158-59　■　メイフラワー号の航海 172-73　■　ボリバルが大コロンビアを建国 216-19

祭司とともに重要な決定をくだした。1376年、アステカは全権を掌握する指導者（トラトアニ）をはじめて選出し、その指導者が、急発展する帝国の軍事司令官と裁判官と行政官をつとめることになった。イツコアトル（1427年〜40年）、モクテスマ1世（1440年〜69年）、アシャヤカトル（1469年〜81年）、アウィツォトル（1486年〜1503年）の治世下で、アステカ軍はメキシコ盆地の諸国を制圧、さらにオアハカ、ベラクルスへと進撃し、現在のメキシコ東部とグアテマラ東部を占めるマヤの国境地帯まで達した。

　帝国の拡大にともなってアステカの社会は変容した。戦士の上流階級が生まれる一方、底辺の農奴（マイェッケ）は土地を持たず、領主のもとで労役を課された。アステカ社会の軍国主義的性格は、全男子が軍事訓練を受ける教育制度（ただし貴族と平民は別々の学校）で強化された。こうした体制は戦士の気風を高め、メキシコの周辺諸部族のなかで計り知れないほど有利に機能した。

帝国の制度

　テノチティトランには、アステカの神々を祀る数多くの神殿があった。それぞれの神に専用の神殿があり、テンプロ・マヨールにある対の神殿はウィツィロポチトリと雨の神トラロックに捧げられていた。これらの神殿にはつぎつぎと人間の生け贄が供され、1487年のテンプロ・マヨールでの再奉献では、生きながら焼かれ、首を刎ねられ、胸を切り開いて心臓を取り出された者が何万人にも達した。

　アステカの戦いの多くは「花の戦争」だった。それは敵を捕らえて（殺さずに）生け贄にすることでアステカの神々をなだめるという慣行行事であり、神々が力を保って空に太陽をのぼらせつづけるために血を求めていると信じられていた。また、テノチティトランは民から年貢を取り立てた。官僚組織はかなり未熟だったが、帝国の38の管轄地を収税官が縦横に動いて徴収した。たとえば、トウモロコシ7,000トン、豆4,000トン、綿織物数十万枚が毎年おさめられた。帝国はこ

テノチティトラン建都の様子が『メンドーサ絵文書』に描かれている。アステカの歴史と文化の記録として1540年ごろアステカの絵師によって描かれ、スペインの神聖ローマ帝国皇帝カール5世に贈られた。

うした年貢に頼り、貴族や戦士に報酬として与えた。彼らはアステカ支配下の地域民を確実に服従させ、歯向かう者にはわずかな慈悲も見せなかった。

一方、民はいくらかの安全を保証されたものの、それ以外にはわずかなものしか与えられなかった。テノチティトランでは農地を拡張するために人工の浮き島（チナンパ）が莫大な費用をかけて造られたが、ほかの従属都市ではそのような事業はなされなかった。戦争に敗れた国々はアステカに軍隊を提供しなかったので、その後の勝利の分け前には与(あずか)らず、また、アステカの言語を広める工夫もほとんどされなかった。それは恐怖の上に築かれた帝国であり、最後にはもろさを露呈した。1519年にコルテス率いるスペインの小部隊が侵入すると、民はアステカを守らずに新参者のもとへ結集し、2年もかからずに帝国は崩壊した。

インカの建国

インカは中央アンデスの高地クスコ一帯——現在のペルー領——を中核とし、アステカに似て出自は慎ましいが、帝国

トラカエレル

アステカ帝国が勢力を伸ばして領土を増やすにつれ、より複雑な行政制度の確立がいよいよ必要になった。1427年にイツコアトルが王（トラトアニ）になると、首席顧問職（シワコアトル）が新たに採り入れられた。最初に就任したがイツコアトルの甥(おい)トラカエレル（1397年〜1487年）で、終生在任した。トラカエレルは何代もの王に仕え、その継続には計り知れない価値があった。そのうえ、改革にはずみをつけるために（大

> もしその国（ペルー）が戦いで分裂していなかったならば……1,000人を超えるスペイン人がいっせいに攻め入りでもしないかぎり、われわれはそこへ行って征服することがかなわなかっただろう。
> **ペドロ・ピサロ**
> スペインの探検家（1571年）

部分は王家と貴族のための改革だったが）初期の年代記を廃棄させてアステカの歴史を書きなおし、アステカ帝国の理念の基礎を作った。

また、三都市同盟締結を主導し、アステカの立場を強固にして生け贄(にえ)をつねにおおぜい確保できるように計らった。トラカエレルが1度もアステカの王にならずにテノチティトランに大きな力を及ぼしたということは、アステカの権威体系が初期と比べて一枚岩ではなかったことを示している。

へとのぼりつめる勢いはこちらのほうが格段にめざましかった。はじめは小さくて目立たない部族でも、独自の戦略を編み出して近隣集団を取りこみ、豊かな帝国を築いたのである。

神話によると、インカの人々は高い山の洞窟にいたところを最初の指導者マンコ・カパックに導かれ、クスコへたどり着いたという。定説では、インカ族は1200年ごろにその地方にやってきて、2世紀にわたって農耕集団として生きながらえ、その社会はおおよそ同じ地位の氏族（アイユ）ごとに分かれていた。

インカの拡大

インカが強国として頭角を現しはじめたのは1438年前後、近隣のチャンカ族がクスコの谷からインカ族を追い出しにかかったときだ。インカの最高指導者（サパ・インカ）であるウィラコチャは対処に苦労したが、息子のパチャクテクが侵入者を打ち破り、その後インカ軍を率いて、クスコの谷にある残りの地域とチチカカ湖周辺の南の高地を征服した。パチャクテクの息子トゥパック・インカ・ユパンキと孫のワイナ・カパックの代で、インカは1470年ごろにチムー王国（海岸地帯で最大の国）を制圧した。そして、北の高地にある残りの領土を吸収し、さらに現在のエクアドルとコロンビア、南はチリ北部の砂漠にまで覇権をひろげた。

アステカとちがってインカは被征服民の部隊を採用し（指揮はインカの幹部がとった）、略奪品を与えて忠誠を誓わせた。

インカの情報伝達

インカ帝国は高度に中央集権化された国家で、人口調査で小作農の数が記録され、すべての小作農はサパ・インカに対して労役の義務（ミタ）を負っていた。こうしたレベルまで組織化が進んでいることで、大規模な公共建設が可能になった。特に道路網の拡張は不可欠であり、敷設された道は4万キロメートルに及んだ。一定の間隔で宿泊所が置かれ、それが軍隊のための迅速な輸送を助けるとともに、広大なインカの領土で非常に効率的な伝達システムとなった。また、イン

中世の世界

アステカの社会は拡大政策を進め、軍国主義を貫いた。少年は戦士になってはじめて一人前として認められた。貴族階級の若者は戦士団に加わり、生け贄のための捕虜をより多く捕らえることで出世の階段をあがった。

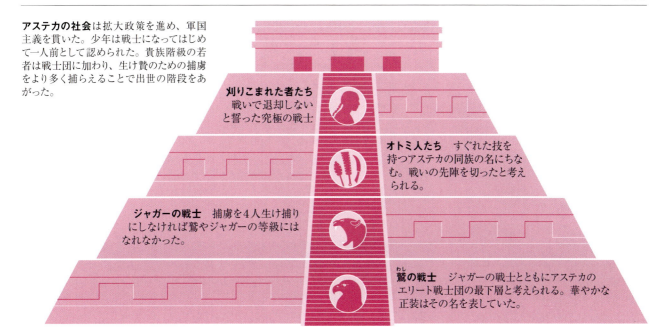

刈りこまれた者たち 戦いで退却しないと誓った究極の戦士

オトミ人たち すぐれた技を持つアステカの同族の名にちなむ。戦いの先陣を切ったと考えられる。

ジャガーの戦士 捕虜を4人生け捕りにしなければ鷲やジャガーの等級にはなれなかった。

鷲の戦士 ジャガーの戦士とともにアステカのエリート戦士団の最下層と考えられる。華やかな正装はその名を表していた。

> 胸を切り開いて、鼓動している心臓を引き出し、それを偶像に捧げた。
> **ベルナル・ディアス・デル・カスティリョ**
> 『メキシコ征服記』（1568年）

カでは荷役用の家畜リャマのおかげで、帝国の隅々まで重い荷を容易に運ぶことができた。

アステカと異なり、インカは積極的に自分たちの言語（ケチュア語）と信仰体系を広めようとした。信仰の中心はもともとインティ（太陽神）だったが、やがてウィラコチャが格別に崇められるようになった。最高位の創造神なので、このほうが征服者の神にふさわしいとされたのである。また入植者（ミクマク）を送り出す際には、問題を起こしがちな集団をよく平定されている土地へ移して抵抗する力を弱めるとともに、国境地帯には忠実な入植者を配して防衛網を作った。明確な人口統計はわからないが、16世紀初期のインカ帝国は——インカ人はタワンティンスウユ（「4つの属州を持つ国」）と呼んでいたが——全体でおよそ4百万から6百万の人口を有し、少数のインカの人々と彼らに服従する民に有利になるように機能していた。

すぐれた点が多かったにもかかわらず、高度に中央集権化されたインカ帝国は、1530年代初頭にピサロの率いる侵略者たちにサパ・インカのアタワルパを捕らえられて、致命的な打撃を受けた。統治者を失ったインカは瞬く間に崩壊した。

新しい入植者

アステカとインカは、アメリカのそれぞれの地にまぎれもない帝国をはじめて築いた。それが可能になったのは灌漑によって余剰食物が生産され、人口のかなりの割合を軍隊に投じて遠方まで出征することができたからである。また、戦士と貴族階級が利を得るように、それまでの部族社会を再構築した。どちらの帝国でも征服が進むにつれ、戦士階級に報いるために、新しい被征服民に忠誠を尽くさせるために、新たな出征参加者へ褒美を与えるために、さらなる戦争が必要になった。

領土拡大の勢いが弱まったのち、アステカとインカの統治は長くつづかなかった。もしつづいていたら、帝国を長期間安定させる戦略を編み出していたか、あるいは、かぎられた資源をめぐってせめぎ合う都市国家へと縮小していたかもしれない。だが、1521年スペインによるアステカ征服と1572年のインカの最後の敗北で、両帝国の野望はついえ、その後はスペインの強固な植民地支配が300年つづくことになる。■

かろうじて生き残ったのは身分を問わず10人にひとりだった
ヨーロッパで黒死病が大流行する（1347年）

1347年11月後半、1隻のガレー船がクリミアのカッファでタタール人の包囲戦から逃れ、イタリアの港ジェノヴァへと行き着いた。船には恐ろしい積み荷があった。ペストだ。わずか2年も経たないうちに、死を招くこの疫病がヨーロッパと中東の人口の3分の1以上の人間を殺し、この地域の経済と社会と宗教の仕組みを永遠に変えてしまった。

黒死病の蔓延

1330年代に中央アジアか中国西域で発生したと考えられるこの疫病は、はじめはゆっくりと西へ進んだが、1347年にクリミアとコンスタンティノープルへ伝播したあと、海上貿易経路に沿って急速にひろがった。ジェノヴァに上陸してすぐに、シチリアとマルセイユにも伝染した。1348年にはスペイン、ポルトガル、イギリスを襲い、1349年までにドイツとスカンディナヴィアへ到達した。

ペスト菌を媒介したのは主としてノミや、ノミのたかったネズミで、どちらも当時の不衛生な環境ではいたるところにはびこっていた。おもな症状は、鼠径部と頸部と腋下に見られるリンパ腺の腫れである。その後、皮膚に黒い斑点ができ（ゆえに「黒死病」と言われる）、罹患者のおよそ4分の3が死んだ。

当時の人々は疫病の原因をいろいろ考え、不道徳への天罰、惑星の不吉な配列、地震、悪い蒸気のせいなどとした。治療法はなかったが、予防として奨励されたのは、消化に悪い物を食べないこと、香りのよい薬草で空気を清めること、そして――唯一効果がある方法として――人との接触を避けることだった。

この疫病による死亡者数はおそらく

背景

キーワード
黒死病

前史
1315年～1317年 飢饉が西ヨーロッパを襲い、オランダでは都市居住者のおよそ15パーセントが死亡する。
1316年 イギリス王エドワード2世が主食の価格を据え置くが、食料不足によって高騰する。
1330年代後半 ペスト（黒死病）が中国西域からしだいに西方へひろがる。

後史
1349年 疫病を流行らせたという咎めを受け、多数のユダヤ人がドイツで殺される。
1349年 教皇が鞭打苦行団「ブラザーズ・オブ・ザ・クロス」の巡礼を禁じる。
1351年 イギリスで労働者制定法が成立する。
1381年 ワット・タイラーの乱がイギリス各地で政治的反乱を引き起こす。
1424年「死の舞踏」がパリのイノサン教会の墓室の壁に描かれる。

> 雇われた者たちは
> 法外な賃金が支払われないかぎり
> 仕事をしようとしない。
> **労働者勅令　1349年**

中世の世界

参照 カールの戴冠 82-83 ■ マルコ・ポーロが上都へ到着する 104-05 ■ コロンブス交換 158-59 ■ エリス島移民局の開設 250-51 ■ 世界人口が70億を超える 334-39

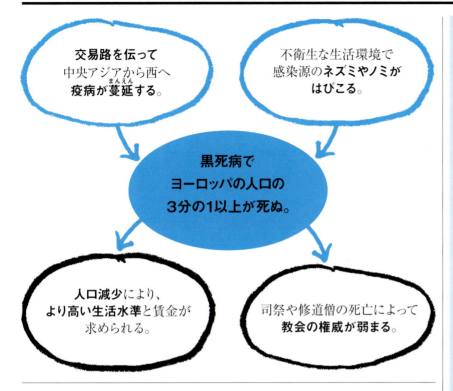

1億人を超え、流行前の世界人口4億5千万人が流行後に3億5千万人になったと推定される。とりわけ深刻な被害地域もあり、エジプトでは人口の約40パーセントが死んだと考えられている。疫病流行前の人口にもどるには約3世紀かかった。

疫病への反応

生き残った人々はさまざまな反応を示した。ユダヤ人が井戸に毒を入れて疫病を流行らせたとされ、ドイツでは多くのユダヤ人共同体が襲撃された。ストラスブールだけでも2,000人のユダヤ人が殺された。

人口減少にともなって所有者のいない土地が増え、労働力が不足したので、小作農の交渉力が強くなった。1350年には、イギリスの労働者は1347年の5倍の賃金を要求し、借地人は借地料を賦役労働ではなく現金で払っていた。統治者側は賃金を抑えようとしたが——1351年の労働者制定法は1346年当時の相場に賃金を固定しようとするものだった——それに対して小作農は不満を爆発させ、1358年にフランスのジャックリーの乱、1381年にワット・タイラーの乱が起こった。

事態が収束するころには、黒死病のせいで聖職者も俗人も同じ割合で死んでいて、中には職を投げ出す僧侶もいた。その結果、教会の権威が貴族のそれと同じく大幅に弱まった。それまで中世社会を束ねていた縛りを疫病がゆるめたのである。以前より自由で身軽になったヨーロッパの人々は、ルネサンス、宗教改革、さらには16世紀と17世紀の景気拡大を経験することになる。■

荒廃した社会

疫病による壊滅的な被害は当時の社会風潮に長く影を落とした。おびただしい数の墓や廃村を目にし、満ち渡る死の恐怖にさらされながら、人々は神に見捨てられたという思いを強くし、従来の道徳観にあまりこだわらなくなった。犯罪が増え、イギリスでの殺人事件は1349年以後の20年間で2倍になった。鞭打苦行者たちが結び目のあるロープでみずからを痛めつけながら地方を放浪したので、1349年に教皇が大勅書によってこれを禁じた。生き延びたことに感謝する富裕層によって、慈善団体への——特に救護院への——遺産贈与が増えた。芸術作品には病的なものが多かった。生者に交じって死神が戯れる「死の舞踏」が描かれた。また、作家のボッカチオは『デカメロン』のなかで黒死病のことを綴り、人生の短さとはかなさを強調した。

寓意画「死の舞踏」のなかで、死神がさまざまな社会階層のなかから無差別に餌食を選んでいる。

朕は懸命に天意を果たせり
洪武帝が明朝を築く（1368年）

122 洪武帝が明朝を築く

背景

キーワード
中国の明王朝

前史

1234年　金が滅亡する。

1279年　フビライ・ハーンが宋を滅ぼす。

1344年　中国中央部で黄河の流れが変わりはじめたせいで、干魃とそれにつづく農民反乱が急増する。

1351年　元王朝のもとで紅巾の乱が勃発する。

後史

1380年　洪武帝が中央行政官庁の長となり、皇帝専制政治の基礎を敷く。

1415年　永楽帝が大運河の改修と延長をおこない、中国南部と北京の物資輸送を可能にする。

1514年　ポルトガルの貿易使節団がはじめて中国を訪れる。

1592年ごろ　中国古典の傑作『西遊記』が刊行される。

1644年　崇禎帝が自殺し、明朝が終わる。

後期元王朝の軍事力と経済力の衰えにより、**農民の反乱が広範囲で起こる。**

↓

洪武帝が明朝の基礎を築き、国を復興して皇帝に絶対権力を持たせるための改革に取り組む。

↓

高度に中央集権化された独裁体制が、数世紀に及ぶ安定した支配と経済の繁栄をもたらす。

↓

無力な皇帝がつづき、中央集権体制が機能不全に陥る。

↓

満州族の侵入や農民の暴動にさらされ、**明王朝が崩壊する。**

　南京の王宮に勢ぞろいした官吏に見守られながら、天地に供物を奉じたそのとき、貧農の息子朱元璋は明王朝の初代皇帝となった。

　権威の失墜した元王朝——モンゴルの征服者フビライ・ハーンによって築かれ、1270年代以来中国を支配していた——を追い出したのは、僧侶に率いられた反乱軍だった。朱元璋すなわち洪武帝は、1368年から1398年に没するまで国を統治し、そのあいだに中国歴代で屈指の有力かつ独裁的な王朝を打ち立てた。洪武帝とその後継者たちは3世紀に及ぶ繁栄と安定を国にもたらした。その時代に確立された政府と官僚の形は、わずかな変更を加えるだけで1911年に帝政が終焉を迎えるまで持ちこたえ、経済基盤がひろがった。

モンゴル勢の駆逐

　朱元璋の新王朝は元の衰退による混乱から生まれた。1340年代から50年代にかけて宮廷内の派閥争い、汚職の横行に加えて、災害や疫病など打ちつづく自然の災厄が起こり、法と秩序と行政に一気に破綻が生じると、動揺する領主に対して農民が一揆を起こした。朱元璋自身も1344年の疫病の大流行で家族の大半を

参照 始皇帝が中国を統一する 54-57 ■ フビライ・ハーンが宋を征服 102-03 ■ マルコ・ポーロが上都へ到着する 104-05 ■ 三藩の乱 186-87

失ったが、数年間托鉢僧となって施しを受けたのち、元への反乱を企てる漢民族の農民から成る秘密結社のひとつである紅巾軍に参加した。腹のすわった非情かつ有能な司令官として、この若き反逆者は紅巾軍の統率者の地位までのぼりつめたのち、競争相手をつぎつぎと倒し、元を打倒しようとする全中国の指導者となった。

朱元璋は中国の南部と北部を広く掌握して皇帝の名乗りをあげ、1368年に首都大都（北京）からモンゴル人を追放した。国のおおかたが平定されたとはいえ、遠い北の地ではモンゴル勢が抵抗をつづけ、そればかりか、南部にいた最後のモンゴル勢を1382年に破るまで中国統一は果たされなかった。

改革と専制

朱元璋が洪武帝として最優先すべきなのは秩序の確立だった。何十年もの内乱が国土を荒廃させ、地方は貧窮していたからだ。皇帝の貧しい出自が初期の政策に反映したとも考えられる。課税業務が地域の共同体に委ねられて、貧困地域を食い物にする強欲な徴税吏が一掃され、奴隷制も廃止された。広大な土地の多くが没収され、北部の過疎の国有地が土地を持たない農民に与えられて定住へとつながった。

1380年を皮切りに、洪武帝は行政改革に手をつけ、国事のすべてをみずから掌握できるようにした。政権転覆を目論んだと思われる宰相胡惟庸を処刑したのち、宰相の職と中書省を廃し、その下の行政機関である六部の長に直接報告させて、枝葉の決定まで目が行き届くようにした。

それ以降、洪武帝は宰相を兼任した。その仕事量は大変なものであり——1週間に約1,600の文書を精査してから承認しなくてはならなかった——その結果、危機への緊急対応ができなくなった。やがて新しく内閣大学士——皇帝と六部お

若き日の**洪武帝の辛苦**が中国の貧しい地方を大きく改善させたが、同時にそうした経験が残酷で理不尽な皇帝を生み、不忠の疑いのある者をことごとく処刑した。

124 洪武帝が明朝を築く

紫禁城——北京の皇宮——では、階級を重んじる儒教の価値観が貫かれ、権威の高い宮ほど市街から離れている。

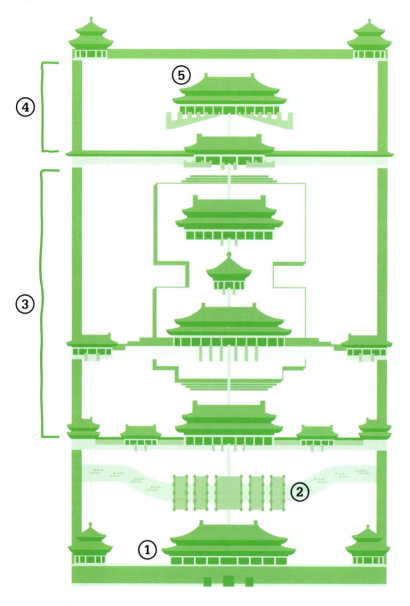

1 **午門** 正面入口に5つの門がある。中央の門は皇帝しか通れない。

2 **金水橋** 橋のなどの通過点は奇数個が設置される。中央の橋は皇帝専用で、その隣の橋はつぎに高位の貴人が使う。

3 **外朝** 国政や儀式のための場所。

4 **内廷** 皇帝とその一族しかはいれない場所。

5 **乾清宮** 暗殺者を欺くために寝所が9室あり、皇帝は毎晩ちがう部屋で眠った。

および他の部署を取り持つ諮問機関——が置かれたものの、明は従来の中国王朝よりもはるかに中央集権的な独裁体制を維持した。これは明の宮廷儀礼にも表れている。宋代（960年〜1279年）では、皇帝の顧問役は御前に立って国事を申し述べたが、明代では、皇帝の絶対的な力と優位に敬服しているしるしに叩頭を——ひざまずいて額で床を打つ挨拶を——させられた。

軍事力の削減

元王朝後期、宮廷外の競合する勢力基盤によって国が分裂したため、その轍を踏まないように洪武帝は軍の力を弱めた。元の軍事体制を踏襲して、主要都市に守備隊を置き、遊牧民の侵略がつねに危ぶまれる北の国境線沿いの警備を特に強化したほか、国が支給する土地で自給自足する世襲の兵士階級を作る一方、訓練のために駐屯部隊を首都へ定期的に移動させ、中央で選んだ将校に部隊長の権限を分担させた。こうして、力のある地域から有力な軍閥が現れるのを防いだのである。

行政府の完成

洪武帝はまた、何世紀にもわたって統治体制の中枢を占めてきた選り抜きの学者層に深い猜疑心をいだいていた。それでも、国家の効率的運営になくてはならない存在であることは認めていたので、教育を奨励し、とりわけ官僚となる学者の養成に力を入れた。1373年、洪武帝は

従来の官吏登用試験を一時中止し、郡と県に学校の設立を命じた。ここから優秀な学生が学問をつづけるために首都の国立大学に進み、さらにそこから最終的に1万人の学生が登用された。官吏登用試験は1385年に復活し、皇帝は研鑽を積んだ国立大学卒業生が受験するものと考えたが、あまりにも競争が激しいので、兵士を試験場の外に配置し、他者による協力や関連資料の不正使用を防がなくてはならなかった。

こうして官吏登用への道は広くなったが、官吏の受ける教育はいまだに儒教の四書五経と新儒学の選書に基づく旧態依然としたもので、それらは皇帝への忠誠と中国の伝統を遵守することの美徳を説いていた。新たな思想の持ち主は受け入れられず、官僚は融通をきかせなくなった。権限を踏み越えたと見なされれば、公衆の面前で鞭打ちの刑を受け、ときには死ぬこともあった。

官吏に対するこのむごい仕打ちは、洪

> 朝に（洪武帝に）重用され、
> 夕べに処刑される。
> **ある官吏の記録、1388年**

武帝の残虐な一面を表している。また、洪武帝は極端に被害妄想が強く、暴虐によって反対意見を制することがしばしばあった。1382年に錦衣衛という秘密警察を作り、1万6,000人の武官があらゆる抵抗の兆しを叩き消した。錦衣衛の力は広範囲に及び、その結果、明朝のいよいよ最後のときまで軍も貴族も大きな反乱を起こさなかった。

国際外交

洪武帝の後継者永楽帝（在位1402年〜24年）の治世下で、明はいっそう自信を高めたと考えられる。永楽帝は南京から北京へ遷都し、大運河の拡張をはじめとする大胆な復興公共事業へと乗り出した。さらに、贅を尽くした紫禁城を建てて、そこに数々の皇宮を置き、その部屋数は9,000ほどあった。

永楽帝は当初、強気な対外政策をおこない、モンゴルへ5回遠征したほか、1406年に安南（ヴェトナム）へ進軍して明帝国の傘下に入れた。また、遠方の国々の王にも明の威信を認めさせようとした。1405年から1433年にかけて、東南アジア、東アフリカ、アラビアへ向けて大規模な船団を6回送り出した。司令官の鄭和に率いられた大艦隊の目的は、貢ぎ物などの恭順のしるしを引き出して、その地域における中国の支配を固めることだった。»

絹の画巻に描かれているのは、鄭和の航海による最も有名な貢ぎ物のひとつ、1414年にアフリカから運ばれたキリンである。

鄭和の航海

モンゴルに帰順したイスラム教徒の家系の鄭和は、少年のとき明に捕らえられて去勢され、軍隊へ送られたが、そこで武術と外交術を身につけ、下級将校として頭角を現した。さらに出世して宮廷の有力な宦官となったあと、1405年に永楽帝に抜擢され、インド洋沿岸をめぐる壮大な遠征隊を率いるべく、艦隊司令官および外交官の任を負った。その後28年間、鄭和は史上屈指の海軍を指揮した。最初の遠征では全長130メートルの「宝船」を筆頭に62隻の船が使われ、乗組員は2万7,000人以上だった。

果敢かつ大規模な航海ではあったが——最後の3回はアフリカ東海岸のモンバサまで南下した——その目的はけっして商売でも探検でもなかった。狙いはあくまでも外交で、諸外国に対する中国の威信を高め、永楽帝への忠誠を誓わせて朝貢させることだった。

明朝後期

しかし、巨費を投じた鄭和の大遠征のせいで財政が行きづまり、もう遠征がおこなわれないようにすべての記録が破棄された。表向きの考えでは、中国は世界の中心であり、したがって明朝後期にはさらなる船団を派遣する理由はなかった。中国は外国勢力になるべく対等な関係を認めず、外交関係を結ぶ場合、外国人を（少なくとも明では）朝貢者と見なした。明の官僚組織の自信と安定から、外国のものをほとんど採り入れない自給自足の意識が生まれた。

外洋船から陸揚げされた積み荷にはすべて届出が必要で、民間の海上貿易はしばしば禁止された（1567年に日本以外との貿易がふたたび認められた）。北京では店主が外国人と無断で取引した場合、在庫を没収されることもあった。外交上の孤立は軍事面の懸念によって強まった。安南が1428年にふたたび独立する一方、北の国境地帯ではモンゴル族の脅威を食い止めるために国力を注がなくてはならなかった。1449年、皇帝英宗はモンゴルの指導者エセン・ハーンを討つために、みずから兵を率いて無謀な遠征をおこない、中国の兵士50万の大半が餓死するか敵に殺されるか、あるいは退却時の最終戦で力尽きた。

万里の長城の増築

1470年代で最終段階を迎える万里の長城建設は――はじまりは紀元前3世紀の秦王朝だったが――従来と同じく災難を防ぐためだけでなく、弱まってきた明の国力を補うためのものだった。歴代王朝と同様、明は北部国境地帯の遊牧民の土地を吸収できず、遊牧民の襲撃を永遠に封じるような遠征隊も送り出せなかった。したがって、せめて国境に厳重な守備部隊を常駐させるしかなかった。

16世紀には短命政権がつづき、皇帝の配偶者や母親や宦官（去勢された男性）が実権を握ったが、そのあと、在位の長い万暦帝（1572年～1620年）の時代が訪れた。しかし、帝が公の立場から完全に身を引いて、王朝の力は衰えていった。統治機構がうまく働かず、軍には満州（現在の中国北東部）の女真族の深刻な脅威に立ち向かう力がほとんどなかった。1619年、のちに満州人と名乗るこの部族が北の国境から侵入しはじめた。

世界貿易

だが経済面では、明の高い生産力が、東アジアに新しい販路を見いだそうとするヨーロッパの海洋国家を引きつけ、16世紀のはじめにはヨーロッパの貿易商人たちがついに中国沿岸に到達した。1514年にポルトガル艦隊が南の広東（現在の広州）に来航し、1557年にポルトガル人

即位してすぐに洪武帝は現年号を付した銅銭を旧来どおり発行したが、銅が不足したため桑の樹皮から作った紙幣を復活させた。

洪武帝永眠の地である明孝陵は南京の紫金山のふもとにあり、道沿いに対に置かれたラクダなどの動物の石像が墓所を守っている。

の居留地をマカオに置いた。スペインとポルトガルの商人が（先に日本の平戸などとフィリピンのマニラで足場を築いていた）——さらに1601年からはオランダ人が——中国貿易において大きな割合を占めた。

明は海上貿易に消極的な政策をとったが、民間の中国商人は復活した経済活動に進んで参加した。やがてマニラで、そしてインドネシアのジャワ島にあるオランダ領の貿易都市バタヴィアの近くでも中国の植民地が栄え、中国商人は東南アジアの貿易で大きな利権を握った。明代には磁器生産の技術が洗練され、大量生産された陶芸品がはじめてヨーロッパの市場に出まわった。

とはいえ、貿易の発展はよいことばかりではなかった。ヨーロッパ人が絹、漆器、磁器などの中国の物品を銀で買いとったため、南北アメリカと日本の銀が大量に流れこんで経済成長を促したが、これはインフレの原因にもなった。

技術の変化

明は革新的な科学技術を宋から受け継ぎ、航海術や火薬の兵器利用など——火薬は唐代に発見され、13世紀に中国からヨーロッパへ広まった——さまざまな科学分野の最先端に立っていた。しかし明では科学技術の発達が遅かったので、末期には数々の知識がヨーロッパからはいってきた。中国の軍隊はヨーロッパ製の大砲を使いはじめ、ヨーロッパの数学や天文学がイエズス会の伝道師によって

> 今日、すぐれた文官と武官、あまたの官吏と民は、みなことごとく、わが即位を促している。
> **洪武帝の即位宣命　1368年**

伝えられた。たとえばマテオ・リッチは1601年から1610年まで北京に滞在し、古代ギリシアの数学者ユークリッドの幾何学原論や、アストロラーベ（太陽や星の高度を測る天文観測用の道具）に関する論文などを中国語に翻訳した。1626年にはドイツのイエズス会士ヨハン・アダム・シャール・フォン・ベルが望遠鏡に関する論文をはじめて中国語で書き、地動説（太陽を宇宙の中心に据えたとらえ方）を伝えた。

明の崩壊

後期の明は、元が滅亡に至ったときと同じ問題をかかえるようになった。凶作が中国全体の農業生産の低下を招き、飢饉と洪水によって地方の混乱が広まっていた。軍隊の給料の遅れが規律の乱れや脱走につながり、地方の農民一揆はより大きな反乱の流れに合流した。一方、北東の辺境では、国境沿いの満州のムクデンで満州族が国を興し——1636年に清朝を名乗り——迫りくる明の崩壊に乗じようと態勢を整えていた。折よく李自成の乱が起こって、反乱の首謀者李自成が1644年にさしたる抵抗も受けずに北京を陥落させ、皇帝を自殺へ追いこんだ。自暴自棄の明軍は満州族に助けを求めた。そこで満州族は一気に首都へ攻め入って反乱軍を駆逐したが、そのあと帝位を手に入れ、中国を征服した。

不朽の遺産

明は農民の窮乏と辺境遊牧民の巻き返しが同時発生したことで崩壊したが、この組み合わせは従来の王朝滅亡に際しても見られた。数世紀のあいだ国を安定させ、内部に異論が出る可能性、あるいは必要性までも抑えてきた官僚制度は動きが鈍く、目まぐるしい危機の時代に対処できなかった。

それでも、明代は大いなる富と成功を中国にもたらした。人口が建国当初約6千万人だったのが、1600年にはおよそ3倍になった。人口増加は大都市よりも市場の立つ中規模の町に多く見られ、農業生産高の増加によって地方に豪商が生まれた。洪武帝がはじめた整然たる統治機構の要素は、つぎの清朝に受け継がれて、中国にある程度の統一と安定と繁栄を与え、その様子は同時代のヨーロッパの国々にとって羨望と賞賛の的だったにちがいない。■

わがキリストの民が
敵を打ち倒さんことを
グラナダ陥落（1492年）

背景

キーワード
レコンキスタ

前史

722年 ペラーヨがスペイン北部のアストゥリアスでイスラム軍を破る。

1031年 中央集権的カリフ体制を敷くコルドバの後ウマイヤ朝が終わる。アル＝アンダルス（イベリア半島一帯）はいくつかの小国に分裂する。

1212年 ナバス・デ・トロサの戦いで、キリスト教徒がムワッヒド朝のカリフに勝利する。

1248年 カスティーリャのフェルナンド3世がセビーリャのイスラム軍を破る。

後史

1492年 フェルナンドとイサベルの両王が、カスティーリャとアラゴンからのユダヤ人排斥を布告する。

1497年 スペイン人が北アフリカ沿岸のメリリャを占領する。

1502年 スペイン残留のイスラム教徒がすべて追放される。

1568年～71年 キリスト教に改宗したイスラム教徒が弾圧的な支配に立ちあがり、アルプハラで反乱を起こす。

1492年1月2日の夜半、イスラム教徒のグラナダの首長アブー＝アブドゥッラーは、スペインのキリスト教国アラゴンとカスティーリャの共同統治者であるフェルナンドとイサベルの両王に市の鍵を渡した。これにより、800年近くつづいたイベリア半島でのイスラムの支配は終わりを告げ、壮麗な建築で知られる偉大な文明と栄えある学問の伝統は影をひそめた。同時にそれは、自信に満ちたスペインという統一国家の誕生でもあり、まもなくこの国は周辺のイスラム諸国へ十字軍を送り出すのではなく、海の向こうに新世界の帝国を築くことに力を注ぐことになる。

キリスト教徒の征服地

イスラムのスペイン（アル＝アンダルス）がはじまるのは、711年の西ゴート王国の滅亡からである。抵抗するキリスト教徒の一派が北部のアストゥリアスで生き延びたが、カスティーリャ、アラゴン、レオン、ナバラの王国が力を蓄えて徐々にイスラムの地へ南下するまでには数世紀を要した。レコンキスタ（国土回復運動）と呼ばれるこの緩慢な再征服は11世紀にはいって速度を増し、イスラム支配地域は数多くの競合する首長国（タイファ）に分かれたうえに、戦略的に重要なスペインの中心都市トレドを1085年失った。

西ヨーロッパで盛りあがった十字軍への情熱も、レコンキスタの進展に拍車をかけた。14世紀半ばから、スペインのイスラム教徒（ムーア人）を追い払うために公式の十字軍遠征が何度か宣言されて好戦的な風潮が生まれ、アル＝アンダルスへの侵攻を正義とする機運が高まった。サンティアゴやアルカンタラなどの

多くの都市や町があり、
これほどふんだんな土地に
恵まれた王国。神が両王に
譲り渡したくないはずがあろうか。
アンドレ・ベルナルデス
セビーリャの大司教（1450年～1513年）

中世の世界 129

参照　バグダードの建設 86-93　■　エルサレム陥落 106-07　■　コンスタンティノープルの陥落 138-41　■
クリストファー・コロンブスのアメリカ大陸到達 142-47　■　トルデシリャス条約 148-51

```
┌─────────────────┐  ┌─────────────────┐  ┌─────────────────┐
│ コルドバのカリフの  │  │ キリスト教徒がイスラム │  │ アラゴンとカスティーリャ │
│ 支配が崩壊してイス  │  │ 教徒から土地と財産を  │  │ の連合王国が成立し、   │
│ ラム教国が衰退する。│  │ 略奪して富を蓄える。  │  │ キリスト教国の内紛が終わる。│
└────────┬────────┘  └────────┬────────┘  └────────┬────────┘
         │                    │                    │
         ▼                    ▼                    ▼
┌──────────────────────────────────────────────────────────────┐
│ キリスト教国の豊富な資力と強い結束のおかげでレコンキスタは盛りあがり、│
│ カスティーリャとアラゴンの連合軍によるグラナダ陥落で頂点を迎える。  │
└────────┬─────────────────────────────────┬──────────────────┘
         ▼                                 ▼
┌─────────────────────┐          ┌─────────────────────┐
│ ユダヤ人とイスラム教徒が │          │ 統一されたスペイン王国は │
│ スペインから追放される。 │          │ 新世界での国土拡張に力を │
│                     │          │ 振り向ける。          │
└─────────────────────┘          └─────────────────────┘
```

騎士団は12世紀から結成されていた。騎士団はしばしばイスラムの領域を独自に襲撃して莫大な富を蓄え、そのおかげで広範な遠征をしたり、戦争で捕虜になったキリスト教徒の身代金を払ったりできた。そのうえ、イスラム教徒に征服された土地にふたたびキリスト教徒の人口を増やしていった。

「イスラムのスペイン」の終焉(しゅうえん)

ポルトガルでは1249年のアルガルヴェ征服をもってレコンキスタが完了するが、スペインのイスラム教徒は南の勢力にしがみついた。しかし、これも長くはつづかず、1474年にイサベル女王がスペイン北部のカスティーリャの王となった。夫フェルナンドはすでに隣国アラゴンの王であり、両王は南部スペインからイスラム教徒を永遠に追放することに決めた。ふたりの君主が手を結ぶことで、レコンキスタ達成のためにより大きな力を注ぐことが可能になったのである。これは数世紀に渡るキリスト教国の内紛に終止符を打つことにもなり、また、この統合はイスラム勢力の分裂と時期を同じくしていた。1482年から、両王はイベリア半島最後のイスラムの首長国グラナダ征服に

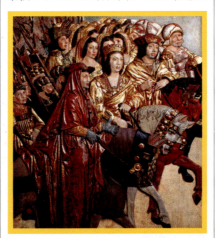

カトリックの君主として有名なフェルナンドとイサベルは、結託して軍事力を行使した結果、スペインにキリスト教信仰を取りもどしてほかの宗教を抑圧し、南北アメリカ大陸を植民地にした。

向け、軍事作戦に乗り出した。町が包囲されてひとつひとつ攻め落とされ、ついに首都グラナダが1492年に降伏した。

グラナダの降伏文書で礼拝の自由が保障されたにもかかわらず、1502年には、キリスト教徒への改宗を拒んだ14歳以上のイスラム教徒は11週間以内にスペインから退去すべしという布告が出た。この発令は10年前のグラナダにおける大がかりなユダヤ人排斥と相まって、スペインをより均質で不寛容な国にし、明確な目標を失った十字軍熱はほかの道を見つけるしかなかった。

クリストファー・コロンブスによる1492年の新世界への探検が――同じ年にグラナダが陥落した――まさにそうしたはけ口となって、スペインは南北アメリカを植民地とし、やがて地球規模の最初の超大国となる。■

予は二十八の文字を新たに定めた
世宗が新たな文字を採り入れる(1443年)

背景

キーワード
朝鮮王朝

前史

918年　高麗が建国される。

1270年　高麗の軍事と行政はモンゴル元王朝の傘下にはいる。

1392年　李成桂が朝鮮王朝を建国する。

1420年　世宗が集賢殿という研究機関を拡大する。

後史

1445年　360巻から成る医学書が書かれる。

1447年　最初のハングル活字本が出版される。

1542年　はじめての私設書院が設けられる。こうした学院が言論の中心となり、新儒学の書物が収集される。

1910年　日本が大韓帝国を併合し、朝鮮最後の統治者を退位させる。

1443年、朝鮮王室の世宗はハングルの創製、すなわち朝鮮語を表す自国の文字を定めたことを発表し、新しい活字を使った出版物の刊行事業に取りかかった。これは朝鮮国王が奨励した数多い方策のひとつで、その狙いは国を安定させていっそう繁栄させることであり、このおかげで朝鮮王朝はその後450年つづいたのである。

朝鮮王朝の台頭

元王朝の朝鮮半島への内政干渉は12世紀後半にはじまり、1368年に明に滅ぼされるまでつづいた。混乱のなかに取り残された高麗の王は、1世紀に及ぶ専制支配の影響をぬぐおうとした。土地の再分配とモンゴル寄りの大臣たちの更迭は内乱を招きかねなかったが、1392年に世宗の祖父で将軍出身の李成桂が立ち、最後の高麗王を退けて王の職務を引き継いだ。これが太祖である。

太祖が真っ先におこなうべきは国の安定を取りもどすことであり、それには新儒学を基本とする思想を普及させること

朝鮮の世宗は世宗大王とも言われ、上流階級以外にも官吏への道を開くことで政治体制に大きな変革をもたらした。

が不可欠だった。この思想は統治者と民を適切な関係にもどし、階級社会の番人たる官僚階級に特権を与えるものだった。高麗王朝は仏教中心のイデオロギーに基づいていたが、太祖は寺院所有の大土地を解体して孔子廟に分配することで、地方に根づいていた仏教を弱体化した。

中世の世界

郷校は儒学の学校で、各地方に作られて、儀礼と学問両方を学ぶ場となった。

新儒学

この時代に主流となった新儒学は、11世紀から12世紀にかけて中国で生まれた。唐や宋初期には道教や仏教が好まれたが、その陰に隠れていた儒教をよみがえらせようと発展したのが新儒学である。これは儒教をより合理的で宗教色のない形にしたものであり、この新しい思想は漢王朝以降儒教に影響を与えてきた迷信や神秘的要素を排している。儒学者朱熹などの著述家は、道徳の重要性、社会の調和を尊ぶこと、万物の根源(太極)、宇宙の根底にある原理を理解するための教育を重視した。しかし実際に新儒教が美徳としたのは、たとえば忠義、意志の強さ、そして宇宙を支配する万物の根源と呼応して至上の君主が国を治めるべきだという考えであり、それらは階層的な官僚国家にとって都合がよく、官僚組織内には注意深く現状維持につとめる学者たちが配されていた。

新儒学は教育に重きを置き、調和のとれた国家運営を着実におこなえるように優秀な知識人階級を育成した。太祖の孫世宗(在位1418年～1450年)はこの指針をさらに推し進めて1420年に集賢殿を拡大し、選りすぐりの20人の学者が、よりすぐれた統治に必要な調査をまかされた。

読み書きの能力を広く浸透させることは新儒学の大事な理念だったので、太祖は前々から国立学校の設立を命じていた。しかし当時の朝鮮では漢字が用いられ、ことばの発音を表すには都合が悪かった。そこで、世宗みずからが簡略化した文字、ハングルを考案したと言われている。その文字の使い方が1446年刊行の『訓民正音』に記された。わずか28個の文字――のちに24個に減った――を覚えるのは中国語を学ぶよりずっと簡単だったが、ハングルの導入は伝統を尊ぶ身分の高い者たちから執拗な抵抗を受けた。それによって他の階層の人々に官吏登用試験への道が開かれ、自分たちの力が弱まることを恐れたからだ。結局、ハングルはあまり使われなくなり、下層階級の卑俗な文字として貶められたが、19世紀になって見なおされ、朝鮮ナショナリズムの媒体として広まった。

それでも太祖と世宗の数々の改革は広く行き渡り、両班階級――国の末長い維持に尽くす上級官僚――を生んだ。また、両班には朝鮮王朝の君主が陥りがちな専制政治を防ぐ役割もあり、そのおかげで王朝は5世紀以上持ちこたえることができたのである。■

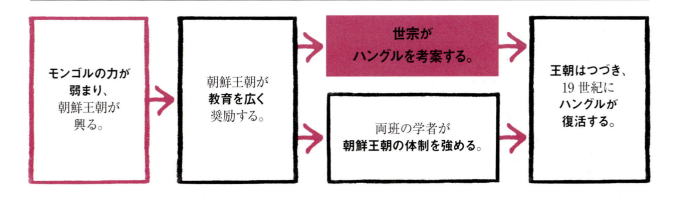

もっと知りたい読者のために

アラブの進軍が
トゥールで阻止される
（732年）

8世紀になると、アラビア半島のイスラム教徒は北アフリカの広範囲を征服してから、ヨーロッパへはいってスペインを手中におさめ、南フランスへと進撃した。イスラム教徒の北進はとどまるところを知らないと思われたが、それも732年にフランクとブルグントの連合軍がトゥールで迎え撃つまでだった。連合軍は勝利をおさめ、アラブの指揮官アブドゥル・ラフマーン・アル・ガーフィキーは戦死した。その後735年から39年にかけて新たな侵攻があったものの、アラブ軍は二度とトゥールより先へ進むことはできなかった。フランク族が西ヨーロッパで力を保ち、ヨーロッパ大陸でキリスト教が信仰の主流でありつづけたのに対し、スペインだけがイスラム教の支配下に置かれた。

ウェセックス王
アルフレッド
（在位871年～99年）

アルフレッド大王はすぐれた統治者であり、デーン人をみごとに撃退した軍事指導者でもある。ウェセックス（南イングランドの中央）の本拠地から領土をひろげ、南部の広い地域を傘下におさめた。要塞を築き、海軍を創設し、教育を奨励したほか、ラテン語の書物を翻訳させて古英語の読み書きの浸透に力を注いだ。アルフレッドは「イギリス人の王」として名を馳せ、いまだデーン人に北東部を押さえられていたときに、キリスト教信仰とイギリスの言語をもとに独自の文化を築いた連合国という意識をはじめて持った君主だと言われている。

ミシシッピ文化の
ひろがり
（900年ごろ）

数千年の昔から、北アメリカ先住民族は祭祀や支配者層の住居に用いる大きな土壇を築き、そのまわりに集まって暮らしていた。こうした共同体はオハイオからミシシッピまでの地域にかぎられていたものの、ミシシッピ文化は北アメリカ東部にまで広く伝播した。彼らはトウモロコシを集約的に栽培し、銅を使用し、階層社会を発達させた。この複雑な文化を正しく評価することが、アメリカ先住民が未開の民族であるという誤りを正し、先住民の文明をより明確に理解するうえでの鍵となっている。

オットー1世が
神聖ローマ皇帝となる
（962年）

ドイツの統治者オットー1世は反乱を鎮圧してドイツ諸侯をひとつにまとめ、マジャール人などの外敵を撃退した。さらに、聖職者をきびしく統制し、教会側に自分の縁戚を送りこむことで統治者とカトリック教会との関係を変えて、王家の力を強固にした。また、北イタリアまで勢力を伸ばして領土をひろげ、それが神聖ローマ帝国となった。この強大な政治権力は——歴代皇帝はヨーロッパのキリスト教圏における世俗の指導者として教皇と力を競った——900年以上にわたってヨーロッパの大部分で優位を占めた。

大シスマ
（1054年）

紀元1000年を迎えるまでの後半の数世紀間、東西教会は数々の意見の不一致をかかえていた。権威の優劣（教皇が東方正教会の総主教より伝統があると主張し、総主教がこれに反論した）、唱えるべき信経、典礼に関する問題。こうした論争が1054年に頂点に達し、教皇レオ9世と総主教ミハイル1世が互いを破門して、大シスマと呼ばれる東西教会の分裂が起こった。現在はカトリック教会と東方正教会に分かれているが、その溝はまったく埋められていない。

ノルマン人の
イギリス征服
（1066年）

1066年、イギリスの懺悔王エドワードが死去したが、エドワードには子がなく、後継者争いが起こった。王座を狙う者のひとりがノルマンディー公ウィリアムで、イギリスに侵攻し、ヘイスティングスの戦いでイギリスを敗退させて王位に就い

た。これがイギリスとヨーロッパ本土との長きにわたるつながりを築き、イギリス王はフランスの土地を所有して、フランス語を話した。ノルマン人は新たな支配階級をもたらし、城や大聖堂を建て、フランス語を語源とする多くの新しいことばで英語を変容させた。このすべてがいまも残る遺産である。

百年戦争
（1337年～1453年）

百年戦争はイギリスとフランスのあいだでつづいた一連の紛争で、エドワード3世がフランスの王位継承権を主張し、フランスのヴァロア朝がこれを拒んだのがはじまりである。戦争が終結するころ、フランス国内のイギリス領は海岸の町カレーとその周辺を残すのみとなった。その結果、イギリスはより大きなヨーロッパ帝国の一翼を担うのをやめ、ヨーロッパとは距離を置く島国となった。フランスはジャンヌ・ダルクの活躍に大いに影響され、より強い国家意識を持ちはじめた。

タンネンベルクの戦い
（1410年）

ポーランドとリトアニアの連合軍は、タンネンベルクの戦いでドイツ騎士団を打ち破った。この騎士団は、もともとは十字軍戦士と巡礼者のために設立されたが、プロイセンとエストニアをはじめとする東ヨーロッパの広範囲を制圧し、バルト海沿岸のスラヴ民族や異教徒を攻撃した。この決定的な戦いで、騎士団の武力行為に終止符が打たれてドイツの東進が終わる一方、ポーランドとリトアニアの連合が東ヨーロッパ随一の国家権力となった。

モンゴルの日本侵攻が撃退される
（1274年、1281年）

13世紀後半、モンゴルはフビライ・ハーンの治世下で絶頂期にあった。中央アジアの本拠地を東へ移し、中国を支配していた。1274年と1281年、モンゴルは日本を征服するため、軍隊に海を渡らせた。襲撃は2度とも失敗に終わったが、原因のひとつはモンゴルの船団が台風に遭ったからで、日本人はこれを「神風」と呼んでいる。この敗北により、モンゴルは侵攻をあきらめ、日本を独立した強国、他国の介入や影響に振りまわされない国と判断するようになった。

スコットランドがバノックバーンで独立を守る
（1314年）

スコットランドのバノックバーンの戦いは、イングランドとスコットランド間でつづいていた衝突のなかでも特に有名な戦闘である。ロバート・ブルース王率いるスコットランド軍は数のうえで圧倒されていたにもかかわらず、イングランド軍とエドワード2世を惨敗に追いこんだ。これを機にブルースはスコットランド全土を掌握し、引きつづきイングランド北部を急襲した。戦争は数十年に及んだすえ、スコットランドは1707年まで独立を維持した。バノックバーンの戦いは全面的な勝利だったので、いまでもスコットランド史の重要な出来事とされ、多くのスコットランド人が熱望するイギリスからの独立を象徴している。

タマレインの征服
（1370年～1405年）

タマレインという名でも知られるティムールは、遊牧民モンゴルの最後の偉大な征服者である。フビライ・ハーンの大帝国を復活させようと、ヨーロッパとアジア、インド北部からアナトリアやロシアまで広く遠征した。14世紀の終わりまでにペルシア、イラク、シリア、アフガニスタン、ロシア東部を征服して、1398年にデリーを壊滅し、1405年に中国に向けて進軍したが、行軍中に没した。ティムール帝国は長くつづかず、騎馬戦を基本とするモンゴルの戦術は、15世紀に急速に普及した銃火器に太刀打ちできなかった。

フス戦争
（1415年～34年）

フス派は宗教改革者ヤン・フスに傾倒する一派で、ボヘミア（現在のチェコ共和国、当時はオーストリアのハプスブルク帝国の一部）のプロテスタントの先駆けであり、独自の礼拝の自由を求めてカトリックの支配者と戦った。フスが異端者として1415年に処刑され、一連の紛争の火蓋が切られたが、結局フス派の敗北に終わった。カトリックのハプスブルクの支配がつづいたものの、ボヘミアの人々の大半はプロテスタントの信仰を守りつづけた。1618年のカトリックの支配者への反乱は三十年戦争の引き金となり、ボヘミアのプロテスタントはふたたび打ち負かされた。

近世の時代
1420年～1795年

はじめに

ブルネレスキがフィレンツェ大聖堂のドームのために革新的な設計を発表し、**ルネサンスのはじまり**の象徴となる。

クリストファー・コロンブスがアメリカに到達して、**ヨーロッパの貿易と植民地化**時代が幕をあけ、南北アメリカ大陸の生態環境が一変する。

マルティン・ルターがカトリック教会に対して95か条の論題を発表したことから**宗教改革**が起こり、**プロテスタント**の誕生につながる。

日本では、関ヶ原の戦いを経て、江戸時代が到来する。天下が**統一**されて**安定**したことで芸術が開花した時代である。

↑ **1420年**　　↑ **1492年**　　↑ **1517年**　　↑ **1603年**

1453年　　**1494年**　　**1556年**　　**1618年**

オスマン軍が**コンスタンティノープル**を征服してビザンツ帝国を滅亡させ、その地に**イスラム系国家の首都**を新たに建設する。

スペインとポルトガルが**トルデシリャス条約**に調印し、両国が**アメリカ**で新たに征服した**土地**の分割方式を取り決める。

アクバルが**インドのムガル帝国**の君主となる。ペルシアとインドの芸術が融合して独自の様式を生み出す。

プロテスタントとカトリックのあいだの**宗教的な緊張関係**がプラハ窓外放出事件でひとつの山場を迎え、その後**三十年戦争**が勃発する。

現代から振り返ってみれば、世界の動向が当時と現在とではまったく異なる見え方になるのは当然のことだが、15世紀から、16世紀、17世紀を経て18世紀までの近世ほど、その差が極端に大きい時代はない。現代ではこの期間を、ヨーロッパが世界征服に向かってのぼりつめていった時代と見ることが多いが、当時を生きていたヨーロッパの人々の大半にとっては、前代未聞の災厄ばかりがつづいた時代だった。キリスト教界の統一性は宗教改革によって分断され、カトリックとプロテスタントの宗派間の対立が王朝間の権力争いと結びつき、ヨーロッパは頻繁に戦場と化して、みずから大地を引き裂くこととなった。一方、イスラム教のオスマン帝国軍は、ビザンツの帝都コンスタンティノープルの征服と、2度のウィーン侵攻で、ヨーロッパの中核を脅した。

それでも歴史を振り返ると、ヨーロッパ諸国を現在の社会の創設者に仕立てた数々の変化が進行中だったことがよくわかる。ルネサンス期における芸術や観念の開花は、ヨーロッパがもはや文化の沈滞した土地ではないことを示した。中国で発明された印刷と製紙技術はヨーロッパで書物の量産に用いられ、やがて情報伝達の手法を根底から覆すことになった。火薬兵器も中国で発明されたもので、これもヨーロッパの陸軍や海軍が最も効果的に活用した。何にもまして重要なのは、西ヨーロッパの海洋国家から出帆した探検家や船乗りたちが海洋の貿易ルートを確立して、最初の世界経済の基礎を築いたことである。

植民地政策の開始

1492年のクリストファー・コロンブスの大西洋横断航海には、きわだって大きな意義がある。およそ1万年にわたって独自の進化をとげていたふたつの完全な生態系を恒久的に結びつけたからだ。アメリカ大陸の先住民が受けた最初の影響は壊滅的なものだった。ユーラシアからもたらされた病気とスペインのコンキスタドール（征服者）たちの恥ずべき蛮行によって、人口は激減した。ヨーロッパ列強は新大陸全体を植民地化と搾取の対象と見るようになった。

一方、ヨーロッパの船がアジアに到達

近世の時代 137

1620年 — イギリス国教会の**分離派**（巡礼始祖）が、新たな人生を求めてメイフラワー号で出帆する。**北アメリカに植民地を**創建する。

1660年 — イギリスで王立アフリカ冒険商人会社が設立される。アメリカ大陸で売るために**奴隷**が西アフリカの海岸から**連れ出される**。

1703年 — ピョートル大帝がバルト海沿岸に**サンクトペテルブルク**を創建し、ヨーロッパ諸国にならって**近代化政策**を推し進める。

1759年 — ケベックの戦いによって、**カナダでのフランスの支配が終焉する**。ヨーロッパのおもな国家を巻きこんだ七年戦争の一部でもある。

1649年 — ピューリタン革命がチャールズ1世の**処刑**で**頂点に達する**。イギリスはそれからの**11年間共和政体**となる。

1687年 — アイザック・ニュートンが**数学と論理**によって証明した**万有引力の法則**を発表し、啓蒙主義の道を開く。

1751年 — ディドロらが3つの知識体系に基づいて編纂した『百科全書』の第1巻が発行される。**啓蒙主義の合理的な考え方**がまとめあげられている。

1768年 — キャプテン・クックが最初の航海に**出帆する**。クックは**ニュージーランド**の海岸線の地図を作成し、**オーストラリア南東部**をイギリスが領有することを宣言する。

しても、アメリカ大陸のように劇的な影響は及ぼさなかった。中国王朝、ムガル帝国、日本をはじめとする強力な国家は、当初はヨーロッパ人を単なる貿易相手と考え、国政に干渉しないという条件で、沿岸沿いにある島や飛び地での貿易を許容したにすぎなかった。

経済の成長

ヨーロッパでは17世紀後半からしだいに経済成長の兆しが見えてきた。貿易と農業における労働生産性は、ネーデルラント（オランダ）のような地域で著しく増加した。中央銀行や株式会社などの新たな金融機関が、近代資本主義の基礎を築いた。アメリカ大陸にあるヨーロッパ諸国の植民地、そしてヨーロッパ本土とアジアのあいだには、複雑な貿易ネットワークが確立された。ヨーロッパの商人がおもに西アフリカで買いつけた奴隷は、植民地のプランテーションの労働力として膨大な数が輸送された。そのため、新大陸のいくつかの地域では、アフリカ系の人口がヨーロッパ系や先住民を大きく上まわることとなった。ヨーロッパ本国では、人々は中国やインドからの高級品や、カリブ海やブラジルの農園で作られた砂糖やコーヒーなどを消費した。北アメリカ、西インド諸島、インドでは、植民地抗争が絶え間なくつづいた。ムガル帝国の急激な衰退によって、インドは一部の領土をヨーロッパに占領された。

知識と思考の発達

中国は、明から清へと王朝が移行する17世紀半ばに困難な時期を経験したが、18世紀には権力と繁栄の黄金時代を享受していた。ヨーロッパの人口は、食料生産の改善と伝染病流行の減少によって、かつてない水準へと高まりはじめていたが、中国もまた急速な人口増加を経験した。

この時代のヨーロッパに特有だったのは、知識と思考の発達である。17世紀の科学革命によって、人類の宇宙に対する理解が一気に加速した。啓蒙主義として知られる理性を重んじる思潮が、さまざまな偏見や伝統や慣習に挑んだ。この時代のヨーロッパ人の意識のなかで、現代に通じる社会のあり方が着々と構築されつつあった。■

わが都の陥落とともに、われも死なん
コンスタンティノープルの陥落（1453年）

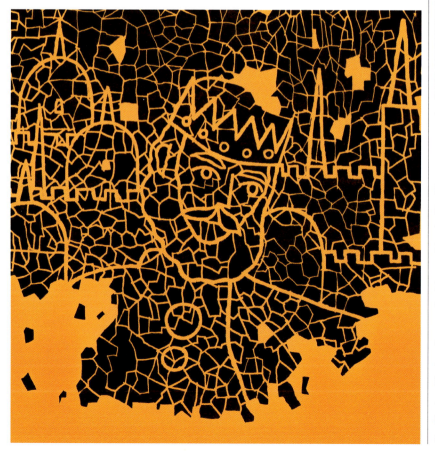

背景

キーワード
オスマン帝国

前史
1071年 トルコ軍がマンジケルトの戦いでビザンツ帝国に痛烈な敗北を負わせる。

1389年 オスマン軍がコソヴォのセルビア軍を倒して、オスマン朝のヨーロッパ進出を可能にする。

1421年 ムラト2世がオスマン朝の皇帝に即位し、征服による領土拡大を計画する。

後史
1517年 オスマン軍がマムルーク朝エジプトを征服する。

1571年 オスマン艦隊がレパントの海戦で敗れる。

1922年 オスマン帝国の滅亡にともない、現在のトルコ共和国が成立する。

1453年、オスマン帝国軍がビザンツ帝国の首都コンスタンティノープルを攻め落とした。かつては地中海周辺のほぼ全域にひろがり、1,000年にわたってつづいたキリスト教帝国の滅亡は、キリスト教界に大きな衝撃を与えた。その勝利を象徴するかのように、キリスト教圏でも有数のすばらしい教会であった聖ソフィア大聖堂が、イスラム教のモスクに転用された。

スルタンのメフメト2世（1432年～81年）がこの都市を包囲して砲撃を開始する前から、オスマン帝国は周辺地域の大部分を征服していた。8万を超えるメフメト2世の軍隊は城壁を突破して、市中に残ったわずかな軍勢を圧倒した。最後のビザンツ皇帝コンスタンティヌス11世

近世の時代 139

参照 ベリサリウスによるローマ奪還 76-77 ■ ムハンマドが神の啓示を受ける 78-81 ■ バグダードの建設 86-93 ■ エルサレム陥落 106-07 ■ 青年トルコ革命 260-61

は殺害され、都の陥落とともにビザンツ帝国は滅亡した。その後、コンスタンティノープルはオスマン帝国の首都となり、1922年まで存続した。

帝国の弱体化

コンスタンティノープルが征服されるより前から、ビザンツ帝国はすでに末期状態にあった。その領土は、帝都およびその西側の一部地域と、ギリシア南部のみを残すまでに縮小していた。衰退は、マラズギルトの戦い（1071年）でトルコのセルジューク朝の軍隊が要地アナトリアでビザンツ帝国軍を撃退したときからはじまった。このときから、セルジューク朝による王位の要求、税をめぐる紛争、貿易収入の損失、軍事統率力の乏しさといった数々の要因が帝国を衰退させることとなった。

1203年、本来はエルサレム奪還をめざす西ヨーロッパ諸国の遠征軍である第4回十字軍は、ビザンツ帝国の政争に巻きこまれていった。十字軍遠征支援と引き換えに、退位したビザンツ皇帝イサキオス2世アンゲロスの復位に助力すること

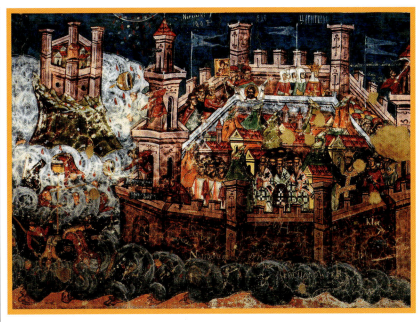

を、指揮官の一部が約束したのである。当初の成果は上々であり、アンゲロスの息子は父とともに共同皇帝として即位した。だが、1204年にこんどは自分が民衆の反乱によって退位させられた。ビザンツ元老院は皇帝にニコラオス・カナボスという青年貴族を選出し、この皇帝は十字軍への支援を拒絶した。約束の献納金を得られなかった十字軍とその同盟国ヴェネツィアは、報復としてコンスタンティノープルに無慈悲な攻撃を仕掛けた。民間人は暴行や殺害をされ、教会は略奪され、貴重な芸術作品は破壊された。コンスタンティノープルは叩きつぶされたも同然となった。

オスマン帝国の台頭

コンスタンティノープルを攻め落とす前から、オスマン帝国はアナトリアからバルカン半島へ領土を拡大していた。その後の16世紀には、東地中海や紅海に通じる沿岸部、また北アフリカにまで支

火の点いた灯心が城壁4マイルに沿って配された数えきれないほどの大砲に着火したとき、世界初の一斉砲撃が轟音とともにはじまった。

配地域をひろげる。1517年にエジプトのマムルーク朝を滅ぼし、またペルシア屈指の王朝サファヴィー朝と戦いを重ねることによって、オスマン帝国は中東において現在のイラク全域の支配権を掌握していった。

オスマン帝国はイスラム教徒の国家であり、歴代のスルタンはイスラムの教えを広めることを自身の義務と見なしていた。それでもキリスト教徒とユダヤ人を従属的な身分として容認し、また奴隷を大いに活用した。領土内では多くの言語が話され、複数の信仰が共存していたが、一部の地域を属国とすることで、宗教と政治の相違が紛争へ発展する懸念を消していった。トランシルヴァニア、クリミア半島などの地域は、皇帝に対して定期的に貢納金をおさめていたが、直轄地で

>
> 突然の嵐のあと、
> 側溝を流れる雨水さながらに
> ［血が流れた］。
> **ニコロ・バルバロ**
> コンスタンティノープル滅亡の目撃者
> （1453年）
>

はなく、イスラム教徒とキリスト教徒の緩衝地帯の役目を果たしていた。ブルガリア、セルビア、ボスニアなどいくつかの属国は、最終的に強大な帝国に吸収され、そのほかは属国の地位を維持した。

政府と軍隊

オスマン帝国は中央集権支配と地方行政を組み合わせた強力な統治システムを作りあげた。スルタンは最高支配者であり、即位すると同時にその兄弟は慣例によって殺害された。スルタンは御前会議を主催していたが、後に大宰相が代理で主催するようになった。地方の各地域はスルタンの包括的な支配のもとに軍政官（ベイ）により統治され、その権限は地方行政官によって精査された。

帝国内の非イスラム系諸民族の共同体では、個別の裁判権を有するミレットと呼ばれる宗教に基づく行政組織を構築し、そこでは一定の自治権が認められていた。ミレットは、アルメニア人、ユダヤ人、キリスト教正教徒のコミュニティに対し、イスラム教徒がかかわっていない場合には独自の戒律に従って統治を許可するというものである。こうした中央組織と地方統治の組み合わせにより、オスマン帝国は完全な中央集権国家ではとうてい不可能なほどの長きにわたって、広大で多様な国家を維持しつづけることができた。

イェニチェリは独特な制服を身につけ、諸外国の軍隊とは異なって、給料を支払われて兵舎で寝起きしていた。銃器を広く利用した最初の部隊である。

帝国の成功にとっては、軍隊もきわめて重要だった。コンスタンティノープル包囲の折に採り入れた大砲などの技術がすぐれていて、戦術も洗練されていた。スピードを誇る騎兵隊は、退却と見せかけて三日月形に再編成して敵を包囲し、破壊力抜群の側面攻撃を仕掛けて敵の意表を突いた。

軍の中核を成すイェニチェリは、もとは近衛兵として創設された歩兵連隊だったが、この時代で最も恐れられた精鋭部隊となるまでに発展した。はじめのころは、イェニチェリは幼少時にバルカン半島のキリスト教徒の家庭から強制的に徴用された少年たちによって構成されていた。「血税」または「血の捧げ物」としても知られていたデヴシルメの制度によって、オスマン軍は8歳から18歳の少年を連れ去って強制的にイスラム教へ改宗させ、トルコ人家庭へ送ってトルコ語や習慣を学ばせた。その後はきびしい軍事訓練を課し、特別な才能が見られた者には射手から技師まで多岐にわたる専門的な役割を与えた。

イェニチェリは退役するまで結婚は許されなかったが、支配者への唯一絶対の忠誠心が揺るがないように、特別な恩恵

メフメト2世

メフメト（1432年～81年）は、オスマン皇帝ムラト2世の息子としてトルコのエディルネで生まれた。オスマン帝国の帝位継承者の慣例として、イスラムの教育を受け、11歳のとき、統治者としての経験を身につけるためにアマスィヤ県の知事に任命された。1年後、息子をつぎの皇帝に指名したムラトはスルタンの座を退いたが、ほどなく、軍事支援をおこなうべくアナトリアで復位した。メフメトのつぎのような記述が残っている。「あなたがスルタンならば、自軍を指揮するためにおもどりください。わたしがスルタンならば、わが軍を率いるために馳せ参じることを命じる」。メフメトの2度目の本格的な統治は1451年から81年まで長期に及んだ。コンスタンティノープルでの勝利につづき、モレア（南ギリシア）、セルビア、黒海沿岸、ワラキア、ボスニア、クリミア半島の一部を征服し、領土を拡大していった。また、オスマン帝国の首都としてコンスタンティノープルを再建してモスクを建設し、同時にキリスト教徒とユダヤ教徒に信仰の自由を与えた。無慈悲な軍事指揮がよく知られていたが、首都に人文学者を迎え入れて文化を奨励し、大学を設立するという一面もあった。

近世の時代 **141**

自然を模した文様がコバルトブルーとクロムグリーンで彩られ、イスラムの飾り文字を囲むイズニック産の壁タイルは、トルコ美術古典期にトプカプ宮殿のために制作された。

や名誉が与えられた。イェニチェリは数の面では軍隊の小さな割合を占めていたにすぎないが、主導的な役割を担い、エジプト、ハンガリー、コンスタンティノープルをはじめとするさまざまな相手との戦いで勝利に大きく貢献した。

オスマン帝国の全盛期

オスマン帝国は、壮麗王スレイマン1世の時代に最盛期を迎えた。スレイマン1世は、神聖ローマ帝国を支配していたハプスブルク家に対抗するべく、フランスとの同盟に漕ぎつけた。また、ペルシアのサファヴィー朝との条約に調印して、アルメニアとジョージア（グルジア）を両国間で分割する取り決めを締結し、イラクの大部分をオスマン帝国の手中におさめた。さらには、ハンガリーの大部分を征服し、ウィーンを包囲までしたものの、そこを占領するには至らなかった。

オスマン帝国はイスラム信仰を各地の領土へ持ちこみ、つぎつぎとモスクを建設した——そしてモスクとともに学問と教育をもたらした。オスマン帝国の都市は、どれも強烈な印象を与えた。コンスタンティノープルはほぼ復興され、オスマンの人々は防備を強化し、また多くのモスクや噴水なども建設してバザールも整備した。都市の目玉というべき絢爛なトプカプ宮殿は、1460年代ごろにスルタンのメフメト2世の命によって建造された。宮殿を永遠に朽ち果てぬ壮大な宮殿にするために、石工、石切り工、大工らが津々浦々から集められた。宮殿には、モスクや病院やパン屋などのほかに造幣所が置かれ、また芸術家や職人が集う宮廷工房があって帝国の代表作となる芸術作品をいくつも生み出した。

ゆるやかな衰退

文化の開花期はスレイマンの死後もつづいたが、そのほかの分野では深刻な課題に直面していた。人口増加によって居住可能な土地が減り、いくつかの軍事的脅威と内乱に悩まされた。そして1571年のレパントの海戦でカトリック連合軍に敗北したことで、帝国はヨーロッパ側の地中海沿岸への進出を封じられた。

オスマン帝国の威信と影響力は着実に失われ、その凋落ぶりは「ヨーロッパの病人」と呼称されるほどだった。激動の19世紀に対応できなかったオスマン帝国は領土を失い、国内の異民族から湧き起こった民族意識に苦しめられた。その長い歴史は、第1次世界大戦での敗北と、ケマル・アタテュルクによって築かれた近代トルコ国家の建設とともに終わりを告げた。■

太陽の光を追って
われわれは
旧世界を発った

クリストファー・コロンブスの
アメリカ大陸到達（1492年）

144 クリストファー・コロンブスのアメリカ大陸到達

背景

キーワード
発見の航海

前史
1431年　ポルトガルの航海士ゴンサロ・ヴェーリョが、アソレス諸島の探検航海に出帆する。

1488年　バルトロメウ・ディアスが喜望峰に到達し、アフリカの南方をまわる航路を発見する。

1492年　スペインのフェルナンド王とイサベル女王がコロンブスの航海の支援に同意する。

後史
1498年　ヴァスコ・ダ・ガマの艦隊がインドのカリカットに到着する。

1499年ごろ　イタリアの探検家アメリゴ・ヴェスプッチがアマゾンの河口を発見する。

1522年　フェルディナンド・マゼラン率いるスペインの探検隊が東インドをめざして1519年に出発し、1522年に史上初の地球一周航海を成しとげる。

ヨーロッパ人が**アジア産の香辛料**などの高級品を**嗜好**するようになる。

↓

アジアへ向かう**陸路**は危険に満ち、**オスマン帝国**によって**遮断**されている。

ポルトガル人が**インド洋**横断の海路を探索する。

グラナダ陥落後、**スペインの宗教への熱意**が外へ向かう。

↓

スペイン王室が、**大西洋**を横断して**アジア**へ到達できそうな**遠征を支援**する。

↓

コロンブスがアジアをめざして大西洋を西へ出帆するが、アジアではなくアメリカ大陸に到達する。

イタリア生まれのジェノヴァの航海士であり、商人でもあったクリストファー・コロンブス（1451年ごろ〜1506年）は、1492年に航海に出た。それは永続的につづくアメリカとヨーロッパの交流のはじまりであり、世界を変える船出だった。

当時のヨーロッパでは、正確な地形が理解されていなかったため、出発当時のコロンブスはアジアにたどり着けるものと考えていた。2か月以上の航海のすえにバハマ諸島の一角にたどり着いたとき、コロンブスはインドネシアの外縁に到達したと信じていた。そこからカリブ海を探検し、キューバ島やエスパニョーラ島など付近の島々を訪れた。先住民の反応はおおむね平和的なものだったため、コロンブスは彼らがよく働く使用人や奴隷になるだろうと考えた。また、人々が身につけていた金の装身具にも目を留めて、現地の金のサンプルを採取し、現地で捕らえた数名の先住民とともにヨーロッパへもどった。

コロンブスはこのあと3度カリブ海を航行し、その後ヨーロッパから大量の訪問者と入植者を引き入れることになった。

探検の動機

西ヨーロッパの為政者や商人たちは、おもに経済面の理由から大西洋探索を望んでいた。シナモン、クローブ、ジンジャー、ナツメグ、コショウなどのヨーロッパの気候で育たない香辛料は、その風味ゆえだけでなく、食料保存にも役立つことから珍重された。また、絹や宝石といった高級品、さらにはモルッカ諸島をはじめとするインドネシアの群島から運ばれてくる品々に対する需要が高まっていた。モルッカ諸島はヨーロッパでは香料諸島として知られていた。

このような物資をアジア大陸を横断して陸路で運搬することは、経路沿いの地域で内紛が起こったり情勢が不安定だったりで、困難と危険をともなった。そのうえ物資の運搬には多くの商人が仲介することから、費用もかさんだ。航路開拓に絶好の経済的理由があるのは明らかだった。仲介者を極力減らして西ヨーロッパへ物資を輸入する手立てを見つけた者

近世の時代

参照 リンディスファーン修道院へのヴァイキングの襲撃 94-95 ■ トルデシリャス条約 148-51 ■ コロンブス交換 158-59 ■ メイフラワー号の航海 172-73 ■ 王立アフリカ冒険商人会社の設立 176-79

が、巨万の富を得ることになる。

中世後期にヨーロッパ人が新航路を探索しはじめたもうひとつの理由は、アジアにヨーロッパの植民地を設立する可能性を調査することだった。それらは交易の場としてだけでなく、地域の人々をキリスト教へ改宗させる宣教師の拠点としての機能も果たしえたからだ。また、イスラム国家の迫りくる脅威を減じることにも役立つだろうと考えられていた。

14世紀から15世紀にかけて、スペイン、ポルトガル、イギリス、オランダは外洋船を開発し、長距離を航行できるように船員を訓練した。探検家たちはさまざまな種類の船を利用したが、最も好まれたのがキャラベル船である。速くて軽く、きわめて操作しやすいこの船の帆は、横帆とラテン帆（大三角帆）を組み合わせて張られるのが一般的だった。ラテン帆によって船は風上へ帆走できるので、変わりやすい風況下でも前進できるようになった。探検家たちはキャラック船またはナオとも呼ばれる大型船も利用していた。コロンブスの最初の大西洋横断航海に使われたのは、50トンから70トン程度のキャラベル船2隻と、およそ100トンのキャラック船1隻だった。

この当時、造船技術と航海術の両方が急速に発展した。船員は直角器や、後年には航海用アストロラーベ（方位測定器）を使って船の緯度を計算した。方角の測定には磁気コンパスを使い、航海に出るたびに船員の海図と海流の知識は向上していった。

ポルトガルの海洋探検家

ヨーロッパの海洋探検家たちは、コロンブスの数十年前から大西洋へ出帆していた。たとえば、イギリスのブリストルの船乗りたちは、「ブラジル」と呼ばれる神秘の島がアイルランド西沖にあると考え、多くが1470年代にブリストル港から探検に出発した。ポルトガルはマデイラ諸島に貿易の拠点として植民地を設置し、ポルトガル王ジョアン1世の息子のエンリケ航海王子は15世紀にアソレス諸島の探索航海を多数支援した。エンリケは1418年ごろにポルトガルのサグレシュ

> ジパング島を発見できるかどうか、行ってたしかめたいと思います。
>
> **クリストファー・コロンブス**
> （1492年）

に天文台と世界初の航海学校を創設し、航海術や海図製作技術や科学の研究を奨励した。また、奴隷と金の貿易の将来性にことさらの魅力を感じて、アフリカの西岸へ船を派遣した。船は交易の拠点を設置しながら西岸を南下していった。後続の統治者たちも引きつづき航海を支援し、1488年にポルトガル人のバルトロメウ・ディアス隊長がアフリカの最南端に到達した。しばらくして、同じポルトガル人のヴァスコ・ダ・ガマが喜望峰をまわってインド洋を突き進み、海路では

クリストファー・コロンブス

ジェノヴァで生まれたとされるクリストファー・コロンブスは、その地のいくつかの有力な商家に雇われ、代理でヨーロッパやアフリカ沿岸での貿易航海をおこなった。

コロンブスは、当初の航路をたどってアメリカ大陸への2度目の航海をおこない、その過程で大小アンティル諸島を探検して、現在はドミニカ共和国の一部であるラ・イサベラに植民地を建設した。3度目の航海（1498年～1500年）では、カリブ海のイスパニョーラ島とトリニダード島を訪れた。そこで南米の沿岸を発見し、オリノコ川の規模から巨大な大陸を発見したと推測した。このあいだに、カリブ海植民地の運営方法に入植者が王室へ不平を申し立て、コロンブスは総督の任を解かれた。

最後の遠征（1502年～04年）では、インド洋へつづく海峡を発見したいという望みを持って中央アメリカ沿岸を航海した。スペインに帰還したときには健康を害していて、約束されていた名声も恩恵も得ていないと失意し、しだいに精神状態も悪化していった。コロンブスは1506年に死去した。

146 クリストファー・コロンブスのアメリカ大陸到達

じめてヨーロッパとアジアを結んだ。

ポルトガルがアフリカ沿岸の海路を支配していたので、東洋の豊かな資源を入手するためには、ヨーロッパの近隣国、特にライバル国スペインは代替の経路を探さなくてはならなかった。このころ、教養人のあいだで地球がまるいことは知られていたものの、アメリカ大陸の存在は知られていなかった。したがって、別の経路で東をめざすのであれば、大西洋を西へ向かっていけばよいと考えられていた。この航路が多くの船乗りにとって魅力的に見えたのは、だれもが地球の直径を実際よりもはるかに小さく見積もっていたからだった。

支援者を求めて

コロンブスはポルトガル王ジョアン2世に対し、1485年に大西洋を横断して香料諸島へ航海する計画を提案した。だが、ジョアン2世はその計画への出資に応じなかった。ひとつには、ポルトガルはすでに西アフリカ沿岸の探索に成功した実績があり、さらにコロンブスの提案について王が意見を求めた専門家たちが懐疑的だったこともあった。

コロンブスは支援者を求めて国外へも目を向け、ジェノヴァやヴェネツィアなどの海運都市国家へ打診したり、弟をイギリスに派遣したりしたが、吉報は得られずじまいだった。そこで頼ったのが、共同でスペインを統治していたアラゴン王フェルナンドとカスティーリャ女王イサベルの「カトリック両王」である。両王が相談した航海の専門家たちも、コロンブスの提案に懐疑的だったことから、当初はふたりも拒絶したが、長い交渉のすえに支援に合意した。新たな貿易ルートを確保することが金銭的な見返りをもたらすのはたしかだが、イサベル女王は宗教的使命の観点からも、この航海が東洋にキリスト教の光明をもたらしうると考えた。

> そのように残酷で暴虐な行為がなされていた……人間の仕打ちとはあまりにもかけ離れている行為は、いま書きながらも身の毛がよだつ。

バルトロメ・デ・ラス・カサス
スペインの歴史家（1527年ごろ）

コロンブスの航海は大胆な企てだった。世界が球形をしていることはおおむね認知されていたものの、西方への旅は失敗する運命にあると多くが信じ、乗船員は陸地に到達する前に渇きで死ぬと恐れられていた。

スタート

アメリカへの船旅は往復で、1492年8月3日から1493年3月15日まで、7か月かかった。

1492年8月3日、コロンブスがニーニャ号、ピンタ号、サンタ・マリア号の3隻の船でスペインを出発した。

乗組員は、ニーニャ号20名、ピンタ号26名、サンタ・マリア号41名の合計87名。

船内の食料は、酢、オリーブ油、ワイン、塩分を加えた小麦粉、ビスケット、乾燥豆類、イワシの塩漬けなど。

コロンブスの計算では、アジアはスペインから2,400マイル行ったところにあった。実際には約12,200マイル離れていた。

1492年10月12日、船はついにバハマに到達した。

ゴール

コロンブスは1492年にエスパニョーラ島を発見したが、その直後に旗艦船が座礁した。1493年にその付近に建設されたラ・イサベラは、アメリカ大陸で存続した最古のヨーロッパ入植地である。

コロンブスの西方航海

　スペイン領とした土地の副王と総督の地位や、土地が生み出す収入の10パーセントを取得する特権などを承認され、コロンブスは1492年に西方へ出航した。船は西へ向かう前にグラン・カナリア島に停泊した。つぎに陸地を目にするのは、この5週間後となる。1493年のはじめに、コロンブスは2隻の船でヨーロッパへ帰還し（3隻目は現在のハイチ沖で難破した）、到達した西インド諸島の島々の総督に正式に任命された。

　コロンブスの2度目の航海は、そのわずか数か月後に編成された。この遠征には、およそ1,200人を乗せた船団17隻が参加した。入植者のなかには、農民や兵士のほかに聖職者もいて、現地の人々をキリスト教へ改宗するという具体的な任務を担っていた。やがて改宗事業はヨーロッパによる植民地支配において重要な意味を持つようになったが、この点からも、新たに植民地にした地域の人々に対して自国の文化を強制し、支配力を発揮

> これまで通ってきた東の陸路ではなく、西方から赴くようにと仰せつかりました。
> **クリストファー・コロンブス**
> （1492年）

していこうとする宗主国側の野心がうかがえる。

　1492年のコロンブスの功績は、ヨーロッパによるアメリカ大陸の「発見」と説明されることが多い。この主張に問題があるのは、コロンブス自身がアジアに到達したと思いこんでいたことだけではなく、その500年前に北欧のヴァイキングがすでに北アメリカに到達していたことにもよる――カナダのニューファンドランド島にある考古遺跡ランス・オ・メドーの資料から、ヴァイキングがその地に入植したことが明らかになっている。だが、ヴァイキングの入植は長くつづきせず、コロンブスとその同時代の人々には知られていなかった。

　それでも、コロンブスの1492年の航海がアメリカとヨーロッパの恒久的な結びつきの発端となったのはまちがいない。コロンブスと部下の乗組員たちは、アメリカ近海に到達してからというもの、出会う西インド諸島の先住民に対して無慈悲に虐殺した。そこから1世紀にわたって、アメリカの先住民族の人口が激減することになる道程がはじまった。■

この子午線をもって未来永劫にわたって分界線とする
トルデシリャス条約（1494年）

背景

キーワード
スペインとポルトガルのアメリカ大陸征服

前史
1492年 新世界へ向かったコロンブスの最初の航海は、スペインが新世界に対して関心を寄せはじめたことを示している。

後史
1500年 ペドロ・アルヴァレス・カブラルが、ブラジルはポルトガル領であると主張する。
1521年 エルナン・コルテスがアステカ帝国の征服を果たす。
1525年 コロンビアのサンタ・マルタに最初のスペイン入植地が設立される。
1532年 フランシスコ・ピサロ率いるスペイン軍がインカ帝国征服に向けて進軍を開始する。
1598年 フアン・デ・オニャーテがニューメキシコに最初のスペイン入植地を設立する。

1494年6月7日、スペインのトルデシリャスで、スペインとポルトガルがある条約を結んだ。それは、新たに発見された領土の所有権をめぐる国家間の紛争を解決するものだった。分界線はカーボヴェルデ諸島から西へ370リーグの子午線に設定された。この線から西側で発見される土地はすべてスペインに属し、東側はポルトガルに属することになった。

1490年代に両国はすでに、新世界をはじめとするかなりの領土を発見していたものの、当時のヨーロッパの人々にとって、アメリカ大陸の規模と範囲は不明のままだった。スペイン王室が航海に資金

近世の時代 **149**

参照　マルコ・ポーロが上都へ到着する 104-05 ∎ テノチティトラン建都 112-17 ∎ クリストファー・コロンブスのアメリカ大陸到達 142-47 ∎ コロンブス交換 158-59 ∎ 王立アフリカ冒険商人会社の設立 176-79

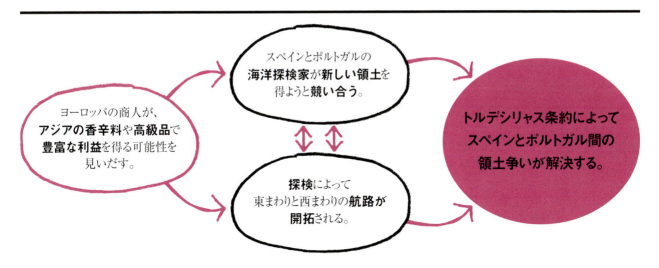

提供したにもかかわらず、コロンブスの発見に対するスペインの主張ははっきりしなかった。1479年にスペインのカトリック両王とポルトガル王が調印したアルカソヴァス条約は、カナリア諸島以南で新たに発見された土地は航海を支援したスペインに所有権があると定めた。ポルトガル王ジョアン2世はスペインの統治者に手紙を書き、カリブ諸島をポルトガル領とするべく船団を派遣する支度を進めていると伝えた。

領有権の正当化

海洋探検家が新たな土地に着くたびに噴出する紛争を防ぐために、両国の統治者はアルカソヴァス条約の条文を見なおすことにした。1479年に調印されたこの条約の締結には当時のローマ教皇がかかわっていたため、新たな教皇アレクサンデル6世（スペイン出身）は、南北東西すべてを合わせた分界線として、アソレス諸島とカーボヴェルデ諸島の西方100リーグの子午線以西で新たに発見された領土をスペイン領とすることを提案した。

スペインが有利になると考えたジョアンは、この提案を拒絶し、やがてカーボヴェルデ諸島とカリブ諸島のあいだを通る子午線を分界線とすることで、当事者全員が合意した。この条約によって将来の植民地化の方針が決定し、世界の広い範囲に重大な影響を与えた。

ポルトガルの植民地

トルデシリャス条約を結ぶ以前から、ポルトガルによるアフリカと南アジアの探索は着々と進んでいた。探検者たちは

**わたしと仲間は
金塊のみが治癒しうる心の病に
苦しんでいる。**
エルナン・コルテス（1519年）

北アフリカのセウタを拠点としてアフリカ西岸沿いに交易所を設立しながら徐々に南下し、ついに1498年ヴァスコ・ダ・ガマが喜望峰を越えてインド洋に到達した。16世紀にはいると、インド、モルッカ諸島、スマトラ、ビルマ、タイに入植し、1557年ごろには、その後長きにわたって居留することになるマカオを、アジアの多くの地域との交易拠点とした。

トルデシリャス条約で取り決めた分界線は南アメリカ大陸を通り、そこから東方はポルトガルに割りあてられた。そして、1500年に探検家のペドロ・アルヴァレス・カブラルがブラジルの海岸に到達し、ポルトガルの所有権を主張した。先住民族はサトウキビの栽培や、後年にはコーヒーの育成と金の採掘を強要され、征服者は新しい植民地を搾取した。入植者がもたらした病気と残忍な行為によって、膨大な数の労働者が死亡し、その穴埋めとしてアフリカから奴隷が連れてこられた。16世紀半ばからポルトガルの総督が統治していたブラジルには、19世紀初頭まで植民地が残っていた。»

アメリカのスペイン人

コロンブスの大西洋横断航海とトルデシリャス条約での合意を受けて、スペインはますますアメリカへ目を向けるようになり、征服と植民地化の目論見を併せ持つ遠征を支援した。その最初の目的地として、エルナン・コルテス率いる遠征が向かった先は、小さいながらも豊かな当時のアステカ帝国の所在地、メキシコだった。アステカの首都は大都市テノチティトラン（現代のメキシコシティ）に置かれていた。およそ600人の小さな軍隊で、コルテスは総勢100万の帝国勢を圧倒し、最終的に統治者のモクテスマ2世は殺害された。同様にスペインの遠征隊を率いたフランシスコ・ピサロはインカ帝国を征服した。インカ帝国はペルーを中心に栄え、その領土はチリやエクアドル、ボリビアの大部分やアルゼンチンの北西部にまで及ぶ国家だった。ピサロも同様に小規模な編成（180人）で新たなスペインの拠点を築きあげ、貴金属による莫大な富の供給源の基盤を固めた。ペルーの銀はスペインにとって、この植民地から得る主要財源となった。

コルテスとピサロの驚異の征服が成功したのには、いくつかの要因があった。アステカの人々にとって、銃器や虐殺一辺倒の敵方の戦法は未知のもので、なす術（すべ）がなかった——アステカの戦い方は、捕虜にしたのちに儀式の生け贄（にえ）とするものだったからだ。また、アステカに敵対していた周辺地域のいくつかの民族と結んだ同盟も奏功した。その結果、富が大西洋を横断してスペインへ流れこみ、スペインはアメリカ大陸で活動するための盤石な拠点を手に入れた。

スペインによる植民地化はさらにつづいた。そのひとつに、スペイン人にはヌエバ・グラナダの名で知られていたコロンビアがある。17世紀末ごろには南アメリカ大陸の西部や中央の大半はスペインの手中にあった。征服地とその地の住民は、現地の人々をキリスト教へ改宗させる義務を負うスペインのコンキスタドール（征服者）に分与された。コンキスタドールたちは人々を改宗させたうえに労働も強制し、とりわけ銀山で酷使した。労働に従事した者は、やがて感染症や搾取の

アステカの首都テノチティトランの包囲は、スペインのメキシコ征服の決定打となり、スペインはアメリカ大陸植民地化の目標に一歩近づくことになった。

近世の時代

> われわれが探検し、発見したあの新しい国々は――まさに新世界と呼ぶにふさわしいものであります。
>
> アメリゴ・ヴェスプッチ（1503年）

犠牲となった。小規模ながらもブラジルの状況と似ていて、やがてアフリカからの奴隷が労働力を補填することになる。

スペイン王室はこの大帝国を支配するべく、入植者とアメリカ先住民を統率する副王を任命して、銀鉱山の収益の5分の1を摂取した。だが、入植者がこの外部からの干渉に徐々に抵抗するようになり、19世紀にコロンビアからチリにかけての地域が独立を獲得していくにつれて、スペイン帝国は縮小していった。

世界一周

トルデシリャス条約はスペインのアメリカでの活動を承認したものだが、スペインとポルトガル両国にとって、西まわりで東アジアへ到達する経路を探すのをやめる理由にはならなかった。東アジアは香辛料や高級品の供給源であり、ヨーロッパとの交易で莫大な富をもたらす可能性があった。ポルトガル王室に仕えていたイタリア人の海洋探検家アメリゴ・ヴェスプッチは、これを前進させた先駆けのひとりである。ヴェスプッチは南アメリカ沿岸を探索し、その名にちなんでその地域がアメリカと命名されたことで歴史に名を残した。つぎにこのルートを探索したのはポルトガル人の探検家フェルディナンド・マゼランで、これを援助したのはスペインだった。マゼランは、条約で決めた分界線から西まわりに航海すれば、香料諸島は世界を半周するより近いはずだと考え、到達すればスペインの領土権を主張できると見こんでいた。そして1519年、史上初の世界一周という野心的な目標を定めて、5隻の船団で出立した。マゼラン自身は途中で死亡したものの、遠征の生存者たちが航海を達成し、スペインが東南アジアの所有権を主張する根拠となった。

1529年、ポルトガル王室はサラゴサで別の条約に調印した。この条約によって、フィリピンはスペインに、モルッカ諸島はポルトガルに与えられた。

条約の遺産

トルデシリャス条約に関与しないヨーロッパ諸国は条約を無視して、自分たちの帝国を創り出すべく動きはじめた。たとえば、イギリスは北アメリカを植民地化し、オランダは香料諸島に進出し、いくつかのヨーロッパの国々はカリブ海の諸島に植民地を創設した。それでも、この条約は世界のかなりの範囲に影響を与えた。ヨーロッパでは、神聖ローマ帝国を礎とする古くからのヨーロッパの中核国家から、新天地での帝国建設をめざす沿岸部に位置する海運国家へと富と力が移行するという流れがはじまっていたが、この条約によってそうした動きが浮き彫りになった。海外に創設された帝国はスペインとポルトガルに莫大な富をもたらし、後世に大きな影響を及ぼした。現在でも、南および中央アメリカの多くの地域はスペイン語圏である一方、アフリカとアジアの一部ではいまなおポルトガル語が話され、その最大規模の地域がブラジルである。■

フェルディナンド・マゼラン

ポルトガル貴族の一家に生まれたマゼラン（1480年～1521年）は、子供のころに孤児になり、小姓としてポルトガル宮廷へ送られた。

青年となったマゼランは海軍士官になった。インドのポルトガル植民地で軍務に服し、モルッカ諸島の征服に参加したが、ポルトガル王に功績を認められなかったため、西まわりの探索航海の支援者を探すべくスペインへ向かった。1518年にスペイン王カルロス1世の後ろ盾を得たマゼランは、翌年に5隻の船団で出帆した。

天候で1隻、脱艦でもう1隻を失ったものの、現在の南アメリカ大陸と、ティエラ・デル・フエゴのあいだのせまい航路を通り抜けることに成功した（敬意を表してマゼラン海峡と名づけられた）。海洋へ出たマゼランは、その穏やかさにちなんで、そこを太平洋と命名した。広大な海原を横断してグアム島に寄港し、それからフィリピン諸島の一角に上陸したが、その地で殺害された。フアン・セバスティアン・エルカーノが指揮する1隻のみが1522年にヨーロッパへ帰還し、初の世界一周を達成した。

古代人が
これほど高い建物を
建設したことはなかった
イタリア・ルネサンスのはじまり（1420年）

背景

キーワード
ルネサンス

前史
1296年　フィレンツェでサンタ・マリア・デル・フィオーレ大聖堂（ドゥオーモ）の建設作業がはじまる。
1305年　ジョットがパドヴァのアレーナ（スクロヴェーニ）礼拝堂のフレスコ画を完成させる。
1397年　メディチ銀行がフィレンツェに設立され、ヨーロッパ最大の銀行となる。

後史
1434年　コジモ・デ・メディチがフィレンツェの事実上の支配者となり、芸術を支援する。
1447年　フランチェスコ・スフォルツァがミラノの実権を握る。宮廷が文化の中心地となる。
1503年　レオナルド・ダ・ヴィンチが「モナ・リザ」の制作を開始する。
1508年　ミケランジェロがヴァチカンのシスティーナ礼拝堂の天井画を制作しはじめる。

　1418年にフィレンツェの裕福な羊毛業ギルドが、未完成の大聖堂を完成させるべく、円蓋の設計コンテストをおこなった。その大聖堂とは、サンタ・マリア・デル・フィオーレ、通称ドゥオーモである。フィレンツェはイタリア屈指の裕福な都市で、銀行業と貿易の中心地であり、前代未聞の大規模なドーム建設を発注する余裕があったのも、この富によるものだ。

　各都市国家が繁栄するにつれて、支配者層や裕福な市民は自国の威信を高めて、都市環境を整備するための出資を惜しまなくなり、芸術と建築への出資事業

近世の時代 153

参照 アテネの民主主義 46-51 ■ ユリウス・カエサルの暗殺 58-65 ■ ローマの略奪 68-69 ■ コンスタンティノープルの陥落 138-41 ■ クリストファー・コロンブスのアメリカ大陸到達 142-47 ■ マルティン・ルターの95か条の論題 160-63

> 天より高くそびえるこの巨大建造物は、その影をもって全トスカーナの人々を覆うほど広い。
>
> **レオン・バッティスタ・アルベルティ**
> 『絵画論』(1435年)

がイタリア全土へひろがった。堅調な経済とイタリア市民に深く根ざした誇りは、史上有数の重要な知的運動の礎を築いた。すなわちルネサンスである。

ドゥオーモ

コンテストがおこなわれた当時、フィレンツェの大聖堂は東端に広大な八角形の空間を備えていたが、そこを覆うドームをどのように造ればいいかは、1296年に建設作業がはじまって以来、だれも考えつかなかった。それはローマ時代後期以降に建設される最大のドームとなるはずで、外側から支える控え壁を用いない設計が前提条件とされていた。控え壁を用いた建築方法はフィレンツェの政敵であるフランス、ドイツ、ミラノで好まれ、また時代遅れでもあると考えたからだ。

これを成しとげることは不可能に思えた。金細工師兼時計職人から建築家へ転身した青年フィリッポ・ブルネレスキが、煉瓦積み方式の八角形の巨大なドームという大胆な設計でコンテストに勝った。だが、果たして実際に建築できるのかと、多くの者が疑いをいだいた。

いちばんの問題は、その構造によって円蓋が自重で崩壊しないよう支えることができるのかという点だった。ブルネレスキの創意に富んだ解決策は、二重構造のドーム——内側の補助ドームと外側の大きなドーム——を構築することだった。内外のドーム構造が煉瓦積みの迫持で支えられ、外側に膨張しないよう、つなぎ金具で複雑に連結された石の鎖と梁でできた「環」で留められた。

その成果——完成に至ったのは1436年——は、現在も世界最大の石造ドームとして君臨している。古代の建築様式と新技術を組み合わせたこの工法は、古の知恵と近代的な技術の融合というルネサンス様式の特徴が表れている。

イタリアのルネサンス

「再生」という意味を持つルネサンスは、イタリアではじまり、15世紀半ばからヨーロッパ全土に広まっていった動きである。ルネサンスの根源は古代ギリシア・ローマ文化の再発見にあり、この動きは科学や学問だけでなく、あらゆる芸術に影響を与えた。画家や彫刻家や建築家は中世美術の伝統から解き放たれ、古代ローマの遺跡を訪れたり、古典の影像やローマ様式の建築物の彫刻を調べたりして、古典様式の芸術作品を作りあげた。この新しい動きは、レオン・バッティスタ・アルベルティやブルネレスキなどの建築家、それにミケランジェロとレオナルド・ダ・ヴィンチをはじめとする名だたる芸術家に刺激を与えた。こうした人物の大半が多方面にわたって活躍した——ブルネレスキは彫刻家、技師、建築家であり、ミケランジェロは絵画と彫刻と詩に秀で、

フィレンツェの空を衝くブルネレスキの画期的なドームは、高さが114メートルあって、周囲の赤瓦屋根から荘厳にそびえ立ち、現在でも街で最も高い建造物である。

154 イタリア・ルネサンスのはじまり

ミケランジェロの天井画（ヴァチカンのシスティーナ礼拝堂にある）は、ルネサンスの肉体美への関心と、宗教上の題材を写実的に描く手法とを融合したものである。

ダ・ヴィンチに至っては、その功績は芸術と科学の領域にまで及んでいる。

ルネサンスの画家や彫刻家は、中世の画家や彫刻家よりもさらに写実的に現実世界を表現することを追求した。彼らは解剖学に忠実であることを重視し、科学理論に基づく遠近図法を開発した。古典美術と同じように、人体美と裸体表現をそれまで以上に追求するようになった。

また、古典への新たな学習熱も高まった。これは、1453年にビザンツ帝国の首都コンスタンティノープルが陥落したときに、イタリアへ移り住んだギリシアの学者たちの影響による。ビザンツ帝国からの亡命者たちは、古代ギリシアの文学や歴史や哲学の文献を持ちこんできた。それらは西洋では失われたものだったので、彼らはギリシア語を教えて、イタリア人が作品を読んで翻訳できるようにした。これがイタリアにおけるルネサンス人文主義の発生につながったのである。この人文主義は、人間性——文法、修辞法、歴史、哲学、詩について考察するもので、広義には人間の尊厳と可能性を尊重する運動だった。

ルネサンス期のイタリアの生活、商業、そして政治を支配していたのは、フィレンツェ、ミラノ、フェラーラ、ヴェネツィアなどの強力な都市国家とローマ教皇であり、当時のローマ教皇はカトリック教会の最高指導者というだけでなく、俗界においても強大な権力を持っていた。それぞれの都市国家は、交易や銀行業で巨万の富を築いた。マントヴァのゴンザー

ルネサンス期における万能人とは、幅広い分野に関心と知識を持つ、当時の偉大な思想家像を表している。つまり、芸術から科学まで熟達したレオナルド・ダ・ヴィンチのような博学者のことである。

人文主義は人間を中心とする世界観を持つ。人類の発展は神ではなく、人間の功績によるものとした。

古典文献の再発見は、思想家たちにとって、アリストテレスなどの哲学者と同等以上の成果を生む契機となった。

科学の知識と、世界の仕組みについての解明が進んだことによって、建築や医学などのさまざまな分野の研究を進展させた。

ルネサンスの芸術家は、生き写しのようなギリシアやローマの彫刻の発見に触発され、また遠近法の新たな解釈にも助けられて、それぞれに傑作を生み出した。

ガ家、フェラーラのエステ家、ミラノのスフォルツァ家、フィレンツェのメディチ家などの支配者一族は、宮殿、教会、芸術作品に惜しみなく出資し、ルネサンス期の多くの偉大な芸術家の支援者となった。こうした裕福な一族は、子供のための家庭教師に学者を雇い入れて、古典研究の復興にも力を入れた。メディチ家のなかには教皇になる者もいた。

ルネサンスの普及

ルネサンスは15世紀末にイタリアからヨーロッパのほかの地域へ広まり、北方ルネサンスが興った。北部諸国のなかでも特にネーデルラントとドイツは、ハンス・ホルバイン（子）（1497年～1543年）やアルブレヒト・デューラー（1471年～1528年）——どちらも写実主義の天才——といった偉大な芸術家を生み出した。ルネサンスの人文主義も同様に北へひろがったが、北部の作家や哲学者、とりわけロッテルダムのエラスムス（1466年～1536年）は、キリスト教と教育と改革に重点を置く傾向にあった。

1430年代に、ドイツのヨハネス・グーテンベルクが活版印刷を発明したことで、ルネサンスの概念はさらに急速に広まった。それ以前は、1ページずつ木版に文字を彫る手法が唯一の印刷方法だったが、とても骨の折れる作業だったため、書物は人の手で書き写さなくてはならなかった。グーテンベルクの手法は、文字や句読点から成る金属の活字を個々に並べてページに組むもので、1ページの複写を大量に印刷したあとに、その版を活字に分解して再利用することができた。グーテンベルクは既存の製紙技術とワイン製造で使用する圧搾機の一種を活用することで、書籍を複数印刷することにはじめて成功した。

この発明の影響は多大なものだった。それまで高価で生産するまで数か月を要した書物が、容易に、より手ごろな価格で入手できるようになったので、概念や情報が迅速に広まり、より多くの人々に届くようになった。教会は共通語としてラテン語をおもに使用していたが、執筆者たちは自身の地域の言語で著作するようになり、結果としてフランス語、英語、ドイツ語、ほかにもさまざまな言語の文学が栄えた。さらに、古典のギリシア・ローマ文学も大量に複製されたため、ルネサンスと人文主義の両方の中心にある概念を広める一助となった。

ルネサンスの影響

16世紀半ばになると、南ヨーロッパでのルネサンスの影響はすでに薄れはじめていたが、北部ではそれより長くつづいた。ルネサンス期の傑作の数々は時代を超えて評価され、後世の画家や建築家に影響を与えつづけている。油絵や古典様式の建築の長年の人気と人文主義の高まりは、15世紀にフィレンツェのブルネレスキからはじまった運動抜きには語ることができない。■

知者にとっては、
見えぬものはない。
フィリッポ・ブルネレスキ

フィリッポ・ブルネレスキ

フィリッポ・ブルネレスキ（1377年～1446年）はフィレンツェの生まれで、公証人の息子であり、父親の跡を継ぐべく教育された。しかし、芸術的才能があったため、金細工師になるため修行し、時計作りについても学び、その後建築家になった。25歳ごろに友人の彫刻家ドナテッロとローマを訪ねて、古代ローマ時代の建物の遺跡を研究し、ローマの作家ウィトルウィウスの理論書『建築十書』を読んだ。1419年に最初の大がかりな制作依頼を勝ちとった。それはフィレンツェの孤児院、スペダーレ・デッリ・イノチェンティの設計で、そのアーチ型の開廊とともに、ルネサンス初期における偉大な建築物のひとつに数えられている。フィレンツェの教会内の礼拝堂や街の要塞を含む、数々のすばらしい作品がブルネレスキの名声を確固たるものにしたが、中でもドゥオーモの卓越したドームがいちばんの代表作である。建築物だけでなく、ブルネレスキは線遠近法の理論においても重要な役割を果たし、また演劇においても、特定の効果を演出するための舞台装置を開発した。

戦争は まったく異なるものになった
カスティヨンの戦い（1453年）

背景

キーワード
軍事革命

前史

1044年 中国の軍事概論に、現存する火薬の製法がはじめて登場する。

1346年 エドワード3世がクレシーの戦いで大砲を使用する。

1439年 ジャン・ビューローがフランスの砲兵隊の監督者になる。

1445年 シャルル7世がフランスの常備軍を創設する。

1453年 コンスタンティノープルが、巨大な大砲を用いたオスマン帝国軍によって陥落する。

後史

1520年代 イタリア戦争で、銃砲で武装した歩兵隊の有効性が立証される。

1529年 ミケランジェロがフィレンツェの星形要塞を設計する。

1540年ごろ 鋼輪式銃を主武装に採用するドイツの騎兵部隊が現れる。

ヨーロッパの**封建制**が王室の権力が強まるにつれて**弱まる**。

より**効率的な銃器**が発明される。

↓

カスティヨンの戦いで大砲が果たした役割によって、貴族から兵士を徴収するよりも、熟練の傭兵部隊を雇い入れることの優位性が認識される。

↓

貴族が軍事と政治的強みを失うにつれて、王に権力が集中する。

↓

甲冑をまとった騎士と弓兵が、槍や銃砲で武装した歩兵へと徐々に変わっていく。

1453年7月、イギリスのシュルーズベリー伯ジョン・トールボットは、ボルドー郊外からイギリス軍が占領するカスティヨンの町をめざして、6,000人とともに進軍した。カスティヨンでは、フランス軍が包囲の準備を進めているところだった。フランス軍は1万人をゆうに収容できる要塞化した野営陣地を形成し、ジャン・ビューローの指揮のもと、300以上の火器を装備していた。トールボットは援軍を期待しつつ攻撃の合図を出したが、近づくにつれて、準備の行

近世の時代

参照 マグナ・カルタへの署名 100-01 ■ ヨーロッパで黒死病が大流行する 118-19 ■ コンスタンティノープルの陥落 138-41 ■ クリストファー・コロンブスのアメリカ大陸到達 142-47 ■ プラハ窓外放出事件 164-69

き届いた軍を前に、自軍が劣勢であることに気づいた。フランス軍の大砲が火を噴き、弓兵が矢を放ち、イギリス軍を掃討した。ヨーロッパ史において、火薬が勝敗を決した最初の野戦だった。

百年戦争の終結

カスティヨンの戦いは、長年密接な関係にあったイギリスとフランスの両王家が、1337年から繰りひろげた百年戦争の最終決戦だった。この戦いが起こるまでに、ヨーロッパ社会の基本構造には大きな変化があった。それは、フランスとイギリスの君主が起用する軍隊を根本的に変えるものだった。

15世紀のヨーロッパはおおむね貨幣経済のもとにあり、兵士を含めてだれもが報酬を受けるのが当然だった。君主は報酬目当てに戦う傭兵に依存するようになっていった。これは、領土の付与と引き換えに領主が兵士を提供してきた、それまでの封建制度とは大きく異なる点だった。やがて支配者たちは恒久的に傭兵を採用するようになり、常備軍が創設された。ただし、常備軍を持つことが標準化するのは17世紀後半のことである。

> 厚さにかかわらず、大砲が数日のうちに破壊できない壁は存在しない。
> **マキャヴェリ（1519年）**

フランス軍（左）が木の防衛柵越しにイギリス軍と交戦するカスティヨンの戦いを描いた15世紀の挿絵。フランス王シャルル7世の生涯を記した年代記より。

大砲と銃

フランス支配をかけて戦った王たちは、しだいに大軍と高価な武器に頼るようになっていった。カスティヨンでフランスの勝利を決定づけたように、大砲が戦争を一変させた。中世の城にめぐらせた頑丈な壁は、砲弾に対してほとんど防御の役を果たさなかった。16世紀以降、統治者たちは大砲を阻止する改善策として、星形要塞という新しい形の防壁を構築していた。この砦は、直射に対する防御を高めるため防壁を濠のなかに埋めこむ構造をしていて、また能動的な防御策として大砲も活用された。

同時に、馬上の騎士の甲冑を貫く威力を持った軽火器は、使いこなす技術も不要であることから、徐々に弓矢の代わりに用いられた。槍と銃器を使いこなす鍛えあげられた歩兵隊は、弓矢の大部隊に代わって、戦線の新しい主軸となった。

新たな軍隊に報酬を支払うために、統治者はつぎつぎと領土の中央集権化を進めていった。それまでより効率のよい税制と官僚制度が確立され、封建制の衰退で弱まっていた貴族の力はさらに削がれることになった。

火薬が決め手となってカスティヨンで勝利したことで、フランスの国家としての存続が確実になり、その後フランスは中央集権型へと移行して、封建国の色合いを薄めていった。この勝利をきっかけに、フランスの領土は王権のもとで統一され、ヨーロッパ西域の地図は現代の姿にかなり近くなった。ヨーロッパ大陸の領土を奪われたイギリスもまた中央集権寄りになっていき、支配者たちはヨーロッパ大陸に背を向け、国の資源を活用して大西洋と北アメリカへの海洋遠征を開始した。■

われわれのものとは、昼と夜ほどにちがっているのです
コロンブス交換（1492年以降）

1490年代にはじめてヨーロッパ人が北と中央アメリカ大陸に到達したことで、それぞれ隔絶したまま長年かけて発達してきた生態系が、再度結びつくこととなった。いわゆるコロンブス交換と呼ばれる現象で、何世紀ものあいだゆっくりとしか変化してこなかった生活や経済が、新しい作物、動物、テクノロジー、病原体の流入によって急激に変化した。その影響の多くは、当時のヨーロッパ人とアメリカ先住民のどちらにとっても予期せぬ事態だったが、いったんはいりこんだあとでは、もはや逆もどりできなかった。

食物と農作

ヨーロッパ人は、アメリカ大陸に入植しはじめたときに、自分たちが慣れ親しんだ動植物を持ちこんだ。その範囲は広く、柑橘系の果物、ブドウ、バナナ、コーヒー、サトウキビ、米、麦、小麦、牛、羊、豚、馬と多岐にわたった。入植者たちは作物を育てたり、家畜を放牧させたりするために森林地を広範囲に伐採した。その過程でいくつかの在来野生種の生息地が破壊され、雑草の種子によって、アメリカの原野は図らずも侵食されることになった。またこの交換によって旧世界にはジャガイモ、トマト、トウモロコシ、豆類、カボチャ、タバコが伝えられ、また七面鳥やモルモットも持ちこまれた。

新たな主要作物の移入は、大西洋の両側の生活を変えるものだった。炭水化物が豊富で容易に育つジャガイモとトウモロコシは、ヨーロッパの慢性的な食糧不足の解消に役立ち、またキャッサバやサツマイモとともに、アフリカとアジアへも伝播した。新世界では、南北アメリカの温帯地方やメキシコの高地に適合した小

背景

キーワード
生態系の変化

前史
1492年以前　アメリカ大陸とユーラシア大陸の生態系は完全に分離している。

後史
1518年　スペイン王カルロス1世が、アメリカのスペイン植民地でアフリカ人奴隷を売る認可を与える。

1519年　スペインのコンキスタドール（征服者）がメキシコに馬を持ちこむ。

1520年ごろ　スペインの入植者がメキシコに小麦を伝える。

1528年ごろ　スペイン商人が旧世界にタバコを伝える。

1570年ごろ　スペインの船がヨーロッパに最初のジャガイモを持ちこむ。

1619年　オランダの商人がスペインの奴隷船を捕獲して、ヴァージニア州ジェームズタウンにアフリカ人を連れこむ。

1620年　ピルグリム・ファーザーズがマサチューセッツ州に鶏や豚などの家畜を持ちこむ。

［その土地は］耕作や植栽に、そしてあらゆる種類の家畜を育成するのに大変適しています。
クリストファー・コロンブス

近世の時代

参照 クリストファー・コロンブスのアメリカ大陸到達 142-47 ■ トルデシリャス条約 148-51 ■ メイフラワー号の航海 172-73 ■ 奴隷貿易廃止法 226-27

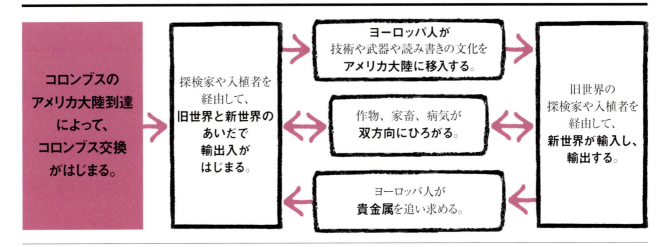

麦が育ち、その結果、この穀物は何千万人もの入植者にとって主食となった。新世界にとっても、馬の到来は同様に革新的なことで、移動や輸送が容易になるとともに、より効率的かつ獲物を限定した狩猟ができるようになった。

生物学上の大変異

コロンブス交換の破壊的な影響がいちばん先に表れたのは、アメリカ大陸に新しい病気が持ちこまれてからのことである。入植者だけでなく、ともに移ってきた鶏や牛、ネズミや蚊などが、そうした生物が媒介する伝染病に生体防御反応を示さない人々にも病をもたらした。アメリカ先住民は、天然痘、麻疹、水痘、インフルエンザ、マラリア、黄熱病などの未知の病原菌に対する免疫ができていなかったので、そうした病原体にさらされた途端、何千何百という単位で命を落とした。1738年の天然痘の流行でチェロキー族の半数が死亡し、ほかにもいくつかの部族が絶滅した。一方、ヨーロッパの探検家がシャーガス病などのアメリカ固有の病気を持ち帰ったものの、旧世界の病原体が新世界へ及ぼした被害と比べると、旧世界の人口に与えた影響はごくわずかだった。

経済の変化

コロンブス交換には、はじめから経済を推進する強い力があった。金、銀からコーヒー、タバコ、サトウキビまでの物資のほとんどは、ヨーロッパの商人やプランテーションの所有者の利益のために大量に輸出された。

奴隷貿易もすぐにこの貿易ネットワークの主軸となった。大陸から大陸へと大量の奴隷が移送されたことで、急成長をつづける新大陸の経済圏に絶え間なく労働力を供給することになったが、そのせいで何世代にもわたる奴隷民が非道な迫害や感染などの犠牲となり、若くして死んでいった。コロンブス交換が大西洋の両側にもたらした決定的な大変化は、何世紀にも人々の生活に影響を与えつづけた。■

文化の交換

旧世界の社会と遭遇したとき、新世界の人々は石器時代の道具を使用し、車輪つきの乗り物はなく、飼い慣らした家畜もほとんどいなかった。一方、旧世界の人々は銃と文字を使い、豚や羊や牛を飼育し、養蜂を営んでいた。その後に起こった文化の変化は、特にアメリカ大陸においていっそう複雑化した。これは、自然と財産の「所有権」に対する両社会の姿勢がまったく異なっていたことによる。その姿勢は、アメリカ先住民とヨーロッパの関係の先行きに重要な影響をもたらすものだった。馬の到来によって、アメリカ先住民のなかで新たに遊牧部族が出現し、南部の大平原を支配するようになった。また、キリスト教が新世界で浸透しはじめ、いくつかの要素はコロンブス以前から存在していた古代インカやアステカ地域の信仰と融合した。西アフリカの宗教も伝わり、読み書きや金属製の道具や機械の導入によって、教育や農業は発展し、戦いの手法も進化した。

わたしの良心は神のことばにとらえられている
マルティン・ルターの95か条の論題（1517年）

背景

キーワード
宗教改革と対抗宗教改革

前史

1379年 イギリスの宗教改革者ジョン・ウィクリフが『教会論』で、教会の慣行を批判する。

1415年 チェコの宗教改革者ヤン・フスが火刑に処せられる。

1512年 ローマに滞在していたマルティン・ルターが、教会の腐敗に気づく。

後史

1520年 ルター派の礼拝式がコペンハーゲンで定期的に開かれる。

1534年 イギリス王ヘンリー8世が、ローマと離別してイギリス国教会の長になる。

1536年 ジャン・カルヴァンがスイスで教会改革をはじめる。

1545年～63年 トリエント公会議がカトリックの教義を再確認し、対抗宗教改革運動をはじめる。

1517年の秋、ドイツのヴィッテンベルク大学で神学を教えていた修道士のルターは、やがてヨーロッパ全土を変貌させることになる連鎖反応を引き起こした。カトリック教会で目撃した堕落を憂いたルターは、95か条の論題を執筆して大学内で回覧した。ルターはヴィッテンベルク城教会の門扉にもこの論題を釘で打ちつけたと言われる。これはすぐに広く出版されたため、ローマ教皇レオ10世がルターを異端として告発した。ルターはカトリックと離別することでこれに返答し、ここから宗教改革がはじまった。聖職の権威よりも聖書を重んじ

近世の時代

参照 聖職叙任権闘争 96-97 ■ イタリア・ルネサンスのはじまり 152-55 ■ プラハ窓外放出事件 164-69 ■ チャールズ1世の処刑 174-75 ■ ヘンリー8世がローマ教皇庁と決別 198

> 同一の説教のなかで、贖宥(しょくゆう)に対して神の御言と同等、あるいはそれ以上の時間が費やされるとしたら、それは御言に対して不正となる。
>
> **マルティン・ルター（1517年）**

る、改革派の教義に基づいた教会が誕生する。カトリックの慣行と信仰に対する抗議（プロテスト）が起源であることから、これはプロテスタント教会として知られるようになった。

宗教改革のひろがり

宗教改革を求めていたのはルターだけではなかった。スイスの宗教改革者ウルリッヒ・ツヴィングリ（1484年～1531年）はチューリッヒに拠点を置くプロテスタント教会を導き、フランス人のジャン・カルヴァンは1530年ごろにカトリック教会から独立した。フランスから逃れたカルヴァンは、スイスのジュネーヴへ行ってそこで改革運動を支援し、プロテスタントの教義を形成する手助けをした。

改革者たちの信念はかならずしも一致していたわけではない。カルヴァン派は

1521年の**ヴォルムスの帝国議会**で、ルターは自身の信念を撤回することを拒否した。「聖書の言によって誤りを証明されないかぎり……取り消すことはできないし、その意志もない。われ、ここに立つ。神よ、われを助けたまえ」

ルター派とは著しく異なっていたし、再洗礼派はその急進的な見解のためにカトリックだけでなくプロテスタントからも迫害された。1520年代に再洗礼派が主導する農民の反乱が起こったときには、力ずくで抑えられたが、ルターも鎮圧を支持した。プロテスタントの各派に共通していたのは、教義の根本的な点について、神学的観点からカトリック教会にはまったく賛同できないと考えたことだけだった。

改革派の考えは比較的新しい技術によって広まった。1450年代に、活字と印刷機によって印字本が作れるようになったことである。それ以前の本はすべて教会の共通語のラテン語で手書きされていたが、印刷によって情報を安価に手早く複写できるようになり、日常の言語で書かれた本の需要も急速に高まった。ルターはラテン語で論題を書いたが、それはすぐにドイツ語、フランス語、英語をはじめとするそのほかの言語に翻訳されて出まわった。教会の悪習の記述やプロテスタントの神学をまとめた本や小冊子の出版も相次ぎ、大量の部数が印刷された。

神のことばの重要性

プロテスタント神学の中心にある考えは、権威が聖職者ではなく、聖書そのものにあるというものだ。このため、だれもが聖書を読めることが、改革者にとっても信徒にとっても不可欠だった。16世紀にはヨーロッパの各地のことばで印刷された聖書が出まわりはじめ、ルターの新約聖書のドイツ語翻訳版は1522年に、外典を含む完全な聖書の翻訳は1534年に出版された。その1年後、マイルズ・カヴァデール（1488年～1569年）が、英語による聖書の完全版をはじめて完成させた。また、ジャック・ルフェーヴル・デタープル（1450年ごろ～1536年）によるフランス語版が、1528年から32年のあいだに登場した。

16世紀半ばには、宗教改革の概念は広く行き渡っていた。ルター主義はドイツとスカンディナヴィア全域にひろがり、カルヴァン主義はスイスの大半で根づい

てスコットランドでもかなりの地域に普及していた。またフランスにはユグノーと呼ばれたカルヴァン派がいて、16世紀後半には、カトリック勢力とプロテスタント勢力に分かれて国を二分するユグノー戦争を繰りひろげた。スペイン、ポルトガル、イタリアはカトリックにとどまった。

イギリスでは、改革の種が早々に蒔かれた。多くの人々が、贅沢三昧の聖職者の生活費に教会の資金があてられるなどの悪習に反感を持っていたが、プロテスタントの考えは、まだ信仰が根づくほどには広まっていなかった。状況が変わったのは、イギリス王ヘンリー8世が1534年に教皇の権威を拒絶し、みずからイギリス国教会の首長を宣言したときだった。ヘンリー8世は国教会の唯一最高の指導者としての権限を行使して、英語訳聖書、すなわちカヴァデール聖書の出版を認可したが、イギリス国内の儀式や教義はカトリック教会のものと同じままだった。その後、ヘンリー8世の娘エリザベス1世の時代に、穏健なプロテスタントが定着した。

異端が死刑に処せられた時代、宗教改革者たちの抗議は命がけだった。チェコの改革者ヤン・フスは1415年に火刑に処せられ、ツヴィングリは1531年にプロテスタント勢とカトリック勢との争いで戦死し、聖書を英訳したウィリアム・ティンダルは1536年に処刑された。1520年に教皇レオ10世によって主張の撤回を迫られたルターは、その要請文を火に投じたため、教会当局は懲罰として、ザクセン選帝侯であり、ヴィッテンベルク大学の創設者でもあるフリードリヒ賢明公にルターを引き渡した。フリードリヒは正式な審問会である「帝国議会」をヴォルムスで招集し、議長を皇帝カール5世がつとめた。皇帝はルターの主張を却下し、帝国下でのルターの考えを禁じたが、それでもルターは撤回を拒否した。ルターは法益を剝奪されて破門されたものの、フリードリヒが誘拐を装ってルターを救出し、ヴァルトブルク城にかくまった。その後もルターは執筆と改革運動をつづけ、しだいに支持を獲得していった。

強力な同盟者

力のある立場にいる人々からの支持が、改革のひろがりをあと押しした。イギリスのヘンリー8世と同じく、ドイツの諸侯たちも教会の富や税制、独自に運営される宗教裁判に憤慨し、また同時に自身の権限を強化したい思惑もあった。中世の時代、教皇は各国の王や皇帝と提携し、俗事に介入するのが常だった。ドイツ諸侯の多くは、ローマとの関係を断ち切り、領邦から司教勢力を一掃することで、このような提携を阻止したいと思っ

> わたしは教皇と公会議の権威を認めない。
> 互いに否定し合っているのだから。
> **マルティン・ルター**（1517年）

ていたため、政治的な便宜もまた改革を支える動機になった。

こののち、カトリックとプロテスタントの宗教観の相違による紛争が数多く勃発するが、その発端となった戦いで、神聖ローマ帝国皇帝カール5世はルター派の活動の根絶を企て、ルター派諸侯の領邦に攻めこんだ。ルター派は皇帝に対抗するべく団結した。皇帝は1547年のミュールベルクの戦いでは勝利したが、ルター派を鎮圧することはできなかった。1555年、アウグスブルク帝国議会で一時的な和解に至り、皇帝は各諸侯が領邦内で信奉する宗派を選択する権利を認めた。しかし平和は長つづきしなかった。宗教改革が引き起こした苦い分裂がもとで、各地で人々がふたたび武器をとるようになり、ヨーロッパは1世紀以上にわたる宗教紛争で荒廃した。

内側からの改革

ルターが95か条の論題を執筆する以前から、カトリック教会内で改革運動がはじまっていた。ルネサンス人文主義の影響などもあって、学問や哲学の再燃をもたらした改革運動は、スペインのフランシスコ・ヒメネスのような聖職者の熱

教皇の絵姿が野獣のような怪物として描かれた。これは教皇制度は悪習だとするプロテスタントの共通認識を、識字能力や国に関係なく多くの人々に広めた。

近世の時代

> カトリック教会は
> マルティン・ルターによって
> よみがえるまで、1,000年間
> 死んでいたのだろうか。
> ジローラモ・アレアンドロ枢機卿
> (1521年)

意を呼び起こした。ヒメネスはヘブライ語、ギリシア語、ラテン語、アラム語の聖書を作った。

だが、ルターから発せられた明確な神学上の疑義に対して、教皇側はより考慮した返答を用意する必要があった。1545年にパウルス3世が招集したトリエント公会議では、司教と枢機卿が一堂に会し、聖職者の地位や秘跡の重要性、贖宥状の正当性などのカトリック教義を再確認した。一方、トリエント公会議は改革も導入した。ひとりの司祭が複数司教区を兼任するなどの悪習を禁じたり、聖職者を養成する神学校を設立したり、さらにはプロテスタントの教義の普及を阻むため、カトリック教徒に対する禁書目録を指定する委員会を設けたりした。パウルス3世以降の教皇のなかには、禁欲的な日々を送って、志を同じくする司教を任命し、教皇財政を見なおす者も現れた。

対抗宗教改革

トリエント公会議は18年にわたって断続的に開催され、教会の内側からカトリックの再生と再起を呼び覚ました。いわゆる対抗宗教改革である。1534年にスペインの騎士イグナティウス・ロヨラが新たに創設したイエズス会（ジェズイット教団）は、宗教改革に対する返答として1540年にローマ教皇によって承認され、強力な対抗宗教改革のメッセージをヨーロッパじゅうに広めた。また、イタリアでバロック美術が開花するのと同時期に

「聖テレジアの法悦」は白大理石の祭壇彫刻で、当代の一流彫刻家ジャン・ロレンツォ・ベルニーニによって制作された、ローマにおける盛期バロック美術の傑作である。

キリスト教美術も再興し、そうした改革の流れを支えた

バロック様式の教会は荘厳かつ装飾が多く、内部は印象的な彫刻や絵画で埋めつくされ、また聖書のさまざまな場面の描写が劇的に提示されている。このように権威を盛り立てる様式であったため、カトリック教会と、質素で装飾のないプロテスタント教会とのちがいによる区別が容易になった。各地でプロテスタント運動が勢いを増すなか、バロック美術は改革派の教皇やイエズス会司祭の熱意と相まって、イタリアやスペインなどの国家でカトリック教会が存続していくための力となった。ローマ・カトリック教会のもと、かつて一体だったヨーロッパでは、カトリック国とプロテスタント国というふたつの勢力への分裂が決定的になった。宗教の名のもとに臣民が支配者に反旗をひるがえし、王と諸侯が衝突し、そして国家と国家が戦うという図式が生まれていった。■

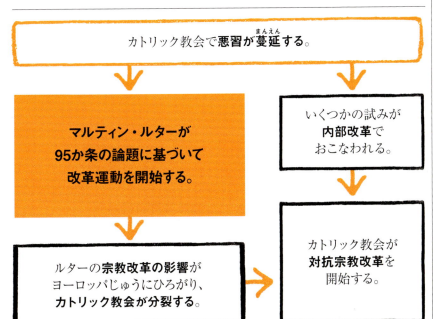

彼はボヘミアで戦争をはじめ、その地を征服し、信仰を強制した

プラハ窓外放出事件（1618年）

プラハ窓外放出事件

背景

キーワード
宗教戦争

前史

1562年 フランスのユグノー戦争がはじまり、36年に及ぶ紛争が幕をあける。

1566年 フランドル地方ステンヴォルドの修道院の強奪が、オランダ独立戦争に発展する。

後史

1631年 ブライテンフェルトの戦いでグスタフ・アドルフが勝利し、ドイツ諸邦はカトリックへの強制的な再改宗を免れる。

1648年 ウェストファリア条約と総称される一連の平和条約が締結されて、神聖ローマ帝国の三十年戦争（1618年〜48年）と、スペインとオランダ共和国間の八十年戦争（1568年〜1648年）が終結する。

1685年 ナントの勅令の廃止が、フランスのプロテスタントの新たな迫害につながる。

プロテスタントの貴族が、会議室の窓から帝国の代官を投げ出した事件は、ハプスブルク家皇帝への反逆と三十年戦争の開始を告げるひと幕となった。

1618年5月、プラハのプロテスタントの指導者一団が、プラハ城の階上の一室で皇帝の代官数名と面会した。代官らはカトリック教徒で、新たにボヘミア（現在はチェコ共和国の一部）の王に即位したフェルディナント2世の統治代理人をつとめていた。プロテスタントの一団は、前任のボヘミア王が認めた信仰の自由を新たな王と代官が剥奪しないという言質を求めていた。代官が言明を拒絶すると、プロテスタントはそのうち2名を書記官もろとも城の窓からほうり投げた。

3人は約20メートル下の壁際に積まれていた厩肥（きゅうひ）の山に落下した。プラハの窓外放出事件として知られるこの出来事が発端となって、ヨーロッパ広域を荒廃させた一連の紛争、すなわち三十年戦争がはじまった。

信仰のちがい

窓外放出事件は、人々に信仰の自由を認めるべきか否かをめぐって、カトリックとプロテスタントが長年争ってきたすえの出来事だった。こうした考え方のちがいはヨーロッパ全土を揺るがし、ボヘミアで紛争が勃発する以前から暴力をともなう宗教対立が各地で発生していた。

この対立には王家や諸侯のあいだの権力争いの側面もあり、それぞれが異なる宗教の支援者となって、自陣営にとって有利な状況になるよう紛争を利用しようとした。たとえば、ネーデルラントにはおおぜいのプロテスタントがいたが、カトリック国のスペインに支配され、その支配者であるフェリペ2世はプロテスタントを排斥したがっていた。王の支配に対抗すべく、プロテスタントが大半を占めるネーデルラント北部7州が反乱を起こした。宗教的な衝突は、ハプスブルク家の迫りくる弾圧に対抗する暴力へとエスカレートし、北部諸州がオランダ連邦共和国として独立することにつながった。

フェリペは、エリザベス1世が統治する穏健派プロテスタント国イギリスの征服も目論見、カトリック君主をイギリスの王位に就かせようとした。1588年にイギリスを侵略しようと、かの有名な無敵艦隊を派遣したが、イギリスのすぐれた海軍戦術と荒天のせいで計画は阻まれ、イギリスは独立の立場を守った。

異端者の王になるくらいなら、
すべての領地と
100回の命を失うほうがよい。
スペイン王フェリペ2世
（1566年）

近世の時代

参照 グラナダ陥落 128-29 ■ クリストファー・コロンブスのアメリカ大陸到達 142-47 ■ マルティン・ルターの95か条の論題 160-63 ■ アムステルダム証券取引所の設立 180-83

信仰のちがいが痛烈な被害をもたらすことは、16世紀のフランスで顕著に見られた。フランスでは、ユグノーとして知られるプロテスタントの少数派が各地で迫害された。多くのプロテスタント、特にカルヴァン派の聖職者たちが、舌を切られたり火刑に処せられたりした。1572年に起こったいわゆるサン・バルテルミの大虐殺では、群衆によるユグノー虐殺が数週間にわたってつづき、犠牲者は数千人にのぼった。

1562年から、36年ほどつづく一連の紛争、いわゆるユグノー戦争が起こった。不安定な休戦を幾度かはさんだものの、和議の破棄によってユグノー戦争は第8次まで発展したが、1598年、王位継承前はプロテスタントの指導者であったフランス王アンリ4世がナントの勅令を公布したことで終結した。この勅令によってユグノーは、特定地域での信仰の自由をはじめとする一定の権利を与えられた。また、フランスの国教は変わらずカトリックとされ、プロテスタントであってもカトリックの祭日を祝い、教会税を支払う義務が課された。しかし、しばしば両者の対立は再燃したため、多くのユグノーが安全を求めてフランスを去り、イギリスやオランダなどの他国へと移住した。

三十年戦争

フランス、ネーデルラント、イギリスで起こった宗教戦争や紛争は、ヨーロッパの三十年戦争の不穏な背景となった。ボヘミア国民の大半はプロテスタントだったが、その領土は巨大な神聖ローマ帝国の一部だった。神聖ローマ帝国はドイツ、オーストリア、ハンガリーも含めて、カトリックのハプスブルク家出身の皇帝が支配していた。皇帝は、帝国内の領地を治める選帝侯、諸侯、または領主の上に立つ最高君主の役を担っていた。皇帝のなかには、窓外放出事件が起こったときの皇帝マティアスのように、プロテスタントが自由に信仰する権利を認めた者もいた。マティアスの前の皇帝ルドルフ2世は、プロテスタントの信仰の自由と、一定の基本的な権利を保証した。マティアスは先帝が署名した勅許状「皇帝証書」を批准することで、これを実現しようとした。しかし、マティアスのあとに皇帝になった敬虔なカトリック教徒のフェルディナント2世は、勅許状を履行しようとしなかった。フェルディナントはプロテスタント勢を制圧し、その結果カトリック勢がボヘミアの政治を握るようになった。これによって、15世紀のプロテスタント宗教改革以降ボヘミアでくすぶりつづけていた紛争が再燃することとなる。

窓外放出事件のあと、両派ともに戦争の準備をしはじめたが、1619年にマティアスが死去したことで拍車がかかった。すでにボヘミア王だったフェルディナントが、神聖ローマ帝国皇帝の座も引き継いだ。ボヘミアのプロテスタント指導者たちは、自国に対するカトリック皇帝の権力を弱めるべく、フェルディナント2世をボヘミアの王位から退位させ、代わりにプロテスタントのプファルツ選帝侯フリードリヒ5世を推挙して、ボヘミア

- **プロテスタント派**がボヘミア、オランダ共和国、スウェーデンで優勢になる。
- ドイツ諸邦とフランスには、**どちらかの信仰へ傾倒する地域**が混在する。
- **カトリック勢力**がスペインやハプスブルク帝国で力を振るう。

↓

宗派間の緊張状態がプラハの窓外放出事件で頂点に達する。

↓

紛争が過激化して、ヨーロッパ全土で多くの統治者が戦争に引きこまれる。

↓

統治者が敵対する宗派をきびしく弾圧しつづけた結果、**ヨーロッパ本土の荒廃がひろがる。**

王に就かせようと画策した。

フリードリヒのプロテスタントとしての信用は申し分なく、自身の信仰はもとより、婚姻によっても保証された。妻はイギリスのプロテスタント王ジェームズ1世の娘エリザベス・ステュアートだった。とはいえ、フリードリヒ5世を国王にするために、ボヘミアの人々は正統に即位した君主を廃位させなければならず、同盟を結びうる対象はいくつかあったものの、支援を得ることはできなくなった。

1620年、ボヘミア軍は神聖ローマ帝国軍と戦うためにプラハ郊外のワイセルベルク（白い山）に集結した。両軍の力は拮抗しているように見えた。数のうえではフリードリヒ5世とアンハルト侯クリスティアン指揮下のプロテスタントが優勢だったが、帝国の兵は経験豊富であり、スペイン領フランドルの貴族ティリー将軍と名将アルブレヒト・フォン・ヴァレンシュタインによって整然と統率されていた。わずか1時間後にボヘミア軍は粉砕された——死亡者や捕虜になった兵の数は4,000にのぼり、対する帝国軍側は700である。すぐさまティリーはプラハへと侵攻を果たした。フリードリヒは逃亡し、プロテスタント指導者の多くが処刑された。一般のプロテスタントは、退去するかカトリックへの改宗を迫られた。ボヘミアは荒廃して、過疎が進み、無力になったも同然だった。ボヘミアの地は20世紀にはいるまでカトリックが圧倒していた。

宗教改革で揺らぐ社会

ボヘミアで起こったことは、神聖ローマ帝国全体の不安定さを象徴していた。それまでも皇帝と各領邦を治める諸侯のあいだでしばしば争いが起こっていたが、帝国を構成する個々の領邦の権利を尊重すると皇帝が決議したことで、権力の均衡が生まれた。この均衡は宗教改革の変化が起こったことで崩れ、ある場所（ザクセンなど）ではプロテスタントが、また別の場所（バヴァリアなど）ではカトリックが優勢になった。一連の闘争は、やがて武力衝突へエスカレートしていった。

戦いのほとんどは、ドイツと中央ヨーロッパの大地で繰りひろげられた。数年のうちに、熟練の司令官アルブレヒト・ヴァレンシュタインが率いるハプスブルク帝国軍がフェルディナントのために編成されて、ドイツでプロテスタント軍を粉砕し、デンマーク制圧に乗り出した。1629年には、フェルディナントはプロテスタントの手に渡っていた土地をカトリック勢へ返還するよう要求した。

だが、プロテスタントにまだ強力な同盟国がふたつ残っていた。ひとつはすぐれた軍指揮官でもあったグスタフ・アドルフ王が統治するスウェーデン、もうひとつはカトリック国でありながら皇帝の権力を抑制したいフランスだった。グスタフは1630年に大軍を率いてドイツに進入し、フランスからの財政援助を受けながら、1631年にブライテンフェルトの戦いで重要な勝利を果たした。

1630年代半ばには、スペインの助力を得たハプスブルク家が反撃した。この紛争は、権力争いの渦中にあるヨーロ

> ［プロテスタントの］傷は壊疽（えそ）へ変質する。壊疽には火と剣が必要だ。
>
> **フェルナンド・アルバレス（1560年代）**

グスタフが重要な勝利をブライテンフェルトでものにしたのは、歩兵、砲兵、騎兵が機動力ある混成部隊としてともに戦う方陣を採用したことによる。

近世の時代 **169**

さまざまな国家が三十年戦争に介入するにつれて、紛争は宗教をめぐる分裂からフランスとハプスブルク家とのヨーロッパの主権争いへと変質していった。

おもな動き

戦争の経過
- オーストリアがボヘミアとドイツのフリードリヒ5世の領地を侵攻。
- デンマークが北ドイツのルター派を支援するために介入。
- スウェーデンがドイツで反カトリックの軍事行動を開始。
- フランスがハプスブルク家のスペインと神聖ローマ帝国に対して宣戦を布告。

宗教区分
- プロテスタント勢力
- カトリック勢力

の主要国ほぼすべてを巻きこんだ包括的な戦争になった。皇帝はドイツの領土奪還をめざし、スペインは同盟関係にあるハプスブルク家の権力掌握を望んだ。スペインには、かねてからの悲願であったネーデルラント奪還を実現するため、ヨーロッパ大陸を進軍するうえでの障害を取り除いておきたいという思惑があった。ハプスブルク家とその同盟国に囲まれ、危惧をいだいていたフランスは、引きつづき皇帝の権力を減じようと試みた。

終焉と余波

1640年代になると、反皇帝軍は優位な立場を取りもどしていた。1643年にフランス軍がオワーズ川流域のロクロアでスペイン軍を破り、1645年にはスウェーデン軍がプラハ南東のヤンカウで皇帝軍と衝突した。1万6千の皇帝軍の約半数が、この凄惨な戦いで命を落とし、勢いに乗じたスウェーデン軍が、そのままプラハやウィーンへ進軍するかと思われた。しかし、この時点ですでに両軍とも疲弊していたため、いずれの都市へも侵攻はかなわなかった。

三十年戦争の戦いは大規模に繰りひろげられた。数千の歩兵が銃の援護を受けて騎兵とともに戦う方陣をとり、多数の傭兵が雇用された。戦い慣れした職業兵士たちはその迅速さと冷酷さを発揮したが、傭兵が通ったあとには戦地よりもひどい状況が残された。巨大な軍隊は、食料を求めて帝国全土で略奪してまわり、また敵に有利になりそうなものは軒並み排除するなど、悪行のかぎりを尽くした。農村地域は食料を漁る軍隊によってことさらに苦しめられて、ドイツの人口は20パーセント減少し、貿易や産業にも被害が及んで、あとには荒廃ばかりがひろがった。中央ヨーロッパは戦争から復興するまで数十年を要したが、強力な貿易ネットワークと海事力を持つイギリスやオランダなどは首尾よく立ちまわった。

度重なる砲術による戦闘も、両軍を消耗させた。疲弊しきった両軍は、ついに和平に歩み寄った。

神聖ローマ帝国、スペイン、フランス、スウェーデン、オランダ共和国の代表のほか、ドイツの諸侯や都市の統治者、そのほかの利害関係者が、1648年に北ドイツのオスナブリュックとミュンスターの2都市に集まり、ウェストファリア条約に同意した。この会談では、政治と宗教における各国の根本的な立場の差を解消することはできなかったが、それでも戦争を終結させる合意を生み出し、和平条約によって独立した国家間の勢力均衡を実現した。

ヨーロッパの国々は、カトリック多数派かプロテスタント多数派かで完全に分かれたが、互いに共存していく術を学ぶことに合意した。この和平条約は、高位の外交会議によって国家間の合意を生み出す先例となり、それ以降も同様の会談が国際関係の重要な役割を果たしている。■

王権は反逆精神を封じる手立てである
アクバル大帝による征服（1556年）

アクバルの父フマーユーンは、ペルシアへの亡命中、サファヴィー朝の王室と親交を深め、その協力を得て、**インドの領地**の一部を奪還する。

↓

第2次パーニーパットの戦いでアクバルが勝利したことによって、ムガル朝がインド亜大陸の最大勢力となる。

↓   ↓

アクバルは**ペルシア**との文化的、商業的、政治的**結びつきを強める**。

ペルシアの文化人、教養人が**ムガル朝の華やかな宮廷**に集まる。

↓ ↓

インド北部の学問、建築、芸術において、**ペルシア文化の影響を受けた独自のムガル様式**が花開く。

背景

キーワード
イスラム王朝

前史

1501年 サファヴィー朝がペルシアを統一してシーア派を国教とし、イスラム教の他宗派を含むあらゆる宗教を弾圧する。

1526年 第1次パーニーパットの戦いで、バーブル（モンゴルの統治者チンギス・ハーンとティムールの血を引く）がデリーを制圧し、ムガル帝国を築く。

1540年 バーブルの後継者フマーユーンが短期間のうちに領土の大半を失って、亡命する。

後史

1632年 ムガル建築の粋を集めたタージ・マハルが着工される。

1658年〜1707年 アウラングゼーブのもとで、ムガル帝国の領土が最大となるが、きびしい統治が反乱を招く。

1858年 イギリスによって、ムガル帝国最後の君主が退位させられる。

ムガル帝国は1526年、中央アジアから侵攻してきたテュルク＝モンゴル系民族によって北インドに築かれたイスラム教国家である。それから30年後の2月、アクバルがこの国の新君主として即位した。アクバルの軍は、首都デリーの支配権をめぐるライバルであるヘームーの軍にすぐさま立ち向かい、ヘームー軍を壊滅させて、父フマーユーンが失った領土を取りもどした。これを第2次パーニーパットの戦いという。アクバルは徐々に権力を固めて覇権をひろげ、北インド全域と中央インドの一部を統合した。かつて独立していた王国の君主は退位に追いこまれるか殺害され、民衆も虐殺された。こうして多くの

近世の時代

さまざまな国家が三十年戦争に介入するにつれて、紛争は宗教をめぐる分裂からフランスとハプスブルク家とのヨーロッパの主権争いへと変質していった。

おもな動き

戦争の経過
- オーストリアがボヘミアとドイツのフリードリヒ5世の領地を侵攻。
- デンマークが北ドイツのルター派を支援するために介入。
- スウェーデンがドイツで反カトリックの軍事行動を開始。
- フランスがハプスブルク家のスペインと神聖ローマ帝国に対して宣戦を布告。

宗教区分
- プロテスタント勢力
- カトリック勢力

の主要国ほぼすべてを巻きこんだ包括的な戦争になった。皇帝はドイツの領土奪還をめざし、スペインは同盟関係にあるハプスブルク家の権力掌握を望んだ。スペインには、かねてからの悲願であったネーデルラント奪還を実現するため、ヨーロッパ大陸を進軍するうえでの障害を取り除いておきたいという思惑があった。ハプスブルク家とその同盟国に囲まれ、危惧をいだいていたフランスは、引きつづき皇帝の権力を減じようと試みた。

終焉と余波

1640年代になると、反皇帝軍は優位な立場を取りもどしていた。1643年にフランス軍がオワーズ川流域のロクロアでスペイン軍を破り、1645年にはスウェーデン軍がプラハ南東のヤンカウで皇帝軍と衝突した。1万6千の皇帝軍の約半数が、この凄惨な戦いで命を落とし、勢いに乗じたスウェーデン軍が、そのままプラハやウィーンへ進軍するかと思われた。しかし、この時点ですでに両軍とも疲弊していたため、いずれの都市へも侵攻はかなわなかった。

三十年戦争の戦いは大規模に繰りひろげられた。数千の歩兵が銃の援護を受けて騎兵とともに戦う方陣をとり、多数の傭兵が雇用された。戦い慣れした職業兵士たちはその迅速さと冷酷さを発揮したが、傭兵が通ったあとには戦地よりもひどい状況が残された。巨大な軍隊は、食料を求めて帝国全土で略奪してまわり、また敵に有利になりそうなものは軒並み排除するなど、悪行のかぎりを尽くした。農村地域は食料を漁る軍隊によってことさらに苦しめられて、ドイツの人口は20パーセント減少し、貿易や産業にも被害が及んで、あとには荒廃ばかりがひろがった。中央ヨーロッパは戦争から復興するまで数十年を要したが、強力な貿易ネットワークと海事力を持つイギリスやオランダなどは首尾よく立ちまわった。

度重なる砲術による戦闘も、両軍を消耗させた。疲弊しきった両軍は、ついに和平に歩み寄った。

神聖ローマ帝国、スペイン、フランス、スウェーデン、オランダ共和国の代表のほか、ドイツの諸侯や都市の統治者、そのほかの利害関係者が、1648年に北ドイツのオスナブリュックとミュンスターの2都市に集まり、ウェストファリア条約に同意した。この会談では、政治と宗教における各国の根本的な立場の差を解消することはできなかったが、それでも戦争を終結させる合意を生み出し、和平条約によって独立した国家間の勢力均衡を実現した。

ヨーロッパの国々は、カトリック多数派かプロテスタント多数派かで完全に分かれたが、互いに共存していく術を学ぶことに合意した。この和平条約は、高位の外交会議によって国家間の合意を生み出す先例となり、それ以降も同様の会談が国際関係の重要な役割を果たしている。∎

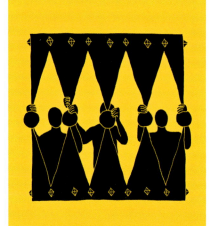

王権は反逆精神を封じる手立てである
アクバル大帝による征服（1556年）

> アクバルの父フマーユーンは、ペルシアへの亡命中、サファヴィー朝の王室と親交を深め、その協力を得て、**インドの領地**の一部を奪還する。

第2次パーニーパットの戦いでアクバルが勝利したことによって、ムガル朝がインド亜大陸の最大勢力となる。

| アクバルは**ペルシア**との文化的、商業的、政治的**結びつきを強める**。 | ペルシアの文化人、教養人が**ムガル朝の華やかな宮廷**に集まる。 |

> インド北部の学問、建築、芸術において、**ペルシア文化**の影響を受けた**独自のムガル様式**が花開く。

背景

キーワード
イスラム王朝

前史

1501年 サファヴィー朝がペルシアを統一してシーア派を国教とし、イスラム教の他宗派を含むあらゆる宗教を弾圧する。

1526年 第1次パーニーパットの戦いで、バーブル（モンゴルの統治者チンギス・ハーンとティムールの血を引く）がデリーを制圧し、ムガル帝国を築く。

1540年 バーブルの後継者フマーユーンが短期間のうちに領土の大半を失って、亡命する。

後史

1632年 ムガル建築の粋を集めたタージ・マハルが着工される。

1658年～1707年 アウラングゼーブのもとで、ムガル帝国の領土が最大となるが、きびしい統治が反乱を招く。

1858年 イギリスによって、ムガル帝国最後の君主が退位させられる。

ムガル帝国は1526年、中央アジアから侵攻してきたテュルク＝モンゴル系民族によって北インドに築かれたイスラム教国家である。それから30年後の2月、アクバルがこの国の新君主として即位した。アクバルの軍は、首都デリーの支配権をめぐるライバルであるヘームーの軍にすぐさま立ち向かい、ヘームー軍を壊滅させて、父フマーユーンが失った領土を取りもどした。これを第2次パーニーパットの戦いという。アクバルは徐々に権力を固めて覇権をひろげ、北インド全域と中央インドの一部を統合した。かつて独立していた王国の君主は退位に追いこまれるか殺害され、民衆も虐殺された。こうして多くの

参照 ムハンマドが神の啓示を受ける 78-81 ■ バグダードの建設 86-93 ■ グラナダ陥落 128-29 ■ コンスタンティノープルの陥落 138-41 ■ サファヴィー朝ペルシアの建国 198

国々がムガル帝国の属州となった。

支えと存続

アクバルは支配下に置く地域が増えても対応できる政治体制を作って、帝国の統一を維持した。高い給金を受けとる貴族が、属州の総督や野戦軍もしくは中央軍の指揮官となって、国を支えた。また、優秀な人材がインド国内やペルシアから集められ、イスラム教徒と同じく登用されて、金や土地を与えられた。

この制度によって、行政を中央集権的にしすぎることなく、ひとりひとりの能力や忠誠心に報いることが可能となり、広い領土を持つ帝国にとって大きな利点となった。君主はしばしば宮廷や後宮の者たちをともない、豪奢な天蓋を設置して、帝国各地を巡回した。

この細密画には、パーニーパットで敵と戦うムガル帝国軍が描かれている。征服地の拡大とともに、金や人員や武器が増えるにつれ、最強の軍隊ができあがった。

帝国の統一を支えたもうひとつの要因は、広く普及したイスラム教およびその芸術や文化である。だがアクバルは宗教の自由を認め、圧倒的多数派であるヒンドゥー教徒をはじめとする非イスラム教徒にも、信仰や戒律や慣習をそのまま守ることを許した。

ペルシアとの交流

ムガル朝の創始者であるバーブルと、アクバルの父フマーユーンは、近隣のイスラム教国家サファヴィー朝ペルシアと外交的、文化的、政治的なつながりを築いていた。そのため、ムガル朝の美術は細密画や挿絵などでペルシアの影響を強く受けている。アクバルは挿絵つきの本を製作する工房をファテープル・シークリーやラホール（現在はパキスタン領）に建設した。さらにペルシアから建築家や職人を呼び寄せ、宮殿や砦やモスクや公共の建物などを設計・建築させた。デリーにあるフマーユーン廟もそのひとつである。ドーム型の屋根を戴くこの廟は、新たな建築様式の先駆けとなり、ペルシアの影響を受けた独自の建造物がインドじゅうに広まった。

ムガル朝はアクバルの息子ジャハンギールの時代までは栄えたが、17世紀後半になると、宗教紛争や経済問題に悩まされて衰退していった。アフガン人に攻めこまれる時期がつづき、18世紀後半からはヒンドゥー教徒の勢力であるマラーターが政権を握った。そして、1818年にイギリスがマラーター勢を打ち破ったあとは、その支配下に置かれるようになった。■

アクバル

ムガル帝国の王位を継いだときはわずか13歳で、はじめのうちは摂政バイラム・ハーンの力を借り、インド各地の王国を強引に従わせ、君主が絶対権力を持つような中央集権政治体制を確立した。

アクバルの治世下で、ムガル朝は軍事だけでなく、芸術の面でも力をつけた。君主の庇護を受けて、すぐれた絵画や文学が生まれている。自身は読み書きができなかったが、2万4,000冊もの蔵書があったという。首都ファテープル・シークリーは宗教論争の中心地となり、宮廷は文化と学問の場となった。アクバルはイスラム教から改宗することはなかったが、他の宗教に寛容で、ヒンドゥー教やキリスト教や仏教の神学者を宮廷に招いては、イスラム教の神学者と討議させた。これらの宗教の要素を織り交ぜて、自身を神とする新しい宗教を構想さえしている。

彼らは大いなる希望と情熱を胸にいだいていた
メイフラワー号の航海（1620年）

背景

キーワード
北アメリカの植民地化

前史

1585年 イギリス人の開拓者たちが、ノースカロライナ州ロアノーク島に植民地を作ったが、5年も経たずに放棄される。

1607年 ヴァージニア州ジェームズタウンに、北アメリカ初となるイギリスの永続的植民地が築かれる。

1608年 フランスがカナダのケベックに植民地を築く。

後史

1629年 イギリス人入植者によって、北アメリカ東海岸にマサチューセッツ湾植民地が形成される。

1681年 イギリス人のクエーカー教徒ウィリアム・ペンが、迫害から逃れるための地として信者のためにペンシルヴェニアを建設する。

1733年 ジョージア植民地が設立され、北アメリカ大陸東海岸にイギリスが13植民地を築くことになる。

1620年、母国では合法的に信仰を認められなかったイギリス人の一団が、自由を求めて大西洋の航海に乗り出した。この一団は、のちにピルグリム（巡礼者）と呼ばれることとなる。最初は2隻で出発したものの、1隻は航海に耐えられないことが判明し、残ったメイフラワー号だけで旅をつづけざるをえなかった。ピルグリムの一団は船上でメイフラワー誓約を起草し、イギリス国王に忠誠を誓いながらも、母国の法律の枠内で独自の法を作ることを誓約した。一行はマサチューセッツ州プリマスに住みつき、最初の冬のあいだに多くが病死したが、共同体は保たれていた。

初期の入植

当時のイギリスは、他の国々と競い合って北アメリカに植民地を建設していた。ピルグリムがプリマスに上陸する13年前、ヴァージニア州にジェームズタウンができたが、この植民地は宗教的共同体ではなかった。ジェームズタウンを中心とする一帯は、イギリス国王の勅許を

イギリスのプロテスタントの一派が、信仰の自由を求めてメイフラワー号で北アメリカへ移住し、植民地を建設する。

| 分離派の人々も続々と海を渡り、植民地の人口が増大する。 |

| イギリス国王から勅許を与えられた会社による植民地もできる。 |

イギリスの議会制に則りながらも信仰の自由を基軸とした、植民地の政治体制ができる。

近世の時代

参照 クリストファー・コロンブスのアメリカ大陸到達 142-47 ■ アムステルダム証券取引所の設立 180-83 ■ アメリカ独立宣言の採択 204-07 ■ エリス島の移民局開設 250-51

メイフラワー号は3度出港を試みた。1度目はサウサンプトンから、2度目はダートマスからで、ともに8月のことだ。最終的にプリマスから旅立ったのは1620年9月6日だった。

得て、1607年から入植がはじまり、南北アメリカ大陸における初の永続的植民地となった。フランスの探検家たちはカナダのいくつかの川の流域に毛皮の交易所を作った。17世紀前半には、オランダやスウェーデンからの開拓者たちが北アメリカに到着し、オランダは1613年に、マンハッタン島の西岸に交易所を設立した。

政府と貿易

プリマスとジェームズタウンでは代議制がとられ、入植者のなかから公職者を選んで自治をおこなった。イギリスの議会制を範にし、メイフラワー誓約に記した権利を出発点として、早期に確立した自治の規範は、北アメリカにおけるイギリス植民地の特性となった。

各植民地には、イギリス国王によって任命された総督と、入植者に選出された議会が存在し、両者はしばしば対立した。議会は現行のイギリス法に従わなければならないが、本国の国王と政府は総督とともに、植民地を原材料が豊かな資源と見なし、自分たちに都合よく活用すればいいと考えていたからだ。

アメリカをイギリス産業のよい市場として残しておくために、植民地の貿易は航海法によって制限され、すべての商取引はイギリス人乗組員の働くイギリスの船でおこなうと定められていた。植民地の人々は、自分たちの交易と製造がこの法律によって一方的に抑圧されていると、しだいに感じるようになった。イギリスと植民地の商人の双方がそれぞれの利益を守ろうとするにつれ、大西洋の両岸で緊張が高まった。

植民地の発展

入植者とアメリカ東海岸の先住民との関係も悪化しはじめた。植民地の人口が増えて、土地や資源を逼迫するようになると、入植者は西へと居住地をひろげたが、そこはアメリカ先住民の土地だった。

両者は穏やかに共存する道を苦心して探った。しかし平和は安定せず、入植者と先住民のあいだで何度も争いが起こるという状態が長くつづいた。■

宗教的迫害

17世紀前半のイギリスでは、国教会の定めたとおりに礼拝をすることが法律で義務づけられていた。国教会はカトリック教会から完全に離れていたが、聖職の階層制、形式的な典礼や聖歌や祈りなどにカトリック的な要素があって、それらを排除すべきだと考える者もいた。

信仰を清く純化し、教会を内側から改革しようとした人々が、ピューリタン(清教徒)である。分離派と呼ばれるほかの集団は、国教会から分かれて独自の信徒団を成したが、指導者が投獄されたり処刑されたりするようになると、より宗教的に自由なオランダへ移り住んだ。オランダでは、望みどおりの簡素な信仰が許されたものの、ギルドにはいれなかったため、生活は苦しかった。そのことは、ピルグリムや他の者たちが新天地を求めて北アメリカへ渡るひとつのきっかけとなった。

かならずや王の首を刎ねるのだ、王冠を載せたまま
チャールズ1世の処刑（1649年）

背景
キーワード
イギリス内戦

前史

1639年 第1次主教戦争でイングランド軍とスコットランド軍が衝突する。

1642年 ウォリックシャーのエッジヒルで、イギリス内戦における最初の戦闘が起こる。

1645年 オリヴァー・クロムウェルの創設した新型軍が、ネイズビーの戦いとラングポートの戦いで勝利する。

1646年 チャールズ1世が降伏する。

後史

1649年 イングランド共和国が誕生する。

1653年 クロムウェルが終身護国卿となり、議会を招集、解散する権限を手にする。

1658年 クロムウェルが死亡し、息子のリチャードが後を継いで護国卿となる。

1660年 王政復古で、チャールズ2世がイギリス国王として即位する。

チャールズ1世が**王権神授説**を唱える。

戦費調達のために**高額を課税する**必要がある。

議会は**王権を制限**しようとする。
王党派と議会派に分かれ、**権利を求めての内戦**が起こる。

クロムウェルに率いられた**議会派が勝利**する。

チャールズ1世が処刑され、イングランド共和国が成立する。

1640年代、イギリスでは国運を賭けた戦いがつぎつぎと起こった。これらをまとめて、イギリス内戦という。国王派はおもに貴族やジェントリ（地主）で、チャールズ1世を支持し、王が議会に対して権力を行使することに同調していた。一方、議会派は商人や小規模の地主から成り、多くはピューリタンで、王の専制に反感をいだいていた。1648年、議会派軍はチャールズを打ち破り、指揮官のオリヴァー・クロムウェルは国王との妥協を探る者たちを議会から追放して、残った者たちだけで君主制の終結を採択した。チャールズ1世は国家に対する反逆罪で裁判にかけられ、1649年に斬首された。この後11年間、イギリ

近世の時代

参照　マグナ・カルタ大憲章への署名 100-01　■　マルティン・ルターの95か条の論題 160-63　■　プラハ窓外放出事件 164-69　■　アムステルダム証券取引所の設立 180-83

スでは共和制が敷かれた。

内乱の原因

　チャールズ1世と議会は、端から相容れなかった。議会がプロテスタントであるのに対し、チャールズ1世はカトリック擁護派で、しかも王権神授説を信奉していた。これは、王位は神から授けられたものであり、それゆえ国王もしくは女王は絶対の権力を持つとする説である。

　フランスでの戦争の資金を、チャールズ1世がたびたび求めるようになると、国王と議会の対立が避けられなくなった。議会は1628年に権利の請願を提出し、議会の同意なしには課税できないようにして、国王の力を抑えようとした。ところが国王は、古い中世の法律を持ち出して増税したり、貿易独占権を売るなどして金を集めたりし、議会なしで乗りきろうとした。1640年、国王はスコットランドの反乱を鎮圧するための資金難から、11年ぶりに議会を招集せざるをえなくなった。招集された議員たちは、国王による一方的な議会の解散を違法とするなど、王権を制限する法律を導入しようとしたので、国王は5人の議員を逮捕して対抗しようとした。この諍いが1642年の第1次イギリス内戦へと発展した。

内戦とその結果

　当初は国王派が優勢だったものの、議会派は1645年にオリヴァー・クロムウェルの主導で軍を再編し、翌年にチャールズ1世を降伏させた。しかし国王は2年後に再度戦いを挑んだ。この第2次イギリス内戦は、1648年のプレストンの戦いでの国王派の敗北で終結し、1649年に国王が処刑されて、クロムウェルを長とするイングランド共和国が成立した。

　チャールズ1世と同様、クロムウェルも議会の扱いに苦労したが、いくつもの改革を断行した。クロムウェルは厳格なピューリタン式の統治を、スコットランド人やアイルランド人にまで容赦なくおこなった。クロムウェルの死後まもなく、禁欲的なピューリタニズムに辟易していた人々は、チャールズ1世の息子が亡命先から帰還するのを喜んで迎えた。こうして即位したチャールズ2世は、王権の制限を承諾し、プロテスタントの信仰を支持した。しかし、あとを継いだ弟のジェームズ2世はカトリックだったため、イギリス国教会と対立し、プロテスタントを敵にまわした。

　カトリックの王がふたたび誕生したことに対する不安はしだいに高まり、1688年、ついに名誉革命が起こって、ジェームズ2世は退位に追いこまれた。ジェームズ2世は国外へ逃れ、娘でプロテスタントのメアリー2世と、夫のオレンジ公ウィリアム3世がオランダから呼ばれて、共同で王位に就いた。1689年には権利の章典が発布され、これによってメアリー2世とウィリアム3世は、陪審裁判など、臣民の基本的な権利を保障し、君主も国法に従うことを承諾した。それ以来、イギリスは立憲君主国であり、議会をしのぐ権力を持った王はチャールズ1世が最後となった。■

チャールズ1世

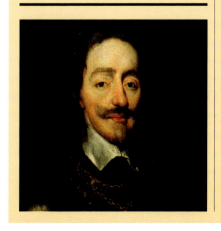

　1600年、ステュアート朝のイギリス王ジェームズ1世（スコットランド王ジェームズ6世）と、アン・オブ・デンマークの息子として生まれ、1625年に即位した。王となった当初から高額の課税をおこない（おもにフランスでの戦費をまかなうため）、王権神授説を主張したので、臣民と議会の反感を買った。また、カトリックに好意的だったためにイギリス国教会とも衝突した（王妃に迎えたのは、フランス王の娘で、カトリック信徒のヘンリエッタ・マリアだった）。スコットランドにおいても不人気で、この地で有力だった教会の長老制を、より階層のはっきりした国教会制（主教を置く）に変えようとして、1639年と1640年の2度にわたる主教戦争を引き起こしている。イギリス内戦中は国王派を率いて戦ったが、議会派に捕らえられ、軟禁状態に置かれ、その後、投獄されて1649年に処刑された。裁判のあいだも、最後まで王権神授説を覆すことはなかった。

プランテーションの存亡はまさに黒人奴隷の供給に頼っております
王立アフリカ冒険商人会社の設立
(1660年)

背景

キーワード
奴隷制と植民地

前史
1532年 ポルトガルがブラジルにはじめて定住用の町を造る。
1562年 ジョン・ホーキンスの航海をきっかけに、イギリスの奴隷貿易がはじまる。
1625年 ジェームズ1世の名のもとにイギリス人たちがバルバドスを植民地とする。
1655年 スペインの植民地だったジャマイカを、イギリス人たちが奪取する。

後史
1672年 王立アフリカ冒険商人会社が王立アフリカ会社と改称し、再設立される。
1698年 アフリカから輸出されるすべての物品に対して10パーセントの関税をおさめれば、イギリスの商人ならだれでも、アフリカ貿易に合法的に参入できるようになる。

1660年、イギリスで王立アフリカ冒険商人会社が設立された。国王の勅許により、この会社は西アフリカ沿岸との貿易を独占して、そこに交易拠点を建設することを許され、国王は見返りとして会社の利益の半分を得た。これを基にして12年後に再編された王立アフリカ会社にはさらなる権限が与えられ、交易拠点だけでなく、輸出される前の奴隷の「収容所」なども作ることができ、独自の軍を雇うこともできた。王立アフリカ会社は、奴隷貿易を促進、発展させていくうえで重要な役割を担い、10万人にも及ぶアフリカ人を奴隷とし、西アフリカ諸国の首長たちと手を組んで取

近世の時代 **177**

参照 クリストファー・コロンブスのアメリカ大陸到達 142-47 ■ トルデシリャス条約 148-51 ■ コロンブス交換 158-59 ■
奴隷貿易廃止法 226-27

大西洋の奴隷貿易は1807年に禁止されたが、それ以降も引きつづき何十年にもわたっておこなわれた。この版画は、1860年ごろにアメリカの船ワイルドファイヤー号でキューバへ向かう奴隷の一団を描いている。

引をおこなった。これは1752年に会社が解散した後もつづき、おびただしい数のアフリカ人が南北アメリカ大陸で過酷な労働を強いられることとなった。

会社の設立

王立アフリカ冒険商人会社の設立後まもなく、第2次英蘭戦争が勃発し、オランダに多くの交易拠点を奪われたイギリスは、戦争のあいだ、奴隷貿易ができなかった。そのため、会社は危うく倒産しかけたが、1672年、国王から新しく勅許を与えられたことで、名前と構造を変えて再建され、アメリカ大陸へ奴隷を運んで売る権利を得た。会社は息を吹き返し、その年からおよそ25年のあいだに10万人程度の奴隷を輸送した。しかし、権利の章典で王権が制限されたため、1698年に対西アフリカ貿易の独占権を失い、以降はアフリカから輸出する全品物の10パーセントの税を会社に支払えば、どんな商人でも貿易に参入できるようになった。会社外から商人たちが加わったことで、西アフリカ貿易はさらに盛んになり、イギリス商業を構成する一部として、18世紀のあいだもつづけられた。

奴隷貿易自体は、王立アフリカ会社の設立よりかなり古い。15世紀半ばに、ポルトガル人が最初の奴隷を西アフリカから本国へ船で運んだとされている。16世紀までに、ポルトガルはおおぜいの奴隷

イギリス国王は**税収**を必要とする。	→	**貿易で国王と商人の富を増やすために、王立アフリカ会社が設立される。**	→	**大西洋での奴隷貿易が急増し、膨大な数のアフリカ人**が奴隷として連れ去られる。
イギリス商人は奴隷貿易に**利益**を見いだす。	→			
アフリカは**奴隷の供給源**となりうる。	→			

王立アフリカ冒険商人会社の設立

>
> わたしは彼らを家畜のように
> まとめて船へ追いやった。
> **ディオゴ・ゴメス**
> ポルトガルの探検家（1458年）
>

をブラジルへ送りこみ、サトウキビ農園で働かせた。奴隷貿易が法的に禁止されるまで、ブラジルはアフリカ人奴隷の最大の輸出先だった。イギリスが奴隷貿易に着手したのは1560年代からで、商人たちはアフリカ諸国の首長が捕らえた人々を買いとった。17世紀にはいって、イギリスの植民地が増えるにつれ、奴隷の需要も拡大し、王立アフリカ会社はそこから大きな利益を得ることになった。

三角貿易

大西洋を横断する奴隷貿易は、ほどなく、三角貿易の一辺となった。これは、アフリカの奴隷を船に乗せてアメリカ大陸へ運び、そこで積み荷を品物に替えてヨーロッパへ輸送し、その後ヨーロッパの製品を積みこんで、アフリカへ向かうという大三角形だ。カリブ海の島々からは砂糖や糖蜜やコーヒーが、北アメリカ大陸南部の植民地からは米や藍や綿やタバコが、北東部の植民地からは毛皮や木材やラム酒が、イギリスへ送られた。イギリスからアフリカへの積み荷は、服や銃や鉄やビールなどだった。象牙や金などは、アフリカからヨーロッパへ直接持ちこまれたため、三角貿易には組みこまれなかったものの、その仕組みの支えとなった。

三角貿易は、南北アメリカ大陸の農園主、イギリスの製造業者、奴隷やその他の商品を取引する商人たちなど、多くの者に莫大な利益をもたらした。港湾運送業者や、奴隷を売る西アフリカ諸国の首長、航海に融資した銀行家、そして輸入した原料を加工する工場で働くイギリスの労働者までもが恩恵を受けた。

18世紀の西洋資本主義を急成長させたのは、この貿易体制の要である奴隷売買だった。イギリスの工場は、貿易港から離れた場所にあっても、三角貿易にかかわっていた。よく知られているのは、武器の生産が盛んなバーミンガムなどのイギリス中部の都市で、ここは鉄の供給源にも近く便利だった。およそ15万挺の銃がたいがいこのような中部地方の工場で作られて、毎年西アフリカへと運ばれ、そのほとんどがアフリカの商人を相手として、奴隷と交換された。バーミンガムやシェフィールド製の刃物も同じように取引された。あまりに多くの人の利益が三角貿易にからんでいるので、ヨーロッ

>
> 女たちの悲鳴や
> 死にゆく者のうめき声のせいで、
> ほとんど信じられないほどの
> 恐怖の場面となった。
> **オラウダ・イクイアーノ**
> 黒人作家、解放奴隷（1789年）
>

ヴァージニア植民地のタバコはヨーロッパで非常に人気があった。農園主たちは生産物を本国へ運び、そこで得た利益でアフリカの奴隷やヨーロッパの製品を買った。

パの政治家たちがこの仕組みを非難することはむずかしく、まして撤廃などできるはずもなかった。

奴隷として売買された黒人は、膨大な数にのぼる。1807年にイギリス帝国全体での奴隷貿易が違法となるまでに、イギリス商人によって、約300万人の黒人がアメリカ大陸へ送られ、奴隷生活を強いられた。ほかにも、奴隷船上で劣悪な環境のために死亡した黒人の数は計り知れない。ポルトガル商人によってブラジルへ送られた黒人の数はさらに多いと推定され、ほかの国々も、人数は下まわるとはいえ奴隷貿易をおこなっていた。全体だと、その数は1,000万人とも、それ以上とも考えられている。

ヨーロッパの植民地

西インド諸島の大農園、すなわちプランテーションで、サトウキビやコーヒー

近世の時代

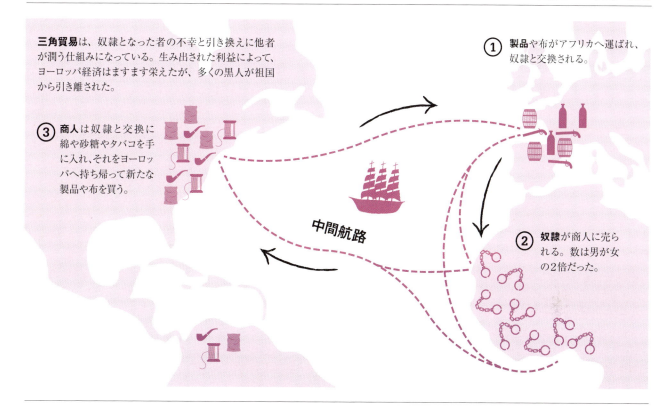

三角貿易は、奴隷となった者の不幸と引き換えに他者が潤う仕組みになっている。生み出された利益によって、ヨーロッパ経済はますます栄えたが、多くの黒人が祖国から引き離された。

① **製品や布**がアフリカへ運ばれ、奴隷と交換される。

② **奴隷**が商人に売られる。数は男が女の2倍だった。

③ **商人**は奴隷と交換に綿や砂糖やタバコを手に入れ、それをヨーロッパへ持ち帰って新たな製品や布を買う。

中間航路

などの作物を育てる仕組みを開発したのは、スペイン、オランダ、フランスからの移住者たちだった。おもな植民地としては、キューバ（スペイン領）、ハイチ（フランス領）、オランダ領アンティルがあげられる。このような植民地のプランテーションで、奴隷を労働力として使うことで、農園主たちは巨額の富を得た。イギリスがこの地域に本格的に進出してきたのは、17世紀にはいってからである。最も繁栄した植民地はバルバドスで、1680年代には4万6,000人もの奴隷がいた。18世紀には、ジャマイカでのサトウキビ栽培も盛んになった。

先住民の大半がヨーロッパからの侵略者によって一掃されたうえに、ヨーロッパの労働者たちは現地の環境にうまく順応できなかったので、農園主はしだいに奴隷を酷使するようになっていった。奴隷労働は北アメリカ、特にタバコのような作物をプランテーションで育てていた南部の植民地でも一般的だった。多くの奴隷は人間として扱われず、重労働に従事させられて、鞭打ちや烙印や、さらに残忍な仕打ちにさらされていた。

三角貿易以外の奴隷貿易

ヨーロッパの入植者たちは、大西洋の三角貿易以外でも奴隷売買をおこなっていた。オランダは東南アジアで奴隷貿易をはじめ、インド洋のマダガスカルやモーリシャスにも範囲を広げた。貿易を取り仕切っていたのは、おもにオランダ東インド会社で、ジャカルタ（オランダ植民地時代はバタヴィア）を東洋における会社の本拠地としたほか、スリランカにも拠点を築いた。奴隷たちはこのような拠点から、東インドネシアやアフリカ南部など、インド洋各地に送りこまれた。やがてポルトガルやイギリスの拠点もできると、インド洋の奴隷貿易はますます活発になった。

奴隷貿易はヨーロッパの国々だけでおこなわれていたわけではない。ムスリムの商人たちも、東アフリカから奴隷を買って、イスラム諸国で売っていた。

とはいえ、三角貿易によって、ヨーロッパとその植民地が自分たちの利益のために主導した世界経済がもたらされた。貿易を主導していた国の財源は、驚異的なまでにふくれあがった。たとえばイギリスでは、18世紀初頭には1,000万ポンドだった貿易総額が、18世紀末には4,000万ポンドになった。しかし、奴隷貿易は人類にもたらした負の遺産であり、思考や行動に残る爪痕は、今日でも計り知れないほど大きい。■

いたるところで
だれかが株の話をしている
アムステルダム証券取引所の設立
（1602年）

背景

キーワード
オランダ黄金時代

前史
1585年 ネーデルラント連邦共和国が設立され、南部のプロテスタント市民が北部へ移住する。

1595年 コルネリス・デ・ハウトマンの船隊がアジアへ遠征し、オランダの香辛料貿易の端緒を開く。

後史
1609年 アムステルダム銀行が創設される。

1610年〜1630年 干拓によって国土が3分の1大きくなったため、農業生産が増大する。

1637年 チューリップの球根ひとつが、熟練した職人の年収の10倍以上の価格で取引される。

1650年 人口の半分ほどが都市部に集まり、オランダはヨーロッパ随一のにぎわいを見せる。

アムステルダム証券取引所は、世界で最も古い常設の株式市場で、1602年にオランダ東インド会社によって設立された。この会社は、アジアとの交易を円滑にするために創られた実質的に世界初の国際企業である。政府は貿易に関する権限だけでなく、要塞や植民地を築いたり、軍を集めたり、各国の統治者と条約を結んだりする特権をこの会社に与えることが多かった。会社は膨大な数の船や港や人員をかかえていたので、相応の資金と出資者が必要だった。当初はそのような投資家たちがこの会社の株式を取引できるようにと開設されたアムステルダム証券取引所だっ

近世の時代

参照　クリストファー・コロンブスのアメリカ大陸到達 142-47 ■ トルデシリャス条約 148-51 ■ プラハ窓外放出事件 164-69 ■
スティーヴンソンのロケット号が営業運転開始 220-25 ■ スエズ運河の建設 230-35

オランダ東インド会社はいくつも自社造船所を持ち、アムステルダムにあった最大のものがこの絵に描かれている。この会社は17世紀に大きな力を持ったが、1799年末に解散した。

たが、成長して金融資産の市場として活況を呈し、やがてオランダの資本主義経済を伸ばす原動力となっていった。

拡大する経済

スペインと長期の戦争状態にあったにもかかわらず、17世紀のオランダ経済は発展した。16世紀末には、国は北部（プロテスタントによるネーデルラント連邦共和国）と南部（カトリックによるフランドル地方）に分かれていた。共和国は北部の7つの州から構成され、それぞれがかなりの面で独立していたが、オランダ連邦議会の庇護下にあった。そこへアントワープなどの南部カトリックの都市に住んでいたプロテスタントの商人たちが、迫害を逃れて移り住み、資本や販売網を持ちこんだ。また、織物業（おもに毛、絹、麻）に精通したフランドルの職人が、ハールレムやライデンやアムステルダムといった北部の都市に移住したことで、共和国の経済成長があと押しされた。

17世紀が進むにつれて、共和国の繁栄が本格的にはじまった。この小国が栄えたのにはさまざまな要因が考えられる。第1に、この地域は昔から海運業に強く、他国に抜きん出ていた。そのうえ人々は、確固たる労働倫理——おもにプロテスタントの信仰に根ざしたもので、働くことが義務であり、救済への道でもあるとする——を持っていたので、生産性が高かった。ほかにも、人口（特に都市部の中産階級）の増大、主要都市アムステルダムの拡張などがあげられる。アムステルダムはまさに理想的な貿易の拠点だった。これらの要素がからみ合って、オランダの経済を動かし、海運、商業、金融が栄えていった。

探検と貿易

ネーデルラント共和国は海に面しているため、傑出した船乗りや探検家が数多く現れた。造船技術も発達したので、オランダの商船隊は急速に拡大した。1670年には、オランダ商船の数は他のヨーロッパ諸国の商船の合計より多くなった。増加する商人層はアジアとの香辛料貿易に大きな潜在的利益を見いだし、スペインやポルトガルといった他の海洋国家と同じく、探検家が東方への新しい航路を探った。オランダは世界各地をまわって

農業革命

17世紀にネーデルラント連邦共和国の人口が増大したことで、より生産性の高い農業が求められるようになった。それが実現したのは、中世後期から広い範囲で盛んにおこなわれていた干拓によるところが大きい。また、オランダ人は土地の使い方も変えた。従来どおりにある年に作物を育てたら、つぎの年は休耕するのではなく、窒素を供給する植物（マメ、カブ、クローバーなど、家畜の飼料として使えるもの）を植え、翌年の穀物の収穫のために土地を肥やすようにした。飼料になる作物が増えて、もっと家畜を飼えるようになると、乳や肉だけでなく堆肥の量も増すので、それをまた土地を肥やすために使えた。足りないぶんの小麦は輸入せざるをえなかったが、生産性の向上は共和国の人口増加を支えるのに役立ち、多くの人が農業以外の仕事、貿易や金融などにも携われるようになった。

植民地を築いたが、そのひとつが北アメリカに築いたニューアムステルダムである。1624年から公式な入植がはじまり、イギリスへ割譲されてニューヨークと改称された。1596年には、アジアへの北東航路を探していたオランダ人探検家のウィレム・バレンツが、航海の途中でスヴァールバル諸島（スピッツベルゲン島）を発見し、これはのちにオランダ捕鯨船団の漁場となった。

最も成功を生んだのは1595年からはじまった香辛料貿易で、オランダはたびたび東南アジアに遠征しては、コショウ、ナツメグ、チョウジ、シナモンといった香辛料を持ち帰った。ジャワ島のバタヴィア（現ジャカルタ）をはじめ、いくつもの植民地を建設したが、バタヴィアという確固たる拠点を得たことで長期にわたる貿易が可能になり、オランダ経済は大いに潤った。

投資の必要性

探検と貿易によって生まれた富がオランダ経済に還元される一方で、海外遠征にかかる多額の費用をまかなうためには投資が必要だった。17世紀に交易のためにアジアへ航海するのは大きな賭けであった。潜在的な利益は大きいが、嵐、海賊、戦争、事故によって、船や船員や積み荷を失い、全利益が帳消しになることもありえたからだ。このような状況では、一個人や会社が全費用と責任を背負うより、航海のたびに多くの人が投資して危険性を分散させるほうが道理にかなっていた。そこで民間貿易商社がいくつも設立されて、その貿易会社ひとつひとつが少額を出資し、すべてがうまくいったときにそれぞれの投資額に応じて利益を分配するという仕組みができた。

証券取引所の誕生

だれかを
アムステルダムの街へ連れ出して、
ここがどこだかわかるかと
尋ねたら、「投機家たちがいるところ」
と答えるだろう。
ジョセフ・ペンソ・デ・ラ・ヴェガ
『混乱のなかの混乱』（1688年）

1602年にこのような商社が統合されてオランダ東インド会社ができ、株式は新設されたアムステルダム証券取引所で公開された。アムステルダム証券取引所は、当初はこの会社の株主が持ち株を売買できるように創設されたものだが、ほどなく他社も資金集めのために株式を上場させるようになった。取引が簡単におこなえるので、アムステルダム証券取引所は大変なにぎわいを見せ、ヨーロッパのこの地域の資本主義はますます進展した。それはつまり、投資が新たな産業を生み、その産業へのさらなる投資がまた富を増やすという構造だった。

証券取引の歴史

アムステルダム証券取引所は無から生まれたわけではない。ヨーロッパにおける有価証券の売買には、すでに長い歴史があった。14世紀もしくはそれ以前から、ヴェネツィアやジェノヴァといったイタリアの交易都市の商人たちは有価証券を売買していた。しかし17世紀のオランダでは金融市場が飛躍的に成長した。鯨油か

バタヴィアは、オランダ東インド会社がアジアにおける本拠地とした港湾都市である。元にあったジャヤカルタという都市をオランダが徹底的に破壊したのち、1619年に創設した。

近世の時代

らチューリップまで、以前からなんでも投機の対象になりえたアムステルダムの金融市場は、16世紀から大きな力を持ったのである。そのため、株を売買する習慣はこの起業家精神あふれる都市で広く受け入れられたが、アジアとの貿易にかなりの利益が見こめたのもその一因である。しかもここでは為替取引の方法が独特で、時間の制限があったため、売り買いのスピードが速く、市場の流動性が高まった。

経済への追い風

アムステルダム証券取引所の設立につづいて、1609年にはアムステルダム銀行が発足した。これは現代の国立銀行の先駆けである。アムステルダム銀行は鋳貨や金塊を安全に保管し、現地通貨の価値を一定に保った。これはオランダの経済を安定させ、急成長する株式市場で危険をはらむ取引をおこなう際の助けとなった。

1623年に、市場はさらに活況を呈した。オランダ東インド会社が新たな取り決めとして投資家たちに定期的な配当金を支払い、希望する者は証券取引所で自由に持ち株を売れるようになったからだ。この動きで証券取引所はますます活性化し、先物売買など、ほかの実入りのよい取引も生まれた。

同じ時期、アムステルダムでは保険業も盛んで、16世紀に普及した海上保険は長距離航海の危険性から船主や投資家を守れるとあって、特に人気があった。アムステルダム証券取引所が開設されたときには、保険の売買に特化した部門が置かれるほどだった。

文化の繁栄

17世紀のアムステルダムで広く活発におこなわれていた金融活動は中産階級を増やし、その人たちが最高級の家具や油絵などの品々を買い求めたので、すでに栄えていたこの地域の経済はいっそう勢いづいた。特に美術市場は活況で、フェルメールやレンブラントを筆頭に、有名画家が多く生まれた。ほとんどの画家には専門分野があり、顧客の要望に応じて肖像画や風景画、海景画、静物画などを描いていたが、レンブラントのような一部の天才画家は、水彩、油絵、素描、製版など、何においてもすぐれていた。

富の増加とともに街も拡大し、新しい庁舎や倉庫や商人たちの住居が続々と建てられた。中産階級の人々が所有した煉瓦造りの家は、アムステルダムやデルフトといった都市の運河沿いにいまでもたくさん残っている。このような運河が張りめぐらされたのも、経済が急激に伸び、株や貿易の成功と美や芸術とが融合していたこの時代のことだった。■

勝って兜の緒を締めよ
関ヶ原の戦い（1600年）

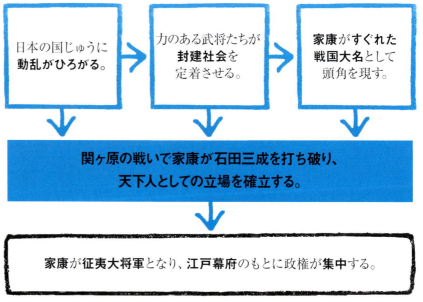

背景

キーワード
江戸時代

前史

1467年　天皇が力を失い、将軍や大名による派閥争いが起こって、戦国時代がはじまる。

1585年　豊臣秀吉が関白宣下を受ける。

後史

1603年　徳川家康が征夷大将軍に任命される。

1610年〜1614年　宣教師たちが追放され、日本でのキリスト教の布教が禁じられる。

1616年　家康が死去する。

1854年　日本が長年の鎖国をやめ、アメリカに対して開港する。

1868年　前年の大政奉還によって徳川幕府がついに終わり、明治天皇のもとで新時代がはじまる。

1600年9月15日、日本の中部地方の関ヶ原で天下分け目の戦いが起こった。敵対するふたつの勢力——東軍と西軍——が国の支配権をめぐって争い、徳川家康率いる東軍が決定的な勝利をおさめた。3年後、朝廷からの宣下で征夷大将軍に任じられ、天皇に代わって国を治める権力を手に入れた家康は、日本に平和と安定をもたらし、江戸（現在の東京）に幕府を置いて、文化と政権の中心地とした。

勢力争い

1192年以来、国の長としての天皇は形ばかりの存在になっていた。代わってその役目を担ったのが将軍という高位の武将で、絶対権力を持って統治した。その後、各地の封建領主（大名）が徐々に力

徳川家康

武士の棟梁となった徳川家康は、1542年、日本の中部、三河国の小さな土豪の嫡子として生まれた。武将となるための教育を受け、成長してからは、織田信長（1534年〜82年）——激動の戦国時代において、最も気性の荒い武将として恐れられた——や、信長の後継者である豊臣秀吉（1536年〜98年）といった、力のある戦国大名と同盟を結んだ。信長や秀吉と手を組んだことで、家康は所領を増やしただけでなく、忠誠と軍事力の重要性を学んだ。このふたつがそろっていたために、秀吉は短期間ではあるが、日本の統一を成しえた。秀吉の死後、関ヶ原の戦いを経て、家康が天下をとった。

家康は将軍として国に安定をもたらしたが、表向きにはわずか2年で引退し、息子の秀忠にその職を譲って、円滑な継承により、徳川の将軍職が長く世襲されていく体制を整えた。こうして秀忠が第2代将軍となったが、家康は死去するまで約10年にわたって、実質的な日本の支配者だった。

をつけて、それを抑えきることができた将軍はほとんどなく、大名たちは覇権を求めて全国で激しく争った。関ヶ原の戦いまで、日本では群雄割拠の時代が1世紀以上もつづいていた。

この戦いでの徳川家康の勝利によって、長い戦国時代に終止符が打たれた。家康とそのあとを継いだ歴代徳川将軍の治世は、およそ250年にわたって安定していた。

徳川将軍家

徳川幕府は多くの点で、先の支配者たち、特に豊臣秀吉の統治を手本にしていた。秀吉は高貴な生まれではなかったが、関白として国を治めた人物だった。1580年代にほぼ天下を統一し、軍事封建的な支配体制を敷いて、諸国の大名や武士を通じて強大な権力を振るった。徳川家も同じ方法を採用し、大名に地方の所領を守らせた。さらに家康は、大名を1年おきに江戸へ参勤させて、領地で力を蓄えないよう用心したほか、敵対する者は容赦なく抑えつけた。

歴代の徳川将軍は忠義を善とする倫理観を醸成し、きわめて有効な支配体制を築いた。そして全国の道路網を改良し、学問を奨励し、貨幣を統一していく。また、日本における外国の影響を減らそうとして、外国人を追放し、外国との接触を制限した。例外的に中国、朝鮮、オランダのみが、きびしい管理のもとで貿易を許されたが、ほかのヨーロッパ諸国は日本人をキリスト教徒に改宗させて実権を握ろうとしていると疑われ、排除された。同時に、日本人が国外へ出ることや、遠洋航行船を造ることも禁じられた。この鎖国政策によって、日本は外国からほぼ切り離され、19世紀半ばまで西洋の影響をあまり受けなかった。

「浮世」

徳川幕府の時代に都となった江戸は、都市文化の中心として栄え、五・七・五の17音を定型とする短詩である俳句や、演劇と舞踏の要素を結び合わせた歌舞伎、人形劇である文楽などが興隆した。ほかにも風景画や木版画といった視覚芸術の分野が大いに発展した。

江戸の上流階級はだんだん享楽的になり、その暮らしぶりは「浮世」と称されるようになった。もとは「憂き世」、すなわち、つらく苦しい世の中という意味で、無常な現世から離れて、悩みや俗世の欲とは無縁の極楽浄土へ行きたいという仏教思想を反映している。ところが江戸時代には、同音異義語の「浮世」が用いられるようになり、欲望を追い求める当時の風潮を反映して、つかの間のこの世を楽しむという側面を表すようになった。■

夷をもって夷を制す
三藩の乱（1673年〜1681年）

背景

キーワード
清の3皇帝

前史
1636年　満州族が民族発祥の地である満州に清王朝を興す。
1644年　清が中国北部を支配下に置く。

後史
1683年　清が明の抵抗運動を制圧し、支配体制を中国全土へひろげる。
1689年　康熙帝がロシアとネルチンスク条約を締結して和平し、ロシアの東方進出を阻止する。
1750年　中国屈指の名園として知られる清漪園（現在の頤和園）が建設される。
1751年　清王朝がチベットを保護下に置く。
1755年〜59年　中国北東部を脅かしていたトルコ系とモンゴル系の部族を乾隆帝が平定する。
1792年　清がネパールへ侵攻する。

乾隆帝が宮廷画家として重用したのは、イタリア人のイエズス会宣教師ジュゼッペ・カスティリオーネだった。貴人を描くにあたって、中国の風景絵巻の技法と西洋画の写実性や遠近法とを融合させた作風だった。

1644年、満州族（万里の長城の北東側に一大国家を築いていた半遊牧民族）が明王朝の崩壊に乗じて北京へ入城し、清朝を築いて中国北部の統治者となった。17年ものあいだ未曽有の規模で激しい戦いがつづいたが、清は明の遺臣の執拗な抵抗を退け、中国の大部分にその支配を拡大した。しかし、清の支配体制はまだ確固たるものではなかった。1673年、第4代皇帝の康熙帝は、後世において三藩の乱として知られる大規模な反乱に直面することとなった。

三藩とは、清による中国内地征服の際に明を裏切って、清軍に協力した3人の明の武将に与えられた、半ば独立国家のように統治できた広範な所領のことである。時が経つにつれて、三藩の独立性はますます増大していったが、領土の世襲を禁止することを康熙帝が宣言したことから、武将たちは反旗をひるがえした。その後につづいた大乱では、多くの人命が失われ、経済的にも大きな混乱が生じた。しばらくのあいだ、武将のひとりである呉三桂が清王朝を転覆させるかに見えたが、やがて康熙帝支持の軍に敗北した。1683年、明朝復興の最後の拠点であり、また反清運動の活動家によって支配されていた台湾も平定された。

中国における清の支配が揺るぎないものとなったことから、康熙帝は国外への侵攻を開始した。この侵攻政策によってシベリアやモンゴルの一部を併合し、その支配をチベットにまで伸ばした。康熙帝と、その直後に清朝を受け継いだ2代

近世の時代 **187**

参照　マルコ・ポーロが上都へ到着する 104-05　■　洪武帝が明朝を築く 120-27　■　第2次アヘン戦争 254-55　■　長征 304-05

| 三藩の乱の鎮圧により、満州族支配に対する抵抗運動が終わる。 | → | 王朝初期の3人の皇帝は、漢人の習慣を引き継ぐことで、漢人に**異文化の風習を許容させる**。 | → | その後の安定期に、中国の**領土は3倍**になり、経済は急速に**拡大**する。 |

↓

18世紀、清は**世界最大の生産国**となる。

↓

19世紀末、清は名ばかりの王朝となり、帝国主義に根ざした**ヨーロッパの膨張政策の重圧**や国内での王朝に対する**不満の高まり**によって、衰退が決定的となる。

の皇帝の卓越した統率力によって、清王朝は18世紀末までの長きにわたって、経済的繁栄と太平の世と政治的安定を誇る黄金時代を享受した。

世界一の強大な力

　支配される側にまわった漢人は、当初は満州族を夷狄と見なしていたが、康熙帝が61年の治世のなかで漢民族の文化遺産を保全し尊重したことで、清王朝に協力と忠誠を捧げるようになった。また、康熙帝は前代の明の政治体制を継承し、明の官吏が新たに任命された満州人の官吏と共同で引きつづき地方の要職に就くことを許したが、職務における実権の大半を握っていたのは満州人だった。

　清がきわめて強大な国家となったのは、その後につづく2代の皇帝の治世のことだった。雍正帝（在位1722年～35年）は、政策や官僚機構を厳格に取り締まり、税制を改革して国の歳入を増加させた。

また、乾隆帝（在位1735年～96年）の治世には、歴代王朝で領土が最大になり、総人口が一気に増加した。乾隆帝は熱心な芸術愛好家で、みずからも詩作をたしなみ、図書の編纂事業を支援して清の臣民の名声を高めたが、同時に清王朝に批判的と判断した書物の発禁や焚書処分もおこなった。

清の時代の社会

　3人の皇帝の時代には、多くの点で保守的な政策がとられた。漢人の男性は、前頭部と側頭部の髪を剃りあげて、残った髪を三つ編みにする「辮髪」という満州族特有の髪型を強要された。厳格な階級社会であり、女性のふるまいについても伝統に則ったきびしい作法が決まっていて、同性愛を禁止する法や検閲もあった。そうした環境下でも、清の経済が初期の段階で大きく発展したのは、絹製品、陶器、茶などの嗜好品への西洋諸国での高い需要が背景にあった。

　だが19世紀初頭には、王朝による漢人への抑圧的な政策や飢饉、ヨーロッパの密輸業者が持ちこんだアヘン中毒の蔓延といった複数の事情が相まって、清は急速に衰退した。またこうした要因は、その後の反乱や貿易摩擦、そして19世紀に起こったヨーロッパの貿易相手国との戦争の火種となった。■

中国とイエズス会

　スペイン出身のカトリック神学者イグナシオ・デ・ロヨラは、キリストの教えを広く行き渡らせることをめざして、1540年にイエズス会を設立した。カトリック教会が明朝および、清朝の初期に派遣したイエズス会の宣教師は、当初は好意的に受け入れられた。康熙帝は、宣教師が持つ科学知識（特に数学と天文学）や技術（特に武器の製造方法と揚水ポンプ）に関心を持った。王朝の天文台にはイエズス会の宣教師が登用され、また北京の精緻な地図を最初に作成したのもイエズス会士だった。

　康熙帝は国内でのカトリック教の布教を認め、またイエズス会の宣教師たちは、改宗した中国人が祖先の祭祀をおこなうことを容認した。こうした風習を、宣教師は神を崇め奉るための純然たる宗教儀式というよりも、死者を悼む行為と見なしていたからだった。しかし、教皇の特使が清を訪れた際、教徒による祖先を祀る典礼を禁止しようとし、またローマ教皇も同様の判断をくだしたため、つぎの雍正帝のときには典礼を否定するカトリックの宣教師たちが国外へ追放された。

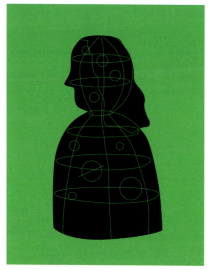

この論述では、哲学を論ずるように数学を探求している
ニュートンが『プリンキピア──自然哲学の数学的諸原理』を出版（1687年）

背景

キーワード
科学革命

前史
1543年　コペルニクスが太陽中心説を発表する。
1609年　ドイツのヨハネス・ケプラーが惑星の楕円運動と速度の法則を発表する。
1620年　フランシス・ベーコンが『ノヴム・オルガヌム──新機関』を発表する。
1638年　イタリアのガリレオ・ガリレイが『新科学対話』を発表して、力学の基礎を築く。
1660年　学術団体である王立協会がイギリスで設立される。

後史
1690年　オランダのクリスティアーン・ホイヘンスが、光の波動説を解説した『光についての論考』を発表する。
1905年　アルベルト・アインシュタインの特殊相対性理論が、ニュートンの運動法則は部分的にしか正しくないことを示す。

1687年、イギリスの科学者アイザック・ニュートンは、『プリンキピア──自然哲学の数学的諸原理』の初版を発表した。この著書では物体の運動法則を考察し、重力理論や惑星と衛星の動きの原理についても解説した。ニュートンの理論は、ガリレイ、ホイヘンス、ケプラーなどの先人の科学的発見を礎に構築されたものだったが、その内容は画期的だった。地球上でも天空でも、重力という同じ力が物体の運動に同様に作用することを示し、これによってそれまでは別だった科学のふたつの領域が統合されることになった。

現代までつづく影響

ニュートンが現象を解説するうえで数学を用いたことは、科学革命という、より大きなものの一部である。イギリス人の著述家フランシス・ベーコンは、科学者は根拠ある推論に基づいて経験的知識の検証をすべきだと主張し、またフランスの哲学者ルネ・デカルトは、科学的

[ニュートンは] 推測と仮説という闇に沈んでいた科学に……数学という光を投げかけた。
アレクシス・クレロー
フランスの数学者、
天文学者（1747年）

な課題に取り組むうえで数学や論理を活用することを支持した。こうした哲学者は人間の理性に重きを置き、キリスト教や教会の教義をもとに構築されていた世界観にこだわらなかった。こうした流れが啓蒙思想と呼ばれる思想運動の下地となり、ニュートン力学を修正し展開したアルベルト・アインシュタインなど、その後の科学者の発見の礎にもなった。■

参照　バグダードの建設 86-93　■　イタリア・ルネサンスのはじまり 152-55　■
ディドロが百科全書を刊行 192-95　■　ダーウィンが『種の起源』を出版 236-37

近世の時代 **189**

人間が行き着ける最果てへ向けて
クック船長の世界周航（1768年～1779年）

背景

キーワード
太平洋とオーストラリア近海への探検航海

前史
1642年～1644年 オランダ人のアベル・タスマンが、ヨーロッパ人としてはじめてニュージーランドとタスマニア島に到達する。

1768年～1771年 ジェームズ・クックが、オーストラリアとニュージーランドをめざして最初の航海に出る。

1772年～1775年 クックが南極大陸の近海に到達し、その後南太平洋を探査する。

1776年～1779年 クックが第3回航海でハワイに到達し、現地の先住民との戦いで殺される。

後史
1788年 イギリスから送られた最初の囚人が、流刑植民地であるオーストラリアのポート・ジャクソン湾のシドニー港に到着する。

1802年 イギリス人のマシュー・フリンダースがオーストラリア大陸を周航する。

1768年、イギリスの海洋探検家ジェームズ・クックは、金星の太陽面通過の科学的観測のために、タヒチへ向けて出帆した。天体観測を終えたクックは、「未知の南方大陸」と呼ばれる土地を探して航行をつづけた。ニュージーランドの海岸線の地図を作製し、その後は北西に針路をとったところ、オーストラリア大陸の東海岸を発見した。植物学者のジョーゼフ・バンクスやダニエル・ソランダーと密に連携し、クックは現地の人々や動植物についての独自の記録を残した。

切れることのない結びつき

クックの世界周航は、オランダ人のアベル・タスマン（その名にちなんでタスマニア島が命名された）など、ヨーロッパ人に脈々と受け継がれていた太平洋探索という大事業の一部であった。クックは、イギリスとオーストラリアの島々とのあいだに切れることのない結びつきを作り、これを機に植民地化への流れがはじ

われわれはニュージーランドの山々のすばらしい景観に快哉を叫んだ——陸地が見えなくなって17週と3日……これほどまで景色が一変するとは！
リチャード・ピッカーズギル
レゾリューション号の准尉
（1773年）

まった。オーストラリアはイギリスの囚人の流刑地となり、シドニーやメルボルンといった都市が形成された。

その後の航海で、クックはイギリスのジョン・ハリソンが新たに開発した経度測定用時計を活用した。クックが自身の発見した島々を地図にするうえで、これはけっして欠かせなかった。■

参照 マルコ・ポーロが上都へ到着する 104-05 ■ クリストファー・コロンブスのアメリカ大陸到達 142-47 ■ トルデシリャス条約 148-51 ■ メイフラワー号の航海 172-73

朕は国家なり
ルイ14世が親政を開始（1661年）

背景

キーワード
フランスの絶対王政

前史

1624年〜1642年 リシュリュー枢機卿がルイ13世の宰相として国政改革を実施し、集権体制を強化する。

1643年〜1661年 ルイ14世の母が摂政をつとめ、王権の基盤固めを進める。

1648年〜1653年 フロンドの乱と呼ばれる内戦で、貴族勢力が王権に反旗をひるがえす。

後史

1685年 ルイ14世がユグノーに信仰の自由を認めたナントの勅令を廃止する。

1701年〜1714年 スペイン継承戦争でフランスの財政などが逼迫する。

1789年 フランス革命でルイ16世が政治の場から排除され、フランスの絶対王政が崩壊する。

宰相マザランの死に際し、当時23歳だったフランスのルイ14世は、絶対君主として親政をおこなうことを宣言した。72年に及ぶ治世（1643年〜1715年）のなかで、ルイ14世は臣下をきびしく統制し、自分を中心とした「太陽王」というイメージを作りあげた。王自身が、王権は神より賜ったものであり、みずからは国家の権化であると考え、貴族や中産階級や農民を王によって裁かれ守護されるべき存在と見なしていた。

こうした権威を失うことを防ぐため、ルイ14世は、長年統制のとれなかった貴族階級を支配下におさめた。宮廷へ出仕することを義務づけ、さまざまな宮廷礼式に基づいて特権や地位を授けたのである。また、財富裕な有産階級の出身者を重用して各地の税の徴収を請け負わせ、財政難に陥っていた国庫を潤した。税は重く、その負担を強いられたのはもっぱら農民だった。ルイ14世の親政下で財務総監をつとめたジャン・バティスト・コルベールは、貿易と産業基盤の見なおしを進めて税徴収の効率をあげ、それがフランスがヨーロッパの強国へのしあがる要因となった。

強大化するフランス

こうした税収によってまかなわれたのが、きらびやかなヴェルサイユ宮殿での生活だった。かつて狩猟用の館だったこの建物は、増改築によって王宮となり、豪勢な遊興の拠点となった。そして1682年以降、正式に王室の生活拠点と政治の中心になった。またルイ14世は、さらなる領土拡大をめざして、多大な戦費をかけて国の継承権をめぐる戦争を重ねたため、フランスに対抗するためにヨーロッパ諸国が同盟を結ぶ事態となった。

1713年、ユトレヒト条約の締結によってようやく平和が取りもどされたが、フランスにとってはほとんど得るものはなかった。負債がかさみ、国王に対する国民感情は悪化した。こうしたなかでも、ルイ14世はフランスの絶対王政の仕組みをさらに確立し、絶対王政は18世紀末までつづくことになるが、フランス革命のさなかの1792年に崩壊した。■

参照 チャールズ1世の処刑 174-75 ■ ディドロが百科全書を刊行 192-95 ■ バスティーユ牢獄襲撃 208-13 ■ ワーテルローの戦い 214-15

近世の時代 **191**

みずからが持つ大いなる武器を忘れてはならない。これこそが最も正当な君主の権利の主張だ
ケベックの戦い（1759年）

背景

キーワード
七年戦争

前史
1754年 フランス軍と北アメリカのイギリス植民地軍が戦った、いわゆるフレンチ・インディアン戦争がはじまる。

1756年 プロイセン王国のフリードリヒ2世が、戦時の拠点にしようとするロシアの動きを阻止するためにザクセンへと侵攻し、七年戦争の戦端を開く。

1757年 プロイセン軍が、数でまさるフランスとオーストリアの連合軍を相手に、ロスバッハで勝利をあげる。

1759年 ロシア軍が、クネルスドルフの戦いでプロイセン軍の3分の2を壊滅させる。

後史
1760年 モントリオールのフランス軍がイギリス植民地軍に降伏する。

1763年 パリ条約とフベルトゥスブルク条約の締結により、七年戦争が終結する。

1759年9月13日、24人のイギリス軍の兵士がケベックの要塞の壁に面した崖をのぼり、ジェームズ・ウルフ将軍率いるイギリス植民地軍がケベック奪取に向けて進軍する道を切り拓いた。このきびしい戦いは、フランスのカナダ支配に終止符を打ち、七年戦争（1756年～1763年）における重大な転換点となった。

七年戦争には、主要ヨーロッパ諸国のほとんどが領土と覇権を求めて参戦していた。中心となったのは、ふたつの大きな戦いである。ひとつは、イギリスとフランスのあいだで海上と植民地において繰りひろげられた戦いで、北アメリカ大陸とインドを舞台にした地上戦も含まれる。もう一方は、主としてヨーロッパを舞台とした地上戦で、フランス、オーストリア、ロシアの連合軍がプロイセンと戦った。国外の植民地にも飛び火したこの戦争は、本格的な世界戦争となった。

せめぎ合う大国

イギリスは、フランスを相手にめざましい勝利をつぎつぎおさめていった。フランスが計画したイギリス本土への侵攻作戦は、砲撃力でまさるイギリス艦隊が阻止した。また、西アフリカやカリブ諸島や北アメリカなど、植民地での戦いでも勝利を手にした。その結果、フランスに対して、ミシシッピ川以東の植民地の割譲を認めさせ、北アメリカにあるイギリスの植民地を脅かしていたフランス勢力を実質的に一掃することとなった。

インドでも、イギリスは同様の勝利をおさめた。1757年、イギリスのロバート・クライブ将軍がプラッシーの戦いでベンガル太守を打ち破ってフランス軍の裏をかき、その地を領有したことで、イギリスはインドを植民地支配するための足がかりを得た。七年戦争の終結にともない、イギリスは傑出した植民地大国となった。■

補給なくして、
軍の勇猛さは保てない。
フリードリヒ大王（1747年）

参照 クリストファー・コロンブスのアメリカ大陸到達 142-47 ■ プラハ窓外放出事件 164-69
メイフラワー号の航海 172-73 ■ ワーテルローの戦い 214-15 ■ パッシェンデールの戦い 270-75

全地球上に散らばっている すべての知識を集積する
ディドロが百科全書を刊行（1751年）

背景

キーワード
啓蒙主義（けいもう）

前史
1517年 宗教改革がはじまり、カトリック教会の権威が揺らぐ。

1610年 ガリレオ・ガリレイが、天体観測の結果を綴（つづ）った『星界の報告』を発表する。

1687年 ニュートンが『プリンキピア──自然哲学の数学的諸原理』で、合理的に理解可能で、自然の法則に基づいた宇宙の概論を解説する。

後史
1767年 アメリカの思想家であり外交官であったベンジャミン・フランクリンがパリを訪問し、啓蒙思想をアメリカに伝える。

1791年 イギリスの作家メアリー・ウルストンクラフトが、先進的な著書『女性の権利の擁護』によって、啓蒙思想にフェミニズムを加える。

18世紀半ば、フランスの哲学者ドゥニ・ディドロは自国の一流の知識人である文学者や科学者や哲学者に対して、大規模な「科学、技術、工芸の体系的事典」の各記事の執筆を依頼し、当人は記事を書くとともに編纂（へんさん）責任者をつとめた。1751年に第1巻が刊行され、本編17巻と図版11巻に及ぶ全巻の出版が終わったのは21年後だった。

『百科全書』は世界初の大事典ではないものの、解説を担当した執筆者の名が明記されていた点や、生産技術や工芸に着目するという特徴を持った事典としては世界に例を見ないものだった。しかし

近世の時代

参照 ニュートンが『プリンキピア──自然哲学の数学的諸原理』を出版 188 ■ アメリカ独立宣言の採択 204-07 ■ バスティーユ牢獄襲撃 208-13 ■ スティーヴンソンのロケット号が営業運転開始 220-25 ■ 奴隷貿易廃止法 226-27

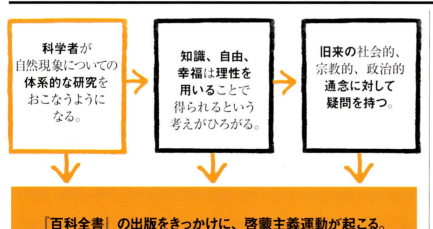

科全書』と啓蒙主義はそうした位置づけを完全に否定した。

検閲や編者に対する圧力や脅迫が当局によっておこなわれたが、出版された『百科全書』は広く活用され、多大な影響力を持つ事典となった。また、事典によって広まった思想は、18世紀末にフランスやアメリカで起こった革命へと人々を駆り立てていった。

科学と理性

啓蒙思想の特徴は、人間の理性の力や、旧来の知識に対する懐疑を重んじる点にある。そうした意味で、宗教や教会の教義を土台にした世界認識を持っていた前世代の人々とは大きく異なった。当時は、こうした考えが婚姻を規定する法律から惑星の運行や宇宙の創造に至るまで、あらゆるものの礎となっていた。しかし啓蒙主義の思想家にとっては、みずからの意識と理性の働きをもとに導き出した見解のほうが、宗教にやみくもに忠誠を捧げることよりもはるかに重要だった。現実世界におけるさまざまな「真理」は、アリストテレスなどの古代の哲学者が確

最も画期的な点は、当時の思想や制度に対する批判的な姿勢だった。執筆にあたったのは、科学的思考と世俗的価値の擁護者たちである。そうした人々は、宗教的・政治的教義ではなく、理性と論理を使って自然界の現象や人類の存在を解き明かすことをめざした。そうしたことから、この事典は、天与の身分や不変の序列といった古い概念を根拠に権威を保ってきたカトリック教会やフランス王政の双方に対する異議申し立てでもあった。

思想の変革

『百科全書』編纂の目的は、西洋諸国の知識全体を集積し、啓蒙主義の観点から整理することだった。啓蒙主義は1715年ごろにフランスに根づいた多角的な思想運動で、現代的な科学思考や哲学的思考を持った前世紀の先人たちの歩みを土台としたものである。項目数が約7万2,000にものぼったこの『百科全書』は多くの専門分野を網羅していて、著作

家で哲学者のヴォルテールをはじめ、ジャン＝ジャック・ルソーやモンテスキューなど、フランスを代表する啓蒙主義の思想家の考えや理論の粋を集めたものとなった。

解説の対象はきわめて多岐にわたったが、重点が置かれていたのは、カトリック教会の信仰や教義ではなく合理的思考を社会の礎とする必要を説くこと、科学において観察と実験を重んじること、自然法と正義に基づいた国家のあり方や統治手法を探求することの3点だった。

ディドロは『百科全書』の項目を大きく3つに分類した。記憶（歴史にまつわる項目）、理性（哲学にまつわる項目）、想像（芸術にまつわる項目）である。大きな論争を呼んだのは、神すなわち造物主にまつわる項目を個別に設けず、宗教を妖術や迷信などと同様に哲学の1項目として扱った点だった。こうした姿勢は画期的で多くの批判を招いた。はるか昔から、宗教はヨーロッパの生活や思想におけるまさに中心的存在だったが、『百

知ることに果敢であれ。
自分自身の理性を使う
勇気を持て。
イマヌエル・カント
『啓蒙とは何か』（1784年）

ヴォルテール

　ヴォルテールというみずからつけたペンネームで知られるフランソワ＝マリー・アルエは、啓蒙主義の考えを持つ偉大な著作家であると同時に社会活動家で、その機知と知性が広く知られていた。1694年にパリで生まれ、複数の言語を操って多方面へ旅をしたが、長い人生の大半をパリで暮らした。非常に多作の書き手で、小説、戯曲、詩、随筆、歴史書、哲学書、そして数えきれないほどの小冊子など、ありとあらゆる文学分野で作品を残している。

　また、社会変革の擁護者として、市民の自由や信仰・言論の自由を支持し、政治的・宗教的権力の偽善について批判した。こうした活動のせいで、いくつかの著作が検閲の対象となり、ヴォルテール自身も投獄処分を受けたり、イギリスで亡命生活を送ったりした。亡命後に、みずからの体験を土台として、世に大きな影響を与えた著書『哲学書簡』を発表し、またスイスのジュネーヴ滞在時には代表作である哲学小説『カンディード』を執筆した。

> 世界のあらゆる時代において、
> 聖職者は自由の敵であった。
> **デイヴィッド・ヒューム**

立し、長年にわたって教会権力が支持してきたものだったが、観察や実験を通してそうした「真理」を検証しなおし、合理的に考察しなくてはならないと啓蒙主義者は主張した。

　こうした根元的な思考様式は、17世紀の科学革命のなかで生み出された。フランシス・ベーコンやヨハネス・ケプラー、アイザック・ニュートンやガリレオ・ガリレイなどの科学者や哲学者によって、物理的宇宙や自然についての研究は、詳細な観察を重視する学問へと変わっていった。彼らは入念な実験をおこない、その結果を数学を用いて分析した。こうした過程で、物理学、化学、生物学、天文学では劇的に研究が進み、その領域を大きく更新して押しひろげた。

　啓蒙派の科学者は、現実世界の事象を研究するなかでこうした姿勢をさらに発展させた。たとえば、18世紀はじめにスウェーデンの植物学者カール・リンネが機能的で合理的な自然物の分類体系を構築できたのは、この流れのなかのことだった。啓蒙主義の探求的で理性に基づいたアプローチは、科学技術の劇的な進歩の引き金にもなった。1750年代には、スコットランドの医学研究者ジョーゼフ・ブラックが二酸化炭素を発見し、同じく

スコットランド人のジェームズ・ワットは、1769年に蒸気機関を改良して熱効率を高め、工場の生産性向上を実現した。『百科全書』は、こうした18世紀の学者の成果に加えて、先達の功績を伝える役割も担っていた。

　またこの事典は、啓蒙主義時代に発展した学会や学術団体や専門教育機関でも広く受け入れられた。ヨーロッパに古くからある教会系の大学の教師や学者の多くは、こうした新しい学術上の思考様式を一顧だにしなかったが、先進的な面々はこうした思想を教え、広めようと尽力した。

平等と自由

　人々は科学革命や啓蒙主義によって、理性を用いれば人間にまつわる自然法を解明できるという思いも強く持つようになった。啓蒙主義の思想家は宗教を根拠とした事実を認めなかった。また、宗教と政治は切り離すべきであり、そのどちらも個人の権利を損なってはならず、だれもが自由に意見を表明し、好きな信仰を選び、読みたいものを読む権利を有していると考えた。しばしば自由主義と呼ばれるこの政治理念は、17世紀の哲学者である自由主義の父、イギリスのジョン・

> 懐疑は
> 真実への最初の一歩である。
> **ドゥニ・ディドロ**
> 『哲学断想』（1746年）

> 自由を放棄することは、
> 人間としての資格を
> 放棄することである。
> ジャン＝ジャック・ルソー
> 『社会契約論』（1762年）

ロックなどの考えに由来する。ロックの主張は、人間は生まれながらにある種の権利を持っていて、それは法律や慣習に左右されないというものだった。言い換えれば、そのような権利は、教会や君主が定める法令とは完全に別個の存在だということである。その具体的な形はさまざまだが、そこには生存権、自由権、そして自分が生産したものを所有する権利が含まれた。ロックはこのような自然権をあらゆる統治システムの基礎とすべきだと考えていて、つづいた啓蒙主義者のあいだでも中心的な思想となった。

自由主義の考えは啓蒙主義者の著書にも見られた。たとえばヴォルテールは、『哲学辞典』などの著書で、カトリック教会による不正や逸脱行為について論じ、また寛容さや言論の自由、さらには教義や宗教的啓示に対する理性の優位といった価値観を支持した。またモンテスキューは、自著の『法の精神』のなかで、国家権力（立法府、行政府、司法府）の分立を訴え、奴隷制度は廃止すべきと主張した。ジャン＝ジャック・ルソーは『社会契約論』で、人民を支持する立場から君主の権力を否定し、人民は義務と権利のバランスをとったうえで、自分たちの生活を統制する法を選択できるようになるべきだと主張した。また、『百科全書』の執筆者は経済領域においても自由主義の価値観を広めた。そうした人々は、年市（行商人が地域の商人を犠牲にしてその地に滞在し、行商人が取引する市の開催期間中には地域の商人は店を開くことができない場合が多かった）を批判し、常設の市場（地域商人が近隣の住民の需給に対応するための取引場）を支持した。

こうした考えはヨーロッパ全土に広まった。当時の社会では、人々が哲学、政治、学問について議論する姿が、前世紀にイギリス、フランス、ドイツ、オランダでつぎつぎに誕生したコーヒーハウスで見られた。作家や政治家、哲学者や科学者など、さまざまな職業や地位の人々が集まり、意見を交わして情報を共有する拠点となっていた。

啓蒙の光

啓蒙主義運動と、その理念を広める役割を果たした『百科全書』は、ヨーロッパの社会的、政治的、知的生活に対して大きな影響を与えた。啓蒙主義者は、こうした思想によって中世の抑圧的な世界観を一掃して、自分たちが望んでいた思想の自由が尊重されるようになり、公平さと寛容さを併せ持った新たな時代を切り拓いていると信じていた。

啓蒙主義者の問題提起や合理的な姿勢、さらには自由を求める切実な声は、当時の社会において新しい市民権が付与される下地を生み出した。また啓蒙主義は、1780年代の神聖ローマ帝国における農奴の解放など、君主制をとる国の統治者の政策にも影響を与えた。啓蒙主義の理念を受け入れた君主は、この思潮の名称から啓蒙専制君主を自称した。また啓蒙主義の理念は、1789年から99年に起こったフランス革命——個人の自由と平等という啓蒙主義の概念に触発された市民が起こした動き——や、19世紀に盛んになった大西洋における奴隷貿易撤廃運動に対しても、思想面であと押しをした。

世界じゅうの国家の指導者たちは、法制度の起案や国民の権利の確立を進めるなかで、自由主義や啓蒙主義に基づく政治哲学の諸要素の影響を受けるようになった。特に注目すべきは、建国直後のアメリカが合衆国憲法（1787年制定）にモンテスキューの理念を採り入れて、国家権力を機関ごとに分立させたことだった。

より広い観点では、啓蒙思想は知識の追求それ自体を推し進め、また一個人の知の探求が全人類を利しうることを認めるものだった。■

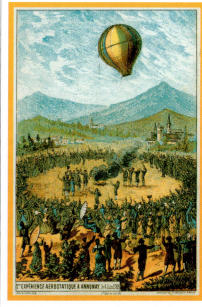

1783年、フランスのモンゴルフィエ兄弟が新発明の熱気球浮揚の公開実験をおこない、派手やかに大衆の関心を科学に引きつけた。

ヨーロッパの輝きを取りこむ窓として、わたしはサンクトペテルブルクを建設した
サンクトペテルブルクの建設（1703年）

背景
キーワード
ロシアの台頭

前史
1584年 イヴァン雷帝が死去する。その後につづく歴代皇帝の治世で、ロシア帝国による国家統一がさらに進む。
1696年 ピョートル大帝がロシアの単独統治をはじめる。

後史
1709年 ロシアがスウェーデンを相手にポルタヴァの戦いで決定的勝利をおさめる。
1718年 ピョートル大帝の嗣子アレクセイが、父の改革に反発したすえに拷問を受けて死去する。
1721年 ロシアとスウェーデンがニスタット条約を締結し、相互防衛を約束する。
1725年 ピョートル大帝が死去し、その後は統治力の低い皇帝の時代がつづく。
1762年 エカチェリーナが女帝となり、ピョートル大帝の改革や大国化路線を継承する。

1703年5月27日、ロシアの統治者ピョートル大帝がネヴァ川河口にサンクトペテルブルクを築いた。この新たな都市と要塞、そしてバルト海に面した港湾は、ロシアにとってヨーロッパへ通じる海の玄関口となり、商業と軍事の両面で新たな可能性をもたらした。1712年、ピョートル大帝はサンクトペテルブルクへ遷都し、モスクワに代えて首都とした。

西欧諸国の宮殿を高く評価していたピョートル大帝は、ヨーロッパ人の建築家を雇い入れ、官庁や宮殿や大学や邸宅を当時流行していたバロック様式で建造させた。建設現場では、ロシアの囚人労働者やスウェーデン人の捕虜とともに、毎年3万人の農奴が労働を強制された。管理がきびしく、生活環境は劣悪だった。

サンクトペテルブルクの存在がロシアに新たな展望をもたらした。立地条件のよさから交易が盛んになり、また教育熱心な気風があった。街の建築物は、さながらロシアの進歩の見本市のようだった。

豪華な意匠と広大な規模を誇るこうした建築物は、ピョートル大帝の西欧文化への傾倒を示すだけでなく、みずからもまたルイ14世のような絶対的権力を有する君主になろうという決意の表れでもあった。ロシアに大きな変革をもたらすべく権勢を振るったピョートルは、海軍

近世の時代

参照　ルイ14世が親政を開始 190 ■ ディドロが百科全書を刊行 192-95 ■ バスティーユ牢獄襲撃 208-13 ■ ロシア農奴解放 243 ■ 十月革命 276-79

を創設し、陸軍の改革もおこなった。それまでは、軍の主力部隊の兵士を率いていたのは軍事訓練を受けたことのない村の年長者だったが、ピョートルは軍隊を西欧式に再編し、新たに製鉄産業や武器を製造する工場を興して、軍の装備品を作った。

近代的で新しい文化

ピョートル大帝は宮廷改革にも乗り出し、ロシアの伝統的な礼服ではなくフランス風の正装を身につけることを廷臣に義務づけ、長いひげは切るよう命じた。また、専門の教育機関を創設し、貴族の子弟には教育を受けさせることを義務づけた。また、それまでは家柄に応じて官位を与えていたが、実力に応じて要職に抜擢するようになった。

ピョートルは反乱分子に対するきびしく苛烈な対処や、強気の外交政策、中でもバルト海の制海権を奪取したスウェーデンとの戦争で勝利をあげたことで知られる。こうした政策方針は、その後の皇帝にも受け継がれ、とりわけ女帝エカチェ

```
┌─────────────────────────────────┐
│ ピョートル1世が西ヨーロッパを訪問し、 │
│   各国の思想や支配力に感化される。    │
└─────────────────────────────────┘
         ↓                    ↓
┌──────────────────┐  ┌──────────────────┐
│ 当時の統治論は啓蒙 │  │ バロック様式で建て │
│ 専制君主のあるべき │  │ られた西洋の宮殿や │
│ 姿を示す。         │  │ 都市が為政者の権威 │
│                    │  │ の象徴となる。     │
└──────────────────┘  └──────────────────┘
         ↓                    ↓
┌─────────────────────────────────┐
│        ピョートル1世が、               │
│ 西欧化したロシア帝国の首都として      │
│     サンクトペテルブルクを築く。      │
└─────────────────────────────────┘
```

リーナは、ピョートル大帝がはじめた近代化政策をさらに発展させた。エカチェリーナはヨーロッパの啓蒙主義の考え方に影響を受けて教育と芸術を振興し、海外文学の翻訳事業を支援して、みずからも本を著した。また、オスマン帝国を相手に幾度となく軍事的勝利をあげ、ロシア皇帝の権威を高めた。

歴代皇帝は、プロイセン王国の統治手法も手本とした。プロイセンはドイツ北部にあった王国で、フリードリヒ2世をはじめとする歴代の王の強い統率力を背景に、効率的な官僚制度や強力な軍隊によって18世紀には領土を拡大していた。プロイセンとロシアにはさまれたポーランドは、この2国とオーストリアによる数度にわたる領土分割をこうむることになる。ロシアは東欧からシベリアに至るまでの領土を支配下におさめ、今日でもその影響力はほぼ変わっていない。■

ピョートル大帝

ピョートル1世（1672年～1725年）は1682年にロシアの統治者となった。当初は、ふたりのツァーリ（皇帝）のひとりとして異母兄イヴァンと共同統治にあたり、ふたりの母が摂政を担ったが、その後単独統治者となった。高い教養と旺盛な好奇心を持つピョートルは、オランダやイギリスを訪問し、西欧の生活や政治や建築について学んだ。また、造船や木工などの技術も学び、その多くをきわめて巧みに実践した。こうした旅の経験や西欧から招いた顧問団から大きな影響を受けて、ピョートルは軍事改革を進め、また独裁的な統治手法をとった。新たに首都とした都市の場所や壮麗な建築物からは、ピョートルが西欧の文化や力に重点を置いていたことがうかがえる。

西欧諸国とは、その後もつづくことになる外交関係を築いたが、オスマン帝国に対抗するためのヨーロッパ諸国同盟を結ぶ試みには失敗した。大きな成功をおさめたのは、対スウェーデン戦争（大北方戦争）、自身がはじめた諸改革、そして広大な領土を持つ帝国の皇帝の地位と1917年のロシア革命までつづく君主制を確固たるものにしたことだった。

もっと知りたい読者のために

サファヴィー朝ペルシアの建国
(1501年)

サファヴィー朝を興したイスマーイール1世は、12人のイマーム（指導者）を預言者ムハンマドの後継者として認めるシーア派の「十二イマーム派」を国内に率先して広めた。1509年までつづいた軍事攻撃によって、イスマーイール1世は、ペルシアをシーア派の名のもとに征服した。その皇子タフマースプ（在位1524年～76年）は、対立するスンニ派国家のオスマン帝国からこの領土を守りとおした。サファヴィー朝はシーア派の教えに基づいたきびしい法制度を確立して、効率的な政府と官僚制度を作りあげ、1736年までつづいた。

カール5世が神聖ローマ皇帝となる
(1519年)

ハプスブルク朝スペインの国王やブルゴーニュとネーデルラントの統治者を兼務し、ヨーロッパ随一の強大な力を有する君主だったカール5世は、1519年に神聖ローマ皇帝に選出され、中央ヨーロッパと北イタリアの大部分を支配下におさめることになった。これによって、かつてない強大な権力を手にすることになったが、同時に隣国（一方にフランス、もう一方にオスマン帝国）の脅威や、帝国内ではプロテスタントの蜂起に悩まされた。退位時には、スペイン国王の地位は息子のフェリペ2世に、神聖ローマ皇帝の称号は弟のフェルディナント1世に譲り渡した。

ヘンリー8世がローマ教皇庁と決別
(1534年)

イギリス国王ヘンリー8世は王位継承の危機に直面した。継承を確実にするにはあと継ぎとなる王子が必要だったが、妻キャサリン・オブ・アラゴンとのあいだにはひとりも生まれなかったからだ。キャサリンと離婚するための許可を求めたが、教皇は却下した。これを受けて、ヘンリー8世はローマ教皇庁と絶縁し、みずからをイギリス国教会の首長であると宣言した。ヘンリー8世のもとでは、教会の教義や儀式は多くの点でカトリック式のままであったが、国王のこの行動がその後のプロテスタント受容の下地を作ったと言える。さらにヘンリー8世は修道院の解体に乗り出し、その結果、領土と富の新たな供給源を確保したうえに、ローマ・カトリック教会とのつながりを断ち切ることができた。

カルティエがカナダを探検
(1534年～1542年)

フランス人の海洋探検家ジャック・カルティエは、カナダの北岸とニューファンドランド島を探索してセント・ローレンス川を遡上し、のちにモントリオールとなる地域に到達した。カルティエは植民地の建設こそしなかったが、これを機にフランスがカナダに関心を持つことになる。17世紀にはフランス人が入植をはじめ、領有権を主張しはじめたことを考えると、カルティエのカナダ発見は大きな転機であった。こうした背景から、カナダには現在でもフランス文化が強く根づいている。

オランダ独立戦争（八十年戦争）の開始
(1568年)

1568年、プロテスタントの多いネーデルラント北部がカトリックを信仰する本国スペインのフェリペ2世に対して反乱を起こし、独立を宣言したことから戦争が勃発した。のちにネーデルラント連邦共和国として正式に承認されるまで、八十年にわたって戦乱がつづいた。フェリペ2世は自身のカトリック信仰をネーデルラントの住民にも断固として強要したので、王の方針に忠実であったネーデルラント南部から逃れた多くのプロテスタントが北部へ移住した。こうした住民の増加があと押しとなり、また海上貿易や科学の進歩、すぐれた絵画の誕生などが相まって、オランダは経済的にも文化的にも安定した国家へと成長していった。

サン・バルテルミの虐殺
(1572年)

16世紀のフランスでは、カトリックとプロテスタントとのあいだで武力衝突が起こり、1562年には内乱へと発展した。中でも残虐な事件が1572年に起こった。フランスの王位継承者であったプロテスタントのナバラ国王アンリの婚礼のあと、何千人も

のプロテスタントが虐殺されたのである。その後にフランス王となったアンリ4世は、1598年にナントの勅令を発し、宗教に対する寛容な姿勢を求めた。しかし、この勅令はルイ14世によって1685年に廃止され、フランス国内のプロテスタントは容赦なく弾圧された。ルイ14世の治世には多くのプロテスタントが囚人となり、また多くの者が国を去った。

スペインの無敵艦隊
(1588年)

1588年、カトリック教国スペインの王フェリペ2世は、プロテスタント国家イギリスを制圧すべく130隻の艦隊を差し向けた。イギリス海軍は火船を使って船団の一部を混乱させることに成功し、またグラヴリーヌ沖海戦でも勝利をおさめた。難を逃れたスペイン軍は、北のスコットランド方面へと帆走し、その付近の海域でさらに多くの艦隊が嵐の犠牲になった。スペインに帰還できたのは約70隻にすぎなかったという。この敗戦はスペインにとっては大きな痛手で、イギリスをカトリックに改宗させる試みは失敗し、エリザベス1世のもとでイギリスはプロテスタント国家としての地位を固めた。

日本の朝鮮出兵が失敗
(1592年〜1598年)

天下統一を成しとげた豊臣秀吉(とよとみひでよし)は、中国への進出をも見据えて、1592年と1597年に朝鮮半島へと侵攻した。どちらの戦いでも日本軍は大きな戦果をあげたが、朝鮮は明の援軍を得てどうにか日本軍を撃退した。しかし、日本軍を完全に駆逐することはできず、地上戦は膠着(こうちゃく)状態に陥ったが、海戦では朝鮮の将軍李舜臣(りしゅんしん)が何度も日本軍を破った。海戦での敗北ときびしい籠城戦がつづいたため、日本軍は侵攻を断念した。朝鮮は独立を維持したが、1910年には日本に併合され、それから35年にわたって統治を受けた。

ドロヘダ包囲
(1649年)

1641年、アイルランドのカトリック教徒が、イギリスの統治下にあった同国の支配権を握ると、イギリスの議会派の指導者オリヴァー・クロムウェルが1649年にアイルランド征服に乗り出した。ダブリンが陥落すると、ドロヘダがアイルランドのカトリック指導者の拠点となった。クロムウェルはドロヘダの町全体を包囲し、投降のいかんにかかわらず城壁内の人々を虐殺した。約2,500人の駐屯兵の大半と、多くの一般市民が犠牲になった。これは当時の戦時法に違反してはいないものの、その残虐さと犠牲者の多さはほとんど例がなく、アイルランドのカトリック勢力とイギリスとのその後に禍根を残した。

オランダがケープタウンに植民地を建設
(1652年)

15世紀に南アフリカの喜望峰に到達した最初のヨーロッパ人はポルトガルの探検家だったが、ケープタウンの町を築いたのはオランダだった。1652年、ヤン・ファン・リーベック率いるオランダ東インド会社の一団が、アジア・オランダ間を航行する貿易船の補給基地として、ケープタウンに入植地を建設した。その地を中心として、貿易や農業を支配したオランダ系住民は大きな地域社会を形成し、また独自の言語(アフリカーンス語)を生み出すなど、その後の南アフリカの歴史のなかで中心的な役割を担った。

オスマン帝国による
ウィーン包囲
(1683年)

1683年にオスマン・トルコ帝国の領土は史上最大規模となり、北アフリカから中東、さらに東ヨーロッパにまで及んだ。西の国境に接するオーストリアに対しては、すでに首都ウィーン陥落を試みたことがあった。1683年、オスマン帝国は最後のウィーン包囲をおこなったが、ハプスブルク家が帝位に就く神聖ローマ帝国の軍やポーランド軍が防衛にあたって、オスマン帝国軍を撃破した。これを機にオスマン帝国は衰退していく。もはやキリスト教圏のヨーロッパ諸国の脅威ではなくなり、ヨーロッパの領土を徐々に失っていった。

カロデンの戦い
(1746年)

スコットランドのカロデンで起こった戦いで、ハノーヴァー朝の王ジョージ2世の王子であったカンバーランド公爵率いる軍が、チャールズ・エドワード・ステュアート王子を推すジャコバイト(旧体制派)——スコットランドのハイランド地方の氏族の兵が多く含まれていた——の少数の軍勢を撃破した。ステュアート家の王子は王位の再継承をめざしていたが、カロデンの戦いでその試みは事実上ついえた。これによって、ジャコバイトの主勢力だったハイランド氏族の力が削(そ)がれて、氏族制度が崩壊することになり、また民族衣装の着用やゲール語の使用の禁止など、ハイランド文化へきびしい弾圧が加えられた。

変わりゆく社会
1776年〜1914年

はじめに

アメリカ独立宣言が採択される。**基本的人権**と新たな国家**アメリカ合衆国**の建国について明記する。

1776年

イギリスで奴隷貿易廃止法が成立し、**奴隷の売買が非合法化**される。だが奴隷制度そのものが廃止されるのは1833年である。

1807年

シモン・ボリバルが大コロンビアを創設する。スペインの支配から**独立した南アメリカ**の新たな共和国で、1830年まで存続する。

1819年

ヨーロッパ全土で**自由主義、社会主義、民族自決**への要求が高まり、ヨーロッパ各地で**反乱**が起こる。そのすべてが武力で鎮圧される。

1848年

1789年

バスティーユ牢獄襲撃を機に起こったフランス革命で**王政が廃止され、共和政が成立**する。

1815年

ワーテルローの戦いで、イギリス、オランダ、プロイセンの連合軍に**ナポレオンが敗退**し、23年つづいたヨーロッパを舞台にした戦争が終結する。

1830年

ジョージ・スティーヴンソンが**蒸気機関車**ロケット号によって、世界初の**旅客鉄道事業**を実現させ、リヴァプールとマンチェスターのあいだをつなぐ。

1856年

西洋列強が第2次アヘン戦争を仕掛け、貿易に向けて**港を開放するよう中国に要求**する。

18世紀の終わりごろ、社会にはいささか浮ついた「進歩」の機運が満ちていた。社会の変革が加速し、その行き着く先は明確であるかに感じられた。世界の人口は1804年に10億人を突破し、1914年には20億人が目前となった。こうした人口の増加は、経済産出量の驚異的な増加の産物だった。農業の効率が向上し、新たに広範囲の土地が有効利用された。新しいエネルギー源、特に蒸気機関の活用が進み、新技術の応用や工場での生産過程の組織化によって、商品の生産性が飛躍的に向上した。さらに鉄道によって、人類は史上はじめて騎乗するよりも速く移動できるようなり、都市は膨張の一途をたどった。たとえばロンドンの人口は、1800年には100万人だったが、1910年には700万人に達した。公衆衛生や医療の質が向上したことで、多くの先進国で国民の平均寿命が伸びていった。

人権と平等

これらの進歩があったものの、生活の質が向上したかどうかは疑わしい。この時期のはじめには、人権や市民の平等を主張する革命がアメリカやフランスで起こり、既存の社会秩序を根元的に問いなおした。20世紀初頭には選挙権が拡大し、奴隷制度の廃止や言論の自由の獲得といった成果に対して、ヨーロッパや北アメリカの自由主義者や民主主義者は一定の満足を得ていた。しかし、選挙権の対象からは総じて女性が除外されたままで、経済面での平等も実現していなかった。極度の貧富の差が世界で最も豊かで発展した国々の社会を二分し、工場労働者の生活環境は悲惨な状態であることが多かった。ロマン派の芸術家や知識人は、機械化産業が人々や環境に与える影響を批判し、一方で社会主義運動はさらなる革命によって、人間による人間の搾取に終止符を打ち、平等主義の社会を生み出すことを目標とした。

西洋の帝国主義

産業資本主義によって形成された新たな世界秩序のなかでは、世界経済の末端に位置する国々の住民がいちばんの敗者であることは明らかだった。工業化が進んだヨーロッパ諸国は、余剰資本の投資対象や、自国内の工場で使用する原材料の供給源、そして自国内で生産された新製品を販売する市場を必要とし、そのす

変わりゆく社会

1859年 — チャールズ・ダーウィンが自著『種の起源』のなかで**進化論**を発表し、大きな物議を醸す。

1863年 — **南北戦争**のさなか、アメリカの大統領エイブラハム・リンカーンが**史上最も偉大な演説**のひとつとされるゲティスバーグ演説をおこなう。

1869年 — **紅海と地中海を結ぶ**スエズ運河が開通し、ヨーロッパと東洋のあいだの航行時間が**劇的に短縮**される。

1908年 — 改革をめざす運動を起こした「**青年トルコ人**」と総称される集団が**オスマン帝国の専制君主スルタン**を退位させ、実権を握ろうとする。

1860年 — ジュゼッペ・**ガリバルディ**が千人隊を率いて、ブルボン朝フランスから**南イタリアとシチリア島を奪還する**。その1年後、イタリアが統一される。

1868年 — 徳川幕府が**崩壊**し、明治天皇が**日本の統治者**となる。日本は、**帝国主義**列強国家のひとつとして台頭する。

1892年 — ニューヨーク湾のエリス島に**移民**のための入国管理施設が開かれ、その大半がアメリカ合衆国の市民となる。1954年に閉鎖される。

1913年 — エミリー・デイヴィスンが、ダービーで競技中だったジョージ5世の競走馬の前に飛び出して死去したことで、**女性参政権**を求める運動への注目度が世界じゅうで高まる。

べてをまかなう場所としてアジア、アフリカ、中南米に目をつけた。また国内の人口増加にともなって、北アメリカの草原地帯やオーストラリアなど、もともと住民の少ない移住先を求めるようになり、障壁になる民族があれば排除した。ヨーロッパ諸国は、直接的あるいは間接的に支配する領土を拡大していった。19世紀半ばには、イギリスによるインド亜大陸支配はほぼ完成していた。これは帝国主義の壮大な実例であり、またサハラ以南のアフリカ大陸は、まるでそこに人が住んでいなかったかのように、ヨーロッパ諸国によって分割された。

西洋の帝国主義に対する世界の反応はさまざまだった。抵抗運動は、ヨーロッパの統治に対する反乱や内戦という形で広く見られた。一方でヨーロッパ諸国は、技術、科学、軍事力、社会組織の各面で優位性を増し、それに感化された非ヨーロッパ諸国のなかには、西洋式を参考にして近代化をめざした国もいくつかあった。イスラム諸国では、エジプト、トルコ、イランが近代化政策を実施したが、完全に成功したわけではない。東アジアでは、日本が効率的な近代国家へと首尾よく発展し、帝国主義国家への道を突き進んだ。一方、清朝中国は動乱と侵略にさらされ、20世紀初頭には皇帝による統治が崩壊した。

ナショナリズムの台頭

ヨーロッパ人やヨーロッパ系の人々の多くは、民族性や文化の面でほかの地域よりもすぐれていると誇りに思っていたが、ヨーロッパは分断された状態のままだった。フランス革命によって解き放たれた好戦的なナショナリズムによって、ヨーロッパ諸国間の均衡は不安定になっていた。1815年、ナポレオン戦争はかつてないほど大規模な戦いへと発展した。イタリア統一とドイツ統一を実現した19世紀中盤の戦いが終結したあとも、ヨーロッパ列強は大規模な徴兵軍を維持しつづけ、互いに対立する諸同盟を形成した。こうした軍は、榴弾砲や速射が可能な銃器を装備していた。

高度に組織化された国家制度や経済に支えられた軍事力が、ヨーロッパによる世界支配を実現するなかで大きな役割を果たしたことは、まぎれもない事実だった。こうした武力がヨーロッパ諸国間で相互に向けられると、やがて甚大な被害をもたらすことになる。■

われわれは以下の事実を自明のことと信じる。すなわち、すべての人間は生まれながらにして平等である

アメリカ独立宣言の採択（1776年）

背景

キーワード
アメリカ独立革命

前史
1773年　輸入茶に対する税法への反発から、ボストン茶会事件が起こる。
1775年　愛国派の民兵とイギリス本国軍とのあいだで、武力衝突が発生する。

後史
1777年　イギリス軍がサラトガで敗北したことが契機となり、フランスがアメリカ反乱軍に味方する。
1781年　ヴァージニア州ヨークタウンでイギリス軍が降伏する。
1783年　イギリスがアメリカの独立を認める。
1787年　アメリカ合衆国憲法の制定に向けた会議がはじまる。
1789年　ジョージ・ワシントンがアメリカ合衆国の初代大統領に選出される。
1790年　アメリカ合衆国憲法が批准される。

　アメリカ独立宣言は、1776年7月4日に公布され、大陸会議に出席していた56人の代表者全員によって署名がおこなわれた。アメリカ合衆国の前身は、17世紀以降に徐々に建設され、北アメリカ大陸の東海岸に散在していた13のイギリスの植民地だった。これらの植民地は、地理的に母国から離れていただけでなく、互い同士も遠く離れていた。経済が脆弱なうえに、一貫した政治的独自性もなかった。しだいに弱まっていたイギリス王室への忠誠心のほかには、たとえばヴァージニアの市民はみずからをヴァージニア人と認識するように、アメリカ人としての意識は見

変わりゆく社会 205

参照　ケベックの戦い 191　■　バスティーユ牢獄襲撃 208-13　■　奴隷貿易廃止法 226-27　■　1848年革命 228-29　■
ゲティスバーグの演説 244-47　■　カリフォルニアのゴールドラッシュ 248-49

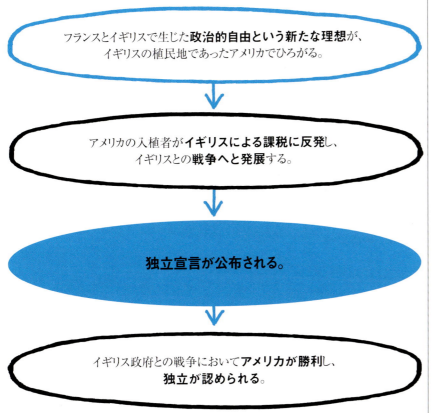

戦いの表面化

　独立のための戦いは、長くきびしいものになりそうだった。イギリスは自国が有すると考える統治権を断固として主張し、一方、新生国家アメリカもまた、自国が持つと考える独立の権利を行使すると決意していた。どちらも万全ではない両軍は——イギリスはアメリカ大陸へ大規模な軍隊を送りこむのがむずかしく、植民地軍は一定の戦闘力を集めて装備を整えることに苦労していた——6年にわたって幾度となく小競り合いを繰り返した。

　アメリカ植民地軍の兵力は全盛期でも4万人に満たず、海軍はないに等しかった。ほぼ同規模で展開していたイギリス軍には、ほかにアメリカ軍を圧倒する数の船舶があった。しかし1778年、フランスが植民地軍への支援を表明し、5,000人の遠征軍と大規模な船団を派遣した。1781年10月、イギリスは決定的な敗北を喫し、ヴァージニアのヨークタウンで降伏した。正式に独立戦争が終結したのはその1年後だったが、その時点で植民地軍（とフランス同盟軍）はあらゆる面で宗主国イギリスに大打撃を与えていた。》

られなかった。

　だが同時に、入植者たちは非常に高い自己認識を持ち、政治的自由という啓蒙主義の思想を痛切に意識していて、本国イギリスの支配によって自分たちの自由が脅かされる可能性が高いことを危惧していた。自然権が認められず、理不尽としか思えない課税を強要されたせいで、入植者たちは遠く離れた本国の議会や王によって決定を押しつけられることに疑問をいだくようになった。傑出した指導者がつぎつぎ登場したことがあと押しとなり、1776年、アメリカの植民地諸邦はイギリスによる統治を拒絶しただけでなく、「統治される者の同意」に基づくまったく新しい国家の建設に乗り出した。きわめて斬新なこの概念が、後世までつづく新たな共和政治を生み出すことになった。

　しかし、独立宣言を正式に出すことに諸邦が一様に賛同を示したわけではなかった。とりわけニューヨーク、ニュージャージー、メリーランド、デラウェア、ペンシルヴェニアの5つの植民地は、貿易に弊害が出る可能性や、また独立が失敗に終わった場合にイギリスから課せられるきびしい報復措置を恐れた。同じような考えから、植民地人口250万人のうち50万人もが、独立戦争の終盤までイギリス王室へ忠誠心を持ちつづけ、そうした人々はその後カナダへ移住した。

これらの連合植民地は自由で独立した国家であり、また当然の権利としてそうあるべきである。
リチャード・ヘンリー・リー
第2回大陸会議での決議案
（1776年6月）

アメリカ独立宣言の採択

フランスが新国家建設に協力した背景には、七年戦争でイギリスから受けた屈辱を晴らしたいという欲求がつねにあった。しかし皮肉なことに、戦費をまかなうための負債が、フランス王政が破産状態に陥る遠因となり、結果として1789年のフランス革命が起こった。絶対王政のフランスが、自国民にはけっして認めない自由をアメリカが勝ちとるための戦いに協力したことは大いなる矛盾だった。

革命における理想

アメリカ独立革命の中核をなすのは、独立宣言に内包された新しい政治理念だった。独立宣言の執筆を担当したのは、ヴァージニアの非常に有力な名士であり、裕福な奴隷所有者だったトマス・ジェファーソンである。5人から成る起草委員のひとりであり、1776年の大陸会議に提出された2種類の草稿は、どちらもほぼすべてをひとりで書きあげたものだった。独立宣言の重要性は、いくら強調してもしきれない。「すべての人間は生まれながらにして平等である」と宣言し、そのうえ当時としては驚くべきことに「政府は人々のあいだに樹立され、統治される者の合意に基づいて正当な権力を得る」と主張していた。

こうした過激な考えを、イギリスのジョージ3世やフランスのルイ16世が支持することはなかった。しかし、のちにアメリカ合衆国となる植民地諸邦やヨーロッパにひろがる政治体制の下地を実質的に作りあげたのはこれらの主張だった。イギリスやフランスの啓蒙主義者の著作から生まれたこうした政治信条は、史上初の近代国家の成立に結びつき、またその過程で世界を変えていった。

「**独立宣言への署名**」（ジョン・トランブル作）では、起草委員会の面々が草案を大陸会議に提出する様子を描いている。中央に立つ赤いベストの人物がトマス・ジェファーソンである。

アメリカの命運

ジェファーソンはいまなお謎に包まれた人物である。君主制を嫌悪していたが、革命前のフランスを気に入り、その洗練された優美さを好んだ。また、権力ある地位を軽蔑する発言をしたにもかかわらず、アメリカ大統領の職を2期つとめている。任期中の1803年には、ミシシッピ川以西の広大なルイジアナ地域を、名目上統治者であったフランスから安値で購入し、アメリカの領土とした。アメリカの命運は西方の広大な土地を得ることにかかっているという認識から、その地に暮らす先住民の排除に賛同し、また自身も奴隷所有者で「黒人は白人に比べて、肉体、精神の素質という点で劣る」と主張

変わりゆく社会

> 神はわたしたちに生命を与え、同時に自由を与えた。
> トマス・ジェファーソン

している。ヴァージニアの名士だったジョージ・ワシントンがみずから所有する奴隷を解放したのに対し、ジェファーソンはそのようなことをしなかった。

そういった側面があったとしても、ジェファーソンが現代にも通じる自由の概念を力強く唱えたことはまちがいない。だが、ジェファーソンは奴隷制への反対を表明しつつも、黒人奴隷をアフリカに送り返すのでなければ、奴隷の解放は奴隷自身にとってもアメリカの白人にとっても弊害があると個人的には考えていた。

新たな憲法

ジェファーソンは、独立宣言の取りまとめを主導した人物としてすぐにその名が浮かぶが、国家を形作ったつぎの重要文書、すなわち憲法の作成にあたっては表立った関与をしていない。アメリカがイギリスからの独立を正式に認められたのは、1783年のことだった。しかしその後の4年は非常に不安定な政治的空白の期間で、国の命運は、ペンシルヴェニア、ニューヨーク、ニュージャージーなどの各地で開催され、かつてない分裂状態にあった連合会議に託されていた。

中央政府よりも個々の州の権利を優先すべきだという者や、より中央集権的な政府の必要性を訴える者、また独自の君主制を導入すべきだとする者までいて、国は分裂状態にあり、早々に新国家が崩壊するのではないかと危惧されたのも不思議ではない。1787年の春、フィラデルフィアで憲法制定会議が開催された。憲法が条件つきながら批准されたのは翌年6月のことで、そこに至るまでも長い論争を経なくてはならなかった。その結果が新たな国家体制の表明だった。それは権利の章典でもあり、理想とする政府の青写真とも言える内容で、国家の権力である三権（行政権、立法権、司法権）が相互に抑制し合う仕組みをもとにしていた。この憲法は、フランス革命さなかに公布されたフランスの1791年憲法にも多大な影響を与え、また現代でも同様の思想に基づく憲法の雛形となっている。

「未完の事業」

当然のことながら建国の父たちは、アメリカの明るい未来を思い描いていたが、非常に重要なひとつの課題が残されたままだった。独立宣言の最初の草案のなかで、ジェファーソンは奴隷制度を「忌まわしき取引」であり「人間性に対する残虐な攻撃」だと非難した。しかし宣言文のなかのこの急進的な文言は、奴隷制が一般的であった南部諸邦と奴隷貿易商をかかえる北部からの承認を得るために、のちに削除された。その約90年後、エイブラハム・リンカーンが、独立宣言や憲法が解決できなかった「未完の事業」と考えていた奴隷制を廃止するために、アメリカは67万人の犠牲を出した南北戦争を経験することになる。■

ジョージ・ワシントン

1732年に生まれたジョージ・ワシントンは、イギリス植民地軍に加わり、七年戦争（1756年〜63年）ではフランス軍を相手にめざましい活躍を見せた。ヴァージニア植民地議会の下院議員となり、1774年と1775年に開催された大陸会議ではヴァージニアの代表をつとめた。アメリカ独立戦争の勃発にともない、会議の全会一致で軍の総司令官に任命され、とりわけ戦争初期の非常に困難な時期を、その想像力と強靱な精神力で乗り越えた。ワシントンが率いていた、装備不足で餓死寸前だった「骸骨兵の軍隊」は、1777年から1778年にかけてペンシルヴェニアの厳寒のフォージ渓谷で越冬せざるをえなかった。1783年には、新たな国家のための立憲政治体制の構築に取り組みはじめた。初代大統領として2期をつとめ、ジェファーソンの民主共和党とアレグザンダー・ハミルトン率いるフェデラリスト（連邦党）との激しい政争に直面して、1797年に政界から引退した。1799年に死去し、遺体は自身が所有するヴァージニアの農場内にある、ポトマック川を見おろすマウント・ヴァーノンの墓所に安置された。

陛下、
これは革命でございます
バスティーユ牢獄襲撃（1789年）

バスティーユ牢獄襲撃

背景

キーワード
フランス革命

前史

1789年5月　ルイ16世が全国三部会を招集する。6月には、平民階級の代表が国民議会を発足させ、国民の代表として実質的な決定権を握る。

後史

1792年4月　立法議会がオーストリアとプロイセンに宣戦布告する。その後、フランス第1共和政の発足を宣言する。

1793年1月　ルイ16世が処刑される。

1794年3月　恐怖政治が頂点に達する。7月には、これを先導したロベスピエールが処刑される。

1795年10月　ナポレオンがパリで起こった暴動を武力で鎮圧し、秩序を回復する。

1799年11月　ナポレオンが、事実上のフランスの統治者となる。

1789年7月14日、国王がパリの街に軍を差し向けるという噂を聞いて、怒りに駆られたパリの民衆は、自衛のための武器を求め、バスティーユ牢獄として知られていた古びた要塞へ押しかけて司令官と守備兵を殺害した。武力を用いたこの王政に対する反発はフランス革命の象徴となり、革命はフランス全土を席捲して、さらには全世界へ波及した。革命が標榜する理念は、ヨーロッパの王政の終焉のはじまりをはっきりと示し、より民主的な政府へ最終的に転換するよう促すことになった。

そもそものフランス革命の目的は、貴族の特権を廃し、自由、平等、友愛という啓蒙主義の精神に基づいた新たな国家を建設することだった。しかしこの革命は、よりよい社会への期待の高まりから生じたにもかかわらず、単なる暴力へと退行し、数年つづいた恐怖政治のあとに成立したのはナポレオン・ボナパルトの独裁政権だった。一連の流れは、特権階級が支配する旧体制、いわゆるアンシャン・レジームと、秩序立った新体制の構築をめざして模索する新たな社会とのあいだの衝突の物語、混乱と混沌の物語と

> フランス大革命は、
> キリストの到来以来
> 最も力強い人類の一歩だ。
>
> **ヴィクトル・ユゴー**
> 『レ・ミゼラブル』（1862年）

して、いまなお語られている。

迷走する国家

フランス王ルイ16世は善良ながら優柔不断な人物で、1789年のフランスが直面していた重大な局面に対処できるはずもなかった。前世紀には、太陽王と呼ばれた曽祖父の祖父ルイ14世があらゆる権力を王のもとに集中させて絶対王政を確立し、その王宮であったヴェルサイユ宮殿はヨーロッパ随一の洗練された宮殿として貴族階級の特権の基点となっていた。

その結果としてルイ16世が引き継いだ

- 啓蒙思想によって、自由に基づく**新たな政治秩序**が必要だとする考えが打ち立てられる。
→ フランスで**政治危機が起こり、旧体制の転覆**がにわかに現実味を帯びる。
→ **暴徒化した民衆がバスティーユ牢獄を襲撃する。**
→ **自由、平等、友愛**という、革命の根幹にあった理念が、フランスだけでなく世界を変える。
→ 政情不安がつづき、その間に**暴動や内戦、国家による処刑**がおこなわれる。
→ **新たな社会**を築くための試みとして、王政が廃止されて**共和政**が発足する。

変わりゆく社会

参照　ルイ14世が親政を開始 190　■　ケベックの戦い 191　■　ディドロが百科全書を刊行 192-95　■　アメリカ独立宣言の採択 204-07　■　ワーテルローの戦い 214-15　■　1848年革命 228-29

バスティーユ牢獄襲撃はフランス革命勃発の象徴である。1789年7月時点の収容者は7人にすぎなかったが、バスティーユが陥落した意味は大きかった。

のは、貴族階級があらゆる特権にしがみつき、圧政に苦しむ農民ばかりが税を負担する国だった。18世紀末にフランスの人口は急激に増加したが、イギリスとはちがって農業革命が起こらなかったので、1787年や1788年に発生した大不作のような事態に対しては、とりわけ無力だった。こうして1788年から89年の夏は食糧事情が逼迫し、つづいて非常に寒さのきびしい冬が到来したことで、大量の餓死者が出た。

国王の反応

重大な経済的危機に直面したルイ16世は、王権を維持したままさらなる資金調達をしようと懸命で、全国三部会を招集した。三部会の参加者は、第1身分である聖職者、第2身分である貴族、そして第3身分である平民だった。1789年5月5日、ヴェルサイユ宮殿で全国三部会は開かれた。開会早々に貴族と聖職者が、自分たちの投票が平民の投票よりも重んじられるべきだと主張しようとした。これに対して、6月17日に第3身分の代表者は、自分たちの会議体を国民議会と呼称することを宣言した。8月には、フランス全土の農村部で起こった蜂起を受けて、国民議会が封建的貢租と貴族特権を廃止し、「人間および市民権利の宣言」と呼ばれる人間の基本的自由を擁護する宣言を布告した。

1789年10月、パンを入手できないことに怒った民衆は、ヴェルサイユ宮殿へ大挙して押しかけ、さらには略奪行為のすえに国王一家を強制的にパリへと連行した。その後につづく暴力の時代の不吉な前兆のように、ルイ16世と国王一家を首都へ連行する後ろから、民衆が宮殿の近衛兵の首を槍の先に突き刺して行進した。

意外にもあっけなく王政の打破が実現したが、新たな政体を樹立することは困難だった。当初は、最も妥当な道は一種の立憲君主制であろうと考えられていたが、新体制樹立に向けた動きのなかで、多少なりとも穏健な手法を主張する者たちと、共和制という急進的で新たな政体を求める者たちとのあいだで、フランスは引き裂かれることになった。

第1共和政

このころにはルイ16世の治世の終焉が近いことは予見できたが、王はみずからの復権の希望を完全に捨て去ってはいなかった。数多くのフランスの貴族は、革命によって身の安全が脅かされることを恐れてすでに国外へと脱出していた。そうした貴族たち（「エミグレ」と呼ばれる）が、ヨーロッパのほかの国々の政権に対して働きかけ——とりわけオーストリアに力を入れたのは、フランス王妃マリー・アントワネットの実兄が皇帝位に就いていたからだった——反革命の機運を高め

恐怖政治とは、迅速にしてきびしく揺るぎない正義にほかならない。ゆえに、恐怖政治は美徳の発露である。

マクシミリアン・ロベスピエール
1794年2月

バスティーユ牢獄襲撃

ようとしたが、そうした動きは革命を断行しようとするフランスの民衆の決意を固めさせただけだった。

1791年6月、ルイ16世は国外に逃亡しようとしたが、南ネーデルラントとの国境の手前で捕らえられてパリに連れもどされ、「サンキュロット」の誹謗に迎えられた。サンキュロットとは、大きめの縞模様の長ズボンといういでたちから、そう呼ばれるようになった民衆のことで、革命が進展するにつれて暴力性と政治性を増していた。パリでは、ジロンド派やより急進的なジャコバン派など、サンキュロットからの支持を得た政治的諸派閥と、フランス政府との対立が、ますます激化した。

国外からの脅威

世情は混迷をきわめたが、新たな社会秩序の構築は進んでいた。1791年9月、立憲君主制が宣言された。同様に、教会が持つ特権的地位が強制的に奪われたが、これによって混乱と暴力が長引くことになった。決定的に重要なのは、報道の自由が主張されたことだった。

一方で、革命下のフランスは、オーストリアとプロイセンという国外からの脅威にさらされた。どちらも世襲君主制の優位性をあらためて主張し、自国内での革命の動きを未然に封じようとしていた。1792年4月、フランスは両国に対して宣戦を布告し、戦争はその形を変えながら23年間つづいた。8月には、オーストリアとプロイセンの連合軍がパリの160キロ圏内にまで迫っていた。

パリの街は一種の恐慌状態に陥った。国王一家が幽閉されていたテュイルリー宮殿に暴徒が押しかけ、警備についていたスイス人衛兵を虐殺した。翌月には、国王派の疑いがかけられた人々が多く殺される。1792年9月にはまた、選挙によって国民公会が招集され、フランス第1共和政の樹立が宣言された。新たな政権はルイ16世を国賊として裁く裁判に取り組み、1793年1月、ルイ16世は処刑された。平等主義に基づいた人道的な処刑方法だとされていたギロチンの初期の犠牲者となったのである。

危機感は引きつづき高まっていく。1793年4月、革命を確実に遂行するための執行機関として公安委員会が設立され

> ゆえに、立法府の議員諸君、恐怖政治を日常のならわしとせよ！……法の刃を、すべての罪人の頭上に振りあげるべし。
> **1793年9月公安委員会**

た。1年余りのうちに、ジャコバン派の最有力人物である地方出身の弁護士マクシミリアン・ロベスピエールの主導によって、公安委員会は実質的なフランスの革命政府となった。短命に終わったが、この執行機関がフランスに与えた影響は計り知れない。これは恐怖政治と呼ばれる。反革命運動はフランス全土で徹底的に弾圧され、その最も顕著な例が、30万人の犠牲者を出したフランス南西部のヴァンデ地方の反乱だった。とりわけ標的となったのは教会である。恐怖政治の犠牲となったのはフランス国内にとどまった貴族というよりも、むしろ不純な考えを持っているとロベスピエールから嫌疑をかけられた者たちであり、そこにはロベスピエールの政敵がほぼ全員含まれた。真の改革に向けたロベスピエールの一途なまでの追求は、1794年の新宗教「最高存在の祭典」の創設という信じがたい頂点に達した。これは愛国心と革命の精神を鼓舞することを意図したもので、宇宙の

ルイ16世は1793年に処刑された。ギロチンの使用は（王族と貧者を区別することなく）あらゆる身分の人間に対する唯一の処刑法とされ、革命における平等の原則を促進するものと考えられた。

変わりゆく社会

フランス革命は、啓蒙思想が標榜する自由、平等、友愛の三原則を礎とした新たな国家の建設をめざしてはじまった。

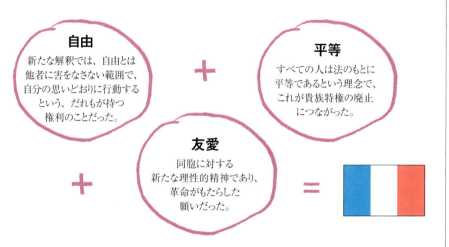

自由
新たな解釈では、自由とは他者に害をなさない範囲で、自分の思いどおりに行動するという、だれもが持つ権利のことだった。

平等
すべての人は法のもとに平等であるという理念で、これが貴族特権の廃止につながった。

友愛
同胞に対する新たな理性的精神であり、革命がもたらした願いだった。

マクシミリアン・ロベスピエール

自然法則に重きを置く理性を重んじる考えを、カトリック教会の迷信の代わりに据えようとしていた。こうした取り組みに表れた異常な権力欲が大きな要因となって、ロベスピエールは突如として失脚し、1794年7月末にギロチンにかけられた。

取りもどされた秩序

殺戮の終焉とともに——とりわけ、新たな政治機構としての総裁政府が1795年末に樹立されたことによって——フランスには一種の秩序がもどった。実のところ、その背景には総裁政府が秩序回復のために積極的に軍をパリの民衆に向けた事実があり、それを命じたのは当時まだ革命軍の若き司令官であったナポレオン・ボナパルトだった。

フランス軍は、大量の徴募兵によって強化された軍事力によって、以前の敗戦から巻き返し、革命戦争を新たな領域に持ちこもうとしていた。勇気を得たフランスは、自国の「自然な国境」はライン川沿いであるという主張を強めたが、それはフランスの支配領域をドイツにまでひろげることを意味した。そして1797年までにオーストリアを相手に低地地方や北イタリアで何度か戦い、大勝利をあげたのである。こうしてフランスは、ヨーロッパにおける自国の優位を再主張する準備を整えた。

歴史上の意義

フランス革命は、現在でも変わらず激しい歴史論争の的である。その理念は明確で、それは君主による圧政や特権階級から成る強固な体制を撤廃し、代議制の政府を作りあげて、人間の普遍的権利を擁護することであった。しかし現実には、その過程は混乱をきわめ、暴力が介在する事件が多発した。

その後、1804年までに、ナポレオンが実質的に自らを中心とする絶対主義体制を確立したが、その力はルイ14世の治世以降に類を見ないほど強大となった。しかしフランス革命の帰結は、のちの世界に影響を強く残した。それは、文明社会を下支えするのは自由であるという理念を貫くにあたって、最も重要な歴史的事件として、いまもなお受け止められている。■

弁護士であり、1789年には全国三部会の第3身分の代表となったロベスピエール（1758年～94年）は、1793年9月から1794年7月までのフランスを席捲した恐怖政治の中心人物だった。弱い立場の人間をつねに擁護した非凡な弁舌家で、演説では支持者たちを大いに熱狂させるだけでなく、政敵の心をも揺さぶった。また、軍を強化すれば反革命の火種になりかねないとして、フランス革命戦争に断固として反対の立場をとった。少なくとも当初は死刑廃止論者のひとりだったが、その後の意識の変化は驚くほど極端だった。革命を推進するには恐怖政治こそが最も効果的な手法だと考えるようになり、恐怖政治は革命を前進させる徳を自然と支えるものであると論じて、それを徹底的に守ろうとした。ロベスピエールは、いまもなお、みずからが信じる大義のためであれば国家的暴力もいとわない人間の原形とされ、身の毛もよだつ好例でもある。学者を迎え入れて文化を奨励し、大学を設立するという一面もあった。

ヨーロッパのすべての国民をひとつの国民に、パリを世界の首都にしなくてはならない

ワーテルローの戦い（1815年）

背景

キーワード
フランス革命とナポレオン戦争

前史
1792年　フランス共和政に対する革命戦争がはじまる。
1799年　ナポレオンが軍事クーデターによって権力を掌握する。
1804年　ナポレオンが「フランス人民の皇帝」と自称する。
1805年　トラファルガーの海戦でイギリスがフランスとスペインに勝利する。
1807年　フランスがポルトガルに侵攻する。
1809年　オーストリアを制したのがナポレオン最後の大きな勝利となる。
1814年　度重なる敗北により、ナポレオンが退位する。

後史
1815年　ナポレオンが最後の流刑に処され、ブルボン朝が復活する。
1830年　ブルボン朝が倒される。

```
フランスが大規模な徴兵制を      →   ナポレオンが皇帝となり、
設け、過去最大規模の軍隊を          ヨーロッパにおけるフランスの
組織する。                          支配的役割を取りもどすことを
                                    誓う。
                                         ↓
ロシア遠征でナポレオンが      ←   圧倒的な征服によって、
手をひろげすぎたため、              カール大帝時代以来最大の
フランスの人的資源が激減する。      ヨーロッパ帝国が
     ↓                              樹立される。
ナポレオンが征服のペースを    →   ナポレオンがついに
維持できなくなる。                  ワーテルローの戦いで
                                    敗れる。
```

1815年6月18日、ブリュッセル南のワーテルローでの戦いで敗れたことにより、ナポレオンはついに皇帝の地位を追われた。雨にぬかるんだ戦場で、11万8,000のイギリス、オランダ、プロイセンの軍隊が、ナポレオンが集めた急ごしらえの7万3,000のフランス軍に勝利した。

1792年にはじまったフランスの革命戦争は、革命の理念を周辺国に広めて、フランスを敵から守ることが目的だった。ナポレオンのもとで、実際には革命の名を借りた征服戦争になっていった。

変わりゆく社会

参照　ルイ14世が親政を開始 190　■　ケベックの戦い 191　■　ディドロが百科全書を刊行 192-95　■　アメリカ独立宣言の採択 204-07　■　バスティーユ牢獄襲撃 208-13　■　1848年革命 228-29

ナポレオン・ボナパルト

コルシカ島のアジャクシオで、イタリアの下級貴族の血筋を自称する一族に生まれたナポレオン・ボナパルト(1769年〜1821年)は、1785年にフランス陸軍にはいり、革命を熱心に支援した。1796年、26歳のときにイタリア派遣軍の指揮をまかされ、いくつもの戦いでめざましい勝利をおさめた。2年後にはフランスのエジプト遠征軍を率いたが、失敗に終わった。

おのれの宿命を確信したナポレオンは、1799年にクーデターを起こしてフランスを、そしてのちにはヨーロッパを支配するようになった。ナポレオンは軍人としてだけでなく、行政官としても才能と熱意に満ちていた。その改革のうち、後年まで最も大きな影響を残したのは1804年に導入されたナポレオン法典で、いまもフランスの法律の基盤となっている。1814年に失脚したナポレオンは、地中海のエルバ島へ追放されたが、そこから脱出し、最終的にワーテルローで敗北する。そして1815年に南大西洋のセントヘレナ島に配流され、6年後に死去した。

大陸の再編

革命戦争中、フランスはイタリア北部とネーデルラントに姉妹共和国をいくつか樹立したが、ナポレオンはその多くを王国に変えて、皇帝の家族を王位につかせた。ドイツの国々はプロイセンの敗北で分断されてフランスの傀儡国家となり、800年の歴史を誇った神聖ローマ帝国も消滅した。1807年以降、ポーランドの大部分はワルシャワ大公国としてフランスに支配された。これらの国ではフランスの方針に従って制度が変わり、聖職者の力が制限され、農奴が廃止され、貴族の特権が否定された。しかしそのような改革が恨みを買うことは避けられなかった。

ナポレオンの征服は軍事的な才能だけでなく、フランス軍の急拡大によるところも大きかった。1793年に導入された徴兵制によって、フランス軍は16万から150万にふくれあがった。英仏海峡に守られたイギリスだけが征服を免れ、世界最大の海軍国としての地位は、1805年のスペイン南部トラファルガー沖での勝利でさらに確固たるものになった。しかし海軍力だけではナポレオンを破るのにじゅうぶんではない。イギリスが果たした最も重要な役割は、対フランスの同盟国に資金を供給することだった。

それに対抗して、ナポレオンは大陸封鎖をおこない、ヨーロッパ大陸とイギリスとの貿易を禁止した。しかし、ポルトガルとロシアはイギリスとの貿易をつづけたため、ナポレオンは1807年と1812年にそれぞれの国に侵攻した。

ナポレオンの支配への抵抗は強まっていった。スペインは激しいゲリラ戦をはじめてフランスの資源を消耗させ、ナポレオンから「スペイン潰瘍」と呼ばれた。

最後の敗北

ナポレオンはフランスが無敵であるというイメージを作りあげてきたため、その後の敗北はフランス国民にとってよけいに耐えがたいものとなった。1812年にナポレオンに率いられてロシアに進軍した45万の兵士のうち、生き残ったのはわずか4万だったという説がある。

ナポレオンの力は限界まで来ていた。1813年にはドイツのライプツィヒで、3倍の勢力を誇るオーストリア、プロイセン、ロシア、スウェーデンの連合軍と衝突し、最初の大敗を喫した。ワーテルローの戦いまでに少しは持ちなおし、兵の数は敵の半分まで盛り返したが、ナポレオンの天才的な采配をもってしても力の差を補うことはできず、帝国の野望はワーテルローの泥のなかでついえた。■

すべてのフランス人はつねに徴兵の対象である。
1793年　徴兵制度の発表

恐れることなく
アメリカの自由の礎を築こう。
ためらうことは滅ぶことだ
ボリバルが大コロンビアを建国（1819年）

背景

キーワード
ラテンアメリカの独立

前史
1807年〜08年　ナポレオンのイベリア半島侵攻によって、南米にあるスペイン・ポルトガル系の植民地の統治が危機に瀕する。

1819年　スペインが旧ヌエバ・グラナダ副王領から追放され、コロンビア共和国の樹立が宣言される。

後史
1822年　ブラジルがペドロ1世のもとで立憲君主国になることにポルトガルが同意する。

1824年　スペインがペルーで敗北し、新世界における帝国を失う。

1830年　コロンビア共和国が分裂し、エクアドル、コロンビア、ベネズエラが独立国となる。

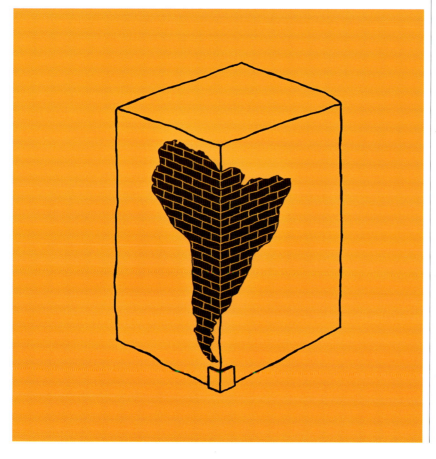

1819年、のちに大コロンビアと呼ばれるコロンビア共和国が、「解放者」の称号を受けたシモン・ボリバルによって創建されたことは、ラテンアメリカ独立の大きな転機となった。

1825年には、南アメリカ大陸で300年近くにわたるスペインとポルトガルの統治が終わりを迎えていた。1822年に独立を勝ちとったブラジルでは、その過程は比較的穏やかで、ほぼ無血だった。それ以外の地域では、長く、複雑で、暴力的な道のりがあった。社会がさまざまな階級と人種——支配階級であったヨーロッパ人、先住民族、黒人、そして異人種間に生まれた人たち——から成り立ってい

変わりゆく社会 217

参照 アメリカ独立宣言の採択 204-07 ■ バスティーユ牢獄襲撃 208-13 ■ 奴隷貿易廃止法 226-27 ■ メキシコ革命 265

政治的解放の理念が南アメリカのスペインとポルトガルの植民地にひろがる。

その考えが南アメリカの**スペイン政権を不安定にする**。

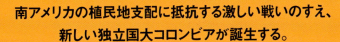
南アメリカの植民地支配に抵抗する激しい戦いのすえ、新しい独立国大コロンビアが誕生する。

大コロンビアが**分断や政情不安**に直面する。統一への希望は政治的な内部抗争によってしぼむ。

人種的にも社会的にも**大きな混乱**を経験した**南アメリカ**は、経済や政治の面で**みずからの立場を確立する**のに苦労しつづける。

シモン・ボリバル

シモン・ボリバルは1783年にベネズエラのカラカスで、町で有数の由緒ある裕福な家庭に生まれた。ヨーロッパで教育を受け、アメリカやフランスの革命が理想として掲げた共和主義思想を体得した。そこで南アメリカ諸国の独立を考えるようになった。

革命運動に身を投じたのは、失敗に終わった1810年のカラカスでの蜂起が最初だった。1814年には、カリスマ性を持つようになったボリバルは「解放者」の称号を与えられて、新しいベネズエラ共和国の指導者となった。1817年には大胆にもコロンビアに攻めこみ、さらには1822年にエクアドル、1824年にペルーを征服した。ボリバルの夢はすべての南アメリカ諸国──アルゼンチン、ブラジル、チリを除く──をひとつの大きな共和国にすることだった。しかし独裁的な采配と軍の蛮行によって反発が生まれ、大コロンビアは1830年に分裂した。ボリバルの死と同じ年だった。

ために、全体としての政治的統一を確保することがほとんど不可能だったからだ。激しい論争が絶えなかった大コロンビアは短命に終わり、1830年に分裂した。

ブラジルの独立

アメリカとフランスの革命が標榜した自由の教義からの影響があったものの、南アメリカでの独立の原動力となったのが社会正義や代議制政治への欲求であったとは言いがたい。1810年と1813年に失敗に終わったメキシコの革命を別にすれば、それらは支配階級のエリート同士の主権争いであり、どの陣営もフランス革命の根底にあった社会改革──自由の諸原理に基づく社会への変化──にはあまり興味がなかった。そうは言っても、この動きはナポレオン戦争から大いに影響を受けていた。1807年のナポレオンによるポルトガル侵攻によって、ポルトガル王ジョアン6世(当時は王太子)と廷臣たちはブラジルの植民地に安住の地を求めざるをえなかった。ジョアン6世は1815年にナポレオンが失脚したのちもブラジルにとどまり、1821年にようやくポルトガルに帰国した。しかし王位継承者の息子ペドロはブラジルに残った。

ラテンアメリカのスペイン植民地と同様に、ブラジルも土地を所有するエリートが牛耳り、その多くは何世代にもわたっ

218　ボリバルが大コロンビアを建国

ブラジル皇帝ペドロ1世の戴冠式をジャン＝バティスト・ドブレが描いた絵。ペドロ1世はポルトガル王の息子で、ブラジルにとどまり、摂政として国を治めた。

て南アメリカで生まれ育った人たちだった。彼らは遠く離れた地の君主が最終的な権限を持つことを腹立たしく思い、従う理由はないと考えるようになった。

これにはたしかにアメリカの独立戦争との類似点がある。だが北アメリカで議論されたのが自由民として生まれた人間の基本的な自由であったのに対し、ブラジルの問題はもっと小さく、だれが統治するかということだった。

1822年、現地で生まれた支配層の利益を守るために、ペドロはブラジルの立憲君主国としての独立を宣言し、みずから皇帝の座に就いた。これは革命ではあったが、すでにブラジルを支配している人間の利益のためにブラジルを独立させたにすぎなかった。社会や経済の秩序がまったく変わらず、奴隷制が西洋世界では最も遅い1888年まで合法でありつづけたことが、それを顕著に物語っている。

スペイン植民地の統治

スペインの植民地では、独立への原動力は現地生まれの支配者階級（クリオーリョ）の欲望から生じた。何よりも、スペインによる南アメリカの貿易へのきびしい統制と過酷な課税政策が植民地に不利益をもたらすなかで、彼らはみずからの利益を守ろうとしていた。しかし短期的に見れば、1808年にナポレオンによるスペイン侵攻が起こり、スペイン王フェルナンド7世が退位してナポレオンの兄ジョゼフが王位に就いたことがきっかけだった。結果的にスペインの植民地には正統な支配者が事実上いなくなったため、少なくとも王室が復活するまでは自分たちで統治する義務があった。

南アメリカの自由主義者たちは、ジョゼフをフェルナンド7世の専制政治に代わる新しく公正な社会秩序をもたらす人物と見なしていたが、植民地の君主主義者たちはそのような自由主義的な動きを社会の安定を損なうものと考えていた。内乱の種が蒔かれつつあった。

メキシコの社会革命

そのころ、新スペインの副王領として知られたメキシコは、現在のワイオミング州からパナマまで、テキサス州のほとんどを含む広大な範囲に及んでいた。メキシコの革命はほかと異なる様相を呈した。1810年、メキシコのあからさまな不平等に愕然としたミゲル・イダルゴ神父が人々を率いて革命を起こしたが、残忍に弾圧され、イダルゴは処刑された。カトリック神父ホセ・モレーロスも1813年から1815年にかけて蜂起したが、同じように制圧された。1821年にメキシコがついに独立を勝ちとったときは、スペインの反発は弱いものになっていた。独立運動を率いたのはメキシコの司令官アグスティン・デ・イトゥルビデで、翌年みずからメキシコ皇帝への即位を宣言したが、その統治は1年つづかなかった。メキシコは1838年までに中央アメリカの領土を、1848年までに北アメリカの領土をすべて失っていた。

大コロンビア

南アメリカのスペイン領——ヌエバ・グラナダ、ペルー、リオ・デ・ラ・プラタの3つの副王領を含む——は、それぞ

> わたしの血、わたしの名誉、わたしの神に懸けて、ブラジルに自由をもたらすことを誓います。
>
> **ペドロ王子**
> のちのブラジル皇帝ペドロ1世（1822年）

変わりゆく社会

> 階級制の区別とともに、
> 奴隷制が永遠に廃止されるように。
> **ホセ・モレーロス**
> 失敗した1813年から15年の
> メキシコ反乱のリーダー

れまったく異なる道のりをたどった。そこで重要な役割を担ったのがシモン・ボリバルだった。現在のベネズエラで生まれたボリバルは現地生まれの白人貴族階級出身で、高い教育を受けていた。ヨーロッパを何度か訪れた経験があり、フランス革命によって築かれた国家を手本として近代国家を築くことをめざした。特に、南アメリカに広大な国家を新たに作って、その国が南アメリカ人という共有のアイデンティティを持つことによって、多様な民族がひとつにまとまっていくと信じていた。それが南アメリカ北部の広大な地域をかかえた大コロンビアで、実質的に現在のエクアドル、コロンビア、ベネズエラ、パナマに相当した。

ボリバルが夢見た南アメリカの独立は、一連の政治的現実と絶えず衝突した。1824年に中央アンデスで、ペルーに残っていたスペインの拠点を北と南からはさみ撃ちにして駆逐するなどして、軍事的に成功したものの、国家の持続的な安定にはつながらなかった。

ボリバルは理想主義者で、奴隷制に強く反対した。そしてこれほど多様な土地と国民を統治できるのは強力な中央政府だけだと考えていた。みずからをその中央政府の当然のリーダーと考えていたボリバルは、大コロンビアの終身大統領になることを提案した。予想どおり、その提案は激しい反対に遭った。

大コロンビアの分裂

1830年——ボリバルが腸チフスを患って47歳で死亡した年——には、大コロンビアはすでに分裂していた。その原因はおそらく、ギリシアの独立や翌年のベルギーの独立など、ヨーロッパで表面化しつつあったナショナリズムだろう。より具体的に言えば、大コロンビアの将来について合意できなかったことである。政府が自由主義であるべきか、保守主義であるべきか、あるいは独裁の方針を採るべきかで、意見の対立があった。ことにベネズエラでは19世紀を通じて激しい内乱がつづき、100万人が犠牲になったと言われている。

方向が定まらないことによる不安定と社会的不平等は1世紀以上つづくことになった。また、独裁的な軍事指導者がつぎつぎと現れ、土地所有者の利益のために行動することにもなった。当然の結果として、都市でも農村でも、黒人でも白人でも、最下層の人々がつねに虐げられた。アシエンダ(非道な有産階級のために、多くの農民が非効率に働かされている大規模な農園)が勢力を誇った。

1910年、メキシコにふたたび革命が起こった。原因の一端は、明らかに苦しんでいる貧しい人たちを助けようとしながらも、根本的に経済を強くするための方策をほとんどとれない自由主義体制と、現実の改革より大言壮語を好み、自己の利益を優先させる権威主義体制のあいだのひずみにあった。

ボリバルが掲げた、独立して生まれ変わる南アメリカの未来像は、国の行く末に対する共通の考えを共有できず、特別な利害関心をめぐってたがい暴力的な行動に苛まれる不平等な社会の現実に対応することができなかった。■

アヤクーチョの戦い(1824年)ではスペイン軍が南アメリカの解放軍に敗北した。これによってスペインによるペルーと南アメリカの支配が終わった。

勤勉さのない人生は罪である

スティーヴンソンのロケット号が営業運転開始（1830年）

222 スティーヴンソンのロケット号が営業運転開始

背景

キーワード
産業革命

前史
1776年 アダム・スミスの『諸国民の富』が出版される。

1781年 ワットが最初の回転式蒸気機関を発明し、イギリスのコールブルックデールに世界初の鉄橋が建設される。

1805年 バーミンガムとロンドンを結ぶグランド・ジャンクション運河が完成する。

1825年 世界初の商業蒸気機関鉄道がストックトンとダーリントンのあいだに開通する。

後史
1855年 ベッセマー工程の溶鉱炉が導入される。

1869年 アメリカで最初の大陸横断鉄道が完成する。

1885年 ガソリンを燃料とする内燃機関がドイツではじめて実用化され、自動車に搭載される。

西洋で起こった**科学革命**によって、世界を**よりよく理解**し、**よりよく活用**することは可能であるという認識が生まれる。

蒸気動力機械の発達によって、**工場を拠点とした大量生産**が促進される。

スティーヴンソンのロケット号が、より速く、より信頼できる新しい輸送手段の先駆けとなる。

西洋諸国が世界の他の地域に強く働きかけ、**互いに結びついた国際市場**を創り出す。

工業化社会の**化石燃料への依存**によって、**自然環境**に重圧がかかる。

1830年9月15日、蒸気機関で動く世界ではじめての商業旅客鉄道——ジョージ・スティーヴンソンのロケット号——が開通した。全長56キロのリヴァプール・アンド・マンチェスター鉄道は、やはりスティーヴンソンが設計した機関車が牽引し、時速48キロメートル近くまで出すことが可能だった。

スティーヴンソンのロケット号は、200年近くの歴史を経たいまでも鍵となる発展を象徴している。それは、風車や水車、馬など荷役用の動物に頼る農業社会から、かつては想像もできなかったスケールで蒸気機関が信頼できる動力を発生させるようになった工業社会への転換である。

背景

18世紀半ばから終盤にかけてイギリスで起こった工業化は、17世紀末にヨーロッパが経験した科学革命がきっかけだった。また、オランダではじまり、イギリスにも採り入れられた金融制度の変化もそれに劣らぬ要因であった。信用取引が可能になって資金を手に入れやすくなり、起業が活発化したのである。手に入れた富の投資先を探していた中産階級にとって、新しい発明や技術を支援することが以前よりずっと楽になった。

3つ目の要因は、オランダとイギリスではじまった農業革命だった。輪作をおこなうことによって、3年に1度の休耕が不要になった。また、その両国では土地の開拓が進んで、農業に使える耕作面積が増えていた。作物収量が増加すると同時に、品種改良によって、食べ物と毛皮をもたらしてくれる家畜の生産量と利益率も向上した。飢饉の可能性は小さくなり、イギリスの人口は1750年に650万

変わりゆく社会

参照 アムステルダム証券取引所の設立 180-83 ■ ニュートンが『プリンキピア——自然哲学の数学的諸原理』を出版 188 ■ ディドロが百科全書を刊行 192-95 ■ スエズ運河の建設 230-35 ■ ダーウィンが『種の起源』を出版 236-37 ■ エッフェル塔の完成 256-57

人だったのが1800年には900万人を超えるほどになった。つまりは、新たに市場が生まれ、労働人口が増加したということでもある。

最後の要因は、イギリスでは輸送網が向上し、かつてないほど大量に生産された製品がより速く、より確実に運ばれるようになったことである。1760年から1800年のあいだに、イギリスでは全長6,840キロメートルもの運河が建設された。

思想家たちはこのような社会の変化の背後にある推進力を理解しようとつとめた。1776年にスコットランドの哲学者アダム・スミスが出版した『諸国民の富』は、政治経済学として知られつつあったものの土台となり、利益追求の動機と競争が中心的な役割を果たして効率性を高め、価格を引きさげると論証した。

このような経済の変化は、ヨーロッパの植民地支配の激化による国際市場の誕生に寄与し、それがまた経済の変化に拍車をかけることになった。植民地化は原材料の調達を容易にすると同時に、完成品の市場を提供した。世界の地図がより正確になったこと、船の性能や海での位置確認の技術が向上したことも、国際貿易を促進した。

蒸気動力

だが経済の転換を推進した圧倒的な力は、蒸気機関の発達だった。それは驚くほど短期間でイギリスに革命を起こし、世界初の産業大国にしたうえに、ついには世界を一変させた。とはいえ、それを可能にする燃料がイギリスに大量に埋蔵

> 100年前には
> 各地域にとどまっていた商取引が、
> いまや世界規模になった。
> **フランク・マクベイ**
> 『近代産業主義』(1904年)

されていなければ、世界にこれほどの劇的な影響を及ぼすことはできなかっただろう。その燃料は石炭である。石炭が木に代わっておもな燃料源になることは、産業の発展にとって決定的に重要なことだった。また、18世紀初頭にコークス(石炭を加工したもので、石炭よりはるかに高い温度で燃焼する)が開発されたおかげで、鉄——新技術に欠かせない核となる素材——の生産がより速く、よりシンプルになった。

1712年にトマス・ニューコメンが「大気圧機関」を発明して以来、信頼性にはばらつきがあるものの、さまざまな蒸気機関が作られてきた。しかしそれに驚くべき潜在能力があることを明らかにしたのは、1781年にジェームズ・ワットが発明した最初の回転式蒸気機関だった。最初期の蒸気機関はおもにポンプとして利用されたが、ワットの回転式蒸気機関は

スティーヴンソンのロケット号は世界ではじめて旅客列車に使われた蒸気機関で、リヴァプールとマンチェスターのあいだを走った。写真はロンドンの特許局の外で撮影されたものである。

機械の動力となったのである。ワットはマシュー・ボールトンとともに1775年にエンジニアリング会社をバーミンガムに設立し、500台以上の蒸気機関を製造した。

1800年にワットの特許が切れると、ほかの会社でもそれぞれに蒸気機関を製造するようになった。特に北西部の繊維産業は、手にはいりやすくなった蒸気動力の恩恵を受け、家族単位の小規模な生産から大規模でほぼすべてが自動化された工場生産への動きが起こっていた。1835年までに、繊維工場に導入された力織機の数は12万台を超えた。動力を川に頼らずにすむようになったおかげで、どこにでも工場を建てることができるようになり、世紀が進むにつれて、工場が集まったイングランド北部やミッドランズの町が、主要な工業中心地へと急速に発展していった。

社会の変化

膨大な数の労働者がこれらの新都市に引き寄せられて、都市は労働者にとって劣悪な生活・労働環境で知られるようになり、その労働者の多くは子供だった。人口の流入によって、都市に最下層階級が生まれた。労働者の生活がわずかでも改善するまでには時間がかかり、単純労働者として搾取されてはならない、社会的・経済的な変革の恩恵を享受できるようになるべきである、という認識はなかなか生まれなかった。そのあいだにも、富を築いた工場主が政治的な発言力を持つようになった。

広い世界へ

1860年になっても、イギリスはある意味において世界一の工業国・商業国だったが、ほかの西側諸国も同じように恩恵を受けられることにすぐに気づいた。ヨーロッパ大陸では当初、工業化は不安定で、1848年に革命がいくつも起こるなど、イギリスが見舞われなかった政情不安に阻まれていた。しかしやがて、ヨーロッパでの発展のペースがイギリスに匹敵するようになった。1840年、ドイツとフランスの鉄道線路はそれぞれ480キロメートルほどだった。1870年にはどちらも1万6,000キロメートルになっていた。同様に、

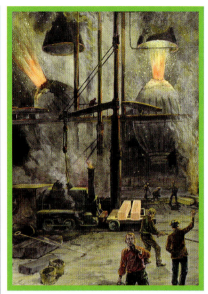

ベッセマー工程はイギリスの同名の技術者が考案した鉄から鋼を生産するための工法で、輸送から軍事まで、あらゆる産業の効率をあげた。

両国での銑鉄（せんてつ）の生産量は、それぞれ1840年の12万5,000トンから1870年の100万トンへと増加した。だが最もめざましい発展をとげたのはアメリカで、1840年にほとんど北東部のみで5,300キロメートルほどしかなかった鉄道線路が、1860年には5万1,500キロメートル、1900年までに

イザムバード・キングダム・ブルネル

並はずれて勤勉だったイザムバード・キングダム・ブルネル（1806年～59年）ほど、イギリス産業革命の初期段階の原動力となった熱意や野心や洞察力を体現していた人物はいない。ブルネルが手がけた驚異的な仕事としては、世界最長の橋（クリフトン吊り橋）、世界最長のトンネル（ウィルトシャーのボックストンネル）、世界最大の船（グレート・イースタン号）などがある。1827年にはまだ21歳でテムズ・トンネルの主任技術者に任命され、1833年には新たに設立されたグレート・ウェスタン鉄道の技術者になった。グレート・ウェスタン鉄道は1841年にはロンドンとブリストルを直接結ぶことになるが、その集荷場の再建にブルネルは1832年から取り組んだ。ロンドンからニューヨークまでの直通の旅も夢ではないと信じていたブルネルは、世界初の実用的な外洋蒸気船グレート・ウェスタン号も設計した。また、鉄でできたスクリュー推進式のグレート・ブリテン号の設計も手がけた。すぐれた洞察力の持ち主ながら、ブルネルのプロジェクトの多くは遅延と費用の超過に見舞われたが、その仕事には他に類を見ないすばらしい技術があった。

31万600キロメートルへと急伸した。同様に銑鉄の生産量も急増し、1810年に年間10万トン足らずだったのが、1850年には70万トンに近づき、1900年には1,300万トンを超えた。

鋼鉄の役割

1870年ごろまでに、ヨーロッパでもアメリカでも工業化の第2の波を迎え、石油、化学薬品、電気、鋼鉄の重要性が増していた。製造方法としては、1855年にイギリスの技術者ヘンリー・ベッセマーが考案した、より軽く、強く、汎用性にすぐれたものを作る方法が主流になり、それ以来、鋼鉄が工業の中心となった。1870年、全世界の鋼鉄の生産量は54万トンであったが、25年後には1,400万トンに増え、いつでも手にはいるようになったことから、鉄道業、軍需産業、造船業はどこも恩恵を受けた。

1870年から1914年にかけて、ドイツが工業生産高を4倍にして、ヨーロッパの最もすぐれた工業国の地位をイギリスから奪おうとする勢いだったが、アメリカが急速に世界最大の工業大国となりつつあった。1880年には、イギリスはアメリカより多くの鋼鉄を生産していたが、1900年までに、アメリカの生産量がイギリスとドイツの生産量の合計を上まわった。

同じころ、蒸気船が登場した。風の変化に左右されることがなくなったため、航行期間が予想しやすくなり、所要時間が短縮された。船自体も格段に大きくなった。木造船の場合、最大でも全長60メートルを超えることはほとんどなかったが、1858年に進水したグレート・イースタン号は全長210メートルだった。1870年、合計140万だった全世界の蒸気船の容積トン数は、1910年までに1,900万に達した。

勝者と敗者

工業化の恩恵のひろがりは、不均衡であった。南ヨーロッパでは反応が鈍く、ロシアもなかなか追随できなかった。中国とインドは、工業化に前向きでなく、技術が不足していた。ラテンアメリカの工業化は断続的で、アフリカは技術先進国に支配されていた。一方、日本は1868年以降、工業化の道をひた走り、世界有数の工業国となった。

工業化は戦争の形も変え、かつては考えられなかった規模の大量の死をもたらすようになった。現在までつづく工業化の皮肉は、最も恩恵を受けた国々がその負の力をみずからに向け、2度の世界大戦で恐るべき破壊力を持つ兵器を用いたことである。

産業革命は近代世界の礎を築いた。新たな可能性への大きな期待にあと押しされ、地域によっては、それまで想像もできなかったような、社会のあらゆる階級における生活水準の向上が実現した。しかし豊かな西側諸国では、物質的にすぐれていることが道徳的にすぐれていることと同義であるという感覚も生まれ、その結果、西側諸国が世界を支配することが可能になっただけでなく、それが当然と見なされるようにもなった。■

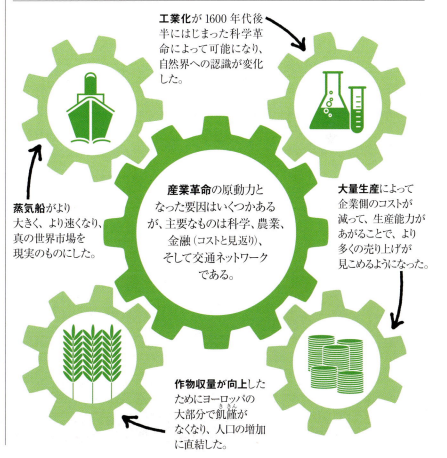

産業革命の原動力となった要因はいくつかあるが、主要なものは科学、農業、金融（コストと見返り）、そして交通ネットワークである。

工業化が1600年代後半にはじまった科学革命によって可能になり、自然界への認識が変化した。

大量生産によって企業側のコストが減って、生産能力があがることで、より多くの売り上げが見こめるようになった。

作物収量が向上したためにヨーロッパの大部分で飢饉がなくなり、人口の増加に直結した。

蒸気船がより大きく、より速くなり、真の世界市場を現実のものにした。

見て見ぬふりをすることもできるが、知らなかったと言うことは、もはやできない
奴隷貿易廃止法（1807年）

背景

キーワード
奴隷制度廃止論

前史

1787年　奴隷貿易廃止協会がロンドンに設立される。

1791年　カリブ海のフランス領の島であるハイチ（サン・ドマング）で奴隷による反乱が起こる。反乱は成功し、1804年に独立が宣言される。

後史

1823年　奴隷制度反対協会が設立される。イギリス帝国全体で奴隷制を廃止するための運動をおこなう。

1833年　イギリス帝国全体で奴隷制度が非合法化される。

1848年　フランスの植民地で奴隷制度が廃止される。

1865年　アメリカ合衆国憲法修正第13条によって、アメリカの奴隷制度が非合法化される。

1888年　ブラジルが奴隷制度を廃止する。アメリカ大陸の国としては最後である。

イギリス国内の**自由に対する急進的な考え方**が、**奴隷制度は悪**であるという宗教的信念と結びつく。

→ 商人や**農園主**は奴隷制度の廃止を求める声に抵抗する。

↓

議会で数回否決されたのち、奴隷貿易廃止法が圧倒的多数の賛成を得て通過する。

↓

奴隷の輸送に反対するよう、他国に対して**イギリス**が熱心に働きかける。

→ 1833年にイギリス帝国で**奴隷制度が廃止**される。アメリカで廃止に至るのは1865年である。

1807年にアメリカで奴隷輸入を禁止する法律が、イギリスで奴隷貿易を廃止する法律が通過したことは、西洋諸国で大きな認識の変化があったことを示している。1780年代になってもなお、奴隷貿易は「普通の」経済活動と見なされていた。「自由という理念から生まれた」新しいアメリカ合衆国も、カリブ海にあるヨーロッパの植民地も、西アフリカから比較的容易に手にはいった奴隷の労働力に頼っていた。ポルトガルの植民地だったブラジルは、それ以上に奴隷に依存していた。しかし特にイギリスは矛盾する厄介な立場にあった。イギ

変わりゆく社会

参照 王立アフリカ冒険商人会社の設立 176–79 ■ アメリカ独立宣言の採択 204–07 ■ バスティーユ牢獄襲撃 208–13 ■ ラクナウ包囲戦 242 ■ ロシア農奴解放 243 ■ ゲティスバーグの演説 244–47 ■ 第2次アヘン戦争 254–55

ウィリアム・ウィルバーフォースは熱心なキリスト教徒で、イギリスの政治家として奴隷貿易に対して最も声高に反対した。カール・アントン・ヒッケルによる肖像画。

リスでは奴隷制度が合法であったことが1度もなかっただけでなく、そのような基本的な自由をしっかりと守ることはイギリス人の誇りでもあった。にもかかわらず、イギリスは他国に少しまさって、西洋でいちばんの奴隷貿易国であった。

この矛盾は、宗教的な倫理観にも啓蒙的な政治思想にも反していた。

世界的な変化

ウィリアム・ウィルバーフォースやトマス・クラークソンをはじめとする気高く非常に熱心な多くの運動家たちにとって、奴隷制度の廃止は必然であった。根強い反対があったにもかかわらず、驚くほど効果的な運動が展開され、民衆や議会からの支持が急速にひろがった。19世紀の大半において、イギリス海軍が先頭に立ち、奴隷貿易をつづけようとする人々を妨害する運動をおこなった。

イギリスが率先したこの動きには、他国でも重要な賛同者が現れた。革命政治を担ったフランスの国民公会は1794年に奴隷制度を非合法化した（しかし1802年にナポレオンがその一部を覆した）。1888年まで奴隷制度が禁止されなかったブラジルを除いて、1810年以降つぎつぎと独立したラテンアメリカ諸国も奴隷制

ハイチ革命

18世紀後半に西洋世界で吹き荒れた革命の矛盾を最も明らかに示しているのが、ハイチでの革命（1791年〜1804年）である。このカリブ海のフランス植民地は当時サン・ドマングと呼ばれ、奴隷の労働力によってきわめて大きな繁栄を謳歌していた。解放奴隷のトゥサン・ルヴェルチュールが率いたこの革命は、アメリカやフランスの革命に触発されたものだったが、どちらの国もこの革命を支持していない。アメリカは奴隷をかかえる

州で同様の反乱が起こることを恐れ、フランスは奴隷廃止を宣言していたものの、貿易への悪影響を懸念した。島の東半分を支配していたスペインも、自国の植民地に飛び火することを恐れて、イギリスと同様に反対した。独立を求めていた南アメリカの植民地さえも、みずからがかかえる大量の奴隷への影響を心配して支援を拒んでいる。それでも、これらの国々による急ごしらえの対抗策では反乱を抑えることはできなかった。ハイチ革命は国の独立につながった奴隷による蜂起のただひとつの例である。

> 奴隷制度は
> イギリス憲法とキリスト教、
> 両方の原理に矛盾する。
> **トマス・フォーウェル・バクストン**
> イギリスの政治家（1823年）

度を非合法化した。

奴隷貿易ではなく、奴隷制度そのものがイギリス帝国で違法になったのは、1833年になってからだった。その動機はかならずしも人道的なものだけではなかったものの、エリザベス・ヘイリックをはじめとする新たな活動家たちが多大な努力をした。1791年にはじまって、1804年の独立につながったハイチの奴隷による革命を機に、そのような蜂起を制圧するのはむずかしいと西洋諸国は気づいた。1831年にイギリス領ジャマイカで起こった奴隷による革命では、長い目で見れば、奴隷を解放するほうがむしろ面倒が少ないことが明らかになった。

広大なる新興国、アメリカ合衆国では、問題は深刻だった。工業化の進む北部州の奴隷廃止論者たちがどれほど奴隷制度を非難しても、農業中心で奴隷の労働力に依存している南部州は奴隷制を断固として維持する構えだった。その問題の解決には、4年間の内戦と67万人の犠牲をともなうこととなった。■

社会は二分された
1848年革命

背景

キーワード
労働運動、社会主義、革命

前史

1814年～15年 ウィーン会議でフランスの王政が復活する。

1830年 フランスのシャルル10世が王位を追われる。ギリシアがオスマン帝国から独立する。

1834年 フランスの絹織物工による蜂起が制圧される。

後史

1852年 1848年に樹立されたフランスの第2共和政が消滅する。ルイ・ナポレオンがナポレオン3世となる。

1861年 ヴィットーリオ・エマヌエーレ2世が統一イタリアの王位に就く。

1870年～71年 プロイセン＝フランス戦争が終わり、ドイツがプロイセンのもとに統一される。パリ・コミューンが倒れ、第3共和政が樹立される。

1848年2月24日、「フランス国民の王」と呼ばれたルイ・フィリップが退位した。パリで起こった民衆の蜂起を受けてのことだったが、これは政治の自由化と不平等の是正のための改革を政府がおこなわないことに対し、中産階級と労働者階級の両方が抗議したものだった。その後、第2共和政が宣言された。6月には、別の独裁政権に代わったにすぎないことを恐れたパリの労働者階級がふたたび蜂起したが、容赦なく制圧された。12月、ナポレオンの甥であるルイ・ナポレオン・ボナパルトが大統領に選ばれた。1851年、ルイ・ナポレオンはクーデターを起こし、翌年には皇帝ナポレオン3世を名乗った。

フランスは19世紀を通じて政情不安に悩まされた。1830年の動乱、1848年の革命のほか、23年後の1871年にはさらに激しい暴動が起こった。

1848年革命の火種は、その前のふた冬にわたる飢饉だった。すべてを失った都市の貧民のあいだに不穏な空気がひろがるなか、急速に増えつつあった中産階級から自由な政治への改革要求が強まっていた。革命への熱意はヨーロッパ大陸じゅうで同様の蜂起を引き起こし、その最たるものがドイツ連邦、多民族のオーストリア、そしてイタリアであった。どの蜂起も残らず鎮圧され、そのほとんどが武力弾圧であった。

社会主義の出現

1815年のナポレオン最後の敗北の前後に、各地での市民の蜂起に頭を痛めていたヨーロッパの支配者たちは、反乱を抑える政治秩序を築こうとウィーンに集まった。目的は貴族支配者集団の維持、

オラース・ヴェルネが描いたパリのスルロ通りのバリケード。1848年6月、自由共和主義の政府と社会改革を求めるパリの労働者とのあいだで戦いが起こった。

変わりゆく社会

参照　アメリカ独立宣言の採択 204-07 ■ バスティーユ牢獄襲撃 208-13 ■ 千人隊の遠征 238-41 ■ ロシア農奴解放 243 ■ ゲティスバーグの演説 244-47 ■ フランスが共和制にもどる 265

> 万国の労働者よ、団結せよ！
> きみたちにはその鎖のほかに
> 失うものは何もない！
> **共産党宣言**

古い秩序の持続、国境の確保だった。

だが実際には、フランス革命によって勝ちとった自由を確実なものにする欲求など、数々の要因から成る政治の現実が支配者たちの意向を阻んだ。新たな現実を生み出した考えはナショナリズムと呼ばれるようになっていて、細かい定義はともかく、民族というものに、独立した国家としてのみずからの将来を決定する権利があるという考え方である。同様に重要なのが、産業革命によって拡大した不平等を是正し、労働者が工場主に搾取されてさらに貧しくなっていく状態を終わらせようとする新しい政治信念——社会主義——の出現であった。

旧秩序の復活

しかし1848年の熱気のなかで、これらの新たな考えはたやすくは受け入れられなかった。大混乱が迫るなか、中産階級は、社会を立てなおして新しい国を作ろうと考える急進的な人たちではなく、秩序を取りもどそうとする既存の政治支配階級の側についた。

最終的に革命の恩恵を受けたのは、ある種の民衆ナショナリズムを利用して国を統一したイタリアとドイツの王族たちだった。しかし同時に、経済の転換によって社会も変化して、労働組合が——少なくとも西ヨーロッパの自由民主主義国で——誕生するようになり、それまで疎外されていた人たちの生活水準が向上するきっかけとなった。■

共産党宣言

『共産党宣言』は、革命がヨーロッパを包みこんだ1848年、ロンドンで出版された。蜂起への影響はとるに足りないものだったが、のちに社会思想として世界じゅうにひろがり、圧倒的な影響を残した。この小冊子を書いたのはふたりのドイツ人、紡績業者の息子フリードリヒ・エンゲルスと、ユダヤ人学者カール・マルクスだった。

1847年、ふたりはフランスの反体制的なグループ、正義者同盟に加わった。これはのちにロンドンにふたたび現れ、共産主義者同盟となるグループである。その後、エンゲルスの出資により、マルクスの重要著作『資本論』の出版が実現し、その第1巻が1867年にまたロンドンで出版された。同書は、資本主義に衰退の種が含まれていることや、プロレタリアによる革命は避けられず、それが搾取や貧困とは無縁の無階級社会を作ることをくわしく解説しようとしている。

ウィーン会議が**ナショナリズム**と**将来の反乱**の恐れを**抑制**しようとする。

自由主義への期待は消しがたいことが明らかになる。**国民の自決権**への要求が膨らむ。

特に**フランス**で、**王政の復活**後に激しい蜂起が起こる。

1848年のフランスでの革命がドイツ、オーストリア、イタリアでの反乱を引き起こす。すべて武力で制圧される。

保守的な支配階級が**ナショナリズム**を利用してイタリアとドイツの**それぞれの統一**を進める。

この事業は
計り知れない見返りをもたらすだろう
スエズ運河の建設（1859年〜1869年）

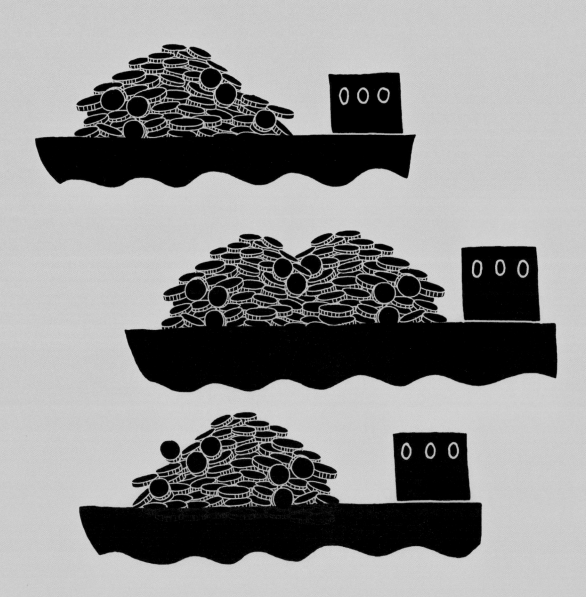

232 スエズ運河の建設

背景

キーワード
帝国経済

前史
1838年 蒸気動力のみによる大西洋横断がはじめて成功する。
1858年 最初の大西洋横断電信ケーブルが敷設される。

後史
1869年 スエズ運河が開通し、ヨーロッパと東洋のあいだの航行期間が大幅に削減される。
1878年 ヨーロッパで金本位制が導入される。1900年にはアメリカにも導入される。
1891年 シベリア横断鉄道の建設がはじまる。1905年に完成する。
1899年〜1902年 イギリスが第2次ボーア戦争で南アフリカの支配を維持しようとする。
1914年 大西洋と太平洋を結ぶパナマ運河が開通する。

産業革命によって、西側諸国の経済が**急速に発展**する。
↓
- 新しい産業が**多くの資源**を必要とする。
- 新しい労働者階級が**一般消費者向けの商品**を積極的に求めるようになる。

↓
先進国が**帝国を築き、植民地の力**を利用して産業を発展させる。
↓
技術と輸送手段の発達が新たな世界経済を支える。
↓
スエズ運河が建設され、海路が大幅に短縮されて世界貿易が盛んになる。

1869年11月17日、地中海と紅海を結ぶスエズ運河の正式な開通は、ヨーロッパ——具体的にはフランス——の技術力と財力を声高に知らしめることとなった。また、各地の商品がかつてないスケールで取引されて世界経済が急速に発達し、互いへの依存が強くなりつつあることが明確になる出来事でもあった。この進展を牛耳っていたのは、ヨーロッパの植民地保有国とアメリカだった。この過程はこれらの国々に多大な恩恵をもたらすとともに、ヨーロッパの帝国の野望をさらにあと押しするものであった。

スエズ運河は、ロンドンとボンベイをつなぐ海路を41%、ロンドンから香港への海路を26%短縮した。貿易への影響は明らかだった。さらに、航行期間の短縮によって、インドとその重要な市場の防衛というイギリス帝国の大きな課題がきわめて容易に解決されることになった。19世紀終わりまでに、イギリス海軍の21か所もの基地によって守られたインド洋での貿易はイギリスがほぼ独占していたが、イギリスがエジプトを占領し、その6年後の1888年にスエズ運河を支配するようになって、さらにそれが揺るぎないものになった。「砲艦外交」はイギリスの利益を守るのに非常に効果的な手段だった。

パナマ運河

スエズ運河は帝国貿易に利益をもたらすための大規模事業のひとつにすぎなかった。それよりはるかにむずかしかったのが、1881年に中央アメリカではじまっ

変わりゆく社会

参照 マルコ・ポーロが上都へ到着する 104-05 ■ アムステルダム証券取引所の設立 180-83 ■ スティーヴンソンのロケット号が営業運転開始 220-25 ■ カリフォルニアのゴールドラッシュ 248-49 ■ 明治維新 252-53 ■ エッフェル塔の完成 256-57

スエズ運河が1869年に開通し、ヨーロッパとアジアのあいだの航海時間が劇的に短縮された。これにより貿易が盛んになり、技術の進歩が促進された。

た大西洋と太平洋をつなぐパナマ運河の建設である。そちらもフランスの主導だったが、紛争と絶え間ない対立状態のなか、疫病などで多くの労働者が犠牲となった。やがてフランスが撤退し、アメリカがそこに参入して1914年8月にパナマ運河を完成させた。パナマ運河は世界で最も規模が大きく、最も費用がかさむ事業となった。ここでも航行期間が劇的に短縮され、リヴァプールからサンフランシスコまでの海路が42%、ニューヨークからサンフランシスコまでが60%短くなった。

アメリカの関与

パナマ運河の建設をアメリカが引き継いだという事実は、アメリカの態度に決定的な変化が訪れたことを示している。それは、貿易の拡大だけでなく、自国の海外権益の促進に力を注ぐようになったということだ。はじまりは1898年、スペインからフィリピンを奪って、アメリカ自体が植民地保有国になったことだった。

その動きはセオドア・ローズヴェルト大統領の政権下（1901年〜09年）で加速した。ローズヴェルトはアメリカの軍事介入、特にラテンアメリカへの関与を進め、アメリカの権益を拡大する手段として安定を維持しようと考えた。その結果のひとつが、アメリカ海軍大西洋艦隊グレート・ホワイト・フリートの増強だっ

た。ローズヴェルトの後継者ウィリアム・タフトはその政策をより法律を尊重する形で追求して（ドル外交）、おもにラテンアメリカと極東における商業権益をアメリカ政府が全面的に支援し、巨額の海外投資を促した。

列車と電信

同じころ、アメリカとヨーロッパで大規模な鉄道が新たに建設された。1869年、全長3,070キロメートルのセントラル・パシフィック鉄道が開通し、アメリカの東海岸と西海岸がはじめて鉄道で結ばれた。1905年までに、大陸横断鉄道がアメリカではさらに8路線、カナダでは1路線開通した。

同様の機運のなかで、ロシアでは1891年から1905年にかけてシベリア鉄道の建

> 大西洋横断電信ケーブルが、
> 主の庇護のもとに、
> 親しき両国の永遠の平和と友情の
> 絆となりますように。

ブキャナン大統領
ヴィクトリア女王への電報（1858年）

> 問題の計画とは、
> スエズ海峡に運河を掘る
> というものである。

フェルディナン・ド・レセップス
フランスの外交官、スエズ運河建設の提案について語る（1852年）

設がおこなわれた。7,400キロメートルという驚異的な長さで7つの時間帯にまたがるこの鉄道は、現在でも連続した鉄道線路としては世界最長である。そして、ロシアが広大なシベリアの領土を治めるだけでなく、中国北部の地域を侵略するのにも重要な役割を果たした。

また、回線を伝ってメッセージを届けることを可能にした電信の影響力も大きかった。1830年代にサミュエル・モースがアメリカでこのシステムを考案し、1844年5月には最初の電話線が開通した。10年のうちに、アメリカの電信ケーブルは3万2,200キロメートルになった。

大西洋を横断する最初の電信ケーブルは1858年に敷設されたが、2週間しか機能しなかった。しかし1866年までに新しいケーブルが敷設され、1分間に120語を送ることができるようになった。1870年までにロンドンとボンベイのあいだに電信ケーブルが敷かれ、1872年にはオーストラリアまで、1876年にはニュージーランドまで延びた。1902年までには、アメリカ本土とハワイがつながった。これがほぼ瞬時の国際通信システムのはじまりであった。

グレート・イースタン号

1866年に大西洋横断ケーブルの敷設を担ったグレート・イースタン号は、第1次産業革命において最も先見の明を発揮した技術者イザムバード・キングダム・ブルネルによって設計された。乗客4,000人を乗せてイギリスからオーストラリアまでノンストップで航行できる（そして再給油せずにイギリスに帰還できる）ように設計されたこの船は、構想が野心的すぎてビジネスとしては失敗した。

とはいえ、これはより大きく、より速く、より安全な船への先鞭をつけた。グレート・イースタン号が通常の鉄で造られたのに対し、のちに造られた鋼鉄のプロペラ推進船にはより汎用性があった。同時期に、より力強く効率的な蒸気機関が開発された。

蒸気船と貿易

帆船の衰退によって、帝国貿易はさらに変容した。顕著な変化のひとつは、より大きな旅客船がつぎつぎに生まれたことである。大西洋横断航路は特に顕著な発達が見られた。1874年、5,500英馬力の蒸気船ブリタニック号が大西洋の西まわり航路で、8日間をわずかに切る最短記録を作った。1909年には7万馬力で旅客定員が2,000人を超えるモーリタニア号が、4日間10時間、平均速度26ノット、つまり時速48キロという新記録を樹立した。

新しいタイプの商船――おもに冷蔵船――も建造されるようになった。このような進歩はいかに技術が貿易を促進し、

モーリタニア号はイギリスのタイン・アンド・ウィア州ウォールセンドで建造された、世界で最も大きく速い船だった。1909年には大西洋を5日未満で横断し、新記録を作った。

金と銀は本来貨幣ではないが、貨幣は本来金と銀である。

カール・マルクス
『資本論』

世界市場への到達を可能にしたかを示している。南アメリカ（特にアルゼンチン）やオーストラリア、ニュージーランドで牛や羊を育てる畜産農場は、人口の増加に合わせて規模を拡大していった。同様にヨーロッパでも人口が増え、たとえばイギリスでは1850年から1880年のあいだに2,800万人から3,500万人に増加した。国民の食べるものと着るものを確保することは優先課題だった。羊毛は輸送が楽だったが、ラム肉や牛肉は途中で腐敗するため輸送できなかった。しかし1877年、世界初の冷蔵船によって、80トンの冷凍牛肉がアルゼンチンからフランスに運ばれた。1881年までには、オーストラリアからイギリスまで、冷凍牛肉が定期的に運ばれるようになっていた。ニュージーランドからはじめてラム肉が運ばれたのは翌年のことだった。3つの国からの肉の輸出量は急激に増加し、たとえばニュージーランドからの冷凍羊の輸出は1895年の230万頭から1900年の330万頭、そして1910年の580万頭へと推移した。

綿の需要――特に1850年には世界の綿布の50％を生産していたイングランド北西部の大規模織物工場からのもの

変わりゆく社会　235

スエズ運河は、大英帝国の各地をつなぐ移動時間を大幅に短縮し、航海を簡単にした。たとえばイギリスからインドまでの1万800海里が40%以上削減され、わずか6,200海里になった。

凡例：
- スエズ運河
- スエズ運河経由ルート
- それまでのルート
- 大英帝国が支配した国々

——は、綿花栽培の急増につながった。アメリカ南部の州では綿花の生産が1800年の10万梱から1860年の400万梱に増えた。南北戦争中、南部連合の州は綿花の輸出を制限し、ヨーロッパが戦争に介入するように仕向けようとした。しかしその目論見ははずれて、イギリスはインドからの綿花の輸入を増やし、綿花を綿布に織りあげたあと、大幅な利益を上乗せしてインドに輸出した。

世界金融

このような複雑な貿易網の構築が可能だったのは、銀行業と金融業の発達があったからだ。19世紀末に新しい銀行がいくつも創設され、世界じゅうの事業を支援するための資金を提供した。それにともなって、ロンドンが世界の金融の中心地となっていく。19世紀の終わりには、純金113グレーンと同等であると定められていたイギリスのスターリングポンドを基準に、他通貨の価値を計算するようになった。

西側諸国による海外投資は劇的に増加した。1914年までにアメリカの海外資産は35億ドル相当、ドイツは60億ドル相当、フランスは80億ドル相当、イギリスは200億ドル相当に達していた。1860年の北アメリカとヨーロッパ主要国の年間収入は合計およそ43億ドル、世界全体に占める割合は35%であったが、1914年にはそれが185億ドル、60%になっている。

帝国主義のあり方は19世紀を通して変化していった。たとえばイギリス帝国では、植民地間の区別がはっきりし、その差がひろがっている。おもにアフリカとアジアでは先住民を支配したのに対し、カナダ、南アフリカ、オーストラリア、ニュージーランドなどでは自治が可能と見なされるようになって、その4か国は1907年までにすべて自治領の立場を許された。アフリカの英領やインドでは、その特権を得たところはなかった。■

鉱物採掘ラッシュ

南アフリカの金鉱の労働条件は過酷で、労働者たち（おもに若い黒人男性）は不当な低賃金で搾取された。

貴重な鉱物や産業用の鉱物の新たな鉱脈探しが、19世紀末にかけてふたたび盛んになった。アメリカ、カナダ、オーストラリア、そしてどこにも増して南アフリカでのダイヤモンドと金の発見によって、開発熱に火がついた。ダイヤモンドは1867年に南アフリカのオレンジ自由国で、金は1886年にトランスヴァールで発見された。どちらも、のちのイギリスのケープ植民地に入植したオランダ人の子孫であるボーア人が建国した独立共和国である。経済的な重要性が高まったので、イギリスは両国を支配下におさめようという決意を強めたが、その実現のために、激しいボーア戦争（1899年～1902年）で国力を限界まで疲弊させることになった。この戦争の前後に、のちの1910年に南アフリカ連邦となる地域で、多数の低賃金の黒人労働者たちが鉱物資源を開発したことが、アパルトヘイトの制度化に決定的な意味を持つようになった。

きわめて美しく きわめて驚嘆すべき 無限の形態が生じ、 いまも進化しつつある
ダーウィンが『種の起源』を出版（1859年）

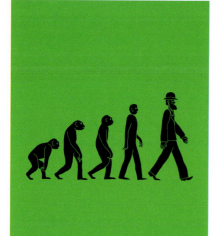

背景

キーワード
科学の進歩

前史
1831年〜36年　若き自然学者チャールズ・ダーウィンがイギリス海軍の軍艦ビーグル号で全世界を航海する。

後史
1860年　トマス・ハクスリーが、イギリス国教会から非難されたダーウィンを擁護する。

1863年　グレゴール・メンデルが、遺伝子がすべての植物に影響を及ぼしていることを証明する。

1871年　ダーウィンが『人間の由来』で性淘汰についての考え方を提示し、すぐれた個体が異性を引きつけることで種の永続性が保たれると主張する。

1953年　DNAの発見によって、どんなふうに特徴が遺伝するかが示される。

かつて想像できなかったほどの**長い年月にわたって地球が存在してきたこと**を地質学者たちが理解しはじめる。

→ **計り知れないほど大きな変化と絶滅**が起こってきたことを科学者が知る。

↓

ダーウィンの著書が**動物種の多様性**を説明し、地球上のすべての生き物が**共通の祖先と結びついている**という仮説を示す。

← チャールズ・ダーウィンが『種の起源』を出版する。

↓

近代科学によって、ダーウィンの歴史的著作に記された**証拠と結論**が補強される。

そらく19世紀において最も重要な科学者であるチャールズ・ダーウィンは、つねに好奇心旺盛で、あらゆる科学的な問題に興味を持っていた。著書『種の起源』（1859年）は、進化として知られるようになりつつあったものについて新たな科学的解釈を示した。この本のなかでダーウィンは根本的な疑問を呈している。世界は植物や動物に満ちている。これはどこからどのようにして来たのか。どのように創り出されたのか。膨大な期間をかけて起こった変化によってこの多様性が生まれたと考えたのは、もちろんダーウィンが最初

変わりゆく社会

参照　クック船長の世界周航 189 ■ ディドロが百科全書を刊行 192-95 ■ スティーヴンソンのロケット号が営業運転開始 220-25

ではなかったが、「自然淘汰」と名づけた考えのもとに説明を提示したのはダーウィンがはじめてだった。

自然淘汰

ダーウィンの考えの中心にあったのは、すべての動物は単一の同じ祖先から派生した——たとえば、人間を含むあらゆる哺乳動物の祖先は魚である——という主張だった。そして、過酷な自然界では、新しい種へと進化していく過程でうまく適応できたものだけが生き残る。

そのように考えるようになったのは、1831年から1836年のあいだ、自然学者としてイギリス海軍の調査船ビーグル号で世界を航海し、とりわけ南アメリカで多くの時間を過ごした影響が大きかった。彼は10年をかけて大量のメモをまとめ、航海で収集したすべての標本を調べあげた。

その著書が物議を醸すことは避けられなかった。世界はそっくりそのまま何も変わらないものとして、善なる神によって創造されたというキリスト教の考えを踏みにじるものだったからだ。しかし、当初は激論が交わされたものの、ダーウィンの考えは広く受け入れられ、世界を理解するうえで貢献をしたことが認められた。その過程で、概して科学の地位は大きく高まっていった。

ガラパゴス諸島のフィンチがダーウィンの研究で重要な役割を果たした。発見した13種がすべて異なるタイプのくちばしを持っていて、それぞれが餌を食べやすいように進化してしていた。

科学の優位性

だが、ダーウィニズムはゆがめて理解される可能性があった。「適者生存」と呼ばれるようになった考え方が、のちに帝国主義や人種差別や優生学の正当化に力を持つことになったのである。

『種の起源』が出版されたのは、自然界の理解の深まりと急速な技術進歩によって、科学研究がかつてないほど実用的な価値を持った時期だった。科学の評価が高まり、専門化が進むなかで、ダーウィンは最後のアマチュア科学者のひとりとなった。一部にはダーウィンの研究によって、また社会通念の変化によって、科学は社会の中心的な存在になっていった。ダーウィンが生涯を終えるころには、科学の知識はつねに進歩をつづけるものとだれもが見なすようになっていた。■

チャールズ・ダーウィン

1831年にイギリス海軍の軍艦ビーグル号に乗る自然学者として、チャールズ・ダーウィン（1809年〜82年）は当初、第5候補にすぎなかったが、思いがけなく選ばれたおかげで人生が一変した。乗船中は絶えず船酔いに襲われながらも、まわりの世界を注意深く観察した。ブラジルのジャングルでも、アルゼンチンの大草原でも、ガラパゴス諸島の不毛の荒野でも、同じように驚きと楽しみを見いだした。

イギリスに帰ると、ダーウィンは根気強く勤勉な研究生活をはじめた。ヴィクトリア朝時代最盛期の科学者の典型で、少なからぬ不労所得に恵まれ、10人の子のうち3人は亡くしたが、きわめて円満な家庭に支えられた。ビーグル号での航海で健康を著しく害していたが、驚異的な量の著作を発表し、自然界のあらゆるテーマに強い興味を示しつづけた。珍しい対象が見あたらなくても、ホトトギスだろうとハトだろうと、ミミズだろうとフジツボだろうと、すべてに関心を寄せた。

武器を持とう。
同胞のために戦おう
千人隊の遠征（1860年）

背景

キーワード
ナショナリズム

前史
1830年 ギリシアがオスマン帝国から独立を勝ちとる。

1848年 中央ヨーロッパとイタリアを席捲したナショナリストの革命が制圧される。

1859年 オーストリアがロンバルディアを追われ、ロンバルディアがピエモンテに併合される。

後史
1861年 イタリア王国が成立する。

1866年 オーストリアがイタリア北東部のヴェネツィアを、新たなイタリア王国に対して割譲させられる。

1870年 ローマ教皇領がイタリアに組みこまれる。

1871年 ドイツがプロイセンの支配下で統一される。ローマがイタリアの首都となる。

1860年5月11日、イタリアの愛国的ゲリラ闘士ジュゼッペ・ガリバルディが、イタリア全土から集まった義勇兵の軍勢を率いて、当時ブルボン王朝の両シチリア王国の一部だったイタリア南部のシチリア島に上陸した。軍勢は1,000人強だったので、「千人隊」と呼ばれた。ブルボン王朝の打倒が目的だったが、その後をどのような政府が治めるべきかということについて、はっきりとした見通しはほとんどなかった。

1849年につかの間のローマ共和国を建設した革命家ジュゼッペ・マッツィーニと同じように、ガリバルディも王族と聖職者と貴族の特権を終わらせる決意をしていた。また、オーストリアによるイタリ

変わりゆく社会

参照　バスティーユ牢獄襲撃 208-13　■　1848年革命 228-29　■　ロシア農奴解放 243　■　エッフェル塔の完成 256-57　■　青年トルコ革命 260-61　■　フランスが共和制にもどる 265　■　十月革命 276-79　■　ヴェルサイユ条約 280

ア北部の支配を終わらせるという目標と、イタリア統一の理念も、そのあと押しをしていた。地理や歴史など、共通の国民的要素に基づいた新しい政治的実体を求める考え方は、ナショナリズムと呼ばれるようになる。

妥協へ

1859年、イタリアの大部分は北西部のピエモンテを中心とするサルデーニャ王国によって統一されていた。その過程を指揮したのは、現実的で抜け目のないカミッロ・カヴールであり、オーストリアの排除にはフランスからの軍事的な支援が決定的な役割を果たした。

カヴールにとって、統一は共和制のイタリアではなく、立憲君主制のもとでの中央集権国家の誕生を意味した。イタリアがその潜在能力を発揮して、何よりも産業化を急ぎ、ヨーロッパの主要国と肩を並べるには、それが唯一の方法であると信じていたからだ。

赤シャツ隊とも呼ばれた千人隊は、地方の人々も集めて規模を増し、統率のとれていない両シチリア王国の軍勢をすぐに圧倒した。

新たに統一されたイタリア――ヴェネツィアとローマは含まれていなかったが、それぞれ1866年と1870年に組みこまれた――の政府を決める際には、ガリバルディもピエモンテによる支配が避けられないことを認めた。1860年11月、サルデーニャ王国のヴィットーリオ・エマヌエーレ2世はガリバルディをともなってナポリにはいった。そして1861年3月、イタリア国王の位に就いた。

分裂した目標

ガリバルディとカヴールの目標が異なっていたのは、19世紀ヨーロッパのナショナリズムが根本的なところで矛盾をかかえていたことを示している。フランス革命が自由と平等の権利を約束したことから刺激を受けて、ナショナリズムはより公平な社会という理想主義的な考え

フランス革命に触発されて、**国民の自決**という考え方がヨーロッパに広まりはじめる。

↓

ギリシアの独立戦争が**他国による支配**から国を解き放つのに必要な戦闘の典型となる。

↓

1848年の革命の失敗が、国家の独立という考え方に対する**支配階級の抵抗**を物語る。

↓

ガリバルディがシチリア島に上陸して、両シチリア王国を打倒するが、イタリアは立憲君主制にとどまる。

↓

プロイセンのもとでの**ドイツの統一**が、**共和主義の自由**を犠牲にして**保守的なナショナリズム**を強化する。

ジュゼッペ・ガリバルディが身につけた赤シャツは、結集した臨時軍を象徴している。両シチリア王国のブルボン王朝支配を覆すことに成功したが、新政府の形については妥協を余儀なくされた。

を発展させていく。他国の統治によって抑圧されてきた人々は、独立が自然権として認められるべきだと主張した。ナショナリズムがさらに特徴としたのは、国民の権利として自分たちの歴史の運命を自分たちが担い、みずからを統治すること（つまり独立）についての理想論である。そして、既存の統治王朝への忠誠に代わって、言語、文化、歴史、自己同一性を共有する国民集団を重んじた。国民国家という考え方がしだいに広まるとともに、国民の自決権も重視されるようになっていった。

1848年の中央ヨーロッパやイタリアで、まさにこのようなナショナリズムの考え方を進めようとした革命が失敗したせいで、ヨーロッパの支配階級はその考えに反対した。彼らが維持しようとしたのは、ナポレオン敗北後の1814〜15年にウィーン会議が決定したヨーロッパ、すなわち、強い君主に支配され、複数の民族を含む帝国が並び、フランス革命前の境界線で分かれたヨーロッパだった。

メッテルニヒの失敗

新しいヨーロッパは安定からはほど遠く、ウィーン会議の主導者であるオーストリアの政治家メッテルニヒはのちに「わ

> 人類の幸福のために偉業を成しとげる運命の国民は、いつの日か国家を建てなくてはならない。
>
> ジュゼッペ・マッツィーニ
> 1861年

たしは腐った建物を支えるのに生涯を費やしてしまった」と認めた。1830年までにオランダ王国の一地方であったベルギーが反乱を起こし、翌年にはイギリスの支援を受けて独立した。ナショナリストによる同様の蜂起は1831年と1846年にポーランドでもあったが、どちらもロシアによって容赦なく制圧された。

ドイツのナショナリズム

高まりゆくナショナリズムは、特にドイツのさまざまな国々で重大な結果を招いた。ドイツが1871年にプロイセンのオットー・フォン・ビスマルク首相のもとで統一され、ドイツ帝国の成立が宣言されたことによって、ヨーロッパは新たな時代に突入した。ビスマルクにとっては、カヴールのときと同じように、統一の恩恵は明らかだった。統一によって、ドイツ人に共通の国民性を表現することができ、ドイツの全体像をはっきり示したいという要求を国家が満たせるようになる。また、ドイツ語圏におけるオーストリアのハプスブルク家の支配を打ち破り、とりわけ、バイエルンをはじめとする南ドイツのカトリック諸国をオーストリアの影響下から切り離すことにもなった。

この大国を建設するために、ビスマルクはある種の保守的なナショナリズムを強引に推進した。目標はより公平で自由な国を作るための社会的・民主的改革ではなく、世界に挑む国家の建設だった。ビスマルクのもとで、ドイツのナショナリズムは産業化の決然たる導入と、より大規模でより効率的な軍の創設へと変容した。

ビスマルクがこの新しいドイツの建設のためにもっぱら活用したのは軍事的な手段で、軍事作戦はおもに3つあった。まず1864年のデンマークに対するもので、プロイセンはオーストリアの支援を受け

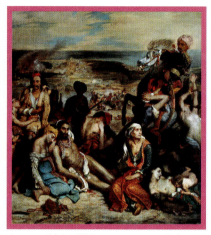

オスマン帝国の弾圧がギリシアでの蜂起に対しておこなわれたさまがウジェーヌ・ドラクロワの『キオス島の虐殺』に描かれている。このような弾圧がギリシアの大義への支援心を呼び覚ました。

て、デンマーク南部のシュレスヴィヒとホルシュタインを併合した。つぎに1866年、プロイセン軍はオーストリア本国に向かった。そして1870から71年にかけて、ドイツ全土から集まった軍がついにフランスを徹底的かつ屈辱的なまでに破り、ナポレオン3世の政府を打倒するとともに、パリを飢えさせて降伏させた。これらの勝利によって、ドイツの運命は疑いのないものだという機運が増したのを受けて、ドイツ帝国は統一され、プロイセン国王は皇帝ヴィルヘルム1世となった。

ナショナリストの野望

ナショナリズムの矛盾する動機が最も複雑にからみ合っていたのがオーストリアのハプスブルク帝国で、中央ヨーロッパの多様な民族が名ばかりのウィーン体制のもとに集まっていた。1867年、前年にオーストリアがプロイセンに敗れたことを受け、ハンガリーがオーストリアからほぼ完全に独立した。その結果生じた「二重帝国」——オーストリア帝国がオーストリア＝ハンガリー帝国となった——

変わりゆく社会

ヴィルヘルム1世のドイツ皇帝への即位は、1871年にヴェルサイユで宣言された。これは、対フランスも含めて数々の軍事作戦がきっかけとなっていた。

は、ハンガリー人の国民意識を大幅に高めただけでなく、ハンガリーが特にトランシルヴァニアとクロアチアについて、ウィーンから領土に関する重要な譲歩を獲得することにつながった。オーストリアとハンガリーのあいだは緊張状態がつづいていたとはいえ、両者はばらばらに存在する民族集団による暴動を特に恐れていたため、慎重を期して連合国家を維持することを選んだ。たとえばハンガリー側は、自分たちが求めた政治的な権利を自国内に数多くいるスロヴァキア人、ルーマニア人、セルビア人に認めることには明らかに消極的だった。同時に、バルカン半島におけるオスマン帝国の支配が弱まったことが、ナショナリズムの運動を刺激した。たとえば、セルビアは早くも1817年にはほぼ独立した国家となった。現在のルーマニアにほぼ相当するヴァラキアとモルダヴィアも、1829年までに同様の独立の主張をおこなった。古代ギリシア文明の後継者を自任し、ヨーロッパじゅうの自由主義者たちからの支持を得たギリシアは、9年の戦争を経て1830年に独立を確保した。

オーストリアとロシアは競ってオスマン帝国の跡地を埋めようとした。1878年にオーストリアが挑発的にボスニアを占領し、1908年に問答無用で併合したことで緊張が生じ、それが1914年の第1次世界大戦勃発に直接つながった。1912〜13年のバルカン戦争——実質的にはセルビア、ブルガリア、ギリシアのあいだの激しい覇権争い——は、ナショナリズム主導による建国がもたらした不安定化のさらなる証拠だった。

結果

社会正義は諸民族が自決権を求めることによって確保されるという考えは、19世紀にはほとんど実現されなかった。たとえばオーストリアは、1918年に第1次世界大戦で敗れるまで多民族国家の支配をつづけた。ポーランドの人々は、ナショナリズム的な自決の権利を行使する手段をまったく認められなかった。そしてヨーロッパのユダヤ人は、1890年代に生じたシオニズムが聖地にユダヤの国を創ることを約束していたとはいえ、抑圧されたままだった。■

オットー・フォン・ビスマルク

1862年からプロイセン首相、1871年〜90年にドイツ帝国首相をつとめたオットー・フォン・ビスマルク(1815年〜98年)は鉄の宰相とも呼ばれ、ドイツ統一を主導したすえにヨーロッパ大陸をも牛耳った。

ビスマルクのおもな目標は、オーストリアの犠牲のもとにドイツ世界におけるプロイセンの主導権を確保し、ふたたび敵意を示すフランスの脅威を抑えることだった。1864年、1866年、1870年に3つの戦争を仕掛けはしたが、究極の日和見主義者であったビスマルクは、その後はヨーロッパの勢力均衡を保つことに全力を注ぎ、利害の衝突を巧みに調整していった。

ビスマルクはドイツを壮大な産業化計画へ向かわせ、ドイツ軍のさらなる拡張を監督し、植民地化計画に着手した。社会制度に関しては保守主義者であったが、世界初の福祉制度も導入した。もっとも、その動機はドイツの労働者の利益を守ることではなく、敵対する社会主義者を出し抜くことにあった。

この死と苦しみの場面はいつ終わるのでしょうか

ラクナウ包囲戦（1857年）

ラクナウ包囲戦は1857年の5月から11月までつづいた。イギリスの領土がかつて忠節を誓っていた地元の軍隊の手で大いに苦しめられ、それに耐えるという場面は、1857年から58年にかけてのインド大反乱のあいだ、インド中北部のいたるところで繰り返し見られた。ふたたび支配を取りもどすと、イギリスは残忍な報復をおこなった。双方による暴力の応酬によって市民は震撼し、ただちに現状の改善を求めた。

この反乱は、インド人傭兵（セポイ）が新式ライフル銃の薬包に牛と豚の脂が塗られていると思いこみ、それがヒンズー教徒とイスラム教徒の両方の感情を害したことからはじまった。しかし、根本的な原因は、イギリスの支配のもとで多くのインド人が感じていた不安にあった。イギリスがインドの従来の統治者を追放して、この国の宗教を脅かし、なじみのないルールをきびしく押しつけているのではないかというものだ。

この反乱を受けて、イギリスは当初、インドに対して平和的に接するつもりだと請け合って安心させようとした。だが現実には、インドはもはや経済面でも政治面でも、完全にイギリスの属国となった事実を強調することとなった。

ヨーロッパで教育を受けたインド人のエリート層が増えるにつれ、この亜大陸をめぐるイギリスの権利に異を唱えるようになった。インドは帝国と運命をともにするとイギリスは主張しつづけたが、徐々にそれがむずかしくなっていく。変わらぬ真実があるとしたら、イギリスによるインド支配は、けっして見かけほど盤石ではないということだった。■

背景

キーワード
イギリスのインド支配

前史
1824年 イギリスによるビルマ征服がはじまる。1886年には併合がほぼ完成する。

1857年5月 インド人傭兵セポイがイギリスの支配に抵抗し、メーラトで最初の反乱を起こす。

後史
1858年 東インド会社によるインド支配が正式に終了する。イギリス国王によるインドの直接統治がはじまる。

1869年 スエズ運河が開通し、インドとの往来にかかる時間が劇的に短縮される。

1876年 ヴィクトリア女王がインド皇帝を称する。

1885年 インド国民会議が発足する。インド全体に及ぶものとしては最初の政治運動であり、のちにナショナリズム運動の中心となる。

> わたしたちは、ほかの臣民に対するものと等しい義務と責任で、わがインド領内の住民と結ばれている。
>
> **ヴィクトリア女王**

参照 ケベックの戦い 191 ■ スエズ運河の建設 230-35 ■ 第2次アヘン戦争 254-55 ■ ベルリン会議 258-59 ■ シク王国の成立 264

変わりゆく社会 243

下からの廃止を待つより、上から農奴を解放するほうがよい
ロシア農奴解放（1861年）

背景

キーワード
帝政ロシア

前史
1825年 専制政治に反旗をひるがえしたデカブリストの乱が鎮圧される。

1853〜56年 ロシアはクリミア戦争でイギリスとフランスに敗れ、軍の弱さが露呈する。

後史
1881年 皇帝アレクサンドル2世が、地下テロリスト集団「人民の意志」派によって暗殺される。

1891年 シベリア鉄道の敷設工事がはじまり、シベリアへの移住者が大幅に増える。

1894年 最後の皇帝ニコライ2世が、蔵相セルゲイ・ヴィッテのもとでさらなる工業化を推進する。

1905年 ロシアの極東での拡張が、対日本の屈辱的な敗戦によって中断する。

1861年、アレクサンドル2世が2,000万人ものロシアの農奴（自由を剝奪された労働者）を解放したのは、人道主義によるものではなかった。その目的は、国力があるにもかかわらず、工業化しつつある西洋諸国に後れをとったロシアを近代化することだった。世界においてふさわしいとみずから考える地位に就くため、ロシアは政治、社会、経済、軍事分野で幅広い改革に着手した。

この一連の改革は、せいぜいのところ長短相半ばだった。農奴解放によって、農奴の生活や農業の生産性が向上することはほとんどなかった。しかもアレクサンドル2世は、真の憲法改革についてはどんなものも検討するのを拒んだ。絶対君主としての統治権を神から授かっていると固く信じ、最後まで専制君主の地位にとどまったのである。とはいえ、この改革によって、政治の自由化が多少なりとも実現されるのではという希望が芽生えた。

警察国家

1881年にアレクサンドル2世が暗殺されてからは、予想されたとおり、反動的な揺りもどしがあった。後継者のアレクサンドル3世は、工業化の推進には並々ならぬ意欲を見せたが、その一方で警察国家とも呼べる体制を作りあげた。きびしい検閲を導入して、抗議を弾圧し、労働組合を違法とした。

それでもなお、帝政ロシアは工業化国家の仲間入りを果たしつつあった。かならずしも効率的な組織ではなかったが、かなりの軍事力を手に入れることもできた。しかし、政治の改革に手をつけようとしなかったことが、のちのソヴィエト革命による国家崩壊を招いた。■

われわれは、アメリカが成しとげたように、工業化を達成しなくてはならない。
セルゲイ・ヴィッテ
ロシア蔵相

参照 サンクトペテルブルクの建設 196-97 ■ 1848年革命 228-29 ■ スエズ運河の建設 230-35 ■ フランスが共和制にもどる 265 ■ 十月革命 276-79

人民の、人民による、人民のための政治を地上から絶滅させてはならない
ゲティスバーグの演説（1863年）

背景

キーワード
アメリカ南北戦争

前史
1820年 ミズーリ協定が締結され、新しい州がミズーリ州の南境より北にある場合、奴隷制を禁じる試みがなされる。

1854年 カンザス・ネブラスカ法によって、カンザス州で暴動が起こる。

1857年 ドレッド・スコット事件において、奴隷制を禁ずる自由州においても、奴隷は解放されないと判決がくだされる。

1861年 アメリカ南部連合の樹立が宣言され（2月）、4月に南北戦争がはじまる。

1863年 7月、南部連合はゲティスバーグの戦いとヴィックスバーグの戦いで敗北する。

後史
1864年 リンカーンが再選される。

1865年 リー将軍が降伏する。リンカーンが暗殺される。

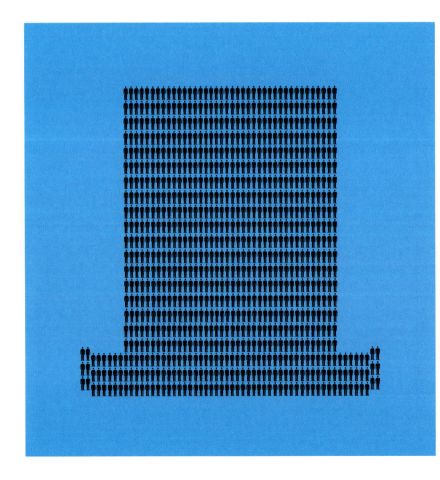

1863年11月19日、アメリカ南北戦争はまだ中途の段階にあったが、ペンシルヴェニア州のゲティスバーグでアメリカ合衆国大統領エイブラハム・リンカーンが、のちに「ゲティスバーグの演説」として知られる演説をおこなった。そのなかでリンカーンは、南北戦争を国家統一とすべての人間の平等を保証するための戦いだと位置づけた。

演説の舞台は、ゲティスバーグの戦いで命を落とした7,058人の兵士を弔う国立戦没者墓地の開所式だった。同年の7月1日から3日にかけてのこの戦いでは、27,224人の負傷者も出た。ゲティスバーグは南北戦争において最も激しい戦場と

変わりゆく社会

参照 アメリカ独立宣言の採択 204-07 ■ バスティーユ牢獄襲撃 208-13 ■ 1848年革命 228-29 ■ カリフォルニアのゴールドラッシュ 248-49 ■ エリス島の移民局開設 250-51

ゲティスバーグの戦いは1863年に勃発した。3日間に及ぶ戦いの結果、7,000人余りの兵隊が命を落とし、南部連合軍は撤退を余儀なくされた。

なった地である。そこでは、兵士や銃器の数で劣りながらも奇跡的に優勢を保っていた南軍のロバート・E・リー将軍率いる北ヴァージニア軍がはじめて大きな敗北を喫し、戦争の転換点となった。

戦争の大義

南北戦争は、単に奴隷制の是非が問われた戦争ではない。それは、ひとつの争点をめぐって意見が分かれ、それによってアメリカ合衆国を分断してよいかどうかが問われた戦争だった。合衆国は「自由の理念から生まれ、すべての人間は平等に創られているという信条に捧げられた」国でありながら、南部の諸州にはおよそ400万人もの黒人奴隷がいた。急速に工業化が進んだ北部の奴隷廃止論者たちは、つねに少数派でありながらきわめて大きな声をあげ、奴隷制は人道的に許されない、キリスト教精神においても非道な行為だと主張した。

だが奴隷制は南部州の農業の屋台骨というだけではなく、奴隷を所有する南部人にとっては権利でもあった。彼らの考える「自由」は、奴隷を所有する自由を含んでいた。

この論争では、州権をめぐる疑問が強調された。個々の州の権利は、ワシントンの連邦政府、つまり中央政府の権限よりもどの程度まで優越するのだろうか。西部の地域も植民が進み、合衆国への加盟を求めるようになると、奴隷州とするのか、それとも「自由」州にするのかという問題が繰り返し浮上した。

1820年のミズーリ協定では、ミズーリ州の南境から西へ向かって線を引き、それより南の新しい州だけで奴隷制を認めると定められた。その後、自由州にするか奴隷州にするかは新しい州の開拓者たちがみずから決めうるという合意があり、

エイブラハム・リンカーン

1861年2月、大統領就任のためワシントン入りしたエイブラハム・リンカーン(1809年〜65年)は、当時の政界において、世間知らずの無知な田舎者と蔑まれていた。その4年後の暗殺までに、リンカーンはアメリカの堂々たる統治者となっていた。南北戦争で勝利をおさめただけでなく、ある種の抗(あらが)いがたい政治の賢人としての地位を確立したのである。

リンカーンはケンタッキー州の丸太小屋で生まれ、20代後半になって法律家の資格を取得した。その後、奴隷制反対を掲げて登場することになる共和党から、弁論に長けた論客として頭角を現した。軍の経験はなかったが、南北戦争をどう戦うべきかについて鋭い判断力を発揮するようになり、グラント将軍を積極的に取り立てた。人間の本質的な尊厳と、アメリカの自由を守り抜くという大局的な目標をけっして見失わなかった人物である。断固とした姿勢で戦争に臨んだが、南北戦争で失われた多数の人命の意義を正確に理解していた。

246 ゲティスバーグの演説

この決定は1854年のカンザス・ネブラスカ法によって強化された。カンザスもネブラスカもミズーリ州の南境より北にあったため、特にカンザスには奴隷制賛成と反対の開拓者が大量にはいりこみ、それぞれが優位に立とうと懸命だった。両者は何度も暴力的に衝突した。

南部の離脱

この対立から、奴隷制反対を掲げる新しい政党として共和党が発足し、共和党公認候補となったエイブラハム・リンカーンが、奴隷州からの支持は事実上皆無のまま、1860年11月に大統領に選ばれた。リンカーンが勝利すると、ただちにサウスカロライナ州が合衆国からの離脱を決めた。2月までに新たに6つの南部の州が離脱し、それらの7州がアメリカ連合国という新国家の樹立を宣言した。5月までにさらに4州が加わり、ヴァージニア州のリッチモンドが新国家の首都と定められた。しかし、奴隷州のなかでも境界州と呼ばれた5つの州は、合衆国に残留することを選んだ。

南部連合は、憲法を受け入れたのは自由意志によるのだから、抑圧されていると感じた際には、合衆国から離脱することも正当化されると論じた。かつて建国の父たちがイギリスの圧政を退けたときのように、自由の身に生まれた南部市民がみずからの運命を決する権利は不可侵だと主張したのである。

この考えは根が深いものだった。南部連合の副大統領だったアレクサンダー・スティーヴンスは、新国家は「黒人は白人と平等ではないという大いなる真実を土台としていて、奴隷制は自然かつ普遍の状態である」と主張した。

卓越した政治手腕を持つリンカーンは、慎重に事を進める必要を感じていた。最初は奴隷制の拡大を制限するだけにして合衆国を維持しようと考え、その後も維持しようという信念が揺らぐことはなかった。

アメリカ合衆国は、リンカーンの言う「世界にとっての大いなる希望」として建国されたため、その存続を確保することは道徳的義務として絶対だった。1863年1月までに、リンカーンは政治上の足場を確固たるものにしたと判断して、南部連合の州のすべての奴隷の解放を命じても政治的に安全だと考え、奴隷解放宣言を発した。しかし、当面はまだ、大い

> わたしはわが故郷に、わが家に、わが子たちに、手をあげることはできない。
> **ロバート・E・リー**
> 連邦軍辞任のことば（1861年4月）

アメリカ合衆国は**自由の灯火**として誕生したにもかかわらず、**奴隷制**が認められている。

↓   ↓

南部州は、奴隷制は自分たちの**農業社会に欠かせないもの**と徐々に考えるようになる。

工業化した北部州は、奴隷制を新しい州へひろげることに**反対**する。

↓   ↓

意見が分かれて**南北戦争**が勃発する。**かつてない規模の被害**が発生し、北部も南部も勝利には至らない。

↓

リンカーンはゲティスバーグの演説で、この戦争の大義はより公正な合衆国を作ることだと雄弁に語る。

↓

南の敗戦によって政治が停滞し、**制度化された黒人差別**は**次世紀**になっても根強く残る。

変わりゆく社会

なる希望を保つために南北戦争を戦った。

北軍の最終的な勝利

アメリカ南北戦争の結果は、最終的には人員と物資の南北差によって決まった。北軍の21州の人口は2,000万人だったのに対し、南部連合の11州の人口は900万人で、そのうち400万人は奴隷であり、武器を持つことが許されていなかった。1864年の時点までに、18歳から60歳までの男性のうち徴兵された者の割合は、北部では44％だったが、南部では90％に及んだ。それでもなお、北部はこの戦争中に220万人を動員したのに対して、南部は80万人にすぎなかった。

北部の財力は南部の3倍だった。鉄道の敷設距離では北と南の比が19対8程度であり、工場生産量は北が南の10倍だった。鉄の生産量では北が南の20倍、石炭は38倍、銃器は32倍である。ただひとつ、南が北にまさっていたのは綿花の生産量で、これは北の24倍あった。

これだけ北が優利だったことを考えると、南軍が北軍を相手に4年も持ちこたえただけでなく、1862年から1863年にかけて勝利の一歩手前まで近づいたという事実は、南軍の兵士たちが自分たちの大義を心から信奉していたことの表れだったとも言える。また、ヴァージニア州出身のロバート・E・リーをはじめとする傑出した将軍たちの存在も大きかった。対する北軍は、ユリシーズ・S・グラントとウィリアム・シャーマンが指導者として台頭するまでは、臆病で無能な将軍が山ほどいて、それだけの強みを手にしていても、ただ無駄にするばかりだった。

グラントとシャーマンによって息を吹き返した北軍は、優位に立った。1864年9月のアトランタ破壊につづいて、シャーマンはジョージア州のサヴァンナまでの「海への行進」を決行した。12月に進撃が完了したときには、96.5kmの幅にわたる土地が破壊しつくされていたが、これは民間人の所有物をあえて標的にしたものだった。「戦争とは残虐なものだ。残虐であればあるほど、早く終結する」とシャーマンは語っている。

> わたしが精神を損ねたとき、
> グラントが助けてくれた。
> グラントが大酒を飲んだときは、
> わたしが助けた。
> そして互いに助け合っている。
> **ウィリアム・シャーマン**

新しい自由

アメリカ南北戦争は世界初の大規模な産業戦だった。鉄道を広く活用したのも、大衆紙という新たな媒体で大きく報じられたのも、この戦争がはじめてである。短期間でこれほどの死者が出たのも、かつてないことだった。わずか4年余りで67万人が命を落とし、そのうち5万人は民間人だった。

エイブラハム・リンカーンにとっては、この戦争は、ゲティスバーグの演説で語った「未完の事業」であった。「自由の理念のもとに生まれた」国家に奴隷制は存続しうるのかという問いに、憲法は答を出していなかった。国土の破壊と多数の死者をもたらしながらも、この戦争は「新しい自由の誕生」の契機となった。奴隷制の廃止は1865年の憲法修正第13条で正式に認められ、アメリカが黒人も白人も含めて、すべての国民にとって真の自由の国として生まれ変わる機会となった。■

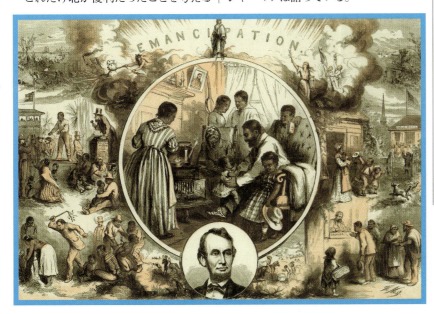

トマス・ナストによる絵。奴隷解放宣言の前と後でのアメリカの黒人の生活を表現している。エイブラハム・リンカーンも描かれている。

この大陸を覆いつくすことが、われわれの明白な運命だ
カリフォルニアのゴールドラッシュ
（1848年〜1855年）

背景

キーワード
アメリカの領土拡大

前史
1845年　メキシコの一部であったテキサスがアメリカに併合される。

1846年　イギリスがオレゴンをアメリカに譲ることに合意する。

1848年　アメリカ・メキシコ戦争の結果、ニューメキシコとカリフォルニアがアメリカに併合される。

後史
1861年　初の大陸横断電信線が完成する。その2日後、ポニー・エクスプレスによる郵便制度が終了する。

1862年　ホームステッド法によって、みずから開拓する者全員に65ヘクタールの土地が無償で与えられるようになる。

1869年　初の大陸横断鉄道が完成する。

1890年　国土の大部分が開拓され、アメリカ国勢調査局がフロンティアの消滅を宣言する。

アメリカ西部の土地が知られるにつれて、**移住**を志願する者が増える。

カリフォルニアのゴールドラッシュが世界規模の狂騒を起こし、一攫千金を夢見て西海岸への移住が激増する。

電信と鉄道の完成によって、東西の海岸間の**交通が便利**になる。

先住民が代々受け継がれてきた**土地**から追い払われる。

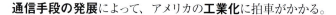

通信手段の発展によって、アメリカの**工業化**に拍車がかかる。

1848年1月にカリフォルニア北部の川で金が発見された。当時の通信や交通には多くの困難がともなったにもかかわらず、これは狂騒をもたらした。それからの5年間で、30万人もの「フォーティー・ナイナーズ」（流入が本格的にはじまった年にちなんだ呼び名）がその地方へ押し寄せ、カリフォルニアは1850年にアメリカで31番目の州となる。瞬く間に、そこは一攫千金を夢見る者たちによって無法状態に陥ったが、同時にアメリカ西海岸が約束の地であることも明らかになった。移住者たちの窓口となったサンフランシスコの人口は、1846年には200人にも満たなかったが、1852年には3万人を超え、1870年には15万人となった。

財を成したのはごく少数で、ほとんど

変わりゆく社会 249

参照　アメリカ独立宣言の採択 204-07　■　ゲティスバーグの演説 244-47　■　エリス島の移民局開設 250-51　■　涙の旅路 264

ジョン・ガストの絵『アメリカの進歩』（1872年）は「明白なる運命」という概念を描いている。アメリカを表す女神コロンビアが電信線を敷き、開拓者を西へ導いている。

開拓者と犠牲者

　こうした変化は、移住によって促されたものであり、新しい土地は開拓者の大量流入を必要とした。1803年にはアメリカの人口は400万人だったが、1861年までに3,100万人、世紀が変わるころには7,600万人にまで増加した。この急成長は避けられない代償もともない、最大の犠牲を払わされたのが先住民であるネイティヴ・アメリカンだった。冷酷かつ無慈悲に自分たちの部族の土地から追放され、先住民の人口は当初の推定値450万人から50万人にまで減少した。彼らは保留地に追いやられ、代々受け継がれてきた生活様式は破壊された。どう見ても抗いようのないアメリカの領土拡大を前に、先住民にはなす術がなかった。■

　が初期に移住した者であり、ある程度の利を得る者も少しいるが、大半は何も手に入れずじまいだった。国全体がカリフォルニアのゴールドラッシュに取りつかれたかのようだったが、これは北アメリカ大陸全体を独占しようとするアメリカの決意の極端な例にすぎず、金が見つかるはるか昔からつづいてきたことだった。1803年までに、ヴァーモント、ケンタッキー、テネシー、オハイオが州となった。1845年のテキサスの併合につづいて、1848年までにさらに13州が増え、同年にニューメキシコとカリフォルニアをメキシコから奪った。

新しい技術

　フォーティー・ナイナーズがカリフォルニアにたどり着くまでの行程は、すさまじい辛苦に満ちていた。果てしない大草原をひたすら馬車で進むか、船で南米最南端のホーン岬をまわるか、ときにはパナマ海峡を渡ることもあった。最短でも6か月はかかる途方もない大事業だった。だが、桁はずれの規模の国家建設をめざすなかで、拡大する領土を新技術の活用によって結びつけようとする画期的な試みが進められた。1861年には、東西海岸のあいだに初の電信線が開通した。1869年には、初の大陸横断鉄道が完成して移動時間が格段に短くなった。1876年までには、3日半でニューヨークからカリフォルニアまで行けるようになった。

リトル・ビッグホーンの戦い

　西部の新規開拓者と先住民のあいだの最もよく知られた対立、リトル・ビッグホーンの戦い（1876年6月25日）の背後にあったのは金だった。アメリカ政府は、金が発見されたサウスダコタのブラック・ヒルズでの入植を承認した。けれども、それによって大草原に住むスー族との協定を破ることになり、そのため、スー族とシャイアン族の多くが保留地への移動を拒み、彼らを捕らえるために連邦部隊がモンタナへ派遣された。ジョージ・カスター将軍の指揮下にある600人の軍勢も参戦し、カスターみずからがそのなかの200人ほどの兵士を率いて、リトル・ビッグホーン谷で先住民の野営地を発見した。わずか1時間のうちに、シッティング・ブル率いるネイティヴ・アメリカン連合軍によって、カスター軍は全滅した。彼らの死の知らせを受けた連邦政府は、なんとしてでもスー族とシャイアン族を保留地へ追いやろうと決意を新たにした。

アメリカは神のるつぼ、偉大なメルティング・ポットだ
エリス島の移民局開設（1892年）

背景

キーワード
大量移民と人口増大

前史
1840年代 アイルランドのジャガイモ飢饉が大量の移民を生む。

1848年 自由主義革命の失敗によって、大規模なドイツ系移民がおこなわれる。

1870年ごろ 迫害から逃れるため、多くのユダヤ人がロシアから移住しはじめる。

1882年 中国人のアメリカへの移住が制限される。

1880年代 イタリアからの大量移民がはじまる。

後史
1900年 ヨーロッパの人口が4億800万となる。アメリカの人口は7,600万となる。

1907年 1年間のアメリカへの移民数が100万人を超える。

1954年 エリス島が閉鎖される。

工業化、都市の成長、幼児死亡率の低下によって、**ヨーロッパの人口が増加する**。

アメリカ合衆国などの新しい国の**政治的・宗教的自由と経済的チャンス**が、**何百万もの移民**を引きつける。

蒸気船によって、遠くの土地への**航海**が以前よりも**安全、高速、安価**になる。

エリス島に移民局が開設され、アメリカ合衆国への入国を処理する。

19世紀半ばまでには、世界全体でこれまでにない速度で人口が増え、中でもヨーロッパでの勢いが激しかった。原因のひとつには、農業が進歩して食料が確保しやすくなり、健康状態が改善したことがある。また、工業化と都市の成長によって人々が豊かになり、生活水準が上昇したこともあげられる。さらに、政治の安定もこれに貢献した。1815年のナポレオンの敗北からの100年間、ヨーロッパでは大きな動乱は少なかった。移民増加の背景には自然環境もかかわっている。1840年代に不作によって発生したアイルランドのジャガイモ飢饉は、

変わりゆく社会

参照 アメリカ独立宣言の採択 204-07 ■ ボリバルが大コロンビアを建国 216-19 ■ 1848年革命 228-29 ■ ロシア農奴解放 243 ■ カリフォルニアのゴールドラッシュ 248-49 ■ アイルランド飢饉 264

甚大な規模の被害をもたらした。最大で100万人もの命が失われ、生き残った者も100万人以上が国を脱出して、大半がアメリカへ向かった。アイルランドの人口は1841年には650万人だったが、1871年には400万人にまで落ちこんだ。

都市の貧困層

工業化も同様に皮肉な事態を招いた。産業革命の中心地となった、とりわけイギリスの巨大な新都市では、市民がそれを誇りにして規模の大きさを言い立てたが、その一方で、そういった都市では下層社会が作られ、絶望的に貧しく、極端に惨めな生活を強いられる人々が現れた。

ヨーロッパ大陸の住民にとって、自由で豊かな生活ができる新大陸の誘惑に抗うことは不可能だった。1848年のナショナリストの蜂起の鎮圧を受けて、多くのドイツ人、チェコ人、ハンガリー人が中央ヨーロッパから脱出した。さらに1870年からは、反ユダヤ主義の大量虐殺から

> たとえどの国に属していても、高潔な人々が迫害されたとき、この国が安全で望ましい避難所になればいいとずっと願ってきた。
>
> **ジョージ・ワシントン**

逃れるため、ロシア系やポーランド系のユダヤ人も大量に脱出し、1901年から10年までだけで150万人が移住した。

こうして移民人口は膨大な規模になった。19世紀半ばから1924年までに1,800万人がイギリスから移住し、イタリアからの移民は950万人で、そのほとんどは貧しい南部からであった。ロシアからは800万人、オーストリア=ハンガリー帝国からは500万、ドイツからは450万人であっ

た。1820年から1920年までに、アメリカは3,360万人もの移民を受け入れた。移民たちはシカゴやニューヨークといった急成長する都市でしばしば劣悪な条件のもとに暮らし、安い労働力を提供してアメリカの産業の発展を支えた。同時期に、360万人ものヨーロッパ人が南アメリカ大陸に移住し、200万人がオーストラリアとニュージーランドに移住した。

歓迎されざる客

移住したのはヨーロッパ人だけではない。インド人は南アフリカに移住し、中国人は東南アジアの広域に分散した。日本人移民はカリフォルニアに定住した。彼らの多くは歓迎されなかった。

強制移住の犠牲となった者もいた。この時代でもなお、無数の黒人奴隷がアフリカから世界のいたるところへ船で運ばれていった。

1910年には、アメリカの人口のうち、国外で生まれた者が7人にひとりを超えた。■

開設からの30年には、アメリカへの移民の8割がエリス島を通過した。その数は約1,200万人にのぼった。

エリス島

1892年1月1日に移民局が開設されたエリス島は、自由の女神と並んで、アメリカに押し寄せる移民の象徴となった。およそ1,200万人がエリス島の移民局を経由した。アメリカの移民のなかで、この巨大な機構を通過した親類がひとり以上いる者は4割にものぼると言われている。

エリス島は砂ばかりのありふれた島で、ニューヨーク港内のニュージャージー岸寄りに位置して、中心には移民局の広々とした大ホールがあった。アメリカに着いたばかりの移民たちは、さまざまな言語で話しながら身を寄せ合って進み、ここで手続きをした。最初に身体検査があり、つぎに移民要件を満たしているかを調べる一連の簡単な質問に答えた。大半はアメリカの市民として受け入れられ、拒否されたのはわずか2パーセントだった。

1954年11月12日、エリス島はついにその扉を閉めた。

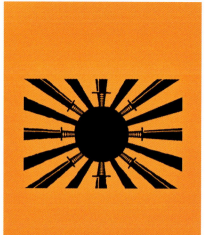

富国強兵
明治維新（1868年）

開国を求める西洋からの激しい外圧により、**幕府による支配の弱さ**が浮き彫りになる。

↓

維新の志士たちが主導し、若き明治天皇に主権がもどされる。徳川幕府が滅びる。

↓　　　　　　　　　　　↓

志士たちは、西洋の政治や社会体制の受容が**国力を高める**最良の方法だと考える。

日本の野心を達成するためには、**軍事力**が不可欠だと考える。

↓　　　　　　　　　　　↓

明治時代に**近代化と西洋化**が一気に進み、日本は**帝国主義国家**として頭角を現す。

背景

キーワード
日本の近代化

前史

1853年　アメリカ合衆国海軍艦隊が日本に来航し、貿易を求める。

1854年〜55年　アメリカ、イギリス、オランダ、ロシアが和親条約を日本に強いる。

1866年　長州藩と薩摩藩が反徳川幕府の秘密同盟を結ぶ。

1867年　徳川幕府の支配が終わる。

後史

1868年〜69年　旧幕府軍が敗北する。

1871年　封建制度が廃止され、大規模な改革がはじまる。

1894年〜95年　日清戦争によって、日本が台湾を植民地とする。

1904年〜05年　日露戦争が日本の勝利で終わる。

250年にわたって日本を支配した徳川幕府が、日本列島の南部に位置する長州藩と薩摩藩の志士たちの主導によって、1867年に倒された。その直接の原因は、貿易関係の樹立を強く迫るアメリカ、イギリス、ロシア、フランスからの激しい外圧に直面して、幕府の弱さが露呈したことだった。将軍に代わって、従順な14歳の明治天皇が最高権力者の地位に就いた。維新の志士たちがめざしたものは、幕府の支配下にあった日本——身分が固定され、広い世界からあえて孤立した国——を受け継いで維持することではなかった。むしろ、西洋

変わりゆく社会

参照　関ヶ原の戦い 184-85　■　スティーヴンソンのロケット号が営業運転開始 220-25　■　スエズ運河の建設 230-35　■
第2次アヘン戦争 254-55　■　ナチスのポーランド侵攻 286-93　■　長征 304-05

1874年の横浜の風景の絵には、蒸気機関車と蒸気船を通して明治時代の近代化が描かれている。蒸気船は日本の開国にも貢献した。

の技術や政治・金融の制度も採り入れなければ、日本の命運が閉ざされると考えていた。

日本の変貌

こうして、どこの国においても、あとにも先にも見られない改革がはじまった。西洋を模範として、わずか30年のうちに、日本は世界でも屈指の工業大国となり、東アジア随一の軍事力を手に入れた。

この改革の旋風は、日本社会のありとあらゆる分野を席捲した。1871年、日本は通貨を円と定めた。1872年の時点では、日本初の鉄道の敷設工事中であったが、15年後には鉄道路線は1,600kmに及んだ。1873年に徴兵制がはじまり、西洋式の武器や制服も採用された。同年に教育制度が全面的に見なおされ、1877年には西洋文明を受容するために東京大学が設立された。1882年には伊藤博文が憲法調査のため渡欧し、その7年後には大日本帝国憲法が制定された。工業の発展にともなって、輸出が増加した。それにつれて都市が拡大し、人口も増えた。1888年には3,950万人だったが、1918年には5,500万人となった。

近代化を推進したおもな要因は、日本も清のように西洋列強の植民地同然にされるかもしれないという恐怖だった。しかし、現実は逆となった。

軍事的拡張

1890年代までに日本は植民地宗主国となった。1894年、朝鮮政府は暴動を鎮圧するため、日本と清に助けを求めた。その後、両国は朝鮮の支配をめぐって争い、日本が清を破った。日本は清に台湾の割譲を要求して、自国の領土とした。また同時に、満州での権益も手に入れようとした。つづいて、ロシアとの戦いが起こった。1905年の対馬沖海戦で、日本は統率の乱れたロシア艦隊に勝ち、アジアの国がはじめて西洋列強に勝利をおさめた瞬間となった。日本は世界からの注目を集めた。■

明治天皇

明治天皇（1852年～1912年）は名が睦仁で、実権を掌握する支配者や政治家というより、新しい日本の象徴であった。

明治天皇による1868年の明治維新までは、天皇は単なる名目的存在にすぎず、徳川幕府の支配下では京都御所にほぼ恒久的に身を隠すことを強いられていた。厳密には、「王政復古」がおこなわれたわけではなく、明治天皇は父である孝明天皇の突然の死によって、1867年2月にすでに即位していた。

日本の近代化をめざす決意を持った大名や志士たちは、明治天皇をより高い地位に就けることで、ともすれば権力の簒奪とも見なされかねない行為の正統性を確保した。最初に断行した改革のひとつは、もともと将軍の居住地であった江戸に天皇を移すことだった。1868年に江戸は東京と改称された。明治天皇自身は最後まで実態の見えない名ばかりの存在でありつづけた。

この手に天地を殺伐するための剣を握り
第2次アヘン戦争（1856年～1860年）

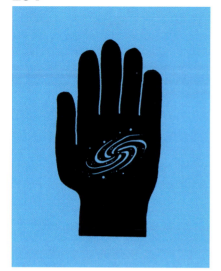

背景
キーワード
清の衰退

前史

1793年 イギリスのマカートニー伯爵率いる貿易使節団が清に拒絶される。

1800年ごろ 中国の商品の対価としてアヘンが多く使われるようになり、中国の銀が収支危機を引き起こす。

1840年～42年 第1次アヘン戦争の結果、香港がイギリスに割譲され、5つの条約港が開かれる。

1851年～64年 太平天国の乱によって、清はほぼ崩壊状態に陥り、何百万人もが命を失う。

後史

1899年 西洋列強に挑んだ義和団の乱が、8か国連合軍によって鎮圧される。

清の**巨大な富**にもかかわらず、西洋列強はごくかぎられた港でしか貿易できない。

↓

西洋の貿易商は商品の代価をアヘンで支払い、清の経済に打撃を与える。

↓

清が**アヘン取引の中止**を求めたことから、第1次アヘン戦争が勃発する。

↓

第2次アヘン戦争によって、さらなる領土割譲と貿易における譲歩を強いられる。

↓

西洋諸国に対抗できず、清の地位は対内的にも対外的にも**降下**していく。

1860年10月6日、第2次アヘン戦争と呼ばれる断続的な紛争が何年もつづいたのち、イギリスとフランスの連合軍は清の首都であった北京を占領し、清朝政府に貿易について譲歩するよう要求した。その要求を押しとおすべく、連合軍は皇帝の離宮である豪奢な頤和園を焼き払った。清は交渉に同意し、締結された北京条約では、西洋と貿易をおこなう条約港の数が増えただけでなく、イギリスとフランスの勢力範囲が中国大陸南部と肥沃な長江流域へまでひろがることにもなった。ほんの70年足らず前には、イギリスが清に使節団を送っ

変わりゆく社会

参照 スティーヴンソンのロケット号が営業運転開始 220-25 ■ スエズ運河の建設 230-35 ■ ラクナウ包囲戦 242 ■ 明治維新 252-53 ■ 太平天国の乱 265 ■ 長征 304-05

中国南部の広州港は、当初、西洋の貿易商に開かれた唯一の港だった。2度のアヘン戦争を経て、西洋列強はより多くの港に出入りできる特権を手に入れた。

て貿易交渉を求めても、すげなく拒絶されていた。18世紀後半、清は世界で最も豊かで人口の多い強国であり、その状態に満足していた。しかし、19世紀半ばには、清は事実上崩壊し、飢饉と反乱に苦しめられて、西洋諸国から搾取され屈辱を与えられるようになっていた。

反乱と暴動

　清は対外的な問題だけではなく、国内の問題にも悩まされていた。清の人口は、1650年には1億人であったが、1800年には3億人、そして1850年には4億5000万人となり、人口の増大にともなって飢饉が繰り返された。また、1787年から1813年までのあいだに、3つの大規模な反乱が起こった。17世紀と18世紀に莫大な犠牲を払って征服した国境地域は、つねに不安定な状態にあった。

　1851年に太平天国の乱が中国中部全域で起こり、2,000万人が犠牲となった。西洋からの援軍を受けて1864年にようやく鎮圧したが、清朝政府は徐々に力を失い、実質的な統治能力を失った。

西洋諸国の侵入

　西洋諸国は深まる混迷に付けこみ、清の衰退に拍車をかけた。当初、清が同意した貿易についての譲歩は、中国の商品の対価はすべて銀で支払われると定められた穏当なものであった。ところが、19世紀初頭から、西洋の貿易商はおもに官吏を買収して、インドで栽培された安いアヘンを商品の対価として使うようになった。1820年代には、年間5,000箱ものアヘンが清に持ちこまれた。

　清はアヘンの取引を終わらせようとしたが、1840年から42年にかけての第1次アヘン戦争で無残に敗北した。イギリスをはじめとするヨーロッパ列強は、多くの貿易特権を強引に認めさせた。それからも貿易特権の拡大を強く要求した結果、1856年に第2次アヘン戦争が起こり、1860年に北京条約によって終結した。1900年までには、中国沿岸は西洋諸国の貿易港が数多く作られた。イギリス、フランス、日本、ロシアが、国境地域を支配するようになり、清は動乱のなか荒廃し、事実上の崩壊状態に陥った。■

義和団の乱

　19世紀後半の清の動乱期において、強まる西洋列強の支配を排除しようとする動きが起こるのは避けられなかった。北京の清朝政府は、最後の望みとして西洋式の改革を試みていた。しかし、1900年におもに若い男たちから成る半秘密結社の義和団が反乱を起こし、清の混乱は頂点に達した。

　義和団は西洋の権益を一掃することを目的に掲げ、自分たちは不死身で西洋の武器をはね返せるという迷信によって、その目的は実現可能だと考えていた。清朝政府には、義和団の支持派もいれば反対派もいた。この反乱が清にとって救いとなるのか、それとも西洋からの報復を招く結果に終わるのかが判断できなかったからである。後者が現実になった。日本を含めた8か国連合軍が義和団を鎮圧するために出兵し、1901年9月までに、激しい暴力のすえに義和団は壊滅した。

エッフェル塔に嫉妬する。わたしより有名なのだから
エッフェル塔の完成（1889年）

背景

キーワード
都市文化

前史

1858年 ロンドンの「大悪臭」を機に、大規模な下水処理システムが整備される。21世紀のいまなお使われている。

1863年 世界初の地下鉄がロンドンで開業する。

1868年 世界初の高架鉄道がニューヨークで開通する。

1876年 ロサンゼルスで世界初の電気による街灯が取りつけられる。ロンドンでもすぐに設置される。

後史

1895年 ベルリンの演芸場ヴィンターガルテンが世界初の映画館となる。

1902年 モーターバスによる世界初のバス運行サービスがロンドンで開始される。

　1889年3月31日のエッフェル塔の竣工式は、1870年から71年までの普仏戦争と1914年の第1次世界大戦勃発という国難のはざまにおいて、パリの威信を高らかに宣言するものだった。この時代のパリは至上の国際都市であり、世界の芸術の都でもあり、そして文明社会の中心地として、まさにだれもが認める「光の都」であった。新しく生まれ変わったパリには、ギュスターヴ・エッフェル作のエッフェル塔が300メートルの高みへとそびえ立ち、技術の進歩を称揚する記念碑となった。

理想の街

　現代のパリはナポレオン3世の手によるものである。1853年に街造りに着手したナポレオン3世は、すべての区画を打ちこわし、中世の建物や複雑な細い路地を堂々たる並木道に変えた。このような規模の都市計画は史上初であった。列車の駅を建設し、水道の改良や下水道の整備、さらに公園を配置して、目を瞠るような景観を作りあげた。かつてのフランスの栄華だけでなく、フランスが時代を支配していることをも映し出す理想の街を最終目標としていた。

　工業発展が進んだ西洋では、いたるところでこのように都市が築かれていった。1850年には、人口が50万人以上のヨーロッパの都市は、パリ、ロンドン、コンスタンティノープルだけだった。その50年余りあとには、9都市で人口が100万人を超え、1900年までにロンドンの人口は650万人に達して、世界最大の都市と

エッフェル塔は1889年の万国博覧会に合わせて建設され、当時は世界一の高さを持つ建造物だった。それ以来、全世界に向けたパリの象徴となっている。

変わりゆく社会 **257**

参照　スティーヴンソンのロケット号が営業運転開始 220-25 ■ スエズ運河の建設 230-35 ■ エリス島の移民局開設 250-51 ■ フランスが共和制にもどる 265

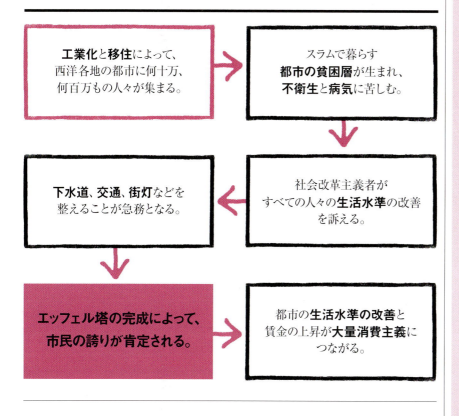

工業化と移住によって、西洋各地の都市に何十万、何百万もの人々が集まる。

→ スラムで暮らす都市の貧困層が生まれ、不衛生と病気に苦しむ。

→ 社会改革主義者がすべての人々の生活水準の改善を訴える。

→ 下水道、交通、街灯などを整えることが急務となる。

→ エッフェル塔の完成によって、市民の誇りが肯定される。

→ 都市の生活水準の改善と賃金の上昇が大量消費主義につながる。

地下鉄

1800年から1900年にかけて、ニューヨークの1平方マイルあたりの人口密度は39,183人から90,366人に上昇し、公共交通機関が貴重な土地を占有したため、混雑は悪化する一方だった。アメリカが選んだ解決策は高架鉄道であり、道路の上の空中に鋼桁を架けて線路を敷いた。世界初の高架鉄道は、1868年にニューヨークで開通した。

イギリスでは、同じ土地不足の問題から地下鉄が誕生した。従来の蒸気機関を使った世界初の地下鉄は、1863年にロンドンのメトロポリタン鉄道が開業し、シティ・オブ・ロンドン内のパディントン駅およびキングス・クロス駅とシティ・オブ・ロンドンを結んだ。その後すぐに延伸し、ディストリクト鉄道とともに1871年にはロンドン中心部のほぼ全域を囲んだ。1890年には電気による地下鉄がはじめてロンドン市内を走りだし、より速く、より静かに、そして汚染もはるかに少なくなった。つづいてパリでも1900年にメトロが開業した。メトロという名は、ロンドンの地下鉄にちなんでつけられたものである。アメリカでは、1897年にボストンで初の地下鉄が開業した。

なった。アメリカでも、都市がめざましく成長した。たとえば、1850年から1900年までで、シカゴの人口は56万人から170万人と3倍になった。

問題と発明

人口が爆発的に増えたことによって、まず街がひどく不衛生になり、コレラやチフスといった病気が蔓延した。近代の都市に欠かせない設備は公共交通機関や街灯などだけでなく、公衆衛生の大幅な改善、中でも下水道の整備が重要であることが判明した。

大都市での生活の質は劇的に変化した。また同時に、労働時間の削減、さらに読み書きや計算を教える義務教育の普及によって、大量消費主義が急速に進んだ。ミュージック・ホールや大衆劇場が黄金時代を迎え、映画館、蓄音機、大新聞、スポーツもそれにつづいた。

また、少なくとも一部の人々にとって富と余暇が増えたこの時代の主役は百貨店だった。百貨店は小売業の革命のなかでも特に目を引くもので、それと同時に1870年代から広告が激増し、色とりどりのポスターが大量に刷られるようになった。1890年代以降のアメリカでは、高層ビルという新種の建物によって、街の景観はさらなる変貌をとげた。先のエッフェル塔と同じように、たちまち都市生活の変化を表す象徴となった。■

1890年にロンドンは世界初の電気による地下鉄を走らせた。街のなかを速く快適に移動できるようになった。

できることなら、惑星だって併合したい
ベルリン会議（1884年）

背景
キーワード
「アフリカ争奪戦」

前史
1830年　フランスがアルジェリア占領をはじめる。
1853年〜56年　デイヴィッド・リヴィングストンが中央アフリカを横断する。
1862年　ジョン・スピークがナイル川の源を発見する。
1879年　H・M・スタンリーがベルギー国王レオポルド2世に雇われてコンゴを調査する。
1882年　イギリスが名目上はオスマン帝国の支配下にあったエジプトを占領する。

後史
1886年　ドイツ領東アフリカが成立する。
1890年　イギリスとフランスの協定によって、フランスがサハラの支配権を得る。
1891年〜93年　セシル・ローズが南北ローデシアをイギリスの統治下に置く。
1899年〜1902年　ボーア戦争によって、イギリスがトランスヴァール共和国とオレンジ自由国の支配権を奪う。

ヨーロッパ人が**アフリカ内陸部**を探検して様子を知る。その商業的な可能性に魅了される。

↓

ヨーロッパ**宗主国**同士の絶え間ない争いが、急速な「アフリカ争奪戦」を引き起こす。

ヨーロッパは圧倒的な**財力と軍事力**によってアフリカを支配する。

↓

ベルリン会議で、キリスト教伝道と「文明化」を名目として、新たに植民地が作られる。

↓

1913年には、完全な独立を保っているのは**リベリアとエチオピア**だけになる。

　ベルリン会議が1880年以降のヨーロッパによるアフリカの急速な植民地化を引き起こしたわけではない。だがこの会議で、ヨーロッパには文明から遅れた野蛮な大陸であるアフリカを管理する資格があるという、ヨーロッパ自身の主張が確認された。ドイツ宰相オットー・フォン・ビスマルクの呼びかけのもと、1884年から85年の冬に開かれたこの会議には、14か国の代表が出席した。会議の目的の一部には、アフリカに事実上の従属を強いることの正当化があった。また、植民地化に際してのルールを定めることで、イギリ

変わりゆく社会

参照 スエズ運河の建設 230-35 ■ ラクナウ包囲戦 242 ■ 第2次アヘン戦争 254-55 ■ ズールー王国の成立と崩壊 264 ■ マフディストのイスラム国家がスーダンに建国される 265 ■ 第2次ボーア戦争 265 ■ インドの独立と分割 298-301 ■ エンクルマがガーナの独立を勝ちとる 306-07

スとフランスをはじめとするヨーロッパ宗主国間での紛争を避けることもあった。さらに、そうすることで、とりわけキリスト教伝道者たちの行動によって、奴隷貿易を終わらせることができるとも考えられた。同時に、これまで植民地支配の歴史がなかったドイツとベルギーに対して、主要な帝国主義国家への道を開くことになった。ドイツにとっては、イギリスとフランスに対抗するためには、植民地支配がつぎの段階として必然であった。その2国が広大な植民地領土を誇るのなら、ドイツも植民地を手に入れるべきだと考えていた。

ヨーロッパによる支配

植民地化される前は、アフリカにはさまざまな国や地域があった。対照的な例として、エジプトの高度な文明とコンゴの熱帯雨林をあげることができる。また、北部の多くはイスラム教勢力だった。ヨーロッパがアフリカで最初に手に入れた占有地は沿岸部での交易拠点であり、金と奴隷貿易の拠点によって維持されていた。内陸部は手つかずだったが、1800年代初頭にその姿が明らかになるにつれ、ヨーロッパのアフリカ支配が勢いづいた。

それにつづいて緊張関係が高まり、結果としてアフリカのほぼ全土がヨーロッパの支配下に置かれた。アフリカの植民地は、宗主国の都合に合わせて、地図の上に線を引いて作った人為的なものだった。ヨーロッパ人は現地の歴史や文化をまったく無視して、植民地化に対抗する反乱が起こるとすべて軍事力で押さえつけた。

ベルギーとドイツの植民地支配

1885年、ベルギーの王レオポルド2世がコンゴ自由国の樹立を宣言した。コンゴ自由国は理想の植民地として人道主義と自由貿易を標榜したが、その実態はかけ離れていた。

レオポルド2世の私有領という扱いのもと、コンゴでは残虐行為がはびこり、大量虐殺とも呼べる規模となった。1884年に突如としてドイツの領地にされた南

セシル・ローズは、ヴィクトリア朝時代の風刺画で、アフリカ大陸全体を股にかける巨人として描かれた。植民地化を推進することがイギリス帝国の国益になると信じていた。

西アフリカ（現在のナミビアの一部）の実態も、同様に過酷なものだった。ヨーロッパの主人たちのために、アフリカで産み出された富の数々——象牙、ゴム、金、ダイヤモンド——の真の代償は、計り知れないほどの苦しみであった。■

セシル・ローズ

アフリカでイギリスの植民地支配をだれよりも熱心に主導したのがセシル・ローズ（1853年〜1902年）だった。ローズは資産家でも政治家でもあり、そして冷酷な帝国主義者であった。イギリスの植民地をアフリカの北から南までひとつづきにして、戦略上重要な端であるケープタウンとカイロを結ぶという構想をいだいていた。南アフリカのダイヤモンドの採掘と販売で財産を築き、残りの生涯をこの不敵な構想の実現に捧げた。北ローデシア（現在のザンビアの一部）と南ローデシア（現在のジンバブエ）にイギリスの新しい領土を確保することに成功し、自分の名が両方の地名の由来となった。1890年からはイギリスのケープ植民地政府の首相となり、ボーア人による共和国を転覆させようと執拗に謀ったことが、1895年の政治生命の終焉を招いた。ローズは帝国主義者の典型と呼べる人物であり、つねにイギリスの植民地支配をひろげようとしただけではなく、ヨーロッパによる支配の正当性をいっさい疑わず、それを推し進めることが自分の責務だという信念をいだいていた。

わが国民は、民主主義の原則と、真実の命ずるものと、科学の教えを学ぶであろう

青年トルコ革命（1908年）

背景

キーワード
トルコの近代化

前史

1798年　フランスがエジプトに侵攻し、1805年にオスマン帝国はエジプトの支配を失う。

1830年　ギリシアが独立し、はじめてオスマン帝国がバルカン半島の領土を失うことになる。フランスがアルジェリア侵攻を開始する。

後史

1912年〜13年　オスマン・トルコ帝国がバルカン戦争で屈辱的な敗北を喫する。

1914年　オスマン・トルコ帝国が同盟国側で第1次世界大戦に参戦する。

1920年　第1次世界大戦の敗戦後、オスマン帝国が結ばされた制裁的なセーヴル条約に対して、ムスタファ・ケマルが軍を率いて反抗する。

1923年　ローザンヌ条約によって、現代のトルコ共和国の国境が確定する。ケマルが近代化計画に着手する。

- オスマン帝国は、**西洋列強**に抵抗して帝国の支配を**維持**することが**困難**になっていく。
- オスマン朝の皇帝は**西洋式の改革**を試みたが、中途半端なものにとどまる。
- **アブデュルハミト2世**による政治は**抑圧的で腐敗**し、西洋列強の金銭的利害にかつてないほど左右される。
- 青年トルコ革命によって近代化への改革がはじまる。トルコ衰退への持続的な解決策を示すことはできない。
- **第1次世界大戦の敗北**でオスマン帝国が滅亡し、**政教分離**の共和国が新しく誕生する。

1908年7月の青年トルコ革命は、オスマン帝国の領土喪失に落胆したナショナリスト陸軍将校たちが引き起こした。無能ながらも抑圧的だったオスマン帝国の支配者（スルタン）、アブデュルハミト2世は、1878年に憲法をたった2年で停止したあと、個人支配をおこなっていたが、この革命によって立憲制の再導入を強いられた。1909年、アブデュルハミト2世は廃位させられ、弟のメフメト5世が王位に就いた。メフメト5世は名目上の皇帝にすぎなかった。

この革命で、オスマン帝国の凋落を食い止めることはほとんどできなかった。

変わりゆく社会

参照　スティーヴンソンのロケット号が営業運転開始 220-25　■　1848年革命 228-29　■　スエズ運河の建設 230-35　■　千人隊の遠征 238-41

結果として、トルコのイスラム式価値観を擁護する人々と、西洋式の改革こそがトルコを救う道だと考える革新派の人々との緊張関係を際立たせただけだった。

領土喪失

1800年の時点では、オスマン帝国はロシアに幾度も敗北を喫してはいたが、バルカン半島から中東、そして北アフリカにまでひろがる巨大な多民族国家だった。1805年、エジプトが支配下からはずれ、ムハンマド・アリーのもとで事実上の独立を果たした。

フランスがアルジェリアへの侵攻を開始した1830年、ギリシアが独立を勝ちとった。つづいて1878年までに、セルビア、モンテネグロ、ブルガリア、ルーマニアが実質的に独立国となった。1881年には、チュニジアもフランスに奪われた。

青年トルコ革命のあとも、オスマン帝国は衰える一方だった。1911年にリビアをイタリアに奪われ、1912年から13年のバルカン戦争によって、残されていた

オスマン帝国は19世紀末には領土を維持できなくなり、「ヨーロッパの病人」と呼ばれた。第1次世界大戦の敗北によって、さらに領土が奪われた。

ヨーロッパ領土の大部分が失われた。

致命的な同盟

バルカン危機のあと、オスマンの軍事政府は西洋式の近代化を急速に進めた。1914年10月、トルコはドイツとオーストリア＝ハンガリー帝国とともに、同盟国側として第1次世界大戦に参戦した。ドイツの軍事力の助けを借りて、かつての勢力を取りもどせると考えたからである。これが不幸な誤算となり、1918年の敗戦によって、トルコの領土は小アジア（アナトリア）の中心部だけに減らされ、残りの中東の領土も奪われて、大部分がイギリスとフランスによって分割された。

第1次世界大戦の敗戦でこうむった痛手は、1920年にフランスとイギリスが主導したセーヴル条約でいっそう強まった。セーヴル条約では、オスマン帝国の領土を奪い、トルコ西部の大半をギリシアに報奨として与えることが確認された。これはすぐに、ムスタファ・ケマル率いるナショナリストの反発を呼び、最後の皇帝メフメト6世が追放された。

ケマルの指導のもとでトルコ共和国が誕生し、ケマルはアタテュルク（トルコの父）と呼ばれるようになった。トルコは西洋式の中央集権国家となり、何より肝心なのは、改革者たちがめざした政教分離を達成したことであった。■

ケマル・アタテュルク

1934年に得たアタテュルクという呼称で知られるムスタファ・ケマル（1881年～1938年）は、トルコ共和国の建国者で、最初の大統領でもある。1881年に生まれ、青年トルコ革命に一将校として加わった。1915年から16年にかけて、フランスとイギリスの連合軍がトルコ西部のガリポリを攻撃しようとしたとき、めざましい働きによってこれを撃退した。

第1次世界大戦でのトルコの敗北のあと、指導者となったアタテュルクは暫定政府を樹立した。トルコ国民軍の指揮官として、領土の西部からギリシアを追い払うために中心的な役割を果たした。1923年のローザンヌ条約でトルコの国境が確定され、西洋諸国はトルコ共和国の誕生を事実上承認した。アタテュルクは社会と政治の抜本的な改革に着手し、西洋式の近代国家をめざした。トルコを近代化させる過程は多大な困難をともなったが、アタテュルクの指導のもと、政教分離した統一国家として台頭した。

ことばより行動を
エミリー・デイヴィスンの死 (1913年)

背景

キーワード
女性参政権

前史

1869年 アメリカで、全国女性参政権協会とアメリカ女性参政権協会が発足する。

1893年 ニュージーランドが世界ではじめて女性に投票権を与える。

1897年 イギリスで女性参政権協会全国同盟が発足する。穏やかに参政権運動を展開する。

1903年 エメリン・パンクハーストが、イギリスで女性社会政治同盟を創設する。参政権運動が過激化する。

後史

1917年 アメリカの全国女性党がホワイトハウスで30か月にわたる抗議活動をはじめる。

1918年 イギリスで、30歳以上のすべての女性に投票権が与えられる。

1920年 アメリカの全州で、21歳以上のすべての女性に投票権が与えられる。

教育を受けて専門職に就く女性が増えるにつれ、選挙権を持つことへの**要求が高まる**。

↓

特にイギリスとアメリカで団体が発足し、**女性参政権運動**を展開する。

↓

イギリスの女性社会政治同盟の戦闘的なメンバーが**逮捕されて投獄される**。

↓

エミリー・デイヴィスンの死によって、女性参政権運動が世界じゅうからの関心を集める。

↓

戦時中の働きで**女性の能力が評価される**。1918年にイギリスで**女性が参政権を獲得し**、1920年にアメリカでも承認される。

　1913年6月4日、エミリー・デイヴィスンがイギリスの格式高い競馬レースであるダービーのコースに足を踏み入れ、国王ジョージ5世の持ち馬に蹴り倒されてその4日後に死去した。抗議活動での不慮の事故だったのか、死を覚悟した行動だったのかは、いまだ不明である。ともあれ、こういった攪乱を意図した行動は、デイヴィスンが所属した女性社会政治同盟（WSPU）がよく使う手段だった。

イギリスのサフラジェット

　西洋の女性たちは、女性が二流市民と

変わりゆく社会

参照　アメリカ独立宣言の採択 204-07　■　パッシェンデールの戦い 270-75　■　ワシントン大行進 311　■　1968年革命 324　■
ネルソン・マンデラの釈放 325

エミリー・デイヴィスンが身を投じたあと、エプソムのトラックに倒れている。運動への関心を集めるための行動だった。ジョージ5世の持ち馬アンマーと騎手のハーバート・ジョーンズも倒れているが、デイヴィスンだけが命を落とした。

して扱われるべきではないと思いはじめた。イギリスやアメリカで選挙権を手にする男性が増えるにつれ、なぜ女性には選挙権が与えられないのかと疑問をいだいた。1903年、エメリン・パンクハーストが女性社会政治同盟を創設し、戦闘的な手法でこの大義を追求するようになった。「ことばより行動を」というスローガンのもと、女性参政権運動が注目を集め、サフラジェット（急進的な女性参政権論者）の戦術はますます過激になった。公共の建物にみずからの体を鎖で縛りつけたり、集会の勢いで店の窓を割ったり、放火や爆破にまで及んだ。

女性社会政治同盟のなかでも特に急進的なメンバーは、何度も捕まって収監された。パンクハーストは7回、デイヴィスンは9回投獄された。1909年、女性社会政治同盟はハンガーストライキを獄中ではじめたが、強制摂食をさせられて屈辱と苦痛を味わった。

アメリカのサフラジスト

サフラジスト（穏健な女性参政権論者）と呼ばれたアメリカでの運動にも、明らかに同種の経験が見られた。キリスト教女性矯風会が、女性には投票権がないから政策の決定（この場合は禁酒法について）にかかわることができないと異議申し立てをおこない、平和的に女性の権利を求めて運動を進めた。

1916年に発足した全国女性党（NWP）は、イギリスの女性社会政治同盟などの戦闘的な手法を模倣した。党の創始者アリス・ポールは、1907年から1910年まで女性社会政治同盟のメンバーで、3回の投獄を経験していた。1917年の1月から全国女性党のいわゆる「沈黙の歩哨」は、ホワイトハウスの外で抗議活動をおこなったが、失敗に終わった。

最終的な勝利

第1次世界大戦が勃発すると、女性社会政治同盟は参政権運動を中断し、一丸となって戦争に協力した。戦時中の活躍によって、女性の役割は昔から担わされてきた妻や母親としてのものにとどまらないことが示された。1918年、30歳以上のイギリスの女性全員に投票権が与えられた。1928年、21歳以上の女性全員に投票権が拡大した。

一方、アメリカでは全国女性党が運動をつづけ、1919年に修正第19条が議会で承認された。翌年に批准され、女性にも男性と同様の投票権が与えられた。■

エメリン・パンクハースト

サフラジェットとして最も名高いエメリン・パンクハースト（1858年～1928年）は、20世紀初期において政治活動に積極的に参加する新しい女性の典型だった。イングランド北部の中産階級に属する左翼寄りの良家に生まれ、結婚後の環境も変わらなかったこともあって、女性の権利獲得を追求したいという気持ちを固めた。この決意はのちに爆発的なものとなる。

パンクハーストは並はずれた熱意で突き進み、いっさいの妥協を認めなかった。女性社会政治同盟を率い、女性参政権運動にとっての敵と見なしたものに対して、躊躇なく戦いを挑んだ。参政権獲得のための戦法はどんどん暴力的になり、男性だけでなく、本来なら支持者になったであろう多くの女性をも遠ざけた。しかし、不撓不屈の精神を持つパンクハーストは、一方で支持者の熱意も掻き立て、男性だけで自己満足していた政界に、戦うフェミニストという新たな旋風を巻き起こした。

もっと知りたい読者のために

ポーランド分割
(1772年～1795年)

1569年から18世紀まで、ポーランドとリトアニアは、連邦共和国としてヨーロッパ北部の広大な領土を占めていた。1772年以降、強力な隣国であるオーストリア、プロイセン、ロシアが一連の併合によって領土を侵害し、ついには1795年に完全に吸収されて消滅した。ロシアが東半分を奪い、プロイセンは北部、オーストリアは中南部を手に入れた。ポーランドの分割によって、この3つのヨーロッパ大国はさらに強力になり、ポーランドの愛国主義者たちは独立を求めて戦った。1918年に独立を達成した。

シク王国の成立
(1799年)

1799年に国王ランジート・シングがインド北部のパンジャーブ地方とその周辺のシク教徒の諸州を統一し、強大なシク王国を樹立した。国家の建設と防衛には、シク教の指導者であったゴービンド・シングが17世紀末に創設したカールサーという強力な統一軍が活躍した。王国は50年つづいたのち、イギリスに征服された。短い存続期間だったが、シク教徒の結びつきを堅固にし、パンジャーブ地方へのシク教徒の帰属意識をたしかなものとした。

米英戦争
(1812年～1815年)

1812年にアメリカ合衆国がイギリスに宣戦布告した背景には、イギリスによる貿易の制限、イギリス軍によるアメリカ商船員の徴用、アメリカの西部開拓に抵抗する先住民に対するイギリスの支援など、多数の問題があった。戦いは北米各地のいくつかの前線で発生し、失敗に終わったアメリカ軍のカナダへの侵攻や、1814年のイギリス軍によるワシントン焼き討ちなどがあった。また1815年には、ニューオーリンズでアメリカ軍が大勝をおさめた。2年余り戦ったのち、戦争前とほぼ同じ状態にもどったが、この戦争によってアメリカ合衆国は国家であるという感覚が高まり、カナダはイギリス帝国にとどまることが確認された。

ズールー王国の成立と崩壊
(1816年ごろ～1880年ごろ)

小部族であったズールー族の首長シャカは強い指導力の持ち主で、南東アフリカのングニ族の多数の部族を征服して統一し、1816年以降にズールー王国を築いた。ズールー王国はふたつの軍勢に攻めこまれ、戦いを強いられた。相手はボーア人(ケープ地方のオランダ系植民者の子孫)とイギリス人だった。イギリスは1879年にズールー王国の領土に侵入し、初戦のイサンドルワナでは敗北を喫したが、そのあとは火力で勝利した。イギリスは王国を分割し、最終的にはズールーを帝国の傘下に加えた。

涙の旅路
(1830年)

1830年、アメリカ連邦議会は先住民強制移住法を成立させ、先住民に対してミシシッピ川以西の土地を与える代わりに、東部の既存州境内にある彼らの土地を明け渡すよう命じた。形式上は自発的な移住を促したものだが、実際は何万人もが代々の土地から立ち退きを強いられ、西への道中が涙の旅路と呼ばれるようになった。強制移住させられたおもな部族は、チェロキー族、チカソー族、チョクトー族、クリーク族、セミノール族だった。この移住により、チェロキー族だけでおよそ4,000人が命を落とした。

アイルランド飢饉
(1845年～1849年)

1840年代、アイルランド農村部の人口が急速に増加するなか、主食であるジャガイモの壊滅的な不作がつづいた。長雨でジャガイモの疫病が急速にひろがったすえのこの凶作によって、およそ100万人が餓死し、また100万人以上がイギリスや北アメリカへ移住した。飢饉のあとも、土地の「合理化」という名目で、地主たちが小作人を追い出したため、移住の勢いは止まらず、多くがアメリカ合衆国へ向かっ

変わりゆく社会 **265**

た。この飢饉はアイルランド史に残る大惨事となり、また転換点にもなった。人口は飢饉前の数にもどることはなく、飢饉に際してのイギリス政府の対応不足への反感が残った。

太平天国の乱
(1851年～1864年)

19世紀半ばごろには、中国では清の支配力が弱まり、多くの人々が変化を求めていた。さまざまな反政府組織が結成され、そのなかに宗教指導者の洪秀全が率いるものがあった。洪の信徒たちは南京を攻撃し、1853年に陥落させた。反乱軍は中国のほぼ全土にひろがり、何十万もの人々が戦いに加わる戦争にまで拡大した。西洋の援助のもとで、ようやく清は反乱を鎮圧し、何百万もの兵士と民間人が殺害された。失敗に終わったものの、太平天国の乱によって清の支配体制は致命的に弱まり、列強諸国の餌食となって半世紀後に滅亡した。

クリミア戦争
(1853年～1856年)

1853年にロシアとトルコの戦争が勃発すると、トルコ側で参戦したフランスとイギリスが連合軍を送ってクリミア半島へ侵攻し、ロシアの港セヴァストポリを包囲した。多数の死傷者が生じて、とりわけロシア側の死傷者数が膨大になり、ロシアは講和条約を受け入れた。悪名高い、自滅的な「軽騎兵の突撃」は、イギリス軍の無謀な悪策によって人命が無駄に失われたことでよく知られている。またクリミア戦争では、フローレンス・ナイチンゲールの例に見られるように、医療改革の取り組みが進められた。ナイチンゲールは傷病人救護の質を高めるために尽力し、軍および一般の病院の看護師教育の向上にも貢献した。

フランスが共和制にもどる
(1870年)

1870年、フランスの皇帝ナポレオン3世は、普仏戦争のセダンの戦いで降伏して捕虜となった。フランス議会は共和制宣言を発し、新たな王が選ばれるまでの臨時政府を設立したが、結局のところ、新しい王政のための憲法の枠組みを決定することも、王位の後継者を選ぶこともできなかった。1871年の選挙を受けて、第3共和政は恒久的になり、男性による普通選挙で選ばれる代議院が立法府として、大統領が元首として規定された。第3共和政は1940年までつづき、第2次世界大戦後のフランス政府の模範となった。

マフディストのイスラム国家がスーダンに建国される
(1885年)

1881年、スーダンの指導者ムハンマド・アフマドがみずからをマフディー(特定のイスラム宗派においての救世主的人物)と宣言し、スーダンを支配していたエジプト政府に対して蜂起した。ただし、両国を実質的に支配していたのはイギリスだった。アフマドは首都ハルトゥームを包囲し、イギリスの総督チャールズ・ジョージ・ゴードンを破って、1885年初頭にハルトゥームを陥落させた。1898年、マフディストはキッチナー将軍率いる軍隊に敗北し、スーダンはイギリスとエジプトの支配下に置かれた。

第2次ボーア戦争
(1899年～1902年)

1899年から1902年にかけての戦争は、ボーア人(南アフリカのオランダ系住民)とイギリスとの2度目の戦いだった。初期にボーア軍の勝利がつづいたあと、ボーア軍がゲリラ戦を成功させた地域でイギリス軍は「焦土作戦」を実行して撃破し、女や子供も捕らえた。およそ2万人が強制収容所で死亡し、ボーア人は独立を失った。この戦争によって、生き残ったボーア人の多くは貧困状態に陥ったが、一方でナショナリズムが高まり、20世紀にアフリカーナー(ボーア人)が南アフリカ政府を支配する遠因となった。

メキシコ革命
(1910年)

1910年にフランシスコ・マデーロの主導ではじまったメキシコ革命により、35年にわたって国を支配した独裁者ポルフィリオ・ディアスが追放された。しかし、新しい共和国では武力をともなう派閥争いや内戦が相次ぎ、1917年の新憲法制定と1920年の選挙による新政府樹立によって、ようやく終結した。それにつづく20年で、小作人や先住民部族に土地を再分配したり、1938年には石油産業を国有化したりするなど、主要な改革がおこなわれた。

現代の世界
1914年〜現在

はじめに

ロシアで反乱がつぎつぎと起こり、皇帝の退位へとつながる。**レーニン**が革命を呼びかけ、11月に**ボリシェヴィキ**が権力を握る。

ニューヨーク証券取引所の**株**が暴落する。数十億ドルが失われ、**金融危機**のせいで世界が大恐慌に陥る。

ヒトラーが**ポーランドへ侵攻**し、イギリスとフランスが**ドイツに宣戦布告**する。この戦争は6年間つづき、世界史上最も激しいものとなる。

イギリス領インドが、ヒンドゥー教徒を多数派とする**インド**と、イスラム教徒を多数派とする**パキスタン**のふたつの**独立国民国家**に分かれる。

1917年 **1929年** **1939年** **1947年**

1919年 **1934〜36年** **1942年** **1948年**

第1次世界大戦が終わり（1918年）、1919年6月にヴェルサイユ条約が結ばれる。**ドイツ**は**土地を奪われて、軍を縮小させられ**、賠償金を支払わなくてはならなくなる。

中国南部で中国国民党から逃れた8万人の**共産主義者**が、毛沢東に率いられ、北へ向かって危険に満ちた**長征**をおこなう。

ナチスがヴァンゼーで会議を開き、**ユダヤ人**の絶滅を計画する。600万人以上が**ホロコーストで殺害**される。

ユダヤ人国家のイスラエルが、30年間イギリスの支配下にあったパレスチナに建国される。

現在に近い出来事を歴史的に見る視点は、移ろいやすく不確実にならざるをえない。20世紀半ばの歴史家は現代を激変の時代と特徴づけ、リベラルな文明が獲得した経済と政治の進歩が破壊されたと考えたかもしれない。だが21世紀のはじめには、1914年以前の世界からの連続性に目を向ける傾向が強まった。資本主義経済のグローバル化とめざましい技術革新が、急激な人口増加と生産性上昇とともに見られたからだ。

ふたつの世界大戦

1914年から1950年にかけての激変は桁はずれの規模だった。この期間に起こったふたつの世界大戦は、7,000万人から1億人もの死者を出し、歴史上群を抜いて破壊的な戦争だった。19世紀の伝統的な「進歩」の概念における2本柱であったヨーロッパの文明と科学は、この大量殺戮と結びつけられて輝きを失った。ドイツは、ヨーロッパで最も「文明化」された国のひとつと考えられることが多かったが、独裁制と大量殺戮の国へと転落した。科学は毒ガスから原子爆弾まで、大量破壊兵器を生み出すのに使われた。両大戦間期の比較的平和な時期でさえも、グローバル資本主義が効果的に機能せず、大恐慌によって経済的困窮状態が生じ、民主政治と自由市場からの後退を招いた。

マルクス主義の見解に触発された革命論者の目には、これらの激変は資本主義秩序の断末魔の苦しみと映った。しかしその代案として、一党制と統制経済のモデルに基づいた「共産主義」社会を築こうとする試みには、大きな代償がともなった。ロシアにつづいて中国でも、共産主義によって比較的後進の位置にあった国を有力な産業・軍事大国へと転換させるのに成功したが、何百万もの人が国家の犠牲となり、国民は基本的自由を剥奪された。

イデオロギー闘争

第2次世界大戦のあとには冷戦状態がつづき、アメリカ率いる「自由世界」と共産主義圏とが対立した。軍備縮小がなされることはなく、大惨事を引き起こす危険をはらむ核兵器開発の競争がおこなわれる。またその時期、経済的に弱体化したヨーロッパの大国は、熱心に自由を求める植民地の人々に抗って帝国を維持するこ

現代の世界

1956年
エジプトの大統領ナセルが**スエズ運河**の国有化を宣言する。イギリス、フランス、イスラエルが**エジプトに侵攻**したが、アメリカが停戦を強いて連合国は**撤退**する。

1962年
キューバ危機の13日間、世界はソ連とアメリカのあいだの**核戦争**の脅威にさらされる。この紛争は**外交**によって解決される。

1989年
東ドイツ政府が移動制限を解除して、おおぜいの人が**ベルリンの壁を破壊**し、共産主義が崩壊する。

2001年
9月11日に**イスラム過激派**がアメリカに大規模**テロ攻撃**を仕掛ける。3,000人近くが殺害される。

1957年
クワメ・エンクルマが**平和的**手段でイギリスから**ガーナの独立**を勝ちとる。1970年代までには、アフリカのほとんどの国が独立する。

1965年
共産主義の拡散を防ぐため、アメリカが**南ヴェトナム**へ軍隊を送り、9年にわたって戦争に介入する。

1991年
研究者による**情報共有**を可能とするために、イギリス人コンピューター科学者ティム・バーナーズ＝リーが構築した**最初のウェブサイト**（「ワールド・ワイド・ウェブ」）が始動する。

2011年
世界の総人口が**70億**を超える。環境を破壊することなく**生活水準**を引きあげることが世界的な課題となる。

とはもはやできないと悟った。新たに独立した国々は、資本主義体制と共産主義体制のあいだのイデオロギー上の、そしてときには現実の戦場となった。

結局のところ、問題は経済によって解決することが多い。資本主義が大規模な経済成長を生み出す力を示し、先進諸国で消費社会の繁栄をもたらした。それとは対照的に、1980年代までに共産主義諸国では経済が停滞し、民衆の不満も高まった。共産主義政権は東側諸国で急速に崩壊し、共産主義中国はのちに資本主義の牙城となった。

共産主義の崩壊後、政治学者のフランシス・フクヤマが「歴史の終わり」というフレーズを提唱し、西側の自由民主主義が「唯一の選択肢」だと論じた。たしかに、20世紀の終わりには、自由主義は波に乗っていた。1950年の時点でヨーロッパに民主主義国はわずかしかなかったが、その50年後にはすべての国がそうなった。

進歩と悲観

1960年代以降、激しい論争を呼び起こした公民権運動が、人種間の平等やジェンダー問題といった領域にまで自由主義の理念を普及させた。発展もめざましく、21世紀はじめまでにアジアやラテンアメリカの大部分で生活水準が著しく向上した。世界の人口が大幅に増加し、1914年に20億人弱だった人口が100年後には70億人を超えたが、それにもかかわらず、かつて多くが予想したように食糧供給が尽きる事態には至らなかった。人類の発展と成功によってもたらされた環境破壊を抑えることが、未来の大きな課題として認識されるようになった。

実のところ、識字率や平均寿命の向上から、空と宇宙の旅やコンピューターの発達まで、20世紀に人間は驚くべき進歩をとげた。とはいえ、楽観がひろがっているわけではない。環境問題のほかにも、未来は多くの危険をはらんでいる。中東の政治不安が大国を戦争へひきこむ、残忍なテロリズムが発生する、経済の不平等によって大規模な人の移動が生じる、金融が不安定で市場が機能不全に陥る、地球規模で人が移動して伝染病がひろがる——このように悲観的な材料がたくさんある。歴史は未来予想の確固たる根拠を示してはくれない。予期せぬことを予期しておかなくてはいけないと教えてくれるだけだ。■

死んだほうがましだと
何度も思った
パッシェンデールの戦い（1917年）

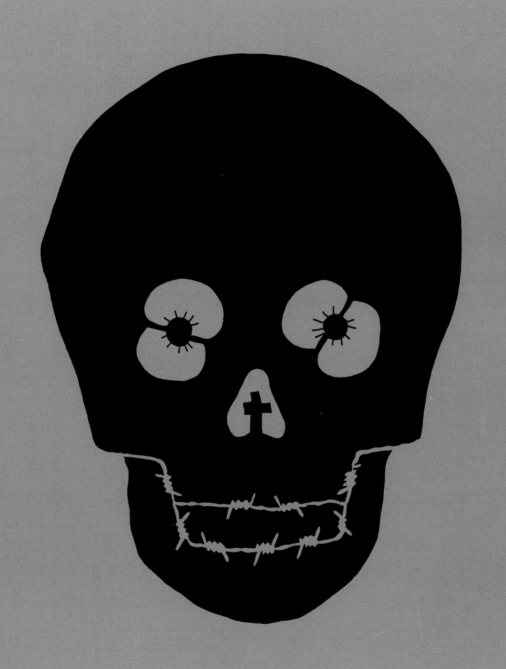

パッシェンデールの戦い

背景

キーワード
第1次世界大戦

前史

1870年〜71年　フランスがプロイセンとの戦争に敗れ、強力なドイツ帝国が成立する。

1887年　ドイツが大規模な船舶建造計画の指示を出す。

1912年　バルカン戦争が勃発し、オーストリア＝ハンガリー帝国のセルビアに対する態度が硬化する。

1916年　イギリスとフランスの秘密会議でサイクス＝ピコ協定が策定され、オスマン帝国が分割される。

後史

1918年11月9日　ドイツ皇帝ヴィルヘルム2世が退位し、帝国政府が崩壊する。

1919年　パリ講和会議で、ヴェルサイユ条約のきびしい条件が勝利国からドイツへ科される。

パッシェンデールの戦いは、正式には第3次イーペル戦として知られ、第1次世界大戦中にベルギーのイーペル周辺のドイツの前線に対して仕掛けられた大規模攻撃である。連合軍の狙いは、ベルギーへ進軍し、ドイツが支配してイギリス船舶を攻撃するのに利用していた沿岸部の港を解放することにあった。最大の難関は、ウェスト・フランデレンの高地にあるドイツの防御布陣を突破することだった。パッシェンデールの村を奪取するのが突破の鍵となった。

戦闘準備は1917年6月7日にはじまり、ドイツの陣地へ2週間にわたって激しい砲撃がおこなわれた。7月31日に歩兵攻撃を開始すると、激しい雨のせいで一帯が沼地と化したため、数日のうちに連合軍はぬかるみで身動きがとれなくなった。イギリス、フランス、カナダ、オーストラリアから成る連合軍が11月6日にパッシェンデールを占領したときには、村は廃墟と化していた。この戦いによって、連合軍はわずか8キロメートル進むのに30万もの犠牲者を出し、ドイツ軍も26万の兵を失った。イギリス政府はこの戦闘

兵士たちはパッシェンデールで凄惨な条件のもと戦った。写真の機関銃手たちは、爆撃でできたくぼみを当座の待避壕として使用するより方法がなかった。

を勝利と賞賛したが、これは戦争の完全なる無益さを取りつくろうことばでしかなかった。

秘密外交

おもにふたつの紛争が第1次世界大戦を引き起こした。ドイツとフランスのあいだの紛争と、ロシアとオーストリア＝ハンガリーのあいだの紛争である。1870年に普仏戦争でフランスがドイツに屈辱的な敗北をこうむり、フランスのアルザ

塹壕での生活

第1次世界大戦の勃発時には、何百キロメートルもの範囲に及ぶ、展開の速い戦闘となると両陣営とも予想した。防御用の塹壕の底深くに部隊がとどまったまま動かない、そんな戦闘になるとはだれも予期していなかった。

初期の塹壕は小さな溝にすぎなかったが、より手のこんだものとなっていき、木枠や砂嚢で補強された。ドイツの塹壕はより洗練されていて、電気が通り、トイレもあった。日中、兵士たちは敵の射撃を避けて退屈な時間と日々の雑用に耐え、仕事の合間には予備塹壕で過ごす時間と小休憩の時間がはさまれた。塹壕はネズミやシラミでいっぱいになることもあり、水が満ちて凍ることもあった。このような条件下での生活に兵士たちは疲弊し、食事も缶詰の繰り返しで、気晴らしとなるものはほとんどなかった。

狙撃兵は、盛り土の上に頭が現れるとすべて狙撃した。奇襲部隊が投げる手榴弾も、つねに脅威となった。塹壕は砲弾や銃弾や毒ガスで襲われた。過酷な消耗戦となり、悪臭が漂って不潔で病気まみれの戦場となった。

現代の世界

参照　千人隊の遠征 238-41　■ ロシア農奴解放 243　■ 十月革命 276-79　■ ヴェルサイユ条約 280　■ ナチスのポーランド侵攻 286-93

> 明かりがヨーロッパじゅうで消えていく。われわれが生きているうちに、ふたたび灯るのを見ることはあるまい。
>
> **エドワード・グレイ**
> イギリス外務大臣（1914年）

ス地方とロレーヌ地方の大部分がドイツに併合されると、ドイツとフランスの長い対立の歴史が顕在化した。

東ヨーロッパでは、オーストリア＝ハンガリー帝国とロシア帝国が、バルカン半島での勢力争いから長きにわたって紛争状態にあった。いずれも地中海へ移動するのにこの地域に依存していたため、強い猜疑心をいだきながら互いの行動に目を光らせていた。

どちらも同盟国を必要とし、1882年にオーストリア＝ハンガリー、ドイツ、イタリアが三国同盟を締結して戦争時の軍事協力を互いに約束した。その後、1890年代にはロシアとフランスが対独戦争時に支援し合う協定を結ぶ。世紀の変わり目には、皇帝ヴィルヘルム2世の挑発的なナショナリスト演説と海軍力拡大を機に、イギリスがフランスとの関係を強めた。1904年に英仏協商という友好協定を結び、1907年にはそれが拡大してロシアを含む三国協商となった。三国協商はのちに連合国として知られるようになる。この国際衝突によって醸成された雰囲気から、ヨーロッパ諸国の政府は軍事費を増やし、陸海軍を増強した。

戦争勃発

このふたつの同盟のあいだで憎しみの炎を発火させるには、火の粉ひとつあれば足りた。それが訪れたのが1914年6月28日、ボスニアのセルビア人がハプスブルク帝国の皇位継承者フランツ・フェルディナント大公をサラエヴォで暗殺したときである。オーストリアは、この襲撃はバルカンでのいちばんの敵、セルビアのしわざではないかと疑った。同盟国ドイツの支持を取りつけたのち、オーストリア＝ハンガリーは7月23日、セルビアに最後通牒を突きつけ、反オーストリア＝ハンガリーの活動をすべて停止するよう要求した。セルビアは要求をほとんど受け入れたが、それでもオーストリア＝ハンガリーは7月28日にセルビアへ宣戦布告する。イギリスが国際調停を呼びかけたものの、危機はたちまちヨーロッパ全体の戦争へと拡大した。ロシアがオーストリア＝ハンガリーに対して兵を動員すると、8月1日にドイツがロシアへ宣戦布告し、その2日後にフランスへも宣戦布告した。ドイツが中立国ベルギーに侵攻すると、8月4日にイギリスが参戦する。イギリス海外派遣軍（BEF）と

- ヨーロッパ列強が結束し、**複雑な同盟の網の目**を作る。
- ヨーロッパの軍備競争によって、**軍隊の規模が大きくなり**、さらに**破壊力の大きい兵器**がもたらされる。

戦争が勃発し、やがてあらゆる主要国を巻きこんで**かつて想像できなかった規模の死者**を出す。

兵力が比較的均衡していたので、どちらの陣営も決定的な勝利をおさめることができない。

パッシェンデールの戦いのような**巨大な代償**を払いながらも、**西部戦線で戦闘は苦しい膠着状態**に陥る。

両陣営が疲弊したところで、**アメリカが連合国側で参戦し**、**戦いが大きく前進**する。

274　パッシェンデールの戦い

巨大な大砲、たとえば榴弾砲などは、馬や牽引車で運ばれた。大量に発射された榴弾がこの戦争の死傷率を高めたおもな要因である。

いうダグラス・ヘイグ率いる小規模専門部隊が、8月22日にフランスへ到着した。同軍は、フランス政府と合意していた戦前の軍事計画に沿って、フランスとベルギーの国境線近くに展開した。

ドイツはふたつの戦線で戦わなくてはならなかった。西部戦線では、紛争の1週目にドイツがベルギーとフランスに侵攻したが、マルヌの戦いでフランスとイギリスに進軍を阻まれた。秋の終わりには膠着状態に陥る。一方、東部戦線では戦闘は流動的だった。ドイツが優位を占め、タンネンベルクでロシアに対して大勝利をおさめたが、同盟国オーストリアは何度も敗北を喫した。西部戦線では645キロメートルもの塹壕がベルギーの北海岸からフランス東部を抜けてスイスとの国境線にまで伸びていた。両陣営は何もない空間で前線をあいだにはさんで向き合った。無人地帯であるこの地域には、敵の侵攻を遅らせるための有刺鉄線が張られていた。塹壕からの戦闘がつづき、その合間に恐ろしく血なまぐさい戦いがあったが、膠着状態を解消することはできなかった。ソンムの戦いだけで、連合国軍は60万以上の死傷者を出した。

総力戦

紛争のはじめには、短期間で勝敗がはっきりするとどちらの側も信じ、消耗戦になることはだれも予想していなかった。機械化された新兵器が死傷率を高めた。戦車がはじめて用いられ、ドイツ軍のMG08マキシムのような機関銃は1分間に最大600発もの弾丸を発射できた。航空機は当初、偵察に使われたが、のちに爆撃に用いられるようになる。両陣営とも毒ガスを使用した。兵站を支えていたのは馬だったが、戦争が進行するにつれ、鉄道や貨物自動車が前線への物資の輸送に使われるようになった。

飛行船や爆撃機によるロンドンやパリの空爆によって、一般市民も前線に立たされた。1917年までに、ドイツの潜水艦はイギリスへ向かう商船の4分の1を沈め、イギリスを飢えさせて降伏させようとしていた。イギリスがドイツに対しておこなった海上封鎖もまた、深刻な食糧不足を引き起こした。この戦争ははじめての「総力戦」、すなわち兵士だけでなく民間人も参加する戦いとなった。

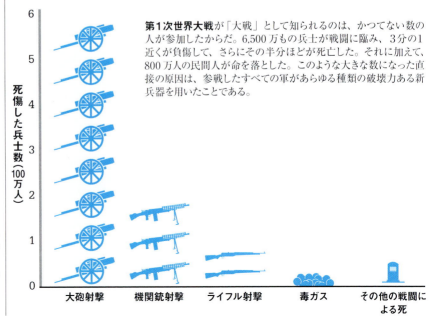

第1次世界大戦が「大戦」として知られるのは、かつてない数の人が参加したからだ。6,500万もの兵士が戦闘に臨み、3分の1近くが負傷して、さらにその半分ほどが死亡した。それに加えて、800万人の民間人が命を落とした。このような大きな数になった直接の原因は、参戦したすべての軍があらゆる種類の破壊力ある新兵器を用いたことである。

現代の世界

> 命の気配はまったく
> どこにもありませんでした……
> 1羽の鳥も、それどころか
> 1匹のネズミも、1本の草さえも。
> **兵卒R・A・コルウェル**
> パッシェンデール（1919年）

イギリスは、史上はじめて徴兵制を導入することを余儀なくされた。1916年1月から、18歳から41歳までの独身男性は全員が招集の対象となった。イギリスとフランスはまた、インドやアフリカなどの海外植民地や、オーストラリア、ニュージーランド、カナダのイギリス自治領でも兵を招集した。戦争は多くの社会変化をもたらしたが、とりわけ工場やオフィスで職務を果たすようになった女性にとっては大きな変化となった。また政府が大規模生産へと切り替えたのにともなって、軍需産業でも女性がしだいに雇用されるようになった。

地球規模の紛争

中心となった交戦国は、どこも自分たちの広大な帝国もろともに戦争に臨んだため、紛争はやがて世界戦争となった。中国と太平洋のドイツ植民地には、連合国側で参戦した日本が侵攻した。アフリカのドイツ植民地は、イギリス軍、フランス軍、南アフリカ軍に侵略される。

1915年5月にはイタリアが連合国に加わり、アルプス山脈でオーストリア＝ハンガリーおよびドイツと戦った。

1914年11月、イスラム勢力のオスマン帝国が中立を破り、フランス、ロシア、イギリスに対して軍事的なジハード（聖戦）を宣告した。アメリカも参戦するが、これはドイツの潜水艦が海で商船を攻撃したためで、たとえば1915年に攻撃を受けたイギリスの定期船ルシタニア号には128人のアメリカ人が乗船していた。メキシコを説得して反米同盟に加えようとするドイツの計画が明るみに出ると、アメリカ連邦議会が1917年4月に宣戦を布告した。

1917年12月22日、ロシアのボリシェヴィキとドイツがブレスト・リトフスクで講和条約について協議をした際には、ドイツがかなりの勝利をおさめたかのように思われた。ドイツはまた1918年には西部戦線で前進に成功していたが、7月と8月に連合国が反撃に転じて攻勢を強め、11月まで攻撃がつづいた。新たに投入された400万のアメリカ兵が同盟国側を打ち破る助けとなり、ドイツを和平交渉の席に着かせた。

1918年11月11日午前11時に紛争が終結し、フランスとイギリスが率いる連合国が勝利をおさめた。6,500万以上の兵が戦争に参加し、少なくとも半分が死亡あるいは負傷した。ロシア、オーストリア、ドイツの帝国は崩壊する。戦後、ヴェルサイユ条約によってヨーロッパの地図が書き換えられ、とりわけドイツなどの国に遺恨を残した。諸国の公的な集まりである国際連盟が、平和維持に貢献すべく設立された。とはいえ、国際連盟はそれを無視する国々の前では結局は無力だった。イタリアでは、ファシストのベニート・ムッソリーニが1922年に政権を握り、ヴェルサイユ条約の破棄を宣言した。ヴェルサイユ条約が憤慨をもって受け止められたドイツでは、ナチ党が躍進しはじめる。第1次世界大戦は「すべての戦争を終わらせる戦争」からはほど遠く、将来の紛争の種を蒔くこととなった。■

第1次世界大戦がもたらした社会変化のひとつが、女性の役割についてのものである。総動員体制のもと、女性も軍需工場などで働くようになった。

もしいまわれわれが権力を掌握しないなら、歴史はわれわれを許さないだろう
十月革命（1917年）

背景

キーワード
ロシア革命

前史
1898年 ロシア社会民主労働党が結成される。
1905年 ロシアが日本に大敗を喫し、それを機に暴動が起こる。
1914年 ロシアが第1次世界大戦に参戦し、すぐに東部戦線でドイツに手痛い敗北を喫する。

後史
1918年 皇帝ニコライ2世とその一族が処刑される。
1922年 レーニンが共産党の支配するソヴィエト社会主義共和国連邦（ソ連）を創始する。
1927年 スターリンがソ連の指導者となり、独裁政権を打ち立てる。

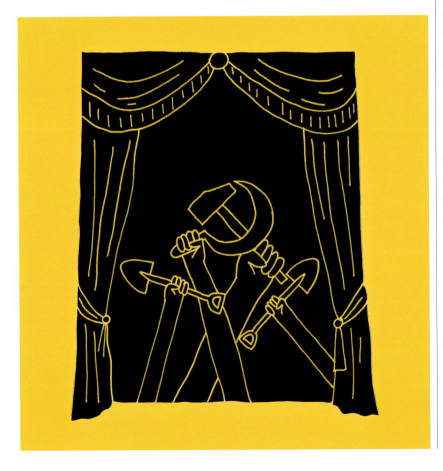

1917年10月、第1次世界大戦で大敗を喫すると、ロシアは混乱状態に陥った。食糧が不足し、都市の労働者は低賃金と過酷な労働条件にあえいだ。二月革命によって皇帝が追放されたが、代わりにできた臨時政府も崩壊寸前の状況だった。

革命政党ボリシェヴィキの創始者、ウラジーミル・レーニンがこの機を最大限に利用した。レーニンは労働者（プロレタリアート）の革命を進めていて、四月テーゼとして知られる文書で一連の政府転覆案を示した。レーニンのスローガン「平和、土地、パン！」が革命のかけ声となる。10月24日（グレゴリオ暦、以下「GC」11月6日）、政府はクーデターを防ぐためにボリシェヴィキの活動を規制しようとした。主要党員の逮捕が命じら

参照 サンクトペテルブルクの建設 196-97 ■ ロシア農奴解放 243 ■
スターリンが権力を握る 281 ■ サラエヴォ包囲 326 ■ スペイン内乱 340

現代の世界 277

れ、党の機関紙『プラウダ（真実）』は発行を停止させられた。自室に身を隠したレーニンは行動を呼びかける。「待っていてはならない！　万事を逸することになるかもしれない！　政府は動揺している。行動を遅らせることは死に等しい」

10月25日（GC11月7日）、政府は軍事支援を得ようと試みたが、失敗に終わる。ボリシェヴィキのほうは「労働者兵士代表ペトログラード・ソヴィエト」の一派であったため、ペトログラード（のちのサンクトペテルブルク）の軍隊の支援を受けることができた。ボリシェヴィキの準軍事組織、赤衛軍が、主要な電信局、郵便局、発電所を占領し、残るは政府の本拠地である冬宮だけとなった。冬宮の守衛にあたっていた士官学校生徒の小規模部隊は、革命闘士たちに自発的に降伏した。政権は覆され、権力はレーニンとボリシェヴィキの手に渡った。

土台を築く

十月革命は、何か月もつづいた市民不安が頂点に達して発生した。1917年2月23日（GC3月8日）、ペトログラードで、何時間も列に並んでパンを待ち、不満を募らせた女性たちが先導して暴動がはじまった。街を行進するうちに支持を集めて、これがゼネラル・ストライキへと発展し、デモはさらに政治的な性質を帯びる。赤旗がそこかしこで見られるようになり、皇帝ニコライ2世の像が倒された。兵士たちは群衆への発砲命令に従うことを拒んだが、警察が発砲して50人が殺

ウラジーミル・イリイチ・レーニン

1870年4月10日（GC4月22日）にウラジーミル・イリイチ・ウリヤノフとして生まれる。このボリシェヴィキの創始者でソヴィエト・ロシアの初代リーダーは、大胆な理論家で疲れを知らない実行者だった。レーニンがマルクス主義の革命家として活発に活動をはじめたのは、兄のアレクサンドルが皇帝アレクサンドル3世の暗殺を企てたとして1887年に処刑されたときのことだ。レーニンはこの出来事によって神と宗教への信仰を捨てた。1895年に逮捕され、シベリアで3年間の流刑生活を送る。

レーニンがいちばんの目的としたのは、皇帝への対抗勢力としてひとつのまとまった運動を組織することだった。1917年3月のロシア革命後、時機が訪れたと見てロシアへ帰国する。10月にレーニンはボリシェヴィキを率いて当時の政府に反抗し、すべての抵抗を抑えて世界初の共産主義国家の独裁者となった。

レーニンにとって大きな困難となったのが内戦（1918年～20年）だった。共産党が勝利をおさめはしたが、ロシアは弱体化した。またリーダーシップの重圧からレーニンの健康状態も悪化した。2度の発作を経て話す能力も失い、1924年1月21日に死亡した。

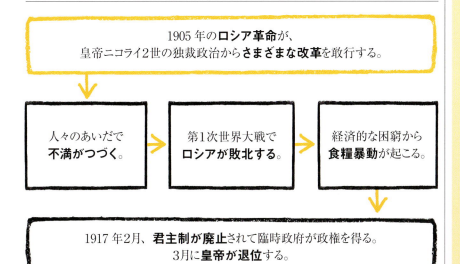

278 十月革命

害された。

革命諸政党の台頭

街頭で暴力が噴出すると、2月に皇帝は権力を臨時政府へ返上し、3月に退位した。政府はなおも中産階級だけを代表していて、第1次世界大戦へのロシアの参戦を支持した。労働者と小作農から成る評議会「労働者・兵士代表ペトログラード・ソヴィエト」などの団体が力をつけ、臨時政府内で権力を握る。革命活動のために亡命していたレーニンは、世界資本主義の崩壊が間近に迫ったと確信して、ペトログラードへもどることを強く望み、封印列車で秘密裏に帰国した。革命の熱意に満ちたレーニンは、自分の構想どおりに新しいロシア政府を形成しようと心を決めていて、現在の政権を覆すのに必要なことをじゅうぶんにやっていないと仲間たちを非難した。

東部戦線での七月攻勢が悲惨な結果に終わると、首相リヴォフが辞任する。後継者のアレクサンドル・ケレンスキーはペトログラード・ソヴィエトとともに新たな社会主義政府を作ったが、ケレンスキーもまたロシアが戦争に参加しつづけることを強く主張した。レーニンの率いるボリシェヴィキによる民衆デモがペトログラードで起こると、ケレンスキーはそれを禁止してリーダーの多くを逮捕する。レーニンはフィンランドへ逃れた。

革命は間近

8月、ケレンスキーは新たな脅威に直面した。ロシア軍の最高総司令官ラーヴル・コルニーロフ将軍が、部隊をペトログラードへ進撃させたからである。ケレンスキーは、コルニーロフが権力奪取を企てていると考えた。必死のケレンスキーがボリシェヴィキのメンバーたちを釈放すると、ボリシェヴィキは反革命の阻止を望む人々を武装させた。これがボリシェヴィキの大義を大きくあと押しした。人民に向かって、ペトログラードの防衛者を自称することができたからである。9月までにボリシェヴィキはペトログラード・ソヴィエトを支配下に置いた。レーニンはこの機に乗じてロシアへもどり、ふたたび革命を呼びかけた。レーニンは軍事戦略の責任をマルクス主義者の同志、レフ・トロツキーへ委譲した。小作農と農民が農村地帯で、労働者が都市で反乱を起こした。レーニンは、機が熟してボリシェヴィキが権力を握るときが来たと判断する。ボリシェヴィキは政府庁舎やケレンスキー内閣が逃げこんだ冬宮を占拠した。

10月25日（GC 11月7日）の夜、レーニンはロシア人民に向けて短い声明を出した。「臨時政府は打倒された。労働者、兵士、農民の革命万歳！」。この最初の勝利ののち、レーニンは民主的選挙をおこなうことを余儀なくされたが、ボリシェヴィキは4分の1しか票を獲得できなかった。レーニンは選出された政権を解散させ、武装衛兵を送って会議がふたたび開かれるのを阻止した。1918年2月、レーニンはドイツと講和条約を結んだが、条件はロシアにとってきわめてきびしいものだった。ロシアはバルト三国をドイツへ譲り、ウクライナ、フィンランド、エストニアは独立国家となった。ロシアはまた賠償金として60億ドイツマルクを支払わされた。これによってボリシェヴィキはドイツの脅威から解放されたが、条約で強いられた条件は国民の大きな不評を買った。多くの人が、これを国への裏切りだと見なした。

内戦

ボリシェヴィキは権力を握ったものの、こんどはそれを維持していく必要があった。レーニンはきわめて中央集権的な統治の仕組みを確立し、野党をすべて禁止

冬宮襲撃の場面を描いた絵画。ボリシェヴィキが政府庁舎を奪取した十月革命の劇的な瞬間を表している。

現代の世界 **279**

ウラジーミル・レーニンが、十月革命後の内戦中、1919年にモスクワの赤の広場で自軍に演説している。

して「赤色テロ」、すなわちボリシェヴィキへの脅威と見なされる者を威嚇、処刑、逮捕する作戦をはじめた。

ボリシェヴィキはロシアでは少数派であり、敵対勢力は兵力を結集させて対抗した。敵対勢力は元皇帝主義者、陸軍将校、民主主義者らから成る「白色」を主としていた。ボリシェヴィキは「赤色」として知られた。

さまざまな党派が国の将来をめぐって戦ううちに、極端な暴力を特徴とする内戦がロシアで勃発し、1918年から21年までつづいた。白色は、ロシアの元同盟国で共産主義の拡散を恐れるイギリス、フランス、アメリカ、日本から支援を受けた。はじめは大きな勝利を得た。しかし統制がとれておらず、一方のトロツキーは際立った軍事戦術家だった。

1920年、レーニンは東欧と中欧の労働者を解放しようと対ポーランド戦争を指示したが、ワルシャワの戦いで猛反撃に遭い、赤軍は追い返された。

荒廃した国

レーニンは1921年までに白色を破り、ようやくロシア経済の立てなおしに意識を向けられるようになった。

レーニンが向き合うこととなったのは崩壊寸前の国だった。地方ではおよそ600万人の小作農が餓死し、都市では暴動が起こっていた。1921年3月に、ペトログラード海岸沖の島にある海軍の町クロンシュタットで水兵の反乱があり、さらに政権を揺るがす。1万6,000人の兵士と労働者が「ボリシェヴィキのないソヴィエト」を求める綱領を採択した。自由選挙で選ばれる会議と、言論・出版の自由を求めたのである。ボリシェヴィキは容赦ない反応を示し、首謀者を何百人も処刑して1万5,000人以上の水兵を艦隊から追放した。

1922年5月、レーニンは病の発作に襲われる。12月にソヴィエト政府は、ソヴィエト社会主義共和国連邦（ソ連）の建国を宣言した。ソヴィエト・ロシアと共産主義運動の分派が支配する近隣地域から成る、連邦制の連合国家である。最初からソ連は一党制を前提としており、ほかの政治組織はすべて禁止された。

レーニンは内部抗争に失望し、自分の死後、いかにソ連の国家運営がなされるのかを心配していた。1922年の終わりと1923年のはじめ、レーニンはのちに「遺書」として知られることになるものを書きとらせ、ソヴィエト政府が選んだ道に後悔の念を示している。特に、共産党書記長ヨシフ・スターリンには批判的だった。スターリンの攻撃的な行動は、レーニンとのあいだに軋轢を生んでいた。

レーニンは1924年に死んだが、彼の遺産は生きつづけた。ボリシェヴィキが世界初の社会主義国家を大国に打ち立てたことで、すべての国が影響を受けた。社会主義革命の勝利によって、労働者は資本主義やかつての帝国主義体制とは異なる社会がありうることを知り、大きな刺激を受けたのである。■

皇帝と皇帝一家の処刑は……
敵の希望を奪いとるためだけ
でなく、同時に、自分たちを
待つのは全き勝利か
全き敗北だけだと示すためにも
必要だった。
レフ・トロツキー

これは平和などではない。20年の休戦だ
ヴェルサイユ条約（1919年）

背景

キーワード
第1次世界大戦後の講和

前史
1914年 オーストリア＝ハンガリー、ドイツ、オスマン・トルコ、帝政ロシアの4つの帝国が広大な土地を支配する。

1916年 イギリスとフランスの外交官が、オスマン帝国後のアラブ世界の運命を決める秘密協定を結ぶ。

1919年 パリ講和会議によって戦後和平の諸条件が示される。

後史
1920年 セーヴル条約によってオスマン・トルコが分割され、中東が再編される。

1939年9月3日 ドイツがポーランドを攻撃し、第2次世界大戦がはじまる。

1945年10月24日 解散した国際連盟が第2次世界大戦後に改良され、国際連合となる。

1919年1月、第1次世界大戦の勝利国が講和条約を議論しようと会合を開いた。アメリカ大統領ウッドロウ・ウィルソンは民主主義に基づいた新秩序をもたらすためのひとつの案を思いついた。国家間の紛争が起こったときには、国際連盟に仲裁・調停役を担わせるという考えだ。

イギリスとフランスは、ドイツが二度とヨーロッパの平和を脅かすことがないように確実を期したかった。ドイツ軍は縮小させられ、ライン地方は非武装化されることになった。ドイツはまた、西部の土地をフランスに、東部と北部の土地をポーランドに譲ることも求められた。さらに、オーストリア＝ハンガリー帝国はチェコスロヴァキアやユーゴスラヴィアなどの新しい国家に分かれることになり、オスマン・トルコもイギリスとフランスに都合よく分割された。

戦争責任条項

決定的に重要だったのが、「戦争責任条項」において、ドイツが戦争をはじめたことを認め、1320億金マルクの賠償金を支払わなければならなかった点である。ドイツは1919年にヴェルサイユ条約に調印したが、賠償金の支払いが滞ったため、1923年にフランスがドイツの重工業地帯であるルール地方を占領した。けれども、その後の戦間期には、どの国もナチス・ドイツの攻勢を阻止することはしなかった。1940年にフランスを占領したあと、アドルフ・ヒトラーはヴェルサイユ条約の原本を焼却するよう命じた。■

> あなたがたは講和を求めた。
> われわれは
> 講和に応じる用意がある。
> **ジョルジュ・クレマンソー**
> フランス首相

参照 青年トルコ革命 260-61 ■ パッシェンデールの戦い 270-75 ■ 国会議事堂放火事件 284-85 ■ ナチスのポーランド侵攻 286-93 ■ 国際連合の設立 340

死はあらゆる問題への解決策だ。人間がいなければ、問題もなくなる
スターリンが権力を握る（1929年）

背景

キーワード
ソヴィエト・ロシア

前史
1917年 レーニンがロシアを共産主義へと向かわせる。

1922年 連邦条約によってロシア、ウクライナ、ベラルーシ、南カフカス諸国がソヴィエト連邦に統合される。

1928年 第1次五か年計画が採択され、国家が経済全体に野心的な目標を設定する。

後史
1945年 ソヴィエト連邦がナチス・ドイツを破り、中欧の諸国を支配する。

1989年 東欧と中欧の諸国が共産主義を放棄し、ベルリンの壁が崩壊する。

1991年 人民代議員大会がソヴィエト連邦の解体を決議する。

1917年の十月革命のあと、ロシアの指導者ウラジーミル・レーニンは一党制国家を創出し、ヨシフ・スターリンを書記長に任命した。スターリンはその地位を利用して最高指導者への名乗りをあげ、レーニンの死後5年経った1929年に独裁者となった。

スターリンは国家を急速な工業化へ向かわせた。新たな労働力をまかなう食料を生産すべく、地方の農民から土地を没収して、集団的に運営される大規模農場へ変えた。1931年から32年には小作農たちから穀物を徴発し、そのせいでウクライナで深刻な飢饉が生じて何百万もの死者が出た。

内務人民委員部（秘密警察）は、スターリンの政敵を探し出す任務を与えられた。「大粛清」とも呼ばれる1930年代の「血の粛清」で多くの国民が命を落とし、非ロシア人が強制労働収容所へ送られた。それでもスターリンは、ソ連は平和と進歩の国であり、自分は人民の利益を尊重しているとの態度をとっていた。独裁者

わたしが信じるのはただひとつ、人間の意志の力だけだ。
ヨシフ・スターリン

スターリンは国の外にも共産主義を拡散させる機会をうかがい、第2次世界大戦後にはポーランド、ハンガリー、チェコスロヴァキア、東ドイツなどへも共産主義がひろがって、東側ブロックと呼ばれるものが形成された。共産党は、1948年に北朝鮮、1949年に中国、1959年にキューバ、1975年にヴェトナムで政権を得た。

スターリンは世界屈指の権力を持つに至った。1953年のスターリンの死後まもなく、ソ連はアメリカに匹敵する超大国となった。■

参照 十月革命 276-79 ■ ナチスのポーランド侵攻 286-93 ■ ベルリン空輸 296-97 ■ ベルリンの壁の崩壊 322-23

アメリカ経済の未来に自信を持たないなどというのは、ばかげたことだ
ウォール街大暴落（1929年）

背景

キーワード
大恐慌

前史
1918年　第1次世界大戦の混乱ののち、世界経済の回復が難航する。

1922年　工場で商品が大量生産されることで、アメリカ経済が急成長をはじめる。

1923年　超インフレによってドイツで物価が急騰し、人々の貯蓄が失われる。

後史
1930年　大量失業がアメリカ、イギリス、ドイツなどの国々を襲う。

1939年　第2次世界大戦の到来によって雇用と政府支出が増加し、経済回復が加速する。

1944年　世界のリーダーが、経済発展を財政的に支えるために国際通貨基金（IMF）と世界銀行の立ちあげに合意する。

1929年10月、ニューヨーク証券取引所の株価が暴落した。株価の下落は、10月23日に自動車製造業者ゼネラルモーターズ社の株が投げ売りされたのをきっかけにはじまった。パニックに火がつき、翌日に相場は暴落する。「暗黒の火曜日」として知られる10月29日、火曜日に、株価はさらに下落した。合計で250億ドル、現在の市場価格に換算すると3,190億ドルが失われた。史上最大の経済的打撃となり、世界を大恐慌へ陥れた。

狂騒の20年代

第1次世界大戦後、アメリカは急速に回復をとげ、軍需品を生産していた工場は自動車やラジオなどの一般向け商品へと生産を切り替えた。新技術が発展して大量生産が進むことで経済産出量は50パーセント増加し、ここから生まれた繁栄と消費主義の時代は「狂騒の20年代」と呼ばれる。

軽い気持ちで株に手を出し、一夜にして金持ちになった人の話が新聞や雑誌にあふれ、何万もの一般のアメリカ人が株を買ったことで株の需要が高まって、価格が高騰した。1920年から29年までに、株主の数は400万人から2,000万人へと増えた。

1929年の後半には、アメリカ経済に問題の兆しが見られるようになる。失業が増え、鉄鋼生産は減少し、建設業も振るわず、自動車の販売台数も下向きとなった。それでも金持ちになれると思いこんだまま、引きつづき株式市場に投資する人もいた。しかし1929年10月に株価がさがりはじめると、パニックがひろがる。それにつづく暴落が「大恐慌」と呼ばれ

投機家たちが、自分の投資をひどく心配して、ウォール街大暴落後に連日ニューヨーク証券取引所の入口に群れをなした。

現代の世界

参照 カリフォルニアのゴールドラッシュ 248-49 ■ ヴェルサイユ条約 280 ■ 国会議事堂放火事件 284-85 ■ 世界金融危機 330-33

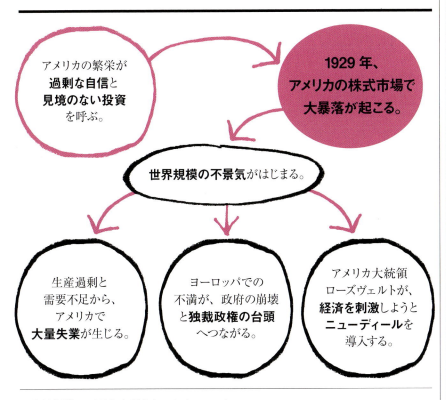

フランクリン・D・ローズヴェルト

フランクリン・デラノ・ローズヴェルト（1882年～1945年）は、4期選出された唯一のアメリカ合衆国大統領である。1921年にポリオにかかって両脚が不自由になり、政治家としてのキャリアを断念しかけたが、それにもかかわらず成功をつかんだ。

ローズヴェルトは1929年にニューヨーク知事に選出され、1932年に民主党の大統領候補に指名された。アメリカ国民に向けてニューディールを公約に掲げ、地滑り的な勝利をおさめると、着任後100日間で大恐慌に対処する社会・経済改革プログラムを導入した。こういった諸策が大いに好評を得て、1936年にローズヴェルトは2度目の地滑り的勝利をおさめる。

1941年、アメリカは第2次世界大戦へ突入し、ローズヴェルトは連合国側のリーダーのひとりとなった。国際連合を計画するにあたっても中心的な推進者となったが、国連の第1回会合がサンフランシスコで開かれる直前の1945年4月に死去した。

る世界規模の不景気を引き起こした。

大恐慌

アメリカでは工場が閉鎖され、労働者は解雇された。1933年春には農業が危機に瀕し、従事者の25パーセントが失業して多くが農場も失った。失業者数は1929年には150万人だったが、1933年までに1,280万人にまで増え、これは労働人口の24.75パーセントに相当した。このパターンは世界じゅうで見られた。

イギリスでは、特に造船などの重工業が大きな打撃を受け、失業者数は250万人、労働人口の25パーセントに達した。ドイツも大いに苦しんだが、これはドイツの戦後経済がアメリカからの莫大な融資によって支えられていて、それを返済できなくなったからである。

ニューディール

この株価暴落も一因となり、1933年に民主党のフランクリン・D・ローズヴェルトが大統領に就任する。ローズヴェルトのニューディール政策では、貧しい人々のための社会福祉プログラムや、新規雇用創出のための大規模公共事業を導入した。

大恐慌によってアメリカの戦後景気は終わりを告げた。ヨーロッパでは多数の人が、経済の立てなおしを約束するアドルフ・ヒトラーの率いる国家社会主義ドイツ労働者党など、右翼政党を支持するようになった。多くの国では、第2次世界大戦による雇用の増加によってようやく経済が回復した。■

実のところ、人間は自由に飽き飽きしている
国会議事堂放火事件（1933年）

```
ヨーロッパ経済の停滞によって、          ヴェルサイユ条約をめぐって、
   日々の生活が苦しくなる。              ドイツの怒りが高まる。
```

極端なファシズムや共産主義のイデオロギーが、
国内問題へ容易な解決策を与えてくれるように人々の目に映る。

**共産主義者が国会議事堂放火事件の罪を着せられ、
この事件が市民の自由を制限して、反対者を投獄する口実に用いられる。**

政府の正式な体制が解体し、
アドルフ・ヒトラーが独裁者となる道が開かれる。

背景

キーワード
ファシズムの台頭

前史
1918年 第1次世界大戦後、ヨーロッパの政治と経済が不安定になる。

1920年 人種主義を中心的思想のひとつとした国家社会主義ドイツ労働者党（ナチス）がドイツで結成される。

1922年 ベニート・ムッソリーニが国王ヴィットーリオ・エマヌエーレ3世からイタリア首相に任命される。

後史
1935年 ムッソリーニが、野心的な外交政策の一環としてアビシニア（エチオピア）に侵攻する。

1936年〜39年 スペイン内戦が起こる。

1938年 アドルフ・ヒトラーがオーストリアへ侵攻する。ミュンヘン会談によって、ヒトラーがズデーテン地方の支配権を得る。

1939年 ヒトラーがポーランド侵攻を命じ、これを契機に第2次世界大戦が勃発する。

1933年2月27日午後9時過ぎ、ドイツの国会議事堂で火事が起こると、首相アドルフ・ヒトラーは政府転覆を狙う共産主義者の陰謀だと主張した。ライバルの共産主義者を弱体化させるための狡猾な口実である。選挙が1933年3月に控えていたので、タイミングも完璧だった。ヒトラーの国家社会主義ドイツ労働者党（ナチス）は国会内の最大政党ではあったものの、議案通過に必要な過半数を確保できていなかったため、選挙結果をヒトラーは懸念していた。ヒトラーはあるオランダ人共産主義者が放火犯だとすぐさま断定して非難した。

現代の世界

参照 千人隊の遠征 238-41 ■ パッシェンデールの戦い 270-75 ■ ヴェルサイユ条約 280 ■ ウォール街大暴落 282-83 ■ ナチスのポーランド侵攻 286-93 ■ ヴァンゼー会議 294-95

> われわれの戦いは、ドイツで共産主義が完全に根絶されるまでの戦いだ。
>
> **ヘルマン・ゲーリング**
> ナチス幹部

共産主義者の信用を傷つければ、ナチスにきわめて有利に働くからだ。

翌日、緊急令によって共産党が禁止される。ヒトラーの反応によって、共産党による政府乗っとりへの恐怖感が高まり、多くのドイツ人がヒトラーの断固たる行動のおかげで国が救われたと信じた。4月には、ナチスの圧力によって、全権委任法が国会を通過した。これによってヒトラーは、国会を通さずに自分で法律を作る権利を得て、ドイツを完全に支配するファシスト独裁者としての地位を揺るぎないものとした。

独裁者が権力を握る

1920年代と30年代に、ヨーロッパ各地にファシズムが出現した。各国政府が戦後経済の困難や共産主義革命の脅威と格闘するなかで、イタリアのファシズムやドイツのナチズムといった極右の運動が反共産主義の防御者として登場した。極右勢力は準軍事組織を使って政敵を威嚇し、人気を得るためにプロパガンダを広めた。イタリアでは、ベニート・ムッソリーニが秩序を回復できる唯一の人間と見なされた。1922年に首相に任命されると、ムッソリーニは徐々に独裁権力を持つようになり、「ドゥーチェ」すなわち統領となった。1928年までにイタリアは全体主義国家となる。

ドイツでは、ナチスを主たる政治勢力にしようとヒトラーが絶え間なく活動した。ナショナリズムの言辞と反共産主義、暴力的な反ユダヤ主義を組み合わせることで、また1919年にヴェルサイユで結ばれた講和条約を破棄するよう呼びかけることで、ヒトラーの人気は波に乗る。1933年に首相になると、すぐに独裁者となり、「フューラー」(総統)を自称した。

ファシストが団結する

1936年、ヒトラーとムッソリーニは、スペイン内戦を戦うフランコ将軍を支えるため、軍事支援をはじめた。スペイン内戦では、右派のナショナリストが左派の共和主義者と戦っていた。フランコが左派の人民戦線政府に勝利すると、独裁

国会議事堂の火事は非常に激しく、何マイルも離れたところからも炎が見えたという。ヒトラーはナチスへの支持を集めるため、共産党のしわざだと非難した。

者たちはさらに大胆になった。

国会議事堂放火事件は、ナチスの歴史で鍵となった瞬間だった。これによってアドルフ・ヒトラーが絶対的な独裁者となり、ファシズムの拡大を招いてヨーロッパを世界大戦へと導いたと言える。■

ヨーロッパ各地のファシズム

ヨーロッパのファシズムは、1920年代と30年代の経済混乱状態のなかで勢いを得た。民主主義体制が国民から正統とは見なされなくなり、極右ナショナリズムの一形態であるファシスト政党こそが、弱さがはびこるなかで強さを与えると吹聴した。

1930年代には、ソヴィエト連邦を除くすべてのヨーロッパ諸国にファシスト政党が存在した。イギリスにはオズワルド・モズレーのイギリス・ファシスト連盟(BUF)があり、アイルランドにはブルーシャツ、フランスにはフェーソー運動、デンマークとノルウェーには数多くの極右政党があった。オーストリアでは1934年にエンゲルベルト・ドルフスの祖国戦線党が組織され、ギリシアは1936年から41年までイオアニス・メタクサス将軍の支配下にあった。ポルトガルとブルガリアも右翼独裁のもとに置かれ、ルーマニアも同様だった。

1930年代終わりまでに、独裁政権が中東欧のほぼ全域で権力を握り、民主主義は衰退した。

戦争を開始し遂行するにあたって問題になるのは、正義ではなく勝利である

ナチスのポーランド侵攻（1939年〜1945年）

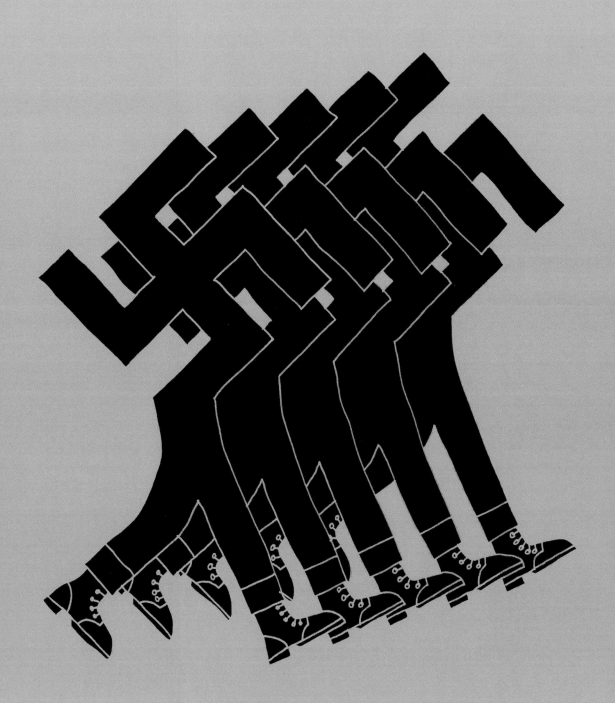

288 ナチスのポーランド侵攻

背景

キーワード
第2次世界大戦

前史

1919年　第1次世界大戦終結時のヴェルサイユ条約にドイツが屈辱を覚え、未来の紛争の種が蒔かれる。

1922年　ソヴィエト社会主義共和国連邦（ソ連）が建国される。

1933年　ドイツで全権委任法によってアドルフ・ヒトラーが独裁権力を得る。

後史

1942年～43年　スターリングラードでソヴィエトがドイツを破る。

1944年　6月6日、史上最大の上陸作戦、Dデーことノルマンディー上陸作戦によって、西ヨーロッパの解放がはじまる。

1945年　ロシア軍がベルリンの戦いで勝利し、ヒトラーが自殺する。ドイツが無条件降伏する。

1939年8月、ナチス・ドイツとソヴィエト連邦が不可侵条約を結び、両国のあいだにあるポーランドを侵略したのち分割することに秘密裏に合意した。ソ連の指導者ヨシフ・スターリンは、戦争が起こった場合、ドイツがソヴィエトの安全を確保するのにいちばんの助けとなると判断していた。1週間後の1939年9月1日、100万を超えるドイツの軍勢が西からポーランドへ侵攻した。少しあとの9月17日には、ソ連軍がポーランドを東から攻撃する。この攻撃は、ドイツの総統アドルフ・ヒトラーの主張によると、ドイツ民族発展のために必要となる「レーベンスラウム」、すなわち生存圏を確保するためにおこなわれたものだった。ヒトラーは、ドイツ民族をほかよりすぐれた「アーリア人の支配者民族」と見なし、ドイツ民族には劣等人種を追い出す権利があると考えた。

侵攻はわずか1か月あまりで終わった。強力な軍事力を備えた巨大国家ふたつにはさまれたポーランドの空軍と陸軍は勇敢に戦ったが、この国には最新の航空機や戦車がなかった。ドイツ空軍はすぐに制空権を握る。ついに、2か所の前線で戦うポーランドの航空操縦士と兵士たちは、敵に圧倒された。侵攻はドイツの完全な勝利に終わり、軍事の天才とみずから称するヒトラーの自信がさらに深まっていく。ポーランド西部の一部地域はドイツに吸収され、ブク川以東の領土はソヴィエト連邦に併合された。

ナチス支配下のポーランド

ナチスは、ドイツの支配下にはいったポーランドの土地で過酷な統治をおこなった。ヒトラーはドイツの支配を妨げる者をすべて抹殺する気だった。

ヒトラーの民族浄化計画の一環として、およそ500万人のポーランドのユダヤ人が集められ、強制居住区域へ送られた。ポーランド侵攻は、やがて世界じゅうの数多くの国と人々を襲う暴力の前ぶれだった。

ナチスの台頭

第2次世界大戦はヒトラーのポーランド侵攻を引き金にはじまったが、その起源は第1次世界大戦でのドイツの敗戦と賠償金支払い要求にまでさかのぼる。敗戦諸国は土地と威信を失い、深い遺恨を

イギリスとフランスは、ドイツにふたたび戦争をはじめさせないようにしたい。

ヴェルサイユ条約によってドイツの**軍備と兵力**がきびしく制限される。

ヒトラーの政府が**ドイツの軍隊を立てなおし**、**極端なナショナリズム**を広める。

経済不況のせいで身動きがとれなくなったドイツで、アドルフ・ヒトラーの人気が高まる。

ドイツ軍がポーランドに侵攻する。

イギリスとフランスがドイツに宣戦布告し、**史上最も破壊的な戦争**となった**第2次世界大戦**がはじまる。

現代の世界

参照　パッシェンデールの戦い 270-75　■　ヴェルサイユ条約 280　■　ウォール街大暴落 282-83　■　国会議事堂放火事件 284-85　■
ヴァンゼー会議 294-95　■　ベルリン空輸 296-97　■　太平洋での第2次世界大戦 340　■　国際連合の設立 340

アドルフ・ヒトラーがポーランド侵攻のあと、ワルシャワでの勝利パレードを観覧する。ヒトラーとソヴィエトの指導者ヨシフ・スターリンは、ポーランド侵攻・分割に合意していた。

ヨーロッパのファシズム

　イタリアのファシスト独裁者、ベニート・ムッソリーニもまた、海外で栄光を獲得したいという野心を持っていた。1935年10月、ムッソリーニはアビシニア（エチオピア）へ侵攻する。1896年にイタリアがそこで敗戦したことへの報復攻撃だった。1936年5月までにアビシニアを征服したが、西洋諸国からの反発はなかった。
　ファシストからの挑戦に直面した際の西洋民主主義の弱さがさらに証明されたのが、同年、ムッソリーニとヒトラーがスペイン内戦で戦う「志願兵」を派遣し、ナショナリストのフランコ将軍を支援したときだった。イギリスとフランスは行動を起こさず、1939年にフランコが勝利するとファシストの運動は勢いを得た。》

残した。ドイツはアルザスとロレーヌをフランスに返還することを強いられ、海外植民地もすべて連合国に併合された。
　ドイツのヴァイマル共和国では1920年代に経済が回復しだしたが、1929年のアメリカ経済恐慌による打撃に耐えられなかった。この経済危機が、国家社会主義ドイツ労働者党（ナチス）台頭の後ろ盾となる。ナチスを率いるヒトラーは、ドイツをふたたび偉大な国にするとドイツ国民に約束した。
　ヒトラーは第1次世界大戦に従軍し、塹壕での戦いや敗戦の衝撃、さらにはヴェルサイユ条約で科せられた諸条件から、生涯にわたって影響を受けることとなった。ヒトラーは極右ナショナリズムに基づく極端な見解を展開した。1933年にドイツの連立政権で首相に就任して、翌年には国の独裁者となり、そのころにはナショナリズム、反ユダヤ主義、反共産主義の諸政策を容赦なく追求していた。

ヒトラーの「生存圏」

　こういった主義のもと、ヒトラーは野心的な対外政策に着手する。1935年、ヴェルサイユ条約の条件を反故にすると公言し、大規模な再軍備計画に取りかかった。1936年には非武装地域であるライン地方を占領したが、主要国はどこも介入しなかった。1938年3月、ヒトラーはオーストリアをドイツに併合し、つづいてチェコスロヴァキアのドイツ語使用地域、ズデーテン地方へ狙いを定めた。イギリスとフランスは、第1次世界大戦の惨劇を繰り返すのは避けたいと考え、これを黙過した。1938年9月29日のミュンヘン会談でズデーテン地方はヒトラーの手に渡り、それと引き換えにヒトラーは侵略をやめると約束した。イギリス首相ネヴィル・チェンバレンは「われわれの時代の平和」を確保したと宣言したが、1939年3月、ナチスはチェコスロヴァキアの残りの部分にも侵攻した。

ドイツ軍がけさ早くに
ポーランドの国境を越え、
その後、無防備の町々を
爆撃しているという。この状況で
われわれに開かれた道は
ひとつしかない。
ネヴィル・チェンバレン

290 ナチスのポーランド侵攻

西欧の介入

1939年9月1日にはじまったヒトラーのポーランド侵攻によって、ついにイギリスとフランスが必死に避けようとしていた戦争に突入することが避けられなくなった。ナチスのチェコスロヴァキア占領後、イギリスとフランスは、ヒトラーに対してより強硬な姿勢で臨む必要があると判断し、ドイツの攻撃を受けたら支援するとポーランドに約束していた。この約束を守って、英仏両国は9月3日にドイツに宣戦布告し、これによってイギリスとフランスの植民地も紛争に巻きこまれる。イギリスの自治領のオーストラリアとニュージーランドがすぐさま宣戦布告し、南アフリカ連邦が9月6日、カナダが9月10日にそれにつづいた。

空軍の後援を受けた戦車師団による電撃戦術で、ドイツはたちまちポーランドを侵略した。イギリスは海外派遣軍（BEF）をフランスへ送ったが、イギリスもフランスもドイツに攻撃を仕掛けようとはしなかった。大規模攻撃の準備は整っておらず、政治家のなかには和平協議の余地があるとまだ信じる者もいた。

この時期は「まやかし戦争」として知られる。爆撃を受けることを予想して、イギリスでは子供たちを主要都市から疎開させはじめた。防空壕（ごう）が作られ、ガスマスクが配布される。1940年4月、ドイツがデンマークとノルウェーを攻撃し征服して「まやかし戦争」は終わりを告げた。その1か月後、こんどはフランス、ベルギー、オランダへ矛先が向かう。フランス軍は統率がとれていないうえに装備も貧弱だったが、マジノ線というドイツとの国境沿いの一連の要塞に拠（よ）って攻撃を食い止めた。しかし、要塞はフランスとベルギーの国境まではつづいていなかったため、ドイツは北端から迂回（うかい）するだけでよかった。6週間のうちにフランスはドイツの猛襲に屈した。

ブリテンの戦い

イギリス軍が破滅に至らなかったのは、ただヒトラーがためらったからで、彼は自軍に休息をとらせながら、反撃が及ばないようにしていたのかもしれない。

> いかなる代償を払おうとも、
> われわれはこの島を守る。
> 海辺でも、上陸地点でも、
> 野原でも、街頭でも、山でも戦う。
> われわれはけっして降伏しない。
> **ウィンストン・チャーチル**

そのおかげで、イギリス軍はダンケルクから海路で撤退することができた。そのときの「ダイナモ作戦」では、30万人余りの連合国兵士があらゆる種類の船で海峡を渡った。海軍大臣でのちに戦中のイギリス首相となったウィンストン・チャーチルが、イギリス議会にこう告げた。「フランスの戦いは終わった。ブリテンの戦いがはじまろうとしている」

だが、アシカ作戦によってイギリスへ侵攻しようとするヒトラーの試みは、ドイツ空軍が空中戦で勝利できなかったため、放棄せざるをえなかった。空軍がポーランドとフランスで大勝利をおさめたので、空軍力だけでイギリスも破ることができるとドイツは考えていた。しかしドイツ空軍の乗組員は疲弊し、諜報（ちょうほう）力も乏しく、さらにイギリス空軍（RAF）はレーダーを使って飛来する敵機を探知して、迎撃に間に合うよう出動できる体制を整えていた。1940年夏のブリテンの戦いは、ヒトラーの計画推進を阻む最初の真の障

ダイナモ作戦（1940年6月）は、ドイツ軍に包囲された連合国の兵士をフランスのダンケルクの港から脱出させることを目的とした。

現代の世界

ドイツへの宣戦布告はポーランド侵攻直後にはじまり、第2次世界大戦の終わりまでつづいた。戦争中にほかの陣営へ鞍替えした国もあった（たとえば*印のついている国）。

害となったが、いまや大陸全体をほぼ支配する大国に、イギリスだけで立ち向かうことはできなかった。

世界戦争

はじめはヨーロッパの戦争だったが、徐々に世界戦争となっていく。1940年6月、ドイツの成功に刺激されたイタリアがイギリスとフランスに宣戦布告し、1939年5月22日にヒトラーとムッソリーニのあいだで結ばれた枢軸国の協約の条件を履行した。しかしイタリアがギリシアと北アフリカで苦戦したため、ヒトラーはドイツ軍をこれらの地域やユーゴスラヴィアへ派遣することを余儀なくされた。

1940年9月7日、ドイツはロンドンに対して空から最初の大規模攻撃を開始した。ロンドン大空襲として知られるようになったイギリス首都への爆撃は、一般市民を戦争へ巻きこみ、産業や港湾、さらにイギリス人の士気をも執拗に叩きつぶそうとした。男性が軍隊に加わったので、女性が工場や農場で働くことを求められた。イギリスでは食糧配給制が1940年1月に導入され、人々は自分で食物を育てるよう促された。ナチスに占領されたヨーロッパ大陸でも食料不足が生じ、その負担は征服された人々に最も重くのしかかった。

協力か亡命か

地域によっては、ドイツは既存の政府と協働して傀儡政権を全面的に支援した。ノルウェーの親ナチス指導者ヴィドクン・クヴィスリングや、南フランスのヴィシー政権などがその例である。元帥フィリップ・ペタン率いるヴィシー政権は公式には中立を掲げていたが、ドイツと緊密に協力し、フランスの抵抗運動と戦って反ユダヤ人の法を施行した。

ドイツはポーランドを完全に支配し、最終的にはバルト三国も支配下に置いた。10を超える被占領国の君主や政治家がイギリスへ逃れる。ポーランドの大臣たちはロンドンに亡命政府を立ちあげ、ベルギー政府もロンドンへ拠点を移した。ヴィルヘルミナ女王以下、オランダの王室もロンドンに避難した。フランスがドイツの手に落ちると、ヴィシー新政権に反対するシャルル・ド・ゴールが、ナチス支配に反対するフランス人の代弁者となった。

1940年にイギリスが直面した最大の脅威が、ドイツのUボートだった。イギリスは島国であり、必需品の調達だけでなく、海外で戦う軍へ装備を送るのにも自国の商船に依存していたが、ドイツのUボートが連合国側の船を毎月何十隻も沈没させた。商船は船団を組んで航海して、毎回物品を無事に届けられるようつとめたが、損害は大きかった。

ソ連との戦い

1941年6月、バルバロッサ作戦でドイツがソヴィエト連邦に侵攻すると、イギリスは新しい同盟国を得ることになった。ヒトラーはドイツ人のための新しい領土として、ソ連に目をつけていた。それが実現すれば、将来にわたって東からの脅

ナチスのポーランド侵攻

バルバロッサ作戦は1941年6月にはじまり、2年前に結んでいた不可侵条約を無視してドイツがソヴィエト連邦に侵攻した。

威を取り除き、ヒトラーの共産主義粉砕計画を抜本的に遂行できるからである。当初はドイツとその同盟諸国が、フランスの場合と同様にソ連に対しても勝利をおさめつつあるように見えた。冬までにドイツはモスクワから1.5キロメートル以内にまで進軍し、ソ連第2の都市レニングラードは包囲されていた。

もうひとつ、東部での戦いの強力な理由となったのが、人種差別のイデオロギーと、スラヴ人とユダヤ人に対するヒトラーの嫌悪だった。ソ連に侵入すると、ドイツ軍は共産主義者とユダヤ人を対象としたおぞましい大量虐殺作戦を実行した。ソ連軍はきわめて困難な状況に耐えることを強いられた。ドイツの戦車が赤軍の守備を突破する。捕虜は射殺されるか餓死するまで放置される。逃げる一般市民が躊躇なく殺戮される。だがソ連のきびしい冬のせいでドイツの勢いはいったん弱まり、ソ連が反撃に転じて、ドイツの前線は数百キロメートル後退した。1941年10月初旬から1942年1月までのモスクワの戦いでは、推定65万人のソ連軍兵士が命を落とした。1942年春、ドイツはソ連への攻撃を再開し、赤軍を後退させてソ連の油田を手に入れる直前にまで迫った。

太平洋とアフリカ

1941年12月、日本がアメリカの艦隊をハワイ諸島の真珠湾で攻撃して戦争に加わった。ドイツは日本、イタリアと三国同盟を結び（三国は「枢軸国」と呼ばれた）、いずれかの国が未参戦国から攻撃を受けた際には、互いに軍事支援を提供すると決めていたため、すぐさまアメリカに宣戦布告した。イギリスにはふたつの強力な同盟国が新たに加わった。ヨシフ・スターリンのソ連と、フランクリン・D・ローズヴェルト率いるアメリカである。

枢軸国を破るのに決定的な役割を果たしたのは両国だった。アメリカの産業は、ヨーロッパとアジアで枢軸国と戦うのに必要な物資を供給し、戦時生産で大成功をおさめた。

日本は太平洋ですぐに勝利を得た。フィリピンやマラヤ、ビルマ、インドネシアに加えて、極東におけるイギリスの主要海軍基地シンガポールも占領に成功した。

そのころ北アフリカでは、軍司令官エルヴィン・ロンメルの率いた新たな攻撃によって、ドイツ軍とイタリア軍がカイロとスエズ運河のすぐ近くにまで迫った。一方、連合国がはじめて大きな勝利をおさめたのは、エジプトでのことだった。1942年7月、ロンメルの進軍はエル・アラメインで食い止められ、10月には陸軍元帥モンゴメリーの率いるイギリス陸軍第8軍によって、ロンメルは退却を余儀なくされた。

その冬には、スターリングラードでソ連軍がナチスを破る。ドイツ軍を包囲し、

> 歴史上、
> ソヴィエト連邦の人々が
> 示したものより
> 大きな勇気はない。
> **ヘンリー・L・スティムソン**
> アメリカ合衆国陸軍長官

最高司令官ドワイト・D・アイゼンハワーが1944年6月のノルマンディー上陸のあいだ、連合国軍を率いた。この侵攻はヨーロッパをナチスから取り返す決定的な一歩となった。

現代の世界　293

広島と長崎

　日本を降伏させ第2次世界大戦を終わらせるために、アメリカの航空機が原子爆弾を日本の広島と長崎に投下した。1945年8月6日、「リトルボーイ」が広島に落とされる。地上の住民たちは、何が起ころうとしているのか知らなかった。焼けつくような熱で人間、動物、建物が灰になる。少なくとも9万人が瞬時にして死んだ。この恐ろしい出来事があったにもかかわらず、日本はすぐには降伏しなかった。

　8月9日、ソ連軍が満州へはいって戦争に加わると、日本はみずからの置かれた立場を再考せざるをえなかった。同じ日にアメリカ軍が「ファットマン」を長崎に落とし、瞬時に少なくとも7万人が死亡すると、日本は「残虐なる爆弾」を非難しつつ連合国側の降伏条件に合意した。これらの前例のない攻撃によって、数多くの人たちが命を奪われ、その後も放射線病の長期的な影響などで犠牲になる人が跡を絶たなかった。

1943年2月に降伏させた。

潮流の逆転

　1943年11月にテヘランで開かれた会談で、連合国のリーダーはヨーロッパ解放へ向けた戦略に合意した。東でソ連がドイツを押しもどし、イギリスとアメリカが徐々にイタリアを抜けて前進するなか、連合国軍が1944年6月にノルマンディーに到着した。10か月後にはその軍がドイツ北部のエルベ川に達し、一方、ソ連軍が着々とベルリンの街へ軍を進めた。ドイツはイギリス爆撃司令部のランカスター爆撃機とアメリカ第8空軍から繰り返し攻撃を受ける。敗北を目の前にしたヒトラーは4月30日に自殺し、その1週間後にドイツは無条件降伏した。

　戦争の最終幕が訪れたのは1945年8月、アメリカが広島と長崎に原子爆弾を投下し、日本の抵抗に終止符を打ったときだ。

硫黄島の戦いでは、太平洋の小島をめぐってアメリカ軍が日本の帝国陸軍と戦い、日本側には数万人の死傷者が出た。

爆弾の威力は壊滅的で、このふたつの日本の都市にかつてない恐怖をもたらした。

諸国がひとつになる

　ヒトラーのポーランド侵攻が発端となり、史上最大で最も破壊的な結果をもたらしたこの戦争では、最終的に推定6,000万人が命を落とした。1918年のときと同じく、連合国はこの種の戦争はこれで最後にしなくてはならないと心に誓った。

　50か国の代表が1945年に顔を合わせ、国際連合を立ちあげた。これが国際理解の新時代のはじまりとなることをだれもが願った。■

ユダヤ人問題の最終解決
ヴァンゼー会議（1942年）

背景

キーワード
ホロコースト

前史

1933年 最初の強制収容所がミュンヘン近くのダッハウに造られる。当初の被収容者は共産主義者、社会主義者、労働組合員だった。

1935年9月 新しいニュルンベルク法によって、ユダヤ人が公民権を失う。

1938年 「水晶の夜（破壊されたガラスの夜）」に、ナチスがドイツとオーストリアのユダヤ人を恐怖に陥れる。

1941年6月 ドイツのソヴィエト連邦侵攻が、ユダヤ人の大量虐殺とともに遂行される。

後史

1942年5月 ポーランドのアウシュヴィッツで、毒ガスによる殺害がはじまる。

1945年～46年 ニュルンベルク裁判で24人のナチ党員が起訴され、12人が死刑判決を受ける。

- **ヒトラー**がドイツの支配者となり、ユダヤ人を差別する**法律を導入**する。
- ヒトラーが**オーストリアを占領**したのち、**ユダヤ人への攻撃**がひろがる。
- **ドイツがポーランドを征服**し、ポーランドのユダヤ人が**過密状態の強制居住区域**へ移り住むことを強いられる。
- **ロシア侵攻**後、ナチスは何百万もの人を殺害するのに**効率的な方法**を模索する。
- **ヴァンゼー会議**で**最終解決が計画**される。
- **ホロコースト**で**600万人以上のユダヤ人**が殺害される。

1942年1月20日、15人のナチ党員とドイツ政府当局者がベルリン郊外のヴァンゼーで会合を開き、「ユダヤ人問題の最終解決」という暗号名のもと、ヨーロッパのユダヤ人を組織的に全滅させる計画の実行について話し合った。会議ではヨーロッパの全ユダヤ人を国ごとに一覧にした表と殺害目標数が示された。その数は1,100万人。会合は2時間で、淡々と無感情に進行した。　ヴァンゼー会議は、ユダヤ人に対するナチスの蛮行の出発点だったわけではない。アドルフ・ヒトラーが権力を握ったのは1933年で、その際、ドイツ人がほかのあ

現代の世界 295

参照　ヴェルサイユ条約 280　■　ウォール街大暴落 282-83　■　国会議事堂放火事件 284-85　■　ナチスのポーランド侵攻 286-93　■
イスラエルの建国 302-03　■　サラエヴォ包囲 326

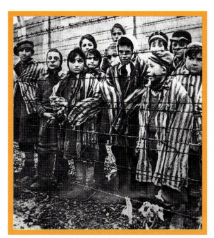

ポーランド南部のアウシュヴィッツはホロコーストの代名詞となった。強制労働に従事させられた囚人たちは、弱って働けなくなると即座に殺害された。

らゆる民族よりすぐれたアーリア人の支配者民族であり、その血統は汚されるべきではないとの考えをすでに広めている。ヒトラーはユダヤ人を単なる宗教集団としてではなく、人種と見なした。ドイツのユダヤ人は非ユダヤ系ドイツ人と結婚することを禁じられ、徐々に差別・隔離されていく。1938年にドイツがオーストリアを占領してからは、ユダヤ人に対するナチスの蛮行はさらに悪化した。ドイツの支配から逃れようとするユダヤ人に対して、ほかの国はなかなか門戸を開かなかった。

加速する勢い

1939年にドイツがポーランドに侵攻したあと、ナチスのユダヤ人弾圧は恐ろしい新次元に達した。強制居住地域に集められたポーランドのユダヤ人は、飢えと環境の悪さから大量に命を落としはじめた。1941年にドイツがソ連へ侵攻すると、征服した地域で暗殺隊がユダヤ人を大量殺害した。当初、犠牲者は銃殺され、一度に殺害されるのは最大3万人だったが、のちにナチス親衛隊（SS）は幌つきトラックの荷台で毒ガスを使ってユダヤ人を殺害するようになった。

1941年まで、ナチスの指導者たちは、ユダヤ人を遠方に強制移送することで「ユダヤ人問題」を解決する構想を持っていた。しかし、ヴァンゼー会議のころには、ヨーロッパの全ユダヤ人を組織的に殺害することを決めていた。専用の「死の収容所」がポーランドに6か所建設され、ナチスの治安部隊SSの隊員アドルフ・アイヒマンが、フランス、ギリシア、ハンガリー、イタリアなどヨーロッパじゅうのユダヤ人を強制収容所へ移送する手配をした。ポーランドの強制居住地域にいたユダヤ人も、殺害のためにそこへ送られた。囚われの身になった人々はこれらの巨大な死体製造工場に列車で到着し、シャワールームでガスによって殺害されて、死体は大きな火葬場で燃やされた。ベウジェツ強制収容所ではおよそ50万人が殺害され、生き残ったと判明しているのはわずか7人だけだ。ただし、アウシュヴィッツの収容所には労働収容所が併設されていて、到着時に殺害されなかった人々は労働に従事させられた。ドイツは戦争を支える奴隷労働を必要としていて、ユダヤ人にはこれがいちばんの生き残りのチャンスとなった。社会主義者、同性愛者、ジプシー、戦争捕虜ら、ほかの囚人たちとともに多くのユダヤ人が強制収容所へ送られたのち、頭を剃られて囚人服を着せられ、人間としての尊厳を剥奪された。1945年に収容所を解放した連合国は、地獄の光景を目にした。生存者はやせこけて、精神的にも大きな打撃を受けていた。

国家公認の大量虐殺

ヴァンゼー・プロトコルと呼ばれる会議の議事録には、想像を絶することが記されている。はじめて近代国家が民族全体の殺害に取り組んだのである。600万に及ぶユダヤ人が命を失い、そのほかにもスラヴ人、同性愛者、共産主義者などが550万人殺害されたと推定される。■

ニュルンベルク裁判

第2次世界大戦後、連合国はナチスに裁きを受けさせようとした。1945年から、ドイツのニュルンベルクで国際法廷が開かれた。ナチスから奪ったニュース映画から、ガス室や一般市民の大量殺戮、捕虜の虐待が明らかになった。裁判はテレビで放映され、強制収容所の恐怖が世界に、とりわけドイツの人々に示された。

この時点で、アドルフ・ヒトラーとSS隊長ハインリヒ・ヒムラー、国民啓蒙宣伝相ヨーゼフ・ゲッベルスは自殺しており、24人の被告が4つの訴因を突きつけられた。平和に対する犯罪、侵略戦争の計画と遂行、戦争犯罪、人道に対する犯罪である。被告人のほとんどが「命令に従っただけ」と供述した。軍需相アルベルト・シュペーアが禁固20年刑を受け、ほかの被告のうち12人が死刑判決を受けた。この裁判を機に、常設の国際刑事裁判所がオランダのハーグに設置された。

眠るほかは、ひたすら飛行機を飛ばした
ベルリン空輸（1948年）

背景

キーワード
冷戦

前史
1918年〜20年 ロシア内戦のあいだ、アメリカ軍がボリシェヴィキと戦う。

1922年 ロシアの革命家ウラジーミル・レーニンが、世界革命を広めようと共産主義インターナショナル（コミンテルン）を創設する。

1947年 アメリカの大統領トルーマンが、共産主義の拡散を阻止するよう各国へ呼びかける。

後史
1961年 ソ連が東西ベルリンのあいだに壁を立てる。冷戦の醜い象徴となる。

1985年 ソ連の指導者ミハイル・ゴルバチョフが経済と政治の改革、グラスノスチとペレストロイカを推進する。

1990年 ベルリンの壁の崩壊後、ドイツが統合される。

1945年のヤルタ会談とポツダム会談では、敗戦したドイツを4つの地域に分割し、それぞれをフランス、イギリス、ソヴィエト連邦、アメリカが治めることに戦時の連合国が合意した。首都ベルリンは、ソ連が支配する東ドイツにすっぽりと囲まれ、4つの区域に分割された。1948年6月24日、ソ連が西ベルリンを封鎖し、鉄道や道路や水路による連絡をすべて断って生活必需品が住民に届かないようにした。合計250万人が、飢えるか共産主義政権を受け入れるか、どちらかの選択を迫られた。東西が衝突すれば、また別の世界大戦につながる可能性があったが、西側諸国は航空機を使って物資をベルリンに落とす計画を考え出した。その後14か月で、救援任務としてベルリンへ27万8,288回の飛行がおこなわれた。空輸の最盛期には、3分に1機がそこへ向かった。

冷戦

第2次世界大戦の戦勝国の協力関係は、長くはつづかなかった。ヨーロッパに作られる新たな政府の形態をめぐって、西側諸国がソヴィエト連邦と衝突したからだ。ソ連は東欧のすべての国で非共産主義政党を禁止し、指導部に従順な衛星国のブロックを作った。一方、西側諸国は、共産主義者を権力から排除した民主主義国家を創出しようとした。ドイツは共産主義の東と民主主義の西とに分断されたままで、二極化したヨーロッパを象徴する存在となった。1946年に元イギリス首相のウィンストン・チャーチルがこの状況を要約したことばが、「鉄のカーテンが大陸を横切っておろされている」だった。この東西の深い分断は「冷戦」として知られるようになったが、そのよ

1948年のベルリン空輸作戦のあいだ、人々はさまざまな物資を必要とし、低空飛行のアメリカ空軍機から落とされるのを待っていた。

参照 ロシア農奴解放 243 ■ 十月革命 276-79 ■ スターリンが権力を握る 281 ■ ナチスのポーランド侵攻 286-93

```
┌─────────────────────────────────────────┐
│ 第2次世界大戦後、共産主義の東側と民主主義の西側が │
│         ドイツの将来をめぐって争う。          │
└─────────────────────────────────────────┘
                    ↓
┌─────────────────────────────────────────┐
│         西側の連合国が、                    │
│ 自分たちの占領地区を別の独立したドイツ国家にしようと計画する。│
└─────────────────────────────────────────┘
                    ↓
┌─────────────────────────────────────────┐
│ ソ連が西ベルリンへつながる道路と鉄道を遮断し、     │
│         首都を降伏させようとする。           │
└─────────────────────────────────────────┘
                    ↓
┌─────────────────────────────────────────┐
│ 西側はベルリンに拠点を維持しようと決意していたが、  │
│   新たに世界大戦を起こす危険は冒せない。       │
└─────────────────────────────────────────┘
                    ↓
       ベルリン空輸が平和的解決策となる。
```

うな表現になったのは、直接的な軍事紛争にまで激化することがなかったからだ。ベルリンの将来をめぐる闘争が冷戦最初の大きな危機となった。

ベルリンの兵糧攻め計画

1948年6月、西側の3つの連合国が、自分たちが統治するドイツの各地区を統合して新通貨を導入する計画を発表した。スターリンはすぐさま反応し、ベルリンを封鎖することで兵糧攻めにして、西側から力を奪おうとした。西側諸国は、西部地区の支配権をソ連に与えることを望まず、断固としてベルリンに踏みとどまるつもりだった。

ベルリン空輸は成功をおさめ、スターリンは1949年5月に封鎖を解いた。ベルリンの危機を契機として、西側諸国は北大西洋条約機構（NATO）という防衛同盟を形成する。東欧の共産主義諸国はそれに対抗する同盟、ワルシャワ条約機構を1955年に結成した。

ベルリンをめぐる危機によって、米ソ間の敵対感情は激化した。第2次世界大戦後、朝鮮もまた、ソ連が占領する北部とアメリカが占領する南部とに分割される。ソ連を後ろ盾にした北が、1950年6月に南へ侵攻した。アメリカは国連軍に兵を派遣し、国連軍が南の援護に向かった。朝鮮戦争は1953年に休戦したが、この戦争とベルリンをめぐる紛争、1949年のソ連初の原爆実験によって、西側で共産主義拡大への恐怖がいっそう高まった。■

ヨシフ・スターリン

1920年代半ばから死去までのあいだ、ソ連の独裁者として君臨したヨシフ・スターリン（1878年〜1953年）は、反対者を容赦なく抑圧することで知られた。ソヴィエト・ロシアの最初の指導者ウラジーミル・レーニンと知り合った1906年ごろから権力を握るようになる。ロシア革命（1917年）のあいだと革命後、共産党が政権の座を得るにあたって中心的な役割を果たし、1922年にはロシア共産党の書記長に就任した。

1927年に政敵を党から除名して権力を掌握すると、ソヴィエト連邦を産業大国へ変容させることをめざす。1928年には五か年計画を考案し、集団農業を導入した。何百万もの人が強制労働収容所で餓死したり、敵対者と見なされた者への粛正の波によって殺害されたりした。

戦後、スターリンの指導のもとで共産党は第2次世界大戦の元連合国と対立するようになった。死去したあとには、後継者たちから恐怖政治と殺人について糾弾された。

世界が眠っていて、時計が午前零時を告げるとき、インドは生と自由に目覚める
インドの独立と分割（1947年）

背景

キーワード
帝国の終焉

前史
1885年　インド国民会議派（INC）が結成され、インド人のさまざまな権利を求める運動を展開する。

1901年　オーストラリアのイギリス植民地が一体となってオーストラリア連邦を結成する。

1922年　アイルランド自由国（アイルランドの5分の4）がイギリスから独立する。

1922年　エジプトがイギリスから条件つきで独立を認められるが、帝国の利害を守るためイギリス軍は駐留をつづける。

後史
1949年　ロンドン宣言により、イギリスの旧植民地はすべてイギリス連邦への加盟が可能になる。

1960年　「植民地と人民に独立を付与する宣言」が、すべての人民に自決権があると主張する。

100年以上にわたって、インドはイギリス帝国の最重要地だったが、1947年8月14日から15日へと日付が変わった瞬間に独立国家となった。しかしこの独立は、いまだ癒えていない社会的、地理的な古傷を開くことになった。

新たなインド国家は、ふたつの独立国民国家に分裂した。イスラム教徒が多数派を占めるパキスタンと、ヒンドゥー教徒が多数派のインドである。北西地域と北東地域でイスラム教徒が多数派を占めていたので、パキスタン自体もまたふたつに分裂した。直後に何百万ものイスラム教徒が東西パキスタン（東パキスタンは現在のバングラデシュ）に大挙して移

現代の世界 299

参照　王立アフリカ冒険商人会社の設立 176-79　■　ラクナウ包囲戦 242　■
エンクルマがガーナの独立を勝ちとる 306-07

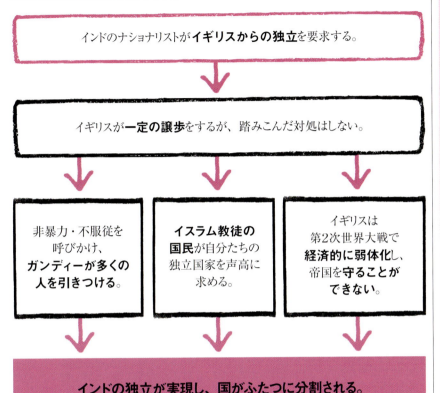

インドのナショナリストが**イギリスからの独立**を要求する。

↓

イギリスが**一定の譲歩**をするが、踏みこんだ対処はしない。

↓

- 非暴力・不服従を呼びかけ、**ガンディーが多くの人を引きつける**。
- **イスラム教徒の国民**が自分たちの独立国家を声高に求める。
- イギリスは第2次世界大戦で**経済的に弱体化**し、帝国を**守ることができない**。

↓

インドの独立が実現し、国がふたつに分割される。

モハンダス・ガンディー

インド国民の指導者で、「偉大なる魂」を意味するマハトマという名で知られるモハンダス・ガンディー（1869年〜1948年）は、インドをイギリスからの独立へ導いた。ヒンドゥー教徒の家に生まれ、イギリスで法律を学んだあと、南アフリカで20年間過ごし、現地のインド人の権利擁護のための活動をおこなった。

インドの政治には1919年からかかわり、すぐにだれもが認める独立運動の指導者となった。ガンディーはサティヤーグラハ（魂の力あるいは消極的抵抗）の原則を説き、それをイギリスに対して用いて大きな効果を得た。小さな共同体のよさを信じて質素な生活をし、インドの工業化に反対を唱えた。

ガンディーの生涯の仕事は、1947年にインドがようやく独立を勝ちとることで全うされたが、イスラム教徒へ譲歩したことから、翌年、ガンディーのせいでインドが分裂したと非難するヒンドゥー教の信者に暗殺された。ただし、ガンディー自身はインド亜大陸の分割には強く反対していた。

住し、何百万ものヒンドゥー教徒とシク教徒が、新たに独立したインドへ向かった。目的地にたどり着けなかった者も多く、栄養失調や病気で死んだ者もたくさんいる。インドのいたるところで、ヒンドゥー教徒・シク教徒とイスラム教徒との宗教間対立を理由とする暴力事件が発生した。

1948年までに大移動は終息へ向かったが、1,500万人以上がもとの土地を離れ、100万から200万人が命を失った。インドは独立し、インドのイスラム教徒も自分たちの独立国家を持つに至ったが、自由には大きな代償をともなった。

独立への道

インドでのナショナリズム感情は19世紀半ばに勢いを得て、1885年にインド国民会議派（INC）が結成されることで強化された。第1次世界大戦中に、インドが戦争に協力するのと引き換えに自治を許すとイギリスが約束していたため、自治拡大への期待が高まっていた。ところが、イギリスが構想したのは漸進的な道で、その手はじめがインド統治法（1919年）だったが、それによって作られたインド国会では、権力はインド人とイギリスの役人とのあいだで分けられていた。インドのナショナリストはこれに不満を持ち、イギリスは抗議に対して容赦ない

インドの独立と分割

鎮圧で応じることもあった。

1920年代から40年代にかけて、独立への要求はモハンダス・カラムチャンド・ガンディーの活動によって勢いを得た。ガンディーは、サティヤーグラハ運動をはじめて非暴力の抵抗を説き、何百万もの支持者を持つ人物となった。1942年、ガンディーは「インドを立ち去れ」運動を率いて、第2次世界大戦でのイギリスの行動を妨害しようと国民に不服従を呼びかける。イギリスは、すぐさまガンディーやほかのナショナリスト指導者を投獄した。

第2次世界大戦の終わりには、イギリスがナショナリストの運動に打ち勝つ術がないのはもはや明らかだった。インドにいるイギリスの官吏は疲労困憊し、イギリス自体も破産寸前だった。イギリスはインドの完全独立に合意する。ガンディーとネルーが統一インドを主張する一方で、イスラム教徒の権利を保護しようと1906年に結成されたムスリム連盟は、イスラム国家としての完全なる分離独立を要求した。連盟の指導者ムハンマド・アリー・ジンナーが恐れたのは、ヒンドゥー教徒の支配下で暮らすことになれば、イスラム教徒は少数派としての自分たちの権利を守ることができないのではないかということだった。街頭ではヒンドゥー教徒とイスラム教徒のあいだで暴力が激化した。

パキスタンの誕生

1947年、ルイス・マウントバッテンがイギリス最後のインド総督としてデリーへ赴く。イスラム教徒のための独立国家を求める動きをめぐっては、もはや調停不可能だと知り、マウントバッテンは関係者全員を説得して、ヒンドゥー教徒のインドとイスラム教徒のパキスタンとに国を分割することに合意させた。

誕生したそのときから、パキスタンは多くの困難に直面した。資源がかぎられ、大きな難民問題をかかえていた。異なる伝統や文化や言語が混在し、初代総督のジンナーは独立翌年に死去する。1948年には、唯一インド内に残っていたイスラム多数派地域カシミールをめぐってイン

> われわれの行動は、
> 権力を追い求めるものではなく、
> インド独立に向けた
> 純粋な非暴力の闘いだ。
> モハンダス・ガンディー

ドとパキスタンのあいだに紛争が生じた。

自由を得る植民地

第2次世界大戦後、ヨーロッパの宗主国、おもにイギリス、フランス、オランダ、ポルトガルが、変化は不可避だと認識するようになった。ビルマやセイロン（1948年）のように平和的手段で独立を勝ちとった植民地もあったが、列強が植民地を手放そうとしないことも多かった。

第2次世界大戦中、自身もおもな帝国主義国家だった日本が、ヨーロッパ列強をアジアから駆逐した。1945年の日本降伏後のアジア各国では、ヨーロッパ諸国の植民地に逆もどりするのではなく、独立を求める民族主義の機運が高まった。インドネシアでは、ナショナリズム運動の指導者スカルノが1945年にインドネシア共和国の独立を宣言した。オランダが支配を回復しようと兵を送り、それにつづく2度の軍事行動によって、推定15万人のインドネシア人と5,000人のオランダ兵が死亡した。国際社会からの圧力に屈して、

インドの独立がジャワハルラール・ネルーとルイス・マウントバッテンによってようやく宣言されたのは、1947年8月15日に日付が変わった直後、デリーの制憲議会でのことだった。

1949年にようやくオランダはインドネシアの独立を認める。

第2次世界大戦中に日本が占領していたマラヤでは、人々が一体となって、ナショナリズム感情が大いに高まった。1948年にイギリスがこの動きを弾圧すると、マラヤ共産党が尖鋭化して激しく抵抗した。これを受けてイギリスは非常事態を宣言し、中国系住民の「共産主義テロリスト」に対してきびしい軍事行動を展開した。マラヤの独立がようやく認められたのは1957年のことだった。

アフリカでの動乱

ケニアでは、1952年にマウマウ（反政府運動）の蜂起を受けて非常事態が宣言されると、それがさらなる反乱を呼び、イギリスはマウマウと疑われる人を何万も逮捕して収容所へ送った。1956年までに反乱は鎮圧されたが、イギリスが支配を維持するためにとった手法は国際社会から非難された。アフリカ中部でも、脱植民地化は暴力のすえにもたらされた。ローデシアでは、多数派の黒人と、極度の人種差別施策をとる白人政権とのあいだで激しい紛争が勃発し、白人側が1965年に一方的に独立を宣言した。脱植民地化の過程は、ソヴィエト連邦とアメリカ合衆国のあいだに新たに起こった冷戦と同時に進んでいった。アメリカが懸念するようになったのは、ヨーロッパ列強が植民地を失うと、ソ連の支援を受けた共産党が新国家で権力を握るのではないかということだった。アメリカは相当額の包括的援助計画を用いて、新たに独立した諸国家に西側と同調する政体を採用するよう促した。ソ連も同様の戦術を使って、新国家が共産圏に加わるようあと押しした。冷戦に巻きこもうとするこの圧力に抵抗して、「非同盟運動」に加わる国も多かった。この運動がはじまったのは、1955年にインドネシアのバンドンで開かれた、29のアフリカ、アジア諸国が参加する会議からだった。

フランスでのテロリズム

フランスはアルジェリアでの政治的地位を断固として維持しようとした。第2次世界大戦後に独立が実現しなかったことから、アルジェリアのナショナリストとフランス人植民者のあいだで戦争が起こる。1958年に民族解放戦線（FLN）という主要ナショナリスト集団がまずアルジェリアで、のちにパリでテロ事件をいくつも起こした。この危機によって、第2次大戦中の自由フランス政府の指導者シャルル・ド・ゴールが政権に復帰した。1960年、フランス人植民者の望みに反して、ド・ゴールはアルジェリアの解放に合意する。推定15万人が死亡した長い血まみれの紛争を経て、1962年にアルジェリアは独立を果たした。

独立する国々

1960年代と70年代には、かつてイギリスの植民地だった多くの国が独立国家となり、イギリス連邦に加わった。1931

マウマウと疑われた人たちが、1952年、ケニア・ナイロビの大地溝帯で捕らえられ、手を頭にあげて連行されて、警察から尋問を受けたり、場合によっては収容所に入れられたりした。

年に発足したイギリス連邦は、旧イギリス帝国に代わって経済や政治での世界的な影響力を引き継ぎ、維持しつづけた。1931年にイギリスはすでに自治をおこなっていた植民地、カナダ（1864年自治開始）、オーストラリア（1901年）、ニュージーランド（1907年）、ニューファンドランド（1907年）の各自治領の地位を拡大した。イギリスと自治領は対等な地位を持つこととなり、自治領はイギリスの王をイギリス連邦の長として受け入れた。1949年、イギリス連邦（ブリティッシュ・コモンウェルス）は独立国家の自由で平等な連合体となったが、帝国の終焉は近づきつつあった。イギリスはフォークランド諸島を保持するために1982年に戦争をし、香港は1997年までイギリスの植民地だった。

ガンディーは世界政治にきわめて大きな影響を及ぼした。マーティン・ルーサー・キング・ジュニアやチベットのダライラマなど、ほかの平和的抵抗者もガンディーの手法を真似た。世界各地で、帰属する国から独立しようとする諸国の闘争がつづき、スコットランド（イギリス）、ケベック（カナダ）、パレスティナなどが独立した国家として認められようと闘っている。■

> この闘争、涙、炎、血を
> この上なく誇りに思う。
> **パトリス・ルムンバ**
> コンゴ（ザイール）
> 初代首相（1960年）

われわれの国家の名は イスラエルとする
イスラエルの建国（1948年）

背景
キーワード
イスラエルの建国

前史
1897年 シオニズムが運動として組織化され、パレスティナでのユダヤ人国家建設を呼びかける。

1917年 バルフォア宣言で、イギリスがユダヤ人によるパレスティナでの祖国建国を支持すると約束する。

1946年 パレスティナとイギリスに対するテロ作戦の一環として、ユダヤ人の地下組織がキング・デイヴィッド・ホテルを爆破し、91人が殺害される。

後史
1967年 第3次中東戦争で、アラブ諸国が団結してイスラエルに立ち向かうが、イスラエルが勝利し、アラブの土地を広範囲にわたって獲得する。

1993年 オスロ合意によって、パレスティナ人とイスラエルのあいだで平和構築の試みがはじまる。

2014年 スウェーデンがパレスティナ国家を承認する135番目の国となる。

- シオニズム主義者が**ユダヤ人の母国**確立の可能性を構想する。
- ユダヤ人がパレスティナで**定住と開発**をはじめる。

↓

ナチスの支配から逃れたユダヤ人が、**パレスティナ**へ逃れる。

↓

国際連合がイスラエルの土地をユダヤ人のものと認める。

↓

- パレスティナ人の多くが**強制的に退去**させられ、難民となる。
- アラブ諸国とイスラエルのあいだで、**定期的に戦争が勃発**する。

1948年5月14日の日の出とともに、エルサレムの「裏切りの丘」にあった庁舎の英国旗がおろされ、イギリスによる26年間のパレスティナ委任統治が終わりを告げた。ユダヤ人入植者の長年の指導者だったダヴィド・ベン＝グリオンが、パレスティナでのユダヤ人国家樹立を宣言した。

イスラエル周辺のイスラム諸国はアラブ連盟という形で団結し、この国家の創設を認めずに攻撃によって応じた。トランスヨルダン、エジプト、レバノン、シリア、イラクの軍隊がイスラエルへ攻め入った。長年、パレスティナ入植地を武力で守っ

現代の世界

参照　青年トルコ革命 260-61　■　ヴェルサイユ条約 280　■　スエズ危機 318-21　■　9・11同時多発テロ 327　■　国際連合の設立 340

> ついにわれわれは、自分たちの土地に自由人として暮らすことになる。
>
> **テオドール・ヘルツル**
> シオニスト作家

イスラエル国旗は1948年、国の誕生から数か月後に採用された。もとは1891年にシオニズム運動のためにデザインされたもので、中央にダヴィデの星があしらわれている。

てきたユダヤ人は、戦闘経験を生かしてアラブ諸国の攻撃をはね返した。

問題含みの土地

ユダヤ人は、1880年代からヨーロッパでの迫害を逃れてパレスティナへ移住していたが、それはパレスティナが神によって自分たちに約束された土地だと信じていたからだ。1917年のバルフォア宣言によって、イギリス政府がユダヤ人の祖国建設を支持したが、多数派を占めるアラブ人住民は入植者の要求に反発した。

暴力の激化

1939年、ヨーロッパ、特にナチス・ドイツで反ユダヤ主義が高まり、ユダヤ人はエルサレムへ逃れることを余儀なくされた。想定よりもはるかに多くの入植者が殺到したため、イギリスはユダヤ人難民がパレスティナへ自由に定住できないよう制限することを提案する。

第2次世界大戦後の1947年、イギリス政府は支配を終わらせて「パレスティナ問題」を国際連合に委ねることとした。国連はユダヤ人には祖国が必要と考え、国土の43パーセントをアラブ人国家とし、残りをユダヤ人国家としてパレスティナを分割することを決議した。ユダヤ人はこの計画に合意したが、アラブ人は拒絶した。それでも、1948年5月14日にイスラエル国が誕生した。

イスラエルがまず優先させたのは、信頼できる国防軍を作ることだった。第3次中東戦争（1967年）ののち、イスラエルはシナイ半島、ガザ、ヨルダン川西岸、ゴラン高原、エルサレムを支配下に置く。近隣アラブ諸国からたびたび攻撃を受け、1964年に結成されたパレスティナ解放軍（PLA）とも敵対した。

パレスティナのアラブ人は、ヨルダン川西岸とガザに独立国家を作ることを繰り返し求めた。占領地に暮らすアラブ人は、劣悪な生活条件や軍事襲撃や移動の制限に苦しんでいる。■

ダヴィド・ベン＝グリオン

イスラエル国の建国者で初代首相（1948年〜63年）のダヴィド・ベン＝グリオンは、1886年、ポーランドでユダヤ人の両親のもとに生まれた。1906年にパレスティナへ移住し、そこで独立ユダヤ人国家を求める闘争を積極的に支持するようになる。イギリスによるパレスティナ統治に反対するユダヤ人の運動を率い、妨害工作の実施を承認した。

首相になると、イスラエル国防軍を創設し、イスラエルの近代的発展を手引きした。また、ヘブライ語を国語として用いることを促した。1950年に発表された「帰還法」で、全世界のユダヤ人にイスラエルへ移住する許可を与えた。

1953年に短期間だけ政界を退くが、のちに首相に返り咲くと、アラブの指導者たちと秘密裏に対話をはじめて、中東に平和をもたらそうとつとめた。

1970年、ベン＝グリオンはクネセト（イスラエル国会）から完全に引退し、イスラエル南部のネゲヴ砂漠にあるキブツ（共同体的居住地）、スデーボケルで回想録の執筆に専念する。1973年に死去したが、いまなお敬愛されている人物である。

長征は宣言であり、プロパガンダ隊であり、種蒔き機でもある
長征（1934年〜1935年）

背景
キーワード
共産中国の成立

前史
1912年 中華民国が国民党の孫文のもとで誕生し、清の最後の皇帝が退位する。

1919年 学生主導の抗議、五・四運動がナショナリズムと共産主義の考えを広める。

1921年 上海で結成された共産党がマルクス主義に基づいた革命を進める。

後史
1937年 毛沢東が国民党の蔣介石と協力して日本の侵略に対抗する。

1946年 日本に勝利したあとの国家のあり方をめぐって国共内戦が始まる。

1949年 中華人民共和国が建国される。

中国は**地方の軍閥**によって統治され、**中央政府は有名無実**である。
→ **共産党と国民党**が、軍閥に対抗して協力する。
→ イデオロギーの不一致から、このふたつの集団は**互いに争う**ことが多くなる。
→ 国民党が優位に立ち、**共産党は後退**する。
→ **苦難の行軍と長征の成功によって毛沢東が指導権を確立し、伝説となる。**
→ **共産党**が再編して日本や国民党との闘いを生き延び、やがて**中華人民共和国**が誕生する。

1933年秋、中国共産党は壊滅寸前だった。国民党が国の支配権を握り、中国南東部の江西省にあった共産党の拠点に大きな攻撃を仕掛けた。1934年10月、共産党は拠点を放棄し、国民党による包囲網を突破することを余儀なくされた。およそ8万人の兵士が6,000キロメートル、368日間に及ぶとてつもない旅に出発した。これは「長征」として知られるようになる。

のちに指導者となる毛沢東に導かれた共産党員たちは、空から爆弾や機関銃で襲撃され、地上でも国民党軍からしきりに攻撃を受けた。行軍は主として夜にお

現代の世界

参照 第2次アヘン戦争 254-55 ■ ヴェルサイユ条約 280 ■ 文化大革命 316-17 ■ 世界金融危機 330-33

こない、敵に発見されにくくなるようにいくつもの隊列に分かれて進んだ。

目的地までの道のりには、雲南省の山岳地帯や広大な荒野があった。中国北部の安全地帯にたどり着いて、共産党の新拠点を築くまでに多くが餓死し、はじめにいた8万人のうち、生き残ったのは8,000人にすぎなかった。しかし、むしろこの偉業は苦難に対する勝利と見なされ、中国共産党の存続をたしかなものにした。

国の統一

1895年、中国は日本に軍事的大敗を喫した。第1次世界大戦中の日本による中国への攻撃を受けて、反日感情がふくれあがる。1919年にヴェルサイユ条約で、中国にあった元ドイツ植民地が日本の手に渡ると、大きな抗議の声があがった。そういうなかで、共産主義が支持され、1921年には中国共産党が結成される。国民党の躍進もあり、1920年代の半ばまでには国家統一に向けた動きがはじまった。

毛沢東が1934年から35年の長征で、白馬に乗って共産党員とともに行軍する。ここで果たした役割から、毛沢東は最終的に国の指導者となる。

上海での大虐殺

1926年、蔣介石のもとで国民党は共産党と協力して北伐をおこない、地方軍閥に支配されていた領土を取りもどした。この遠征のあいだに共産党が力を増し、激しい対抗関係から1927年4月に上海で国民党が共産党に攻撃を仕掛ける事態となった。数えきれないほどの共産党員が捕らえられ、拷問を受ける。この大虐殺を皮切りに、長年にわたって共産党に対する弾圧がはじまり、党員たちは江西省の田舎へ退いた。

生き残るための苦闘

長征のあと、中国共産党は北部で再編された。国民党と共産党は、1937年に日本が中国に侵攻するとしぶしぶ手を組まざるをえなくなった。1939年までに、北部と東部の大部分が日本に征服された。第2次世界大戦で日本が敗れたのち、国民党と共産党の緊張関係はふたたび激しくなり、1946年の内戦につながる。両軍がそれぞれ50万以上の兵を動員した大規模な戦闘がつづいたのち、共産党が勝利した。1949年10月1日、毛沢東が中華人民共和国を建国する。

長征は驚くべき忍耐力を示す勲功となった。それは、生き残った者に深い使命感を与えるとともに、宿命的な革命闘争のリーダーとしての毛沢東のイメージを強めた。■

蔣介石

20世紀中国の非共産主義者の指導者として真っ先にあげられるのが、蔣介石(1887年～1975年)である。軍人の出身で、孫文が結成した国民党を1925年から主導した。

中国の最高指導者としてさまざまな活動をし、困難をかかえた国を統治した。ゆるやかな改革を試みたが、国内紛争や日本の侵入軍との武力紛争に悩まされた。

いちばんのライバルである中国共産党を壊滅させようと試みたものの、中国が日本から攻撃を受けると、日本の侵攻に対して共産党と手を組むよう支持者たちから強いられた。第2次世界大戦終了後に協力関係がつづくことはなく、1949年に蔣介石と仲間たちは本土を追われ、フォルモサ島(台湾)へ渡った。島にいるあいだに蔣介石は亡命政府を創立し、1975年に死去するまで指揮をとった。蔣介石の政府は、多くの国から中国の正統な政府として承認された。

ガーナ、みなさんの愛する国は永遠に自由となった
エンクルマがガーナの独立を勝ちとる（1957年）

背景

キーワード
植民地独立後のアフリカ

前史
1945年 国際的なパン・アフリカ会議が開催され、アフリカ諸国の独立を促す。

1952年〜60年 ケニアでマウマウ団がイギリス統治に対する反乱を起こし、独立闘争の転換点となる。

1956年 スエズでフランスとイギリスが屈辱的な敗北を喫し、ヨーロッパの旧列強のさらなる衰退が明らかになる。

後史
1957年〜75年 アフリカのほとんどの国が、フランス、イギリス、ポルトガル、ベルギーの支配から独立する。

1963年 アフリカ統一機構が設立される。

1994年 南アフリカが、多数決による政治をアフリカ大陸で最後に獲得した国となる。

 1900年代はじめに**アフリカのナショナリズムが勢いを増す**。

 パン・アフリカ主義のイデオロギーが全世界で支持を集める。

 第2次世界大戦でのアフリカの経験が**人種間の平等**への要求に拍車をかける。

エンクルマがガーナの独立を勝ちとる。

アフリカの**政治統一**をめざす運動で**エンクルマが失敗**する。

1970年代半ばまでに、アフリカのほとんどの部分が、完全な平和とは言わないまでも、**独立**を獲得する。

西アフリカのイギリス植民地ゴールド・コーストは、長年にわたって独立を求めていて、1948年2月には、非武装の退役軍人一団が陳情書を持ってイギリス総督のもとへ行進した。停止を命じられたが、それを拒むと警察が発砲した。これに反応して1949年にナショナリストのクワメ・エンクルマが、自治のために闘う組織、会議人民党（CPP）を結成する。エンクルマは、ガンディーがインドで掲げた非暴力・不服従の哲学に触発されて、積極行動を展開した。エンクルマらが促したストライキや抗議は平和裏におこなわ

現代の世界

参照　王立アフリカ冒険商人会社の設立 176-79 ■ 奴隷貿易廃止法 226-27 ■ ベルリン会議 258-59 ■ インドの独立と分割 298-301 ■ ネルソン・マンデラの釈放 325

れたが、国家機能を麻痺させたので、イギリスは1951年はじめに選挙を実施することに同意した。会議人民党が38議席中34議席を獲得して、ゴールド・コーストは急速に独立へと向かい、1957年3月6日に新国家ガーナが独立を宣言して、エンクルマが首相に就任した。

アフリカを支配していたヨーロッパ列強は第2次世界大戦によって弱体化し、植民地主義への態度は変わりつつあった。ファシズムと闘った国々にとって、もはや帝国主義を肯定することはむずかしかった。

ドミノ効果

ガーナでの出来事は西アフリカに重要な影響を及ぼした。1958年、ギニアが住民投票でフランスからの分離を決める。ナイジェリアも1960年10月1日にイギリスからの独立を発表した。1964年までに、ケニア、北ローデシア(ザンビア)、ニアサランド(マラウイ)、ウガンダも独立を認められた。フランスはアルジェリアを保持しようと8年にわたって戦ったが、最終的に1962年に独立を認めた。

アフリカ最初の宗主国だったポルトガルは、1961年から74年にかけて植民地のアンゴラ、モザンビーク、ギニアを保持するために長い戦争を戦った。コンゴでは1960年にベルギーの支配が崩れると、国じゅうに暴力の波が押し寄せ、1961年に初代首相パトリス・ルムンバが暗殺される。冷戦中には多くのアフリカ諸国が独立した。対立する超大国の一方に協力することで、アフリカ諸国は借款や軍事援助を受け、たとえば1970年代にエチオピアは数十億ドル相当の軍備品をソ連から提供されていた。内戦も無数に生じ、たとえばルワンダとザイールでの民族間の内戦や、ソマリアでの食糧供給をめぐる軍閥間の衝突などがあった。

クワメ・エンクルマやコジョ・ボチオやクロボ・エデュセイなど、ガーナの政治家たちが、平和かつ民主的に達成された国の独立を祝う。

独裁的支配者たち

独立を獲得すると、アフリカのナショナリストの指導者たちは、政敵を排除することで権力を固めようとした。クーデターと軍事政権が顕著に見られ、ウガンダのイディ・アミンなどもその一例である。1970年代はじめまでに、白人による支配がなおつづくのはジンバブエと南アフリカだけになった。とはいえ、多くのアフリカ諸国では汚職がはびこっていた。エンクルマはガーナが成功の灯火となることを望んだが、パン・アフリカ主義はかならずしも成功せず、エンクルマがしだいに独裁的になるにつれて、ガーナの運命は暗転していった。■

クワメ・エンクルマ

クワメ・エンクルマは、高い教育を受けて大きな志を持ち、ガーナとアフリカ全体に壮大な構想をいだいていた。アメリカの大学で学んだのちにイギリスへ渡り、そこで西アフリカ学生同盟に加わった。1948年から青年運動のリーダーとしてゴールド・コーストを旅してまわり、「即時自治を」などと主張した。

エンクルマは、会議人民党首として「積極行動」の市民的不服従を呼びかけ、そのせいで逮捕されて懲役3年の判決を受ける。獄中で総選挙に当選し、5年後の1957年、新たに独立したガーナの首相となった。

新しい学校や道路や医療施設の建設によってエンクルマは人気を得たが、1964年までにガーナは一党支配国となり、エンクルマは「終身大統領」となった。対抗者への抑圧をしばしばおこなうようになり、2度の暗殺未遂事件が起こったあと、1966年、エンクルマはクーデターに遭ってギニアに亡命し、1972年に癌で死去した。

われわれは にらみ合いをつづけていたが、いま向こうが まばたきしたらしい
キューバ・ミサイル危機（1962年）

背景
キーワード
核軍備拡大競争

前史
1942年～45年　アメリカがマンハッタン計画をはじめ、最初の核兵器を開発する。
1945年　アメリカが原子爆弾を広島と長崎に投下する。
1952年～53年　米ソ両国が原子爆弾の1,000倍の威力がある水素爆弾を開発する。

後史
1963年　アメリカとロシアが核実験を禁止する条約に合意し、緊張状態が緩和される。
1969年～72年　戦略兵器制限交渉（SALT I）によって、ミサイル配備について超大国間の合意がもたらされる。
1991年　第1次戦略兵器削減条約（START I）によって、アメリカとソヴィエトの長距離ミサイルの数が減らされる。

ソ連とアメリカが**核兵器**の備蓄をはじめる。

↓

相互確証破壊（MAD）理論が核戦争の抑止力となる。

キューバなど衛星国の支配をめぐって**対立が深まる**。

↓

キューバ・ミサイル危機で緊張が頂点に達するが、核戦争はかろうじて回避される。

↓

核戦争によって生じる**脅威の大きさ**が、それまで以上に明らかになる。 各国の指導者が**外交**を通じて兵器の保有量を削減し、**緊張が緩和される**。

1962年10月15日から28日までの13日間、世界は核による破壊の瀬戸際で揺れた。ソヴィエト連邦の指導者ニキータ・フルシチョフがキューバに核兵器を配備したのを受けて、アメリカ合衆国大統領ジョン・F・ケネディがその撤去を要求し、双方が核戦争の可能性があることを警告し合った。1950年代から、両超大国は膨大な量の核兵器を備蓄していた。相互確証破壊（MAD）の原則では、ソ連が西側を攻撃すれば、西側も確実に報復する。アメリカとキューバは相互協力の歴史を築いていたが、1959年1月1日にキューバ革命が起こり、参謀総長フルヘンシオ・バティスタが大統領をつとめる政府をフィデル・カスト

現代の世界

参照　十月革命 276-79 ■ スターリンが権力を握る 281 ■ ベルリン空輸 296-97 ■ スプートニクの打ちあげ 310 ■ ピッグス湾侵攻 314-15 ■ ベルリンの壁の崩壊 322-23 ■ 1968年革命 324

ロが覆したあと、状況は変わっていた。

通商停止措置

カストロは共産主義の傾向を示していたにもかかわらず、アメリカは彼をキューバの支配者と認めた。キューバ経済においてアメリカは大きな存在だったが、カストロはその支配力を崩そうと、補償なしですべての産業を国有化しはじめた。これに対抗するため、アメリカは全面的な通商禁止措置をとり、カストロはソ連に支援を求める。共産主義がひろがるのを恐れたアメリカはキューバ政府の転覆を試み、1961年4月に中央情報局（CIA）が支援するキューバ人の亡命者たちがピッグス湾に侵攻したが、失敗に終わった。

1961年にはまた、核弾頭を搭載したジュピター・ミサイルを15機、アメリカがトルコに配備して、必要が生じればソ連を攻撃できるように準備を整えた。トルコはソ連と国境を接していたため、これはソ連領土への直接的脅威と見なされた。

最後通牒（つうちょう）

フルシチョフは、断固とした姿勢で臨むようソ連の強硬派から圧力を受けるようになる。この圧力と、盟友キューバをアメリカの攻撃から守りたいとの思いから、フルシチョフは核弾頭搭載可能のミサイルをキューバに配備した。1962年10月14日、U-2偵察機が撮影した写真に、ソ連が建設中の核兵器施設が写っていた。ケネディ政権の軍の参謀たちはすぐさまミサイル施設を攻撃するよう求めた

キューバの首相フィデル・カストロとソ連の指導者ニキータ・フルシチョフが、1963年5月、カストロのモスクワ公式訪問の際に手を握って掲げ、団結を示す。

が、ケネディはさらなるミサイルの設置を防ぐためにキューバを海上封鎖する策をとった。ケネディは、フルシチョフに撤退を要求する最後通牒を突きつけ、核戦争の可能性が差し迫っていることを世界に伝えた。一方でフルシチョフは、ソ連船舶の船長たちにそのままキューバの港へ向かうよう命じた。

膠着状態からの脱却（こうちゃく）

舞台裏で必死の外交がおこなわれ、膠着状態を破る取引が提案されるに至った。フルシチョフがキューバにある核兵器をすべて撤去すれば、ケネディがトルコのミサイルを秘密裏に取り去ることに応じるという取引だ。フルシチョフはこれに合意したが、条件として、アメリカがキューバ侵攻の計画を中止することを求めた。

10月28日、フルシチョフは自国の船舶に引き返すよう命じ、危機は回避された。超大国はより慎重になり、核戦争の脅威は小さくなった。■

ジョン・フィッツジェラルド・ケネディ

アメリカ合衆国第35代大統領、ジョン・フィッツジェラルド・ケネディ（1917年〜63年）はカトリック教徒初の、また選挙で選ばれた最年少（43歳）の大統領だった。大統領としてケネディは新鮮で若々しい手法を政治に持ちこみ、みずからの政策を「ニューフロンティア」と称した。そこに含まれたのは宇宙開発や貧困の撲滅である。ケネディ政権はすぐに大衆から支持を得た。

ケネディ在任期間は外交での冷戦の緊張関係を特徴とした。最大の試練となったのが1962年のキューバ・ミサイル危機で、ケネディはソ連に対して強硬姿勢をとることで人気をさらに高めた。しかし、福祉や公民権問題などに関するケネディの意欲的な国内改革は議会で阻まれるようになった。

つぎの大統領選に向けた遊説中、ケネディは1963年11月22日にテキサス州ダラスでリー・ハーヴェイ・オズワルドに暗殺される。米ソ間での緊張が緩和しだしていた時期にケネディが死去したことは、アメリカ人にとって衝撃であり、悲劇でもあった。

全世界の人々が この衛星を指さしている
スプートニクの打ちあげ（1957年）

背景

キーワード
宇宙開発競争

前史
1926年 ロバート・ゴダードが世界初の液体燃料ロケットを打ちあげる。
1942年 ドイツが最初の弾道ミサイルA4、別名V-2の発射に成功する。

後史
1961年 アラン・シェパードがマーキュリー計画最初の任務で宇宙船〈フリーダム7〉を操縦し、宇宙へ到達した最初のアメリカ人となる。
1969年7月20日 アメリカ人のニール・アームストロングが、月におり立つ最初の人間となる。
1971年 世界初の宇宙ステーション、ロシアの〈サリュート1号〉が打ちあげられる。
1997年 アメリカの探査機〈ソジャーナー〉が火星上を走行して地表を探査する。
2015年 探査機〈マーズ・リコナイサンス・オービタ〉が火星上に水を発見する。

1957年10月4日、ソ連が世界初の人工衛星スプートニク1号を打ちあげて、宇宙空間の状態を観測した。3か月間軌道にとどまったのち、地球の大気圏にもどって焼失した。

スプートニクが象徴したのは科学の躍進だけではなかった。西側との冷戦のただなかにあったソ連にとって、これはめざましい偉業でもあり、軍事的・政治的に甚大な波及効果があった。アメリカは核攻撃の脅威をより強く感じるようになる。ソ連はいまや超大国としてアメリカに衝撃を与え、「宇宙開発競争」が勃発して、技術の優位をめぐる両国間の必死の競争がはじまった。

アメリカの追走

スプートニクは「宇宙時代」の到来を告げる出来事としてメディアで大々的に採りあげられ、世界じゅうの人々の想像力を掻き立てた。1958年までにアメリカはアメリカ航空宇宙局（NASA）を創設したが、1961年にソ連がユーリイ・ガガー

この小さな一歩は、人類にとって巨大な飛躍だ。
ニール・アームストロング

リンを地球の軌道へ送り、宇宙へ出向いたはじめての人間とした際には、ただ見守っていることしかできなかった。

アメリカは1962年にジョン・グレンを軌道へ送り出してこれに追いつき、1967年までにサターンVという、月まで到達できる力を持つロケットを作った。1969年、スプートニク1号の打ちあげから12年後に、アメリカの宇宙飛行士ニール・アームストロングがアポロ11号から月におり立ち、月面を歩いた最初の人間となる。■

参照 ベルリン空輸 296-97 ■ キューバ・ミサイル危機 308-09 ■ ベルリンの壁の崩壊 322-23 ■ 最初のウェブサイト公開 328-29

わたしには夢がある
ワシントン大行進（1963年）

背景

キーワード
公民権運動

前史
1909年 全米黒人地位向上協会（NAACP）が結成される。

1955年 ローザ・パークスがバスの座席を白人男性に譲るのを拒み、公民権運動がはじまる契機となる。

1960年 白人専用のレストラン・カウンターで4人の学生が食事の提供を拒否され、全米で「すわりこみ」による抵抗運動が起こる。

後史
1965年 アフリカ系アメリカ人統一機構の創設者マルコムXが射殺される。

1966年 ストークリー・カーマイケルが「ブラック・パワー」の考えを提唱し、非暴力的抵抗に背を向ける。

1968年 マーティン・ルーサー・キング・ジュニアが暗殺され、全米の都市で暴動が起こる。

1963年8月28日、ワシントンでの行進のために、大半がアフリカ系アメリカ人から成るおよそ25万人が首都に集った。参加者たちが求めたのは、平等と人種差別の撤廃、さらには、すべてのアメリカ人がよい教育、しかるべき住宅、そして生活費をまかなえる仕事を得る権利だった。

演説者のひとりがマーティン・ルーサー・キング・ジュニア牧師だった。「わたしには夢がある」と声をあげて、キング牧師は有名な演説をおこなった。

平等を求める声

1861年から65年の南北戦争後に奴隷制が廃止され、解放された奴隷たちがアメリカの公民権を求めるようになった。しかし、もはや奴隷ではないとはいえ、白人と平等に扱われることはなく、差別や隔離や、暴力的な人種差別攻撃に耐えることを強いられた。1950年代には多くのアフリカ系アメリカ人の集団が、非暴力の方針のもとで差別に抗って闘う。1960年代には公民権を求める一連のデモ行進をキング牧師がアラバマ州バーミンガムで率いて、これが運動の中心となった。

ワシントン大行進ののち、合衆国議会は1964年に公民権法を可決して差別を非合法化し、1965年には投票権法を可決する。しかし、それから50年以上を経たいまでも、当時設定された目標の多くは、なおアフリカ系アメリカ人の手の届かないところにある。■

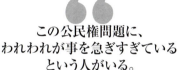

> この公民権問題に、われわれが事を急ぎすぎているという人がいる。わたしに言わせれば、われわれは172年遅すぎたのだ。
> **ヒューバート・ハンフリー**
> ミネアポリス市長（1948年）

参照 王立アフリカ冒険商人会社の設立 176-79 ■ 奴隷貿易廃止法 226-27 ■ ゲティスバーグの演説 244-47 ■ ネルソン・マンデラの釈放 325

ヴェトナムを失うつもりはない
トンキン湾事件（1964年）

背景
キーワード
東南アジアへの介入

前史

1947年 自由な諸国民をアメリカが援助すると表明したトルーマン・ドクトリンが、東南アジアでのアメリカ外交政策の指針となる。

1953年 カンボジアがフランスから独立する。

1963年 南ヴェトナムのゴ・ディン・ディエム大統領が、アメリカの支援を受けた軍事クーデターによって殺害される。

後史

1967年 東南アジア地域の安定を図るため、東南アジア諸国連合（ASEAN）が設立される。

1973年 パリ和平協定によってヴェトナムでのアメリカの戦闘が終わるが、南北ヴェトナムの紛争はつづく。

1976年 ヴェトナム社会主義共和国の建国が宣言され、サイゴンがホーチミンと改名される。多くの人が海外へ逃れる。

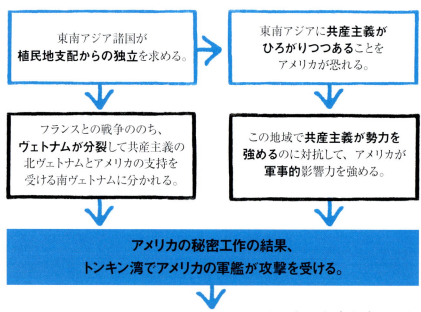

第2次世界大戦後、東南アジア諸国は安定した政治体制を整えることができず、この地域はアメリカ合衆国とソヴィエト連邦の冷戦に巻きこまれた。ヴェトナムほど戦線がはっきりと引かれた場所はほかにほとんどない。フランスによる植民地支配が1954年に終わると、ヴェトナムはジュネーヴ協定で分割され、ヴェトナム共産主義革命の指導者ホー・チ・ミン率いる北ヴェトナムと、アメリカの支持を受ける南ヴェトナムに分かれた。1960年、共産主義の超大国ソ連と中国の支援を得て、ホー・チ・ミンは南ヴェトナム解放民族戦線

現代の世界

参照　アンコールワットの建造 108-09　■　スターリンが権力を握る 281　■　ナチスのポーランド侵攻 286-93　■　ベルリン空輸 296-97　■　長征 304-05

アメリカ海軍の駆逐艦マドックスが、北ヴェトナム沖を航行中に攻撃を受けた。この事件がヴェトナム戦争の引き金となった。

(NFL)を創設し、共産主義のもとで国を統一しようとゲリラ戦をはじめた。

　緊張は徐々に高まり、1964年を迎える。同年8月、アメリカ海軍の駆逐艦マドックスが北ヴェトナム沖のトンキン湾で哨戒中に、沿岸にある軍事施設からのレーダーや無線を傍受していた。北ヴェトナムは海岸沿いの施設への襲撃にマドックスが関与していると考え、魚雷攻撃を仕掛ける。その2日後、マドックスはふたたび攻撃を受けたと発表した。この2度目の攻撃の真偽は、のちに論争の的となるが、アメリカ大統領リンドン・B・ジョンソンは、共産主義者率いるゲリラ活動がすでに国のほとんどを支配している状況のなか、南ヴェトナムが援軍なしで勝利することはできないと認識していたので、この小競り合いを口実にして、議会でトンキン湾決議を可決させた。この決議によってジョンソンは、東南アジアでアメリカ軍への脅威があった際には、いつでも対処できる権限を手に入れた。

アメリカの介入

　アメリカが恐れていたのは、ヴェトナムが共産主義国となれば、この地域のほかの国も追随するであろうことだった。トンキン湾決議を利用して、ジョンソンは南ヴェトナムへ軍勢を送りこみ、北ヴェトナムを空爆した。膨大な数の一般市民を殺害し、技術的に優位に立っていたにもかかわらず、アメリカは解放民族戦線のゲリラ部隊を掃討することができなかった。アメリカ軍は多数の死傷者を出し、士気もさがっていった。

共産主義という幽霊

　ヴェトナム戦争は、アメリカ史上はじめてテレビ中継された戦争である。恐ろしい出来事が展開するのを大衆が目にすることで、戦争に反対する人が増えた。世界じゅうで平和運動が起こり、大規模な反戦デモが繰りひろげられた。

　共産主義者による1968年のテト攻勢では、南ヴェトナムの100以上の都市や町が激しい攻撃を受け、すぐに戦争を終わらせるというアメリカの望みはついえた。1969年に和平交渉がはじまる。1973年3月、最後のアメリカ軍がヴェトナムから撤退し、1975年4月に南ヴェトナムは北に屈した。

　アジアで発生する民族主義運動は、すべてソ連に影響された共産主義を求める動きだと、アメリカの政策立案者は誤った解釈をしつづけたが、結局アメリカが恐れていたことは起こらず、ラオスとカンボジアを除けば、東南アジアが共産主義陣営に加わることはなかった。■

ポル・ポトの残忍な政権

　ヴェトナム戦争中、北ヴェトナムは南部戦線に兵士や物資を輸送するための補給路として、カンボジア領内のルートを使用していた。1970年、アメリカと南ヴェトナムの連合軍が、解放民族戦線を駆逐しようとカンボジアへ侵攻する。アメリカはカンボジアへも激しい爆撃を加えた。カンボジアが軍事的に不安定になると、ポル・ポトへの支持が一気に高まった。ポル・ポトはカンプチア共産党、別名クメール・ルージュという1975年に実権を握ったゲリラ組織の指導者だった。ポル・ポトの残忍な政権が意図したのは、毛沢東による中国の文化大革命に触発された階級のない農耕社会へと国を変えることだった。住民は全員が地方へ追い立てられ、稲作農業者として働くことを強いられた。その後44か月で、カンボジアの人口の4分の1に相当するおよそ200万人が殺害されるか餓死した。人々が死んだ場所は「キリング・フィールド」と呼ばれるようになる。3年間の恐怖政治ののち、ヴェトナム軍による侵攻によって、ポル・ポトは政権の座を追われた。

革命はバラの道ではない
ピッグス湾侵攻（1961年）

背景

キーワード
ラテンアメリカでの革命と反動

前史
1910年 20世紀最初の重要な社会革命であるメキシコ革命がはじまる。

1952年 民族主義革命運動（MNR）がボリビアで政権を握る。

1954年 CIAが計画したクーデターによって、グアテマラに軍事政権が樹立される。

後史
1973年9月11日 チリ大統領サルバドール・アジェンデが、陸軍総司令官アウグスト・ピノチェト率いるクーデターのさなかに死亡する。

1981年 アメリカがニカラグアへの援助を停止し、コントラと呼ばれる戦士たちを支援して左派のサンディニスタ政権の打倒を試みる。

- アメリカが**共産主義政権**を南北アメリカから一掃することを決意する。
- ケネディ大統領がフィデル・カストロを排除する**CIAの計画**を継承する。

↓

ピッグス湾の侵攻が大失敗に終わり、カストロが勝者となる。

↓

- アメリカがラテンアメリカの**反共産主義政権**への支援を強化し、ソ連が**親共産主義**の革命家たちを後援する。
- **世界規模の外交関係**において、**冷戦**が重要な要因でありつづける。

1961年4月15日、キューバ人亡命者の一隊がキューバへ侵攻し、フィデル・カストロの左派政権を覆してアメリカに協力的な政権を据えようとした。また、空軍戦力を破壊すべく、アメリカのB-26爆撃機8機がニカラグアから飛び立ったが、カストロの戦闘機は少なくとも6機が破壊されずに残った。翌日、カストロの空軍が、戦闘に不可欠な補給品を積んだ輸送船を2隻撃沈した。つづく4月17日未明、1,400人のキューバ人亡命者から成る部隊がキューバ南部のピッグス湾に上陸攻撃を仕掛けたが、これも撃退された。カストロが亡命者の侵攻を阻むのには3日しかかからなかった。

参照 ボリバルが大コロンビアを建国 216-19 ■ 十月革命 276-79 ■ スターリンが権力を握る 281 ■ キューバ・ミサイル危機 308-09 ■ ブラジルでの軍事クーデター 341 ■ ピノチェトがチリで権力を握る 341

ピッグス湾の侵攻はアメリカの大敗に終わり、紛争中に多くの反カストロ勢力の兵が捕らえられる。

カストロは去れ

第2次世界大戦後、ラテンアメリカは、資本主義と共産主義という競合するイデオロギーの代理戦争の場となった。アメリカは共産主義を撲滅するために、キューバ、ホンジュラス、グアテマラといった国の右翼独裁者を支援した。

1950年代には、キューバのバティスタ政権内で腐敗と残虐行為がはびこり、アメリカは支援の手を引くことを余儀なくされた。1959年にカストロがバティスタを破ると、アメリカはカストロの共産主義的傾向を危惧した。1960年までにカストロはあらゆるものを国有化し、国交も断つ。アメリカ政府は自分たちの資産を守り、共産主義を打倒するために、カストロを追放すべきと断じた。

カストロが政権を握ってから1年以内に、キューバ人亡命者によってマイアミで反革命集団がいくつか結成されCIAがこれらの集団に関心を寄せ、キューバ政府を転覆させるために訓練と装備を提供する。ピッグス湾上陸作戦の失敗は、ずさんな計画とケネディ大統領が消極的な姿勢を示したことが大きかった。

親キューバ・デモ

カストロはソヴィエト連邦との連携を強め、アメリカの攻撃に対抗する同盟を組むことで、ラテンアメリカ全体に自分の理念を広められるようになった。アメリカが侵攻したせいで、キューバからメキシコまで、親キューバ・反アメリカのデモが起こった。カストロは積極的にゲリラ戦を支援し、多数のラテンアメリカのゲリラ兵がキューバで訓練を受けた。キューバでの革命に触発されて、ニカラグア、ブラジル、ウルグアイ、ベネズエラで1960年代と70年代に同様の蜂起が見られた。

ラテンアメリカは引きつづきアメリカ外交政策の重要な関心事だった。共産主義の拡散を阻止しようと、アメリカは何度か介入する。1973年にチリで、また1976年にアルゼンチンで軍事クーデターを支援し、1970年代末には共産主義者による政権奪取を恐れて、エルサルバドル軍に資金提供し軍事政権に梃子入れした。アメリカはさらに1983年にグレナダに、1989年にはパナマに侵攻した。■

> キューバを共産主義者に
> 引き渡すわけにはいかない。
> **ジョン・F・ケネディ**

フィデル・カストロ

フィデル・カストロ（1926年～2016年）は、支持者にとっては、アメリカに立ち向かった革命のヒーローである。中傷する者は、カストロは独裁者で、ソ連と結託して世界を核戦争の間際まで追いこんだと言う。

1953年、まだ学生だったときに革命活動のせいで投獄され、2年後に釈放されるとアメリカとメキシコで亡命生活を送った。1956年に小規模のゲリラ部隊とともにキューバへ帰国した。部隊にはアルゼンチン人のエルネスト・《チェ》・ゲバラもいて、独裁者バティスタの政権を切り崩そうと活動に着手した。1959年1月1日、カストロは絶対的権力を握る。識字率向上のための施策を断固として推し進め、無料の医療を提供して土地改革をはじめた。

カストロは自分自身を世界の抑圧された人々の指導者と見なしていて、南アフリカの反アパルトヘイト部隊の訓練にも協力した。1970年代には共産主義勢力を支援しようと、アンゴラ、エチオピア、イエメンに部隊を派遣した。

2008年、健康が悪化したカストロはキューバ国家元首の座をおり、政権を弟ラウルの手に託した。

旧世界を破壊して新世界を建設せよ
文化大革命（1966年）

背景

キーワード
毛沢東主義から資本主義へ

前史
1943年　毛沢東が中国共産党の頂点に立ち、「強力な指導者」としての毛沢東像が強化される。

1946年～49年　共産党と国民党のあいだで内戦が起こり、毛沢東の勝利に終わる。

1958年～61年　毛沢東による中国近代化の試み、「大躍進」の過程で何百万人もが命を落とす。

後史
1972年　アメリカ大統領リチャード・ニクソンが中国を訪ね、両国間の国交正常化の道を開く。

1978年　鄧小平が中国の新指導者となり、経済改革に着手する。

1981年　共産党が公式に文化大革命は誤りだったと認める。

2015年　国際通貨基金（IMF）の評価で、中国がアメリカを抜いて世界の経済大国になる。

- 毛沢東が中国を産業化する野心的な計画を立てる。
- →「大躍進」によって、中国社会全体をこの目標へ向かわせる。
- → 飢饉が襲い、大規模な飢餓がつづく。死者が数千万にのぼる。
- → 毛沢東が文化大革命をはじめる。
- → 毛沢東の死が中国戦後史の重要な転換点となる。
- → 鄧小平が資本主義の考えを採用し、中国が超大国の地位へと向かう。

文化大革命は中国史上有数の暗黒期だった。1949年に政権を握った共産党の指導者、毛沢東が着手したのは、理想とする中国の建設でも、権力の土台を固めることでもなかった。最高指導者としての地位を強化しながら、革命の熱意に火をつけようと、毛沢東は反対者をすべて粛正し、資本家や知識人をプロレタリアート、すなわち普通の労働者へ変えようとした。文化大革命を指示し、旧思想、旧風俗、旧習慣、旧文化の「四旧」を攻撃した。毛沢東に扇動された「紅衛兵」と呼ばれる青年共産主義者の集団が、知識人や官僚や教

現代の世界

参照 第2次アヘン戦争 254-55 ■ スターリンが権力を握る 281 ■ 長征 304-05 ■ 世界金融危機 330-33 ■ 世界人口が70億を超える 334-39

文化大革命の時代のプロパガンダ・ポスター。『毛沢東選集』を持った紅衛兵が描かれている。

師らに対して残虐な行為を繰り返した。3,600万人が迫害され、1976年までつづいた大混乱のなか、死者は100万人規模に達したとも言われる。

大躍進

1949年に中華人民共和国を建国すると、毛沢東は改革に着手し、中国を半封建的でおおむね農業中心の社会から産業化された社会主義国家へ変容させようとした。1950年代には、急速な経済発展をめざして「大躍進」を指示する。1961年までに鉄鋼と石炭の産出によって工業生産高は上昇し、鉄道網は2倍になり、中国国土の半分以上が灌漑された。

だが、この発展は恐ろしい代償をともなった。毛沢東は中国農村を数々の集団農場へと転換させ、そこでは村人が土地や動物や道具や収穫物を共同で蓄えた。当局は都市労働者の食糧をまかなうために集団農場から大量の収穫物を引き渡させ、これと一連の自然災害とが相まって、凶作と飢饉が発生する。この帰結は恐るべきものとなり、推定4,500万人が死んだ。

新外交政策

文化大革命後、毛沢東は中国を立てなおすのにアメリカの専門知識を必要とし、一方のアメリカはソヴィエト連邦に対抗する同盟国を求めていた。1972年にアメリカ大統領リチャード・ニクソンが北京を訪れ、毛沢東と面会する。毛沢東が死去する1976年までに、中国は核を保有する主要産油国となった。

1978年から89年まで中国を率いた鄧小平は、経済発展に集中するために資本主義の考えを積極的に活用した。ただし、外国企業を誘致して中国の産業へ投資させたり、技術開発を支援したりするなど、新しく広範囲に及ぶ取り組みをはじめたものの、民主化運動は弾圧した。

21世紀のはじめには、中国経済はめざましい発展をとげていた。2001年、中国は世界貿易機関（WTO）に加入し、2008年には北京でオリンピックを開催する。2026年までに中国の国内総生産（GDP）は日本と西ヨーロッパを足した額よりも大きくなる、と予測する経済学者もいる。

毛沢東の死後、中国共産党は文化大革命を大惨事として非難した。しかし、国が未曾有の経済成長をとげるなかで、人民と自給自足を重んじる毛沢東の理念を懐かしむ感情が農民や都市労働者階級のあいだで高まった。毛沢東の遺産は、近代化しつつある中国にいまなお長い影を落としている。■

毛沢東

1893年に湖南省の豊かな農家に生まれ、1949年から1976年の死去まで中華人民共和国の指導者をつとめた。北京大学で図書館員として働くうちに共産主義者となり、1921年に共産党の創立に尽力した。6年後、国民党の指導者、蔣介石に対する反乱に失敗すると、毛沢東は地方へ逃れることを余儀なくされ、そこで1931年に中華ソヴィエト共和国の樹立を宣言する。長征でリーダーシップを証明したのち、1935年に共産党の支配権を握り、1945年から49年の内戦で蔣介石を破った。

熱心なレーニン主義者だった毛沢東は、西側と「平和共存」しようとするソヴィエトの政策に幻滅し、より強硬な共産主義である毛沢東主義を展開した。しかし、毛沢東の過激な考えと集団農場の試みは多くの死と苦しみを生んだ。最後の仕事のひとつが、1972年のリチャード・ニクソンとの対談であり、ニクソンは中国を訪問した最初のアメリカ大統領となった。

われわれは、
血と力でこれを守り、
攻撃には攻撃を、
悪には悪をもって応じる

スエズ危機（1956年）

背景

キーワード
現代の中東

前史
1945年　エジプト、イラク、レバノン、シリア、サウジアラビア、北イエメン、トランスヨルダンがアラブ連盟を結成する。
1948年　かつてのパレスティナにイスラエルが建国され、アラブ人とユダヤ人が分断される。
1952年　軍事クーデターでエジプト王ファルークが権力の座を追われる。2年後にガマル・ナセルが支配権を握る。

後史
1964年　パレスティナ解放機構（PLO）がユダヤ人国家の廃止を求める。
1993年　オスロ合意によってPLOとイスラエルの相互承認がもたらされる。
2011年　アラブ諸国で、抗議者たちが一連の大衆蜂起を通じて改革を要求する。

1956年7月26日、エジプトの指導者ガマル・ナセル大佐がスエズ運河の国有化を宣言した。西ヨーロッパへ向かう石油は、ほとんどがこの水路を通過する。エジプトの人々にとってこの国有化は、1880年代からつづいたイギリス帝国主義支配からの解放を象徴するものだった。ナセルの大胆な行動に対して、イギリス、フランス、イスラエルが秘密計画を企てる。フランスはナセルの失脚を望んでいたが、これはナセルがアルジェリアのフランス植民地支配に抵抗する者たちを支援していたからだった。イスラエルにもナセル政権転覆を望む理由が多くあり、エジプトがイスラエ

現代の世界

参照 スエズ運河の建設 230-35 ■ 青年トルコ革命 260-61 ■ ヴェルサイユ条約 280 ■ イスラエルの建国 302-03 ■ 9・11同時多発テロ 327 ■ ソ連のアフガニスタン侵攻 341 ■ イラン革命 341 ■ アメリカとイギリスのイラク侵攻 341

エジプトのナセル大統領が、アレクサンドリアで革命4周年を祝う25万人の群衆に向けて、スエズ運河の国有化を告げる。

ム教こそが最高の神の教えであると感じる人々にとって、つらく屈辱的な出来事だった。1948年にパレスティナが分割されてイスラエルが建国されると、パレスティナの地がアラブ人の国とユダヤ人の国のふたつに分けられ、これがアラブ人の猛烈な反発を呼んで、ほかのアラブ諸国をも憤慨させた。イラク、レバノン、シリア、トランスヨルダン、エジプトなどアラブ諸国の常備軍がイスラエルを攻撃し、1948年5月から6月にかけて第1次中東戦争の初期戦闘が繰りひろげられた。戦争はアラブ人の敗北に終わり、パレスティナ人にとって悲惨な結果となった。国内の半分以上のアラブ人が土地を追われて難民となり、自分たちの国家を持つ望みは断たれた。

野心的計画

エジプトはイスラエルへの敵対姿勢を崩さず、イスラエル船舶のスエズ運河通行を禁止する。王政を打倒してファルーク王を亡命へと追いやると、ナセルはソヴィエト連邦から武器を輸入して、来たるべきイスラエルとの対決に向けて兵器を備蓄した。イギリスは1956年6月までに軍隊をスエズ地域から撤退させることに合意していたが、最後の軍隊がエジプトを去っても、ナセルはイギリスとアメリカからの資金をあてにし、それでエジプト発展の野心的計画の費用をまかなう気でいた。この計画には、ナイル川のアスワン・ハイ・ダム事業も含まれていた。ダム建設費用を援助する申し出をイギリスとアメリカが撤回すると、ナセルは感

ル船籍の船の運河通行を拒んでいたこともそのひとつである。3国が企てた筋書きは、イスラエルがエジプトを攻撃して、数日後にイギリスとフランスが調停役として介入し、運河の支配権を握るというものだった。1956年10月29日、イスラエルが攻撃を開始する。イギリス軍とフランス軍も10月31日に侵攻したが、たちまち停戦への外交圧力がかかった。アラブ諸国と良好な関係を育もうとしていたアメリカが、それが地域全体の安定を脅かすと考えたからだ。ドワイト・アイゼンハワー大統領は停戦を命じる国連決議を強行採決し、イギリス軍とフランス軍は退却を強いられた。これが第2次中東戦争（スエズ危機）である。

分割された土地

中東での強い反西洋感情は数百年前からつづいていたが、西洋がこの地域に深く関与するようになると、さらに高まった。1800年代の植民地主義と第1次世界大戦後のオスマン帝国の分割は、イスラ

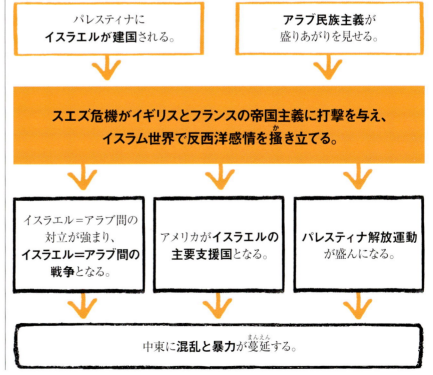

スエズ危機

情を害する。イギリスとアメリカが手を引いたのは、ナセルがソ連と結びついていたことと、西側を絶えず非難していたことが理由だった。ナセルは屈辱を覚え、すぐにスエズ運河を国有化した。この動きはエジプトで好評を得た。この運河がアラブの誇りの源だったからだ。

ナセルは世俗主義の近代化論者だった。宗教を政治の世界から分離する必要を説き、それがアラブ近代の特徴となると考えていたが、この考えは全員に歓迎されたわけではない。1928年にエジプトで結成されたムスリム同胞団は、イスラム教が政治で中心的な役割を果たすべきだと主張した。イスラム教に則った法体系、シャリーアに基づく統治を繰り返し求め、ナセルの暗殺を試みたが、この組織は1954年に活動を禁止された。

1967年、アラブ諸国は第3次中東戦争でイスラエルに大敗を喫し、イスラエルはエジプトからシナイ半島を、シリアからゴラン高原を、ヨルダンからヨルダン川西岸と東エルサレムを得た。1970年代と80年代には、アラブとイスラエルの関係は平和へ向けて大きく前進した。1979年、エジプト＝イスラエル平和条約によっ

アメリカ大統領ジミー・カーター（中央）が、1979年、ホワイトハウスで平和条約に調印したエジプト大統領アンワル・サダトとイスラエル首相メナヘム・ベギンの握手を見守る。

て、30年に及んだ戦争は終わりを告げる。しかし、パレスティナ解放軍などのパレスティナ人集団がイスラエルを攻撃し、またこれらの集団の多くが拠点とするレバノンへ1982年にイスラエルが侵攻するなど、平和がもろくも揺るがされるのが常だった。

イラン・イラク戦争

多くの中東諸国と同様、現代のイラクは第1次世界大戦後にオスマン帝国の遺産をもとに作られた。イラクは、アラブ人とクルド人の民族のちがいと、イスラム教スンニ派とシーア派の宗派のちがいによって分断された国であり、多数派はシーア派である。スンニ派のサッダーム・フセインが1979年に指導者となると、クルド人とシーア派をいずれもきわめて残酷に抑圧し、またエジプトのナセル大統領と同様にアラブ民族主義を主張し、世俗国家としてイラクを統治した。

1979年、イランでの出来事が中東全体のイスラム教徒に衝撃を与えた。イラン革命によって世俗的な西洋式の生活が一掃され、アメリカが支援していたシャーが追放されたからだ。イスラム教シーア派のアーヤトッラー・ホメイニー率いる新政権が法律とイデオロギーの土台としたのは、コーランの厳格な教えだった。フセインはイラン革命に脅威を覚え、イラクでもシーア派の反乱が起こることを恐れて、両国のあいだのシャットル・アラブ川をめぐる領土紛争を口実に、1980年9月22日にイランへ侵攻した。

この侵攻が引き金となって激しい戦争が8年つづき、両国は荒廃して中東の緊張が高まった。イランの第1の同盟国はシリアだったが、リビア、中国、北朝鮮も武器を提供した。イラクを支えたのは、イランを大きな脅威と見なしたおもにア

第1次湾岸戦争のあいだに、イラク軍は600以上のクウェートの油井に火を放った。サッダーム・フセインはクウェートの油田を支配することを望み、まず1990年にイラクはクウェートへ侵攻した。

ラブ湾岸の諸国であり、サウジアラビアとクウェートは何十億ドルもの借款を提供した。最終的にはどちらも勝利せずに終戦する。イギリス、フランス、アメリカから供給された武器を大量に持つイラクは、1990年に産油国クウェートへ侵攻した。国連は撤退を要求したが、フセインはイラクがクウェートを併合したと宣言する。アメリカが多国籍軍の協力を得て第1次湾岸戦争（1990年〜91年）で軍隊を派遣し、クウェートを解放した。

9・11の攻撃

アメリカがイスラエルを支持しつづけたことで、イスラム主義者は不満を大きく募らせた。イスラム主義者にとって、資本主義的かつ世俗的で貪欲に石油を求めるアメリカは西洋のあらゆる悪の象徴であり、アメリカを標的としたテロ攻撃が盛んになった。2001年9月11日、アルカイダが実行した最も衝撃的な攻撃では、ニューヨークの世界貿易センターを含むアメリカの4か所が標的となった。

9・11同時多発テロの報復として、アメリカ主導の国際社会はアフガニスタン

現代の世界

われわれは、中東の地図からイスラエルが完全に消え去るまで満足しない。

ムハンマド・サラーフッディーン
エジプト外相（1954）

に軍事介入し、タリバン政権の転覆を成しとげた。アメリカは、タリバンがウサーマ・ビン・ラーディンとアルカイダをかくまっていると考えていた。9・11のあと、ブッシュ大統領は、これが「対テロ戦争」であると主張し、2002年にはイギリスの協力を得てイラクを攻撃する。国の安全を脅かす大量破壊兵器（WMD）を破壊するというのが建前だった。西洋はイスラムの敵だという考えがイスラム主義者のあいだでさらに強まった。

アラブの春

9・11事件の背景には、アラブとイスラムの人々を苦しめる根本的な問題の解決には、イスラム教徒を弾圧する外国勢力を攻撃すればよい、という乱暴な先入観や信念があった。2011年、アラブの若者たちが、長年にわたって政治、経済、文化を衰退させてきた自分たちの指導者を非難して、アラブ世界のいたるところで蜂起の中心となる。アラブの春として知られるこの動きの根本は、国の秩序を変えようとする新世代の試みだった。民主化を求める大規模な蜂起が各地でつづき、中東と北アフリカで大変動を引き起こす。契機となったのは、チュニジアで2010年12月17日、ある露天商が警察の蛮行に抗議して焼身自殺した事件だった。チュニジア全土で抗議者が民主主義を要求し、ベン・アリ大統領は1月14日に国を逃れた。動乱はチュニジアからひろがり、仕事不足をめぐって不安が高まっていたアルジェリアへ及んだ。

1月25日にはエジプトで何千もの抗議者が街頭デモをし、18日間の抗議ののちにホスニ・ムバラク大統領が辞任した。2月半ばには、市民暴動はバーレーンへとひろがって無慈悲に鎮圧され、リビアにもひろがる。ムアンマル・カッザーフィー（カダフィ大佐）は反体制派に対して暴力を用いて反応し、これが内戦へつながった。NATOが率いる多国籍軍がカッザーフィー軍を標的に空襲作戦を開始し、カッザーフィーは2011年10月に殺害された。

ヨルダン、イエメン、サウジアラビアでもさらなる蜂起があったが、シリアでは民間人への最悪の暴力が見られた。バッシャール・アサド大統領が、改革を約束しながらも武力を用いて反対派を鎮圧したため、抗議者の抵抗への意志はさらに強まった。2011年3月、何十万もの人がデモに参加し、シリアは内戦状態に陥った。国連の報告では、2015年8月までに21万人以上が紛争で死亡した。この地域の混乱に乗じて、IS（ISIS、ISILとも呼ばれる）という、アルカイダの傍流から生まれたイスラム過激派集団が、シリア北部から東部にかけてと隣国イラクの一部を支配した。

中東の不安定

スエズ危機は中東政治の一時代の終わりであり、新たな時代の幕あけでもあった。イギリスとフランスというヨーロッパ2国による帝国主義の影響力が屈辱的な形で終わりを告げ、その役割はやがてアメリカに引き継がれた。そして、アラブ＝イスラエル戦争とパレスティナ人のテロの時代がはじまった。

中東がいまほど不安定に感じられる時期は、歴史上一度もなかった。宗教、民族、領土、政治、交易をめぐって紛争が勃発し、それによって生じた社会の混乱や狂信的な人々から逃れるために、何百万人もの人々が難民となり、第2次世界大戦以来の最悪の難民危機となった。■

中東のテロ

20世紀半ばから、テロは中東とほぼ同義語になった。イスラエル＝パレスティナ間の紛争は世界で最も困難な問題のひとつである。

1964年、アラブの指導者たちがパレスティナ解放機構（PLO）を結成し、イスラエルの建国は違法行為だと宣言した。PLOはテロを用いてイスラエルとそれを支持する西洋諸国を標的に攻撃した。1970年、パレスティナ人の戦闘員が飛行機3機をハイジャックして爆破し、1972年にはPLOの関係集団がドイツ開催のミュンヘン・オリンピックでイスラエル・チームを襲撃する。

1983年、レバノンを拠点としてイランの支援を受けたシーア派イスラム原理主義集団、ヒズボラがベイルートのアメリカ海兵隊とフランス軍の兵舎を爆破し、約300人を殺害した。ヒズボラは中東での自爆テロを作戦として用いた先駆けとなった。

ユダヤ人とイスラム教徒双方によるテロ行為が、この地域の平和に向けた数々の試みを頓挫させた。

鉄のカーテンは取り払われた
ベルリンの壁の崩壊（1989年）

背景
キーワード
共産主義の崩壊

前史
1989年8月 45年を経て、ポーランドで共産主義支配が終わる。労働組合「連帯」が非共産主義政府を形成する。

1989年8月23日 200万人がエストニア、リトアニア、ラトビアを結ぶ人間の鎖を作って、ソヴィエトによる支配に抗議する。

1989年9月11日 ハンガリーがオーストリアとの国境を開放し、東ドイツ難民の出国を許す。

後史
1989年12月3日 アメリカとソ連が冷戦の終結をともに宣言する。

1990年10月3日 ドイツが再統一される。

1991年12月 ソヴィエト連邦が解体して15の独立国となる。

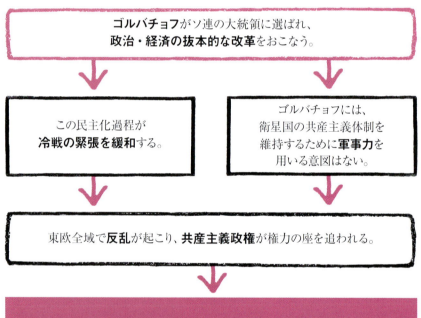

ゴルバチョフがソ連の大統領に選ばれ、**政治・経済の抜本的な改革**をおこなう。

↓

この民主化過程が**冷戦の緊張を緩和**する。

ゴルバチョフには、衛星国の共産主義体制を維持するために**軍事力**を用いる意図はない。

↓

東欧全域で**反乱**が起こり、**共産主義政権**が権力の座を追われる。

↓

ベルリンの壁が取り壊され、すぐあとにソ連が崩壊する。

東西ベルリンを隔てるベルリンの壁は、ソヴィエト共産主義と西側資本主義の激しい対立の印として数十年間そびえ立っていた。1989年11月9日、東ドイツ政府が旅行制限を解除すると、数多くの人が壁に集まりだした。熱狂する群衆を前に、東ドイツの国境警備隊は屈するしかない。11月10日には、ベルリンの人々が壁を打ち破るのを両側の兵士が手伝うという思いがけない場面が見られた。それから2日間で300万人以上が国境を越えた。

現代の世界

参照　十月革命 276-79　■　スターリンが権力を握る 281　■　ナチスのポーランド侵攻 286-93　■　ベルリン空輸 296-97　■　長征 304-05　■　キューバ・ミサイル危機 308-09　■　スプートニクの打ちあげ 310　■　赤軍派のテロ活動 341

ベルリンの壁の崩壊は、多くの人々にとって解放の象徴だった。やがて、ドイツの再統一とソヴィエト連邦の崩壊、東側ブロックでの共産主義の終焉がそれにつづいた。

東側ブロックの支配

第2次世界大戦の終わり、ソ連は東欧のすべての国で反共産主義政党を禁止し、反対者を容赦なく弾圧してソ連の主導下に衛星国で構成する陣営を形成した。

1960年代、ドイツは東西に分かれたまま、首都のベルリンは、連合国に統治される西ベルリンとソ連に支配される東ベルリンに分割された。西側には自由主義政権、東側には共産主義政権と、それぞれにドイツ人による独立した政府が成立した。膨大な数の東ドイツ人が西へ逃れ、東ドイツは熟練労働者を失った。1961年8月13日、東ドイツ政府は東ベルリンと西ベルリンの国境を金網で封鎖し、これが時間の経過とともに厳重に強化されて防壁となり、街、国、家族や友人を分断した。

1985年、ミハイル・ゴルバチョフがソヴィエト共産党の書記長に任命される。西側との友好的な関係をめざすゴルバチョフは、新しい改革「グラスノスチ」(政治の「情報公開」)と「ペレストロイカ」(自由主義的経済に向けた「改造」)に着手する。決定的なのは、東側諸国に政治体制の改革を許したことだった。

共産主義の崩壊

ソヴィエトによる軍事介入の脅威がなくなると、東側諸国は共産主義支配の終焉（しゅうえん）を求めて抗議の声をあげる。1989年6月、ポーランドの「連帯」という、以前は禁じられていた労働組合が、選挙の結果、連立政権で主導権を握ることとなった。改革への要求が高まると、東ドイツ政府は、自国民がベルリンの壁を含めていかなる国境を越えて西ベルリンを訪れてもかまわないと宣言する。

ベルリンの壁の崩壊はきわめて重大な出来事であり、冷戦終結とソヴィエト連邦解体の時代を特徴づけるものとなった。何百万もの人が自由に移動できるようになり、それまで抑圧されていた東欧と旧ソヴィエト連邦諸国の経済が世界に開かれた。多くの旧共産主義国がNATOに迎え入れられ、欧州連合（EU）に加盟した。

1989年に世界は進路を変えた。東の共産主義は死滅し、再統一されたドイツがヨーロッパの中心に復帰した。■

ソヴィエト連邦の解体

1985年、ミハイル・ゴルバチョフが停滞するソヴィエト連邦の指導者となった。ゴルバチョフは「グラスノスチ」と「ペレストロイカ」という抜本的な改革を打ち出し、1989年7月には、ワルシャワ条約機構の加盟国は開かれた選挙を実施できるとした。ポーランド、チェコ、ハンガリーなどが民主主義政権を選び、ソヴィエト連邦全体が揺らいだ。

1991年7月、反共産主義の指導者、ボリス・エリツィンがロシア共和国大統領に選出される。1か月後、強硬派共産主義者によるクーデター未遂によってゴルバチョフの力が弱まると、エリツィンはその機に乗じた。ロシアで共産党を禁止し、秘密裏にウクライナとベラルーシの指導者と面会して、ソヴィエト連邦離脱への合意を取りつける。1991年のクリスマスの日にゴルバチョフは辞任し、エリツィンが新ロシア国家の大統領となった。かつての帝国は15の新しい独立国家に分割され、ソ連は消滅した。

すべての権力を人民へ
1968年革命

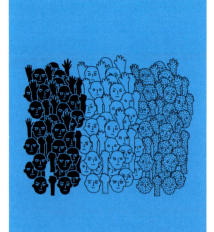

背景

キーワード
戦後の過激な政治運動

前史
1963年　ベティ・フリーダン『新しい女性の創造』が、女性の権利を主張する運動にふたたび火をつける。

1967年　ベルリンの学生デモ参加者、ベンノ・オーネゾルクの殺害によって暴動が起こる。

1968年3月　警察の暴力に対してイタリアのデモ参加者が抗議する。

後史
1969年　シカゴでの「怒りの日々」のデモが、ヴェトナム戦争とアメリカの人種差別に暴力を用いて抗議する。

1970年代　過激派集団「日本赤軍」が、アメリカ軍基地が日本に存在することに抗議する。

1978年　イタリアの「赤い旅団」が、左翼テロ活動の一環として元首相のアルド・モーロを人質に取る。

1968年、フランス・パリ郊外のナンテール大学でキャンパス設備の改善を求める小規模デモが起こり、それがフランス全土に拡大した。3月には騒乱に対処するために機動隊が動員され、何百人もの学生がナンテールに押しかける。5月までに暴動はパリの中心部へ移り、抗議者の数は何千にもふくれあがった。デモ参加者が革命的な社会変化と内閣の退陣を求め、街頭では緊張が高まった。数日のうちに800万の労働者が自主的なストライキへ突入し、フランスは機能停止状態に陥った。

きわめて重要な年

フランスは革命の寸前にまで至り、この出来事は地球規模で抵抗運動がひろがった年として1968年を決定づけた。ヴェトナム戦争への抵抗が多かったが、抑圧的な政権に反対するデモにも多数が参加した。政治活動はより過激になり、性的少数者の「カミング・アウト」や女性の解放、男女平等の問題も表面化した。

アメリカでは、ブラック・パンサーなどの集団が人種の平等を求めて闘った。ドイツの学生運動は、第2次世界大戦経験者の旧世代に抵抗した。

フランスでの抗議運動は、選挙で政府が圧倒的支持を得ると活力を失った。1968年の革命運動は最終的には失敗したが、これに触発されて権威を疑う世代が形成された。その後、社会正義のために闘うと称して爆撃や誘拐を用いる左翼テロ集団が台頭する。■

**重要なのは、
人々がまさかと思っていたところで
行動が起こったことだ。
ジャン＝ポール・サルトル**

参照　エンクルマがガーナの独立を勝ちとる 306-07　■　ワシントン大行進 311　■
トンキン湾事件 312-13　■　ド・ゴールがフランス第5共和政をはじめる 340　■
赤軍派のテロ活動 341

けっして、けっして、けっして繰り返してはならない
ネルソン・マンデラの釈放（1990年）

背景

キーワード
アパルトヘイトの廃止

前史
1948年 国民党（NP）が政権の座に就き、アパルトヘイト（分離）の政策を採用する。

1960年 黒人抗議者70人がシャープヴィルで殺害される。アフリカ民族会議（ANC）が活動を禁止される。

1961年 南アフリカが共和国となることを宣言し、イギリス連邦から離脱する。マンデラがANCの軍事組織の長となる。

後史
1991年 F・W・デクラークがアパルトヘイト関連法を廃止する。国際制裁が解除される。

1994年 最初の民主選挙が開かれ、南アフリカは国連総会に加わる。

1996年 真実和解委員会が、アパルトヘイト時代の人権犯罪について聞きとりをはじめる。

1964年に終身刑判決を受けた南アフリカのネルソン・マンデラは、アフリカ民族会議（ANC）の軍事組織を率いる闘士だった。ANCは、白人が支配する政府に強制された人種隔離の仕組み、アパルトヘイトへの反対運動のために設立された組織である。収監中、マンデラは人種間平等の闘いの象徴となった。1990年に釈放されると、大喝采をもって迎えられた。

国民党が1948年の選挙で政権の座に就くと、白人はきびしいアパルトヘイト政策を実施した。黒人は隔離され、選挙権を失った。反アパルトヘイト運動の多くは非暴力的な抗議をつづけていく。アパルトヘイトは全世界で非難され、きびしい国際制裁が科された。

新たな夜明け

1990年、F・W・デクラーク大統領がアフリカ民族会議の非合法措置を解除し世界を驚かせた。抜本的変革が必要と考えたデクラークは、アパルトヘイト制度を終わらせようと2年にわたって秘密交渉をつづけていた。

全人種参加の選挙が1994年に開かれ、マンデラが大差をつけて勝利した。マンデラの釈放は、20世紀末を象徴する瞬間のひとつとなり、300年に及んだ南アフリカでの白人支配は終わりを告げた。これによって、多くが恐れていた血みどろの内戦を経ることなく、南アフリカは多人種の民主主義国家となった。■

友人、同志、そして、
同じ南アフリカのみなさん。
わたしはみなさんに
平和と民主主義と自由の名において
挨拶をします。
ネルソン・マンデラ

参照 奴隷貿易廃止法 226-27 ■ ベルリン会議 258-59 ■ エンクルマがガーナの独立を勝ちとる 306-07 ■ ワシントン大行進 311

徹底的に不安定で耐えがたい状況を作り、以降の生き残りや生命の望みを断つ
サラエヴォ包囲（1992年〜1996年）

背景
キーワード
ソ連崩壊後の紛争

前史
1989年11月9日 ベルリンの壁が崩壊し、翌年ドイツが再統一される。

1989年 ルーマニアでニコラエ・チャウシェスクの残虐な政権が転覆される。

1990年 ポーランド、ハンガリー、チェコスロヴァキアで、新たに結成された中道右派諸政党が権力を握る。

1992年〜95年 ボスニア・ヘルツェゴヴィナでの紛争でおよそ10万人が死ぬ。

後史
1998年〜99年 コソヴォでアルバニア人とセルビア人の民族紛争が勃発する。NATO軍が介入する。

2014年 ウクライナ東部でロシアとウクライナのあいだに戦闘が発生する。

ボスニアでのサラエヴォの包囲は、ユーゴスラヴィア内戦（1991年〜2001年）のなかでも最悪の悲劇のひとつとなった。街への食糧と電気の供給が断たれ、一般市民が砲撃を受けた。何万ものイスラム教徒が標的となり、殺害された。

ナショナリズムの新しい波

ユーゴスラヴィアは6つの社会主義共和国から成っていた。クロアチア、モンテネグロ、スロヴェニア、ボスニア・ヘルツェゴヴィナ、マケドニア、セルビアで、それぞれに独自の首相がいて憲法があった。ユーゴスラヴィア全体の権力は大統領が握っていて、中でも有名なのが1953年から80年まで在任した共産主義指導者ヨシップ・ブロズ・チトーである。

1991年のソヴィエト連邦解体のあと、東欧でナショナリズムがいっせいに息を吹き返す。独立を求めるクロアチア人とスロヴェニア人に対してセルビア人勢力が反対し、セルビアの指導者スロボダン・ミロシェヴィッチ率いるユーゴスラヴィア軍がクロアチア東部のヴコヴァルを破壊した。1992年にボスニアも独立を宣言すると、暴力はさらに強まる。セルビア系ボスニア人は、単一人種の独立セルビア国家、スルプスカ共和国を建国しようとした。ナショナリストのセルビア系ボスニア人が、隣国セルビアの支援を受けて非セルビア人を追放する運動をはじめ、イスラム教徒などを標的にした。

ボスニア紛争は1995年に終結したが、アルバニア人がセルビア人支配からの分離独立をめざすコソヴォで戦闘がつづいた。さらに民族的ナショナリズムは、アゼルバイジャンのナゴルノ・カラバフ自治州と首都バクーでアルメニア人に対する凄惨な大量虐殺も引き起こした。ジョージア（グルジア）では、ジョージア人とアブハズ人のあいだに紛争が勃発した。

ユーゴスラヴィア紛争が勃発したことにより、受け入れがたい人的被害や人権侵害につながりうる対立の解消に対して、国際社会が責任をもって対処することが求められるようになった。■

参照　十月革命 276-79　■　ナチスのポーランド侵攻 286-93　■　ベルリンの壁の崩壊 322-23

現代の世界

国民のみなさん、今日、わたしたちの生き方、わたしたちの自由そのものが攻撃されました
9・11同時多発テロ（2001年）

2001年9月11日、イスラム過激派集団がアメリカに対して衝撃的な攻撃を仕掛けた。ハイジャックされた航空機2機がニューヨークの世界貿易センタービルに激突し、別の1機がワシントンD.C.の国防総省本庁舎に突入、4機目がペンシルヴェニアで墜落した。死者は3,000人近くにのぼった。

過激主義の萌芽

9・11は、イスラム過激派によるアメリカ本土への最初のテロ攻撃だったわけではない。1993年2月26日、過激派イスラム組織アルカイダと結びつきがあると見られる者たちが、世界貿易センターで爆弾を爆発させた。イスラム教徒のなかには、イスラエルをめぐる闘争のあいだに過激化し、テロ活動をおこなうようになった者もいる。1979年にソ連がアフガニスタンに侵攻すると、侵入者と戦うべく全世界からイスラム教徒の志願兵が結集した。そのころ、ウサーマ・ビン・ラーディンがアルカイダを結成する。諜報機関からの報告ではビン・ラーディンが9・

あなたがたが生を愛する以上に、われわれは死を愛する。
アルカイダのモットー

11の首謀者とされ、2011年、ビン・ラーディンは殺害された。2011年からのシリアでの内戦と、アメリカ軍がイラクから撤退したことで生じた権力の空白から、いわゆるISが出現し、この地域でいくつかの町の支配権を握った。

9・11は、アメリカ国土へのテロ攻撃としては史上最大のものとなった。その後、ロンドン、マドリード、パリでもテロ組織による事件が相次ぎ、イスラム過激派によるテロの脅威は恐ろしい新局面を迎えた。■

背景

キーワード
イスラム急進派の台頭

前史
1979年 イランのイスラム革命で、イスラム教シーア派の宗教指導者アーヤトッラー・ホメイニーが親西洋派のシャーに代わって最高位に就く。
1989年 ソヴィエト軍がアフガニスタンを去り、サウジアラビアの富豪ウサーマ・ビン・ラーディンがアルカイダを結成する。
1993年2月26日 アルカイダがニューヨークの世界貿易センターへ不敵な攻撃を仕掛ける。

後史
2004年 アルカイダがスンニ派のイスラム教徒に対し、イラクのアメリカ軍に抗って蜂起するよう促す。スペインでイスラム過激派による爆破事件が起こり、190人が死亡する。
2014年2月 テロ集団ISISがイラクとシリアに及ぶイスラムのカリフ制国家を建設することをめざし、影響力を全世界に拡大する。

参照 青年トルコ革命 260-61 ■ イスラエルの建国 302-03 ■ スエズ危機 318-21

何をブラウズするかで、あなたは世界を動かせる
最初のウェブサイト公開（1991年）

背景

キーワード
コミュニケーションとコンピューター

前史
1943年〜45年 ジョン・モークリーとJ・プレスパー・エッカートがデジタル・コンピューターの先祖となる電子数値積算計算機（ENIAC）を開発する。

1947年 トランジスタのおかげで、小型で高性能の電子機器が作れるようになり、のちに家庭用コンピューターなどの登場が可能となる。

1962年 人工衛星テルスター1号が打ちあげられ、宇宙を経由してテレビ信号、電話通話、ファックス画像が送信される。

1980年代 最初の携帯電話が市場に出る。

後史
2000年代 ワイヤレス・コミュニケーションが一気に発達して、人類のほぼすべてがつながり合う。

2003年 スカイプの発明により、インターネット上で無料コミュニケーションが可能となる。

アメリカ軍が**高等研究計画局ネットワーク（ARPANET）**をはじめる。 → **ARPANET**が成長・発達してインターネットとなる。

↓

最初のウェブサイトが立ちあがり、ユーザーがインターネットを閲覧できるようになる。

↓

ウェブが**地球規模の情報通信ツール**となり、何十億もの人に使われる。

↓

インターネットが、世界における**情報共有とビジネスのあり方**を根元的に変える。

最初のウェブサイトは「ワールド・ワイド・ウェブ」と題され、ワールド・ワイド・ウェブ（WWW）のプロジェクトについての基本情報とウェブページの作り方が掲載された。作成したのはティム・バーナーズ=リーで、スイスのジュネーヴにある欧州原子核研究機構（CERN）のイギリス人コンピューター科学者である。バーナーズ=リーの関心は、大学や研究所の科学者のあいだでアイディア交換を円滑にすることにあり、まず1989年に世界規模のコンピューター・ネットーワークを用いて情報共有する仕組みを提示した。彼の

現代の世界

参照 アムステルダム証券取引所の設立 180-83 ■ ダーウィンが『種の起源』を出版 236-37 ■ ベルリン空輸 296-97 ■ スプートニクの打ちあげ 310

ティム・バーナーズ＝リーはワールド・ワイド・ウェブの発明者で、若いころからコンピューターに夢中だった。現在、彼はオープンで自由なインターネットの活用を提唱している。

サイトは1991年に始動し、CERNの少人数の研究者仲間がアクセスしていた。

ワールド・ワイド・ウェブは、コンピューターとコミュニケーションの世界をかつてない形で革命的に変化させたが、これは電話、テレビ、無線通信、インターネットといった既存技術を結びつけることで可能となった。

インターネット

ソヴィエト連邦が1957年に人工衛星スプートニク1号を打ちあげると、アメリカ国防省は核攻撃後のコミュニケーション手段を考える必要に迫られた。これが1969年の高等研究計画局ネットワーク（ARPANET）の立ちあげにつながる。相互に接続されたコンピューター・ネットワークは拡大をつづけ、1980年代半ばにはインターネットとして知られるようになった。インターネットとワールド・ワイド・ウェブの利用は、いずれも学術研究機関にかぎられていた。

1993年にモザイクという簡単に使えるウェブブラウザーが発表されると、ようやくウェブは一般にも広く利用されるようになる。モザイクは文字に加えて画像も表示することができ、ユーザーはマウスでウェブ上のリンクをクリックするだけで、リンク先へ移れた。ウェブはインターネットと同義語になったが、両者は同じではない。ワールド・ワイド・ウェブがインターネットの閲覧を容易にし、インターネットをこれだけ効果的なコミュニケーション手段にしたのである。

コンピューター革命

1981年にIBMのパーソナル・コンピューター「5150」が登場すると、家庭とオフィスでコンピューター革命が起こった。大型オフィス・コンピューターよりも小さくて安価で、5150もその後継機もインターネットや電子メールを利用することができた。パーソナル・コンピューターの登場とともに、インターネットが飛躍的に成長する。1990年代はじめに最初の検索エンジンが現れ、いまやウェブ検索とほぼ同義語になったグーグルはやや遅れて1997年に登場した。1994年にオンライン市場アマゾンが出現すると、買い物の仕方に革命が起こって、本やCDの購入からホテルや航空券の予約まで、家にいながらなんでも手配できるようになった。

インターネットは、ビジネスの手法も大きく変えた。グローバリゼーションが進行し、インターネットのスピードと効率性によってコミュニケーションが向上したおかげで、世界ははるかに小さな場所と感じられるようになった。仕事は海外に発注され、企業は世界のどこからでも容易に運営できるようになった。

技術発展のつぎの波では、ごく小さな集積回路、いわゆる「チップ」を使った電子部品のおかげで、機器はより小さく、持ち運びに便利になった。

未来はすぐそこに

2007年に発売されたアップル iPhone ほど、マイクロチップ技術の効果が顕著に見られる製品はない。いわゆるスマートフォンがインターネットを持ち運び可能にし、無線接続によって外出先でニュースや衛星ナビゲーションなどにアクセスできるようになった。情報やアイディアは、フェイスブックやツイッターといったソーシャル・ネットワーキング・サービス（SNS）を通して、どこにいても簡単な操作で共有できる。スマートフォンは教育や医療や文化にも影響を及ぼし、ソーシャル・メディアを使ってデモを組織して政権を脅かすなど、政治状況をも変化させた。2010年に「アラブの春」などの抵抗運動を先導した活動家のなかには、インターネットを通して連絡を取り合った者もいた。いまでは、インターネットでの活動は、アイディアを共有したり意識を高めたり運動の目的を支持したりするのにきわめて有力な方法となっている。ワールド・ワイド・ウェブには30億以上の利用者がいて、現代の日常生活のあらゆる側面を変化させた。■

情報ハイウェイは、グーテンベルクの印刷機が中世を変えたのと同じくらい劇的な変化をわたしたちの文化にもたらすことになるだろう。
ビル・ゲイツ

アメリカの住宅ローン市場ではじまった危機が、世界の金融システムを崩壊寸前まで導いた
世界金融危機（2008年）

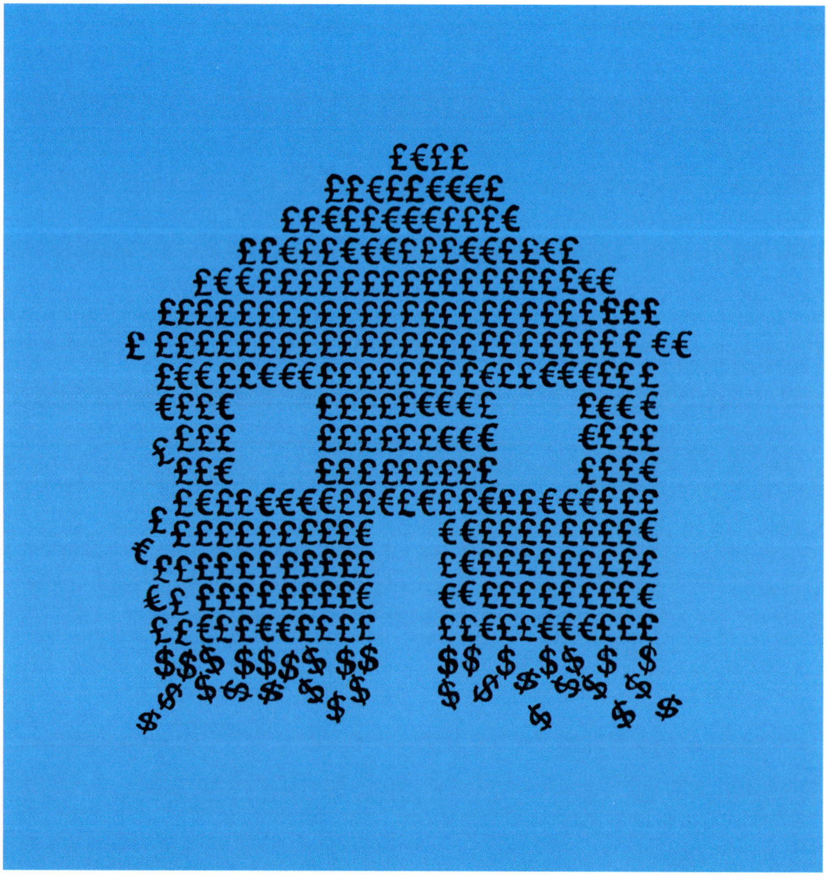

背景

キーワード
グローバル化と格差

前史

1929年 ウォール街大暴落によって大恐慌が起こり、20世紀最悪の経済危機となる。

1944年 44か国の代表が米ニューハンプシャー州ブレトン・ウッズに集まり、世界の金融システムを再編する。

1975年 フランス、イタリア、西ドイツ、日本、イギリス、アメリカが先進6か国首脳会議（G6）を結成し、国際貿易の促進を図る。

1997年～98年 アジア通貨危機がタイではじまって全世界にひろがり、2008年の出来事の前ぶれとなる。

後史

2015年 世界のリーダーたちが地球上の貧困を2030年までに根絶すると誓う。

21世紀への変わり目には、世界不況の悪い徴候が見られた。低金利と規制のない信用貸しのせいで、多くの人が返済不可能な借金をかかえた。銀行、特にアメリカの銀行は、信用履歴が芳しくない顧客にも住宅ローンを提供した。これは「サブプライム住宅ローン」と呼ばれる。住宅ローンの返済が滞れば、家を差し押さえて買い値以上の値段で売却できると考えられていたが、それは住宅価格が上昇しつづけることが前提となっていた。2007年には金利が徐々にあがって住宅価格がさがり、月々の返済ができなくなる人が現れはじめた。全米で住宅が差し押

現代の世界 **331**

参照 ウォール街大暴落 282-83 ■ 1968年革命 324 ■ 最初のウェブサイト公開 328-29 ■ 世界人口が70億を超える 334-39

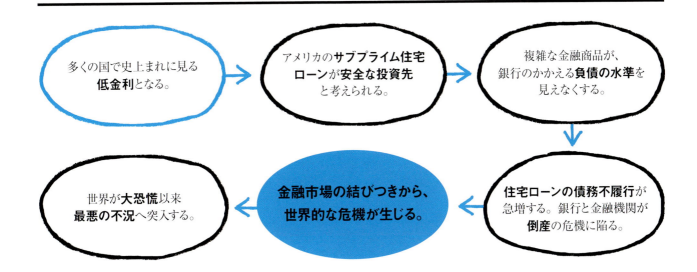

さえられたが、銀行は大きな損失をかかえ、自分たちの金を取りもどせないのではないかと危惧した。

危機がヨーロッパへひろがる

　2007年8月、フランスのパリバ銀行が、サブプライム住宅ローン市場の影響で危機的状態にあることを明らかにした。銀行は何兆ドルもの金をリスクの高い住宅ローンに投機していて、それがいまや無価値になる可能性があった。パニックが起こり、銀行は互いの貸借取引を停止した。イギリスのノーザン・ロック銀行は、すぐに使える現金が不足して、イギリス政府に緊急融資を依頼せざるをえなかった。

　全世界で株価が急落しはじめる。2008年9月にはアメリカの住宅金融公社ファニー・メイとフレディ・マックが政府に救済されたが、有力投資銀行でサブプライム住宅ローン市場へ深く関与していたリーマン・ブラザーズが破産申請を余儀なくされた。アメリカ政府は、リーマン・ブラザーズの負債はあまりにも大きすぎると考えて、救済しなかった。

　金融市場の大混乱によって、ほとんどの西洋諸国で経済が深刻に悪化する。株価は急落し、政府支出が減って世界の貿易も縮小した。アイルランドがヨーロッパで最初に景気後退、経済悪化の時期に陥った。アイスランドでは国が破産寸前に陥り、政権が2008年10月に退陣した。アメリカ、中国、ブラジル、アルゼンチンなどの政府は、景気刺激策を講じて経済の梃子入れを図り、政府支出を増やし

リーマン・ブラザーズは長い歴史を持つ投資銀行だったが、先行きが危ぶまれたサブプライム住宅ローン市場に手を染めたのち、2008年9月15日に破産を申し立てた。

世界金融危機

石油危機が西洋諸国を1973年から74年に襲ったが、これは第4次中東戦争がもたらした。アメリカでは燃料配給制によって、写真のようにドライバーが立ち往生するなどの場面が見られた。

て減税した。ほかの国々、とりわけヨーロッパは緊縮財政を選び、公的支出を凍結して増税した。こうした措置を受けて、抗議とストライキがヨーロッパ各地で見られるようになった。ポルトガル、スペイン、ギリシアは負債を減らすよう欧州連合（EU）から圧力を受ける。EUは巨額の資金を投じて経済的に脆弱な国を支援し、ユーロ圏と共通通貨ユーロの価値を保とうとした。しかし経済危機の影響は甚大で、多くの人が家や仕事を失った。これは第2次世界大戦後最悪の経済不況となった。

戦後経済

第2次世界大戦後、ヨーロッパのほとんどの国や日本、中国、ソヴィエト連邦はみな戦争によって大きな打撃を受け、回復に時間を要した。アメリカは戦争で製造業が大幅に成長し、破壊も免れたため、戦後もそれまで以上の高い次元で製造をつづけて世界経済を支配した。戦後の経済立案者たちは、力強い産業と安定したドルを土台とした新経済秩序を模索する。1944年、国際貿易の復活を促そうと国際通貨基金（IMF）が創設された。

アメリカの強力な戦後経済と、アメリカ主導による西洋諸国復興支援の取り組みであるマーシャル・プランが、資本主義と国家間の自由貿易を奨励し、世界貿易を活性化させる。1947年に調印された「関税及び貿易に関する一般協定」（GATT）では、全世界で関税を撤廃して市場を開放すると決めた。

アジアの虎

そのころ、日本の経済は急速に成長しつづけていた。日本政府は効率性と輸入制限に基づく改革を実施していた。投資したのは、特に石炭産業、鉄鋼業、造船業、自動車製造業などの産業である。1960年代には、日本はカメラやコンピューター・チップなどのハイテク製品を得意分野とするようになる。韓国、台湾、シンガポール、マレーシアなども電子機器とテクノロジーに重点を置いた同様の成長を経験した。これらの国の成功はまとめて「アジアの虎」経済と呼ばれるようになる。

石油の役割

1970年代までに、世界は豊かな工業国と貧しい発展途上国に二分され、石油が重要性を増した。1960年に石油輸出国機構（OPEC）、1968年にアラブ石油輸出国機構（OAPEC）が創設される。他国の石油埋蔵量がしだいに減少するなか、石油がふんだんに残るペルシア湾周辺諸国が支配的位置を占めるようになった。1973年10月、OAPECがイスラエル支援国への石油禁輸措置をとると、石油価格が3倍に跳ねあがる。石油不足から工業生産は落ちこんだ。アメリカはきびしい燃料配給制を導入し、これは石油禁輸措置が解除される1974年3月までつづいた。

新しい経済モデル

1970年代半ばの石油危機は、地球全体で深刻な景気後退、急激なインフレ、失業者の増加を招いた。これに反応して「新自由主義」という考えに基づく経済政策が採用され、経済要因をコントロールする力が国から民間へと委ねられた。福祉制度は経済停滞の一因と見なされ、抜本的に縮小される。規制緩和が世界経済の原動力となり、政府による管理の多くを取り払ったことで、民間企業はより広い分野で商取引ができるようになった。特にアメリカでは、こうした施策の必要が強く感じられていた。第2次世界大戦の壊滅状態から完全に立ちなおった世界とのきびしい競争に直面していたからだ。消費者を保護するために設けられていた厳格な法律や規制のいくつかは、自由な企業活動を阻むと考えられるようになっ

現代の世界

> 2008年9月と10月は、大恐慌も含めて世界史上最悪の金融危機だった。
>
> **ベン・バーナンキ**
> 連邦準備制度理事会元議長

た。

規制緩和へと向かう地球規模の圧力によって、新しい市場、競争の拡大、参入規制の撤廃がもたらされる。この傾向は、ソヴィエト連邦崩壊と冷戦終結に世界が適応していくなかで、特に顕著になった。東アジアの例が、インドや中国などアジア諸国で政策立案者に影響を与えた。メキシコとブラジルは貿易の障壁をさげて経済改革に着手し、生活水準が劇的に向上した。東西ドイツが1989年に再統一されると、ヨーロッパ諸国から成る経済連合、欧州連合（EU）が世界経済の一大勢力として出現する。また1980年代には中国が海外貿易に門戸を開き、膨大な額の国外からの投資が流れこんでめざましい成長をとげた。

グローバル経済

世界経済は現在、かつてないほど開かれている。インターネットを利用すれば、世界のどこかで商品を注文し、わずか数日後に別の場所へ届けることができる。世界の貿易は地球規模のパートナーシップによって成り立ち、多国籍企業が莫大な額の取引をしている。世界じゅうで人々が仕事を求めて都市へ移住し、都市化が進行した。

グローバリゼーションへしばしば向けられる批判のひとつに、一部の企業が利益追求のために安価な労働力を搾取し、非倫理的に行動しているというものがある。ほかにも、グローバリゼーションによって少数の個人が法外な富を蓄積し、格差が拡大したという批判もある。きわめて貧しい状態にとどまっている国もあり、たとえばサハラ以南のアフリカはうまく対処できずに取り残され、豊かな国に債務を負っている。

不況は昔からずっと起こっていたが、2008年から11年までの金融危機は少なくとも1929年の大恐慌以来最悪のもので、あるいは人類史上最悪の不況だったかもしれない。これは政府規制の広範囲に及ぶ失敗と、機関投資家による無謀な投資によって引き起こされた回避可能な惨劇だと考える人が多かった。金銭的、財政的な刺激が大量に注入され、なんとか破局は免れた。家庭と企業には大きな負債が残り、銀行家への怒りがひろがったが、これは銀行が比較的痛手を受けずに生き残ったと感じる人が多かったからだ。財政緊縮策が市民の不安をあおり、資本主義に反対するデモが見られた。「オキュパイ運動」がひろがって、ニューヨーク、ロンドン、フランクフルト、マドリード、ローマ、シドニー、香港で何万もの人が行進をした。金融関係者が世界不況の原因をめぐって議論を交わすなか、市井の人々への影響は甚大であとを引くものとなった。■

人々が街頭に繰り出し、銀行や多国籍企業に対して抗議の声をあげた。そうした組織の経済活動が金融危機を引き起こした要因だと考える人が多かった。

抗議運動の時代

2008年にはじまった経済危機によって、権力と貪欲を象徴する組織への怒りが搔き立てられ、民衆による抗議が盛りあがった。銀行家や資本家に怒りをぶつける人や反グローバリゼーションの抗議者、環境活動家がデモによって団結した。格差の拡大、企業の商業主義、失業へ怒りが高まりつつあった。

財務大臣の国際会議G20が2009年にロンドンの金融の中心地で開催されると、怒りに満ちた何万もの抗議者が声をあげた。大規模な集会や占拠を計画するのに、ソーシャル・メディアが決定的な役割を果たす。抗議運動がヨーロッパ全体にひろがると、「オキュパイ（占拠）」という横断幕が掲げられたが、これはニューヨークではじまった社会的・経済的格差に抗議する運動である。ローマでは暴動、ギリシアではストライキ、ポルトガルではデモ行進があり、バルセロナ、モスクワ、マドリード、ニューヨーク、シカゴ、イスタンブールでは公共の広場が占拠された。

今日は、わたしたち全人類のための日です
世界人口が70億を超える (2011年)

世界人口が70億を超える

背景

キーワード
人口爆発

前史

1804年 世界の人口が10億に達する。最も速いペースで人口が増えるのはヨーロッパである。

1927年 死亡率が低下するが、出生率は高いままで、世界人口が20億に達する。

1959年 およそ30億人目の新生児が生まれる。

1989年 50億人目を象徴する新生児の誕生への関心を背景に、国連が7月11日を年に1度の世界人口デーと定める。

後史

2050年 地球上の人口が97億に達すると考えられる。世帯ごとの出生率がさがり、人口増加のペースは落ちる。

2100年 推定では世界人口が110億を超え、食糧供給に深刻な問題が生じる。

2011年10月31日、フィリピン首都のマニラで生まれた女の子が、国際連合によって、地球上70億人目を象徴する新生児として選ばれた。世界人口のこの大きな節目を記念して、10月31日は「70億人の日」と名づけられたが、その時点で10億人が飢餓に直面していると伝えられていて、地球がそれだけ多くの人口を支えられるのかと議論が再燃した。

世界の人口は、17世紀以前は非常にゆるやかに増加していたが、1850年から急速に増えはじめる。これは幼年期に死亡する子供の数が減ったからでもあるが、新しい農業技術によって食糧供給が増えて飢饉のリスクが減り、死亡率が全体的に低下していたことも要因だった。産業化の進行と医学の発展はめざましく、公衆衛生と生活水準が向上した。

1927年までに世界人口は20億に達した。20世紀はじめ、人口増加は豊かな西洋の工業国で最も顕著だったが、このパターンには変化が見られるようになる。20世紀半ばには、ヨーロッパの多くの国で出生率が低下し、アジア、アフリカ、南アメリカの比較的発展途上の地域では、はるかに高い出生率のせいで人口が急激に増加した。1987年には50億人目が生まれ、1999年までに60億人目が誕生した。世界の人口が10億から20億になるのに123年かかったが、60億から70億まで跳ねあがるのには、わずか12年しかかからなかった。

緑の革命

20世紀はじめには、多くの国が国内では生産できないほどの大量の食糧を輸入し、人口増加による需要をまかなった。たとえばイギリスは毎年5,500万トンの食糧を輸入した。

1940年代はじめ、メキシコは自国で消費する小麦の半分を輸入に頼り、人口は急速に増加していた。メキシコは小麦生産量を増やす方法について、アメリカに技術的専門知識の提供を求める。米ロックフェラー財団から資金提供を受け、生化学者ノーマン・ボーローグらアメリカの科学者グループが1944年までに研究に着手し、病気に強く、丈が低くて風による被害が少ない多収性品種の小麦の開

寿命の伸長

20世紀に平均寿命は劇的に長くなった。2013年の世界の平均寿命は71.0歳である。食生活と基本的な衛生に重点を置いた健康教育によって乳児死亡率が低下し、公衆衛生が改善されるとともに清潔な飲料水が確保されたおかげで、コレラやチフスなどの感染症の拡散リスクが減った。

平均寿命が長くなった要因のひとつは、致命的な病気がいくつか根絶されたことだ。細菌感染との闘いを助ける抗生物質ペニシリンが、結核や梅毒といった病気の治療に広く使われるようになった。その後、各国の政府や国連世界保健機関（WHO）による集団予防接種プログラムが、天然痘の根絶やポリオの撲滅運動の一助となっている。医薬品と診断法が発達したことで、医療に革命がもたらされた。科学者のなかには、2050年までに平均寿命が100年になると予測する人もいる。

ノーマン・ボーローグ博士が自分の開発した小麦を手にしている。病気に強く、収穫量が大きくなるよう特別に改良した品種で、これがメキシコの小麦生産に革命をもたらした。

現代の世界 337

参照 ヨーロッパで黒死病が大流行する 118-19 ■ コロンブス交換 158-59 ■ スティーヴンソンのロケット号が営業運転開始 220-25 ■ エリス島の移民局開設 250-51 ■ エッフェル塔の完成 256-57

発法を模索した。このメキシコでの仕事は大成功をおさめる。1956年までにメキシコは完全に自給可能になり、小麦やトウモロコシを輸入することはなくなった。この成功によって、のちに「緑の革命」と呼ばれるようになるものがはじまる。1960年代から70年代にかけて最新の農業技術が広まり、全世界で食糧生産量が劇的に増えた。フィリピン、バングラデシュ、スリランカ、中国、インドネシア、ケニア、イラン、タイ、トルコも緑の革命の恩恵を受けた。

とりわけインドの科学者たちが、ボーローグらの仕事のあとにつづいた。1960年代半ば、インドは立てつづけに2度の干魃に襲われ、アメリカから大量の食糧を輸入しなくてはならなかった。1964年、インドとパキスタンはメキシコから丈の低い品種の小麦を輸入して試行をはじめる。成果は上々だった。1966年春には、その年は降雨量が少なかったにもかかわらず、南アジアでかつてない規模の豊作となった。

奇跡の米

1960年、IR-8と呼ばれるいわゆる「奇跡の米」がフィリピンの国際稲研究所で新たに開発された。はるかに短い周期で収穫できるこの新種のおかげで、農家の生活は劇的に変化した。ヴェトナムなどでは、従来の米は年に1度しか収穫できなかったが、この新しい米はじゅうぶんに2度収穫できる。このような農業科学の驚くべき技術革新によって、特にアジアの慢性的に貧しい国が自国内で食糧をまかなえるようになり、人口増加にともなう需要拡大に対処できた。

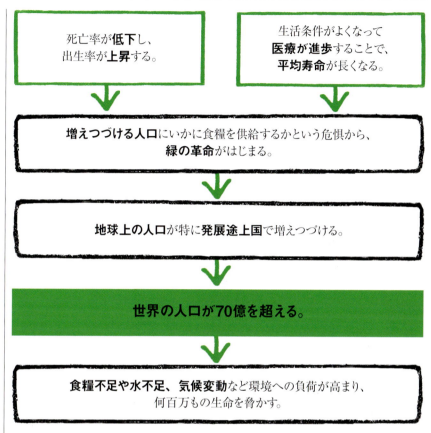

死亡率が低下し、出生率が上昇する。

生活条件がよくなって医療が進歩することで、平均寿命が長くなる。

増えつづける人口にいかに食糧を供給するかという危惧から、緑の革命がはじまる。

地球上の人口が特に発展途上国で増えつづける。

世界の人口が70億を超える。

食糧不足や水不足、気候変動など環境への負荷が高まり、何百万もの生命を脅かす。

緑の革命については論争もあった。これは化学農薬使用へと向かう動きでもあったので、ことさら議論を呼んだ。1940年代には、殺虫剤DDT（ジクロロジフェニルトリクロロエタン）が導入され、蚊が媒介するマラリアなどさまざまな病気を1度の処理で阻止する手立てとされた。しかし、1962年にアメリカの生物学者レイチェル・カーソンが、先駆的な著書『沈黙の春』でDDTの危険を強調し、癌を引き起こすリスクがあるのと同時に環境へも悪影響を及ぼすと主張する。『沈黙の春』によってアメリカ全土でDDTが禁止され、人々の関心が高まって、環境を守る独立組織である環境保護庁（EPA）が設立されるきっかけともなった。緑の革命は多数のアフリカ諸国でも大きな問題に直面した。アフリカでは灌漑施設がなく、降雨量は予想できず、肥料は高価で、新種の種を買う資金もなかったからだ。

遺伝子組み換え作物

遺伝子組み換え（GM）作物は1990年代に興奮をもって迎えられ、「第2の緑の革命」を起こしうると期待されたが、これもまた論争を呼んだ。GM作物とは、遺伝子操作によってDNAに変化が加え

338　世界人口が70億を超える

られた有機体から作られる食べ物である。1994年にアメリカ食品医薬品局（FDA）が「フレーバー・セーバー」というトマトの発売を認可し、アメリカへGM作物が導入された。遅熟性のこのトマトは従来のトマトよりも日もちがよかったが、ジャガイモを使った実験では、GM農作物はラットに有害だと示された。EU諸国のほとんどがGM作物の使用を禁止する一方で、GM支持者は、遺伝子に手を加えなければ全世界で食料危機が発生すると主張している。GM擁護派、特にアメリカ、ブラジル、カナダ、アルゼンチン、オーストラリアは、GM作物には病気や飢餓と闘える潜在的な力があると考える。ヨーロッパ、アフリカ、アジアの態度はより慎重で、農薬への懸念と、GMによる健康被害の可能性を懸念する感情が入り混じっている。

こうした反対があるにもかかわらず、GM技術はいまなお開発が進んでいる。毎年67万人の子供がビタミンA不足でマラリアや麻疹を発症して死亡し、また失明に至る例もあった。これに対処する取り組みも進んでいて、たとえば通常の米にビタミンAを加えた「ゴールデン・ライス」が開発された。

消えゆく農地

増えつづける世界人口に食糧を供給するためにさらに多くの、より強い品種の作物が必要とされる一方で、拡大する都市は広大な農地と農村地域を呑みこんできた。21世紀はじめに中国ではすさまじい勢いで都市開発が進み、多数の小規模農場が失われた。

歴史的に見ると、人々は雇用と社会的機会を求めて都市へ引き寄せられてきた。1800年には、都市に住むイギリス人は4人にひとりだったが、1900年までに4人に3人まで増えた。多くが農村から都市へ移動したが、安全やさらによい生活を求めて、ある国から別の国へ移動する人々もいた。2014年の都市人口は世界総人口の54パーセントに及び、1960年の34パーセントから上昇した。2014年の国連による予測では、2050年までに世界人口の3分の2が都市に居住するようになるという。だが手ごろな価格の住宅が不足していて、これがホームレスを生むおもな要因となっている。サハラ以南のアフリカでは、都市生活者の70パーセントがスラムに暮らす。健康状態の悪さと暴力犯罪、そして貧富の巨大な格差が世界の主要都市で問題となっている。

気候変動

都市化と開発によって、環境への負荷が増してきた。世界の人口が増加するにつれて、環境を破壊することなく生活水

> これは政治の問題ではない。文化の問題でもない。クジラや熱帯雨林を守るということでもない。これは非常事態だ。
>
> **スティーヴン・エモット**
> コンピューター科学者、作家

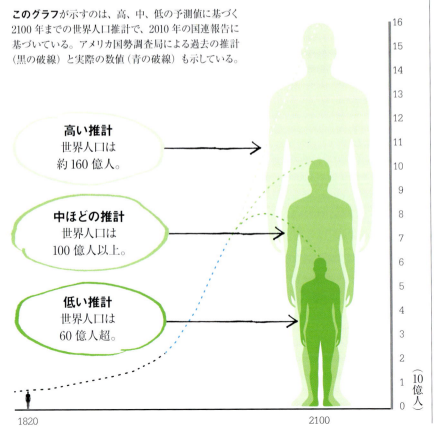

このグラフが示すのは、高、中、低の予測値に基づく2100年までの世界人口推計で、2010年の国連報告に基づいている。アメリカ国勢調査局による過去の推計（黒の破線）と実際の数値（青の破線）も示している。

- **高い推計** 世界人口は約160億人。
- **中ほどの推計** 世界人口は100億人以上。
- **低い推計** 世界人口は60億人超。

現代の世界

深刻な大気汚染が発展途上国の発電所から生じ、近隣に住む人々に甚大な健康被害を与えている。

準を引きあげることが地球規模の課題となっていった。科学者は人間の活動が気候変動（あるいは「地球温暖化」）の原因だと考える。19世紀の産業革命以降、地球の気温は上昇をつづけており、2011年から15年は観測史上最もあたたかい5年間となった。

気候変動の原因には自然現象によるものもあるが、1970年代はじめに環境保護主義が台頭すると、人間の活動がはたして地球にとってプラスなのかと疑問が呈されるようになる。発展途上国は、気候変動に影響すると考えられる炭素排出を削減するよう促された。2015年、インドは炭鉱を月にひとつのペースで開発し、13億の国民を貧困からすみやかに脱出させようとしていた。先進国は過去にみずから気候変動を悪化させたにもかかわらず、発展途上国が国民の経済的福祉を向上させようと天然資源を開発するのをやめるべきだと論じ、新たな対立が生まれている。

温室効果ガスの排出がこのまま増えつ

> すべて燃やしつくすことなどできない。
> **バラク・オバマ**
> 化石燃料について

づければ、人類は限界を越え、気候変動があともどりできない壊滅的な次元に達すると科学者は警告する。海面の上昇もつづいていて、結果として沿岸地帯を浸食し、南太平洋の小島は水没しつつある。降雨パターンは変化し、アフリカで深刻な干魃が生じて数多くの動物種が絶滅の危機に瀕している。

気候変動の脅威はいまやきわめて深刻と考えられ、2015年に世界の指導者がフランスのパリに集い、温室効果ガスの排出削減に合意する会議を開いた。緊迫した交渉のなかで発展途上国が要求したのは、洪水や干魃の増加など、気候変動の影響に対応する費用を豊かな国が支援することだった。合計196か国が採択した地球温暖化協定は、世界の国が数多く加わって、法的拘束力を持つものとしてははじめてのものとなり、地球温暖化を比較的安全なレベルである摂氏2度未満に抑えることを目標と定めた。

飢える世界

1970年代の環境保護運動では、1980年代までに大量飢餓で何億もの人が死ぬと予想されていた。この恐ろしい予想は現実にはならなかったが、70億もの人が地球に暮らす驚くべき状態によって、天然資源が大量に消費されることは避けられない。特にインドネシアや中国で魚が乱獲されて世界の漁業資源が急減し、水もやがて需要が供給を上まわる可能性がある。2015年の国連の予測では、2025年までに居住地での絶対的な水不足に見舞われる人が18億人になるとしている。工業や生産の原動力となる石炭は需要が高まっているが、いずれ枯渇する。

国連の積算によると、2050年までに世界の人口は97億人に達し、2100年までに112億人が地球上に暮らすことになる。人口動態は、高死亡率・高出生率から低死亡率・低出生率へと変化し、各地で高齢化が進む状況ではこの世界を維持することはむずかしい。気候変動、移民・難民危機、食糧・水の不安、貧困、債務、病気といった課題が、急速な人口増加のために大幅に悪化している。世界人口の増加を安定させることが、おそらく地球が生き残るための鍵となるだろう。■

もっと知りたい読者のために

アイルランド独立
（1922年）

1918年の総選挙で、イギリス連合王国からの独立を求める共和主義政党がアイルランドで過半数の議席を獲得した。共和主義者が自分たちの議会（ダール）を立ちあげてアイルランドの独立を宣言すると、反乱を鎮圧しようとイギリスが軍隊を送る。しかし1922年までには双方が合意に達し、アイルランドのほぼ全土がアイルランド自由国として独立して、プロテスタントが多数派を占める北部の6州がイギリスにとどまることになった。この分断はいまなおつづいている。

スペイン内乱
（1936年～39年）

1930年から31年、共和派がスペインの軍事独裁政権を倒し、国王アルフォンソ13世を亡命に追いやった。共和国政府は社会主義改革を導入して、教会と軍隊の力を縮小した。だが、不満をいだいた陸軍将校やファシズム政党ファランヘ党のメンバーが反乱を起こし、1936年の内乱につながる。この紛争は徐々に拡大して国際的なイデオロギーの対立に発展し、ファシストのイタリアとドイツが右翼ナショナリストを支援する一方で、ヨーロッパ各地の社会主義者がみずから志願してスペインの共和主義者の同志に合流した。ナショナリストを自称する指導者フランシスコ・フランコ将軍が勝利し、独裁者として1975年までスペインを統治した。

太平洋での第2次世界大戦
（1941年～45年）

1941年12月、日本がアメリカ艦隊をハワイの真珠湾で爆撃し、タイ、マレーシア、ビルマ、フィリピンなどの標的へ侵攻作戦を開始した。この行動によって、アメリカが第2次世界大戦に参戦する。アメリカ軍と日本軍は何年にもわたって激しい戦いを繰りひろげた。長期の空爆作戦やフィリピンのレイテ沖での最大の海戦（1944年）、フィリピン奪還のための3か月間の陸上作戦、82日間の過酷な沖縄戦、広島と長崎への原子爆弾の投下（1945年）などがあった。

国際連合の設立
（1945年）

国際連合は、さらなる壊滅的紛争を防ぐために世界の国々をひとつにする手段として、第2次世界大戦中に構想された。国連の目的については1944年にワシントンD.C.のダンバートン・オークスで開かれた会議で起草され、組織は1945年に正式に設立された。国連はその後の戦争を防ぎはしなかったが、世界各地で平和促進のために活動しており、幅広い分野の専門機関や組織を通じて、教育、健康、人権、植民地化された人々の独立、経済発展を支援してきた。いまはほとんどの国が加盟している。

ド・ゴールがフランス第5共和政をはじめる
（1958年）

1958年、フランスは植民地アルジェリアの将来をめぐって危機に直面する。フランス軍の一部がアルジェリア独立に反対し、第4共和政の政策にあからさまに抵抗したからだ。第4共和政は崩壊し、引退していた軍事的・政治的指導者シャルル・ド・ゴールが、大統領が強力な権限を持つ新しい統治制度を提唱した。この提案が国民投票で可決され、ド・ゴール自身が大統領に選出される。第5共和政はいまもフランスでつづいている。

インドネシアで大統領がスカルノからスハルトに代わる
（1965年～67年）

1965年、インドネシアのスカルノ大統領に対するクーデター未遂があり、1945年にインドネシアを独立に導くのに貢献したスハルトが反乱を鎮圧した。クーデターの責任は共産党にあるとされ、スカルノから権力を奪ったスハルトは共産主義者と見なした50万人を殺害した。第2代大統領として、スハルトは1998年まで支配をつづけ、インドネシアを経済成長へと導き、多くの人の健康や生活条件を改善した。しかしスハルト体制には腐敗が蔓延（まんえん）していた。スハルト自身も何百万ドルもの資金を横領し、また東ティモールへの侵攻は膨大な死者を出した。

ブラジルでの軍事クーデター
（1964年）

1964年のクーデターで、ブラジル大統領ジョアン・グラールが政権の座を追われた。グラールの社会改革は、反対者から「共産主義的」とレッテルを貼られていた。クーデターは軍の一部がアメリカの支援を受けて実行し、アメリカと利害が一致する軍事政権が誕生することになった。経済への外国人の関与が大幅に増え、国内巨大企業の半分は所有権が外国人に移った。ブラジルは独裁のもとで大きな経済成長をとげたが、自由が代償となり、政権に反対する者はきびしい扱いを受けた。

赤軍派のテロ活動
（1970年代）

1968年、多くの西側諸国で反資本主義、反帝国主義のデモやストライキや暴動が起こった。しかし変化をもたらすことはできず、その後、多くのグループが武装して反資本主義の闘争をおこなうようになる。最も長くつづいたグループのひとつがドイツ赤軍派で、1970年に結成され、アンドレアス・バーダーとウルリケ・マインホフという創始者ふたりの名前にちなんで「バーダー・マインホフ・グループ」としても知られている。このグループは一連のテロ攻撃（誘拐、爆破、強盗、殺人など）をもっぱら1970年代に実行し、その後も活動をつづけた。このグループや「革命細胞」（同時期にドイツで活動していた団体）など同様の集団の活動は、ほとんどの人に受け入れられなかった。

ピノチェトがチリで権力を握る
（1973年）

1973年、アウグスト・ピノチェト将軍が率いる軍事クーデターによって、社会主義者のチリ大統領サルバドール・アジェンデが政権の座から追われ、ピノチェトが軍事政権の長として権力を握った。アメリカはアジェンデの左派政府に反対していて、このクーデターを支援した。南アメリカで右派独裁政権を支持することが、共産主義に対する冷戦の一部だと考えていたからだ。社会主義政権は、たとえ完全に民主的なものであっても抑圧された。ピノチェトは反対者の投獄、殺害、拷問によって悪名高かったが、1990年までアメリカの支援を受けて政権を維持した。

ソ連のアフガニスタン侵攻
（1979年）

1970年代の終わり、アフガニスタンの左派政府（ソ連と密接な同盟関係にあった）は、アメリカの支援を受けたイスラム戦士、ムジャーヒディーンの蜂起に脅かされた。ムジャーヒディーンは、政権が進める近代化政策に反対していた。1979年にソ連がアフガニスタンへ侵攻すると、10年に及ぶ戦争がはじまり、推定150万のアフガニスタン人が死亡して、多くが国を離れた。ムジャーヒディーンのゲリラ集団が侵攻軍と戦い、1989年にソ連は撤退する。この戦争によってソ連は軍事的にも政治的にも弱体化し、のちの崩壊につながった。その後、ムジャーヒディーンとアフガニスタン軍のあいだで内戦が起こり、権力は最終的にイスラム強硬派のタリバンの手に渡る。

イラン革命
（1979年）

イランのシャー（皇帝）、モハンマド・レザー・パフラヴィーは世俗主義政権を率い、国の西洋化を進めて一部に繁栄をもたらした。1970年代終わりになると、強力な反対運動が台頭する。それを率いたのがアーヤトッラー・ホメイニーらイスラム指導者で、国を侵食しつつある世俗資本主義（および共産主義）への反対を唱えた。1979年にシャーは国外退去を余儀なくされ、アーヤトッラー・ホメイニーがきわめて厳格なイスラム教の価値観を重視する新政府を打ち立てる。この革命は非常に大きな影響を及ぼし、とりわけ西洋と中東の国家間関係でイスラム教が重要性を増しつつあることを印象づけた。

アメリカとイギリスのイラク侵攻
（2003年）

2003年のイラク侵攻によって、おもにアメリカとイギリスの軍がイラクの独裁者、サッダーム・フセインを退けようとする戦争がはじまった。フセインは自国の人々を抑圧し、国際テロを支援して、大量破壊兵器を保有しているということだった。大量破壊兵器については根拠がないとのちに判明したが、サッダーム・フセインを権力の座から追ったことは、多くのイラク人から歓迎された。しかし戦後計画を欠いていたことから、イラクにはさらなる不安定と暴力が訪れる。この戦争によって、アメリカと同盟国に敵対する過激派がテロ攻撃を仕掛ける口実ができた。

用語解説

あ 行

移住　immigration：永住するために外国に入国する行為。

イデオロギー　ideology：ある社会集団に視点や一連の信条を提供する、概念の枠組み。

移民　emigration：自分の国を離れてほかの国へ恒久的に移る行為。

宇宙時代　Space Age：宇宙探査を特徴とする20世紀の一定期間。はじまりは1957年10月、ソヴィエト連邦が人工衛星スプートニク1号を最初に打ちあげたときと考えられている。

右翼主義、右翼　rightism, right wing：政治的「右派」のイデオロギー。広義では、保守的な主張を持ち、市場原理を尊重する集団で、法と秩序に厳格なアプローチとナショナリズムを好む。この概念は18世紀フランスに生まれ、君主を支持する人々が王の右側にすわっていたことに由来する。

王権神授説　divine right of kings：君主は正統性を神から得ていて、この世のいかなる権限にも左右されないとする説。

王朝　dynasty：同じ王家あるいは家系に属する王の系列、あるいはある国がその人物たちに治められている期間。

か 行

階級　class：社会システム内での地位のヒエラルキーで、権力や富、教育、特権を反映したもの。

解放　emancipation：法的、社会的、政治的制約から自由になる行為。

傀儡国家（かいらい）　puppet state：形式上では独立国でありながら、実質は他国の支配下にある国家。軍事力によって支配されている場合が多い。

革命　revolution：既存の政治体制や社会秩序を被支配者が覆すことで、暴力的手段が用いられることもある。

家臣　vassal：封建制度のもとで、臣従や忠誠と引き換えに王や主人、その他の高位の地主から土地の使用を認められた人々。

寡頭制　oligarchy：少人数の集団が権力を握り、みずからの利害のためにそれを行使する統治形態。

カリフ　caliph：イスラム教の精神的・政治的指導者としての地位、あるいはその統治制度。ムハンマドの直接の継承者と見なされる。

官僚制　bureaucracy：職務の特化と決められたルールの遵守、権限のヒエラルキーによって特徴づけられる政府。

共産主義　communism：私有財産を廃止して財産共有制をめざすことを説くイデオロギーで、マルクスとエンゲルスの政治綱領に基づく。

強制労働収容所　labour camp：捕虜や政治犯の収容所で、困難な肉体作業をしばしば悪条件のもとに強要される。

共和国　republic：君主が存在せず、主権が国民にあり、選挙で選ばれた代表によって運営される国家。

クーデター　coup d'état：政府や指導者を打倒しようとする、突然で不法な暴力行為。政界の既成勢力に属する者によって実行されることが多い。

啓蒙（けいもう）　Enlightenment：「理性の時代」としても知られる、知的活動が大きく前進した18世紀の一時期。宗教的世界観に疑問を呈し、理性を用いた。

ゲリラ　guerrilla：非正規の武装集団あるいは戦闘員で、政治的動機を持つ者が多い。国軍や警察など、より大規模な正規の部隊に対して奇襲攻撃や破壊活動などをおこなう。

憲法　constitution：国の根本的な原理と法を成文化して集成したもの。

合理主義　rationalism：感情や直感ではなく、理性が人間の行動を規定すべきとする考え。

国民国家　nation-state：言語、民族、伝統などの共通の特徴を持つ、おおむね同質の人々が暮らす主権国家。

国家　state：ある領土に対して正統な支配権を持ち、その領土内での排他的な統治権を有する公的組織。

さ 行

左翼主義、左翼　leftism, left wing：政治的「左派」のイデオロギー。社会福祉への介入主義的アプローチと国際主義的世界観を特徴とする。この概念は18世紀フランスに生まれ、無産市民の生活条件改善を模索した人々が王の左側にすわっていたことに由来する。

産業革命　Industrial Revolution：18世紀にイギリスではじまった発展の一段階で、新たな機械化技術の登場によって、農業主体から都市産業主体へと経済が転換した期間。

シオニズム　Zionism：ユダヤ人の祖国再建のために、ユダヤ人国家の樹立をめざす世界規模の政治運動。当初はユダヤ人国家の建設に集中していたが、いまは現在のイスラエル国を発展させて守ることをめざしている。

ジハード　jihad：イスラム教で、神の名のもとに精神的、物理的に悪と格闘する宗教的義務のこと。

資本主義　capitalism：生産手段が私的に所有されて、企業が利益のために競って商品を売り、労働者が自分の労働力を賃金と交換する経済システム。

社会主義　socialism：資源の分配や産業を市場原理に委ねる思想とは対照的に、国家がそれらの所有および管理を担おうとする思想、あるいはそれらを実現するための政治体制。

宗教改革　Reformation：16世紀ヨーロッパの政治・宗教運動で、ローマ・カトリック教会と教皇権の改革を模索し、プロテスタント教会の設立につながった。

自由主義　liberalism：18世紀に生まれた思想で、国家や教会の権限よりも個人の権利を重んじ、絶対主義や王権神授説に反対する。

主権　sovereignty：国家や支配者が行使する最高権力で、外部から影響や支配を受けることがないもの。内政および他国との国際関係における国家の自

用語解説

決権のことを指すことが多い。

準軍事組織　paramilitary：軍事訓練を受けた民間人によって構成される、軍隊式序列のある組織。国の正規軍の補助的な役割を果たすことも多い。

巡礼　pilgrimage：寺院や聖地への旅。信仰心を示すためにおこなわれる。

消費主義　consumerism：資本主義が高度に発達した社会において、売買される商品やサービスによって時代が決定づけられるとする考え方。各人が商品を買うのは自己のアイデンティティを築くためという見方を指すこともある。

条約　treaty：ふたつ以上の国家間で、同盟や戦争の終結、貿易協定などの合意を示す正式な契約。

植民地　colony：新たな土地に暮らす多数の移住者が占拠した地域で、移住者の出身国の支配下にある。すでに先住民が暮らしていた場であることも多い。

聖戦　crusade：宗教的な目的のために実行される神聖な戦争。ヨーロッパのキリスト教徒がイスラム教徒から聖地を取りもどすために行った遠征（十字軍）を指すのに使われることも多い。

選挙権　suffrage：選挙や国民投票へ投票する権利。普通選挙権とは、性別、人種、社会的地位、富と関係なく市民が投票できる権利を指す。女性選挙権とは、女性が男性と同じ条件のもとで投票できる権利。

先史時代　prehistory：人類史における文字史料が存在する以前の時代区分であり、それゆえおおむね考古学的な歴史学を通じて理解される。

全体主義　totalitarianism：政治や経済を支配し、人々の考え方や価値観や信条を規定することによって、個人の権利を国家の利害に従属させる統治形態。

総督　viceroy：宗主国の代理人として植民地を統治する支配者。

た 行

超大国　superpower：大きな政治力と軍事力を持ち、国際政治に影響を及ぼすことができる主権国家。

徴兵　conscription：強制的に兵役に服させること。

通商停止　embargo：特定の国と貿易やその他の商業活動を止める政府命令で、外交手段として用いられることが多い。

帝国　empire：ひとりの指導者や少数独裁政権や君主が多くの領土や民族を支配下に置いている国家。

帝国主義　imperialism：他国の問題に直接介入し、領土を占領して人々を服従させ、帝国を建設することで、国の支配を拡大する政策。

独裁者　dictator：絶対的支配者、特に人々から自由意志による同意を得ることなく完全な支配をおこなう者。権力を抑圧的に行使することもある。

な 行

内戦　civil war：同じ国の敵対する市民間の戦争。

ナショナリズム　nationalism：自国と自国民に対する忠誠心や献身的感情。また、その集団の利益追求こそが政治における主目的であるとする理念。

農奴　serf：特に中世ヨーロッパにおいて、領主の土地で農作業に従事することを強いられた下級階層の人。土地の売買によって、農奴の所有権もいっしょに新たな領主へ移譲されることもあった。

能力主義　meritocracy：支配者は富や生まれではなく能力に基づいて選ばれるべきという考え。

は 行

賠償　reparations：戦争によって国に生じた損害や負傷、経済損失を埋め合わせるために敗戦国が払う補償のことで、通常は金銭や物品や労働力によってなされる。

覇権　hegemony：権力を獲得して保持することと、その過程で社会集団を形成すること。

蛮族　barbarian：古代において、ギリシアかローマの巨大文明に属さない民族集団や土地や文化を指し、社会的に遅れていて未開であると見なされた。

平等主義　egalitarianism：社会的、政治的、経済的平等を唱える哲学。

ファシズム　fascism：強力なリーダーシップ、全体主義の重視、国益追求のための暴力や戦争行為の利用を特徴とするイデオロギー。ムッソリーニの政権で最初に用いられた。

ブルジョワジー　bourgeoisie：中産階級のことで、特に物質主義的な価値観や保守的な態度といった特性を示している。

プロパガンダ　propaganda：特定の政府や運動や団体に対する心象を害する、あるいはよくするために、情報、意見、考え方などを組織的に拡散すること。

プロレタリアート　proletariat：共同体の最下層の社会的あるいは経済的階級。

併合　annexation：編入の行為。新しい領土を奪い、国あるいは国家に加えることで、通常は暴力が用いられる。

封建制度　feudalism：公国や公爵領といった複数の小規模領土で構成される中世の政治体制。貴族が統治をおこない、その地に暮らす小作農は領主に隷属する身分とされた。

暴動　insurgency：政府に対する反乱状態で、革命のような統合的な流れには至らず、戦争状態とは見なされないもの。

ま 行

マルクス主義　Marxism：カール・マルクスの著作を支える思想で、社会の経済秩序が政治や社会のあり方を決定すると論じる。

民主主義　democracy：最高権力が人々に与えられ、選出された代表によって行使される政治形態。

民兵　militia：一般市民で編成された一団で、ある程度の軍事訓練を受けている場合もあり、非常時に国の正規軍を補佐するために招集される。

や 行

優生学　eugenics：血統を管理することで人間集団が改良されるという考えと、その考えについての研究。

遊牧民　nomad：つぎつぎと場所を変えて暮らす集団のことで、季節に応じて、一定の領域内で移動することが多い。

ら 行

ルネサンス　Renaissance：14世紀から17世紀のヨーロッパにおいて、芸術、文学、学問で偉大な成果が見られた期間。中世から近世への移行期と見なされることも多い。

索引

太数字(ゴシック体)は見出し項目の掲載ページ。

あ行

アームストロング、ニール　310
IS　321, 327
アイゼンハワー、ドワイト　319
アイヒマン、アドルフ　295
アインシュタイン、アルベルト　188
アインハルト　83
アヴィケンナ　→イブン・シーナー
アウィツォトル　115
アウグゥストゥス　→オクタウィアヌス
アウシュヴィッツ　294, 295
アウラングゼーブ(皇帝)　170
「赤い旅団」　324
「赤毛のエイリーク」　95
アカマピチトリ　114
アクスム王国　71
アクティウムの海戦　60, 64
アクバル大帝　170-1
アケメネス朝　44-5
アサド、バッシャール　321
アジア通貨危機　330
アジェンデ、サルバドール　341
アショーカ王　40, 41
アステカ帝国　75, 114-17, 148, 150
アゼルバイジャン　326
アタテュルク、ケマル　141, 260, 261
アタワルパ　117
アッシリア　70
アッティラ王(フン族)　69
アテネ　44, 45, 46-51, 70
アテネの民主主義　46-51
アパルトヘイト　235, 325
アブ・シンベル神殿　38-9
アブー・バクル　80
アブー=アブドゥッラー　128
アフガニスタン侵攻(ソ連)　341
アブデュルハミト2世(スルタン)　260
アブド・アッラフマーン1世　91-2
アブラハム・イブン・エズラ　93
アフリカ系アメリカ人　311
アフリカ統一機構　306
アフリカ民族会議(ANC)　325
アヘン戦争　254-5
アミン、イディ　307
アムステルダム証券取引所　180-3
アメリカ・メキシコ戦争　248
アメリカ先住民族　132, 159, 173, 249, 264
アメリカ独立宣言　101, 204, 218
アメリカ南北戦争　15, 244-7
アメリカ連合国　246-7
アモリ人　37
アヤクーチョの戦い　219
アユタヤ　109
アラブの春　318, 321
アラブ連盟　302, 318
アラリック　69

アリー(・イブン・アビー・ターリブ)　81
アリウス派　66, 67
アリストテレス　51, 53, 92, 93, 193
アル=アンダルス　91-2
アル=イドリーシー　88, 93
アル=ウマリー、シハーブ　111
アル=サーヒリー、アブー・イスハーク　111
アル=トゥーシー、ナシール・アル=ディーン　91
アル=ハイサム　91
アル=ビールーニー　91
アル=フワーリズミー　88, 91
アル=マジュシ、アリー・イブン・アッバース(ハリー・アッバース)　92
アル=マームーン(カリフ)　89
アル=ムスタシム(カリフ)　93
アル=ラーズィー　91
アルカイダ　320, 321, 327
アルカソヴァス条約　149
アルキメデス　91
アルタミラの洞窟絵画　22-5
アルバレス、フェルナンド　168
アルファベット　34-5, 42, 43
アルフォンソ6世(カスティーリャ)　92
アルフォンソ13世　340
アルフレッド大王(「イギリス人の王」)　132
アルベルティ、レオン・バッティスタ　153
アレアンドロ枢機卿、ジローラモ　163
アレクサンデル6世(教皇)　149
アレクサンドル2世(皇帝)　243
アレクサンドル3世(皇帝)　243
アレクサンドロス大王　44, 45, 51, 52-3
アレクシオス1世、コムネノス(皇帝)　106, 107
アレクセイ(ツァレーヴィチ)　196
アレシアの戦い　71
アンコールワット　108-9
アンゴラ　307
安史の乱　84-5
アントニウス　→マルクス・アントニウス
アンハルト侯クリスティアン　168
アンリ4世(フランス王)　167, 198-9
イヴァン雷帝　196
イェニチェリ　140-1
硫黄島の戦い　293
医学　89, 91, 92, 93, 202
イギリス内戦　174-5
イサキオ2世アンゲロス(皇帝)　139
イサベル1世(カスティーリャ)　128, 129, 144, 146
イサンドルワナの戦い　264
イスマーイール1世(シャー)　198
イスラエルの建国　302-3
イスラム国→IS
イスラム支配の拡大　74, 78, 80-1, 132
イスラムの学問　74, 75, 88-93
イスラムの勃興　74, 78-81, 132
イタリア戦争　156
イダルゴ、ミゲル(神父)　218

イツコアトル　115, 116
遺伝子組み換え(GM)作物　337-8
移動　20-1, 269, 338
イブン・アブドゥーン、ムハンマド・イブン・アフマド　90
イブン・シーナー(アヴィケンナ)　91, 93
イブン・ハルドゥーン　13
移民　249, 250-1
イラク侵攻　320-1, 341
イラン・イラク戦争　320
イラン革命　320, 341
殷王朝　36, 70
インカ帝国　75, 114, 116-17, 148, 150
印刷技術　136, 155, 161
インターネット　328-9
インダス文明　36, 70
インド国民会議派　298, 299-300
インド大反乱　242
インドの独立と分割　298-301
ヴァイキング　69, 74, 94-5, 147
ヴァイマル共和国　289
ヴァレンシュタイン、アルブレヒト・フォン　168
ヴァンゼー会議　294-5
ヴァンダル族　68, 69
ヴァンデ地方の反乱　212
ヴィーナスの小像　27
ウィーン会議　228, 229, 240
ウィーン包囲　141, 199
ヴィクトリア(イギリス女王)　233, 242
ウィクリフ、ジョン　160
ヴィッテ、セルゲイ　243
ウィティギス(ゴート族の王)　77
ウィラコチャ　116, 117
ウィリアム3世(イギリス王)　175
ウィルソン、ウッドロウ　280
ウィルバーフォース、ウィリアム　227
ヴィルヘルム1世(皇帝)　240
ヴィルヘルム2世(皇帝)　272, 273
ヴェーリョ、ゴンサロ　144
ウェストファリア条約　166, 169
ヴェスプッチ、アメリゴ　144, 151
ヴェトナム戦争　312-13, 324
ウェブサイト　328-9
ウェルキンゲトリクス　71
ヴェルサイユ条約　272, 275, 280, 284, 285, 288, 289, 305
ウォール街大暴落　282-3, 330
ヴォルテール　193, 194, 195
ヴォルムス協約　96, 97
ヴォルムスの帝国議会　161, 162
「宇宙開発競争」　310
ウフドの戦い　80
ウマイヤ朝　78, 81, 88, 89, 128
「海の民」　38, 42
ウルストンクラフト、メアリー　192
ウルバヌス2世(教皇)　106-7
ウルフィラ　66
英宗(皇帝)　126

索引 **345**

永楽帝　122, 125
エヴァンズ、アーサー　42
エウクレイデス　90, 91
エカチェリーナ2世（ロシア皇帝）　196, 197
エセン・ハーン　126
エッフェル、ギュスターヴ　256
エッフェル塔　**256-7**
江戸時代　184-5
エドワード（懺悔王）　132
エドワード2世（イギリス王）　133
エドワード3世（イギリス王）　101, 133, 156
エフィアルテス　48, 49
エマヌエーレ2世、ヴィットーリオ（イタリア王）　228, 239
エラスムス　155
エリクソン、レイフ　95
エリザベス1世（イギリス女王）　166
エリス島　**250-1**
エリツィン、ボリス　323
エルカーノ、フアン・セバスティアン　151
エルサレム陥落　**106-7**
エンクルマ、クワメ　306-7
エンゲルス、フリードリヒ　229
エンリケ航海王子　145
王家の谷　39
王権神授説　101
欧州連合　323, 332, 333, 338
王立アフリカ会社　176, 177
王立アフリカ冒険商人会社　**176-9**
オーストラリア、人類のはじめての到達　**20-1**
オーストリア＝ハンガリー帝国　240-1, 272-3
オーゼルク、ベンノ　324
オクタウィアヌス（ローマ皇帝）　52, 60, 64-5
オスマン帝国（オスマン・トルコ）　93, 104, 105, 136, 138-41, 144, 156, 199, 228, 241, 260-1, 272, 275, 280, 319
オスロ合意　302, 318
オズワルド、リー・ハーヴェイ　309
織田信長　185
オットー1世（神聖ローマ皇帝）　82, 132
オドアケル　69, 76
オニャーテ、フアン・デ　148
オランダ独立戦争　166, 198
オランダ東インド会社　179, 180, 181, 182, 183, 185, 199
オルメカ文化　34, 36

か 行

カーソン、レイチェル　337
カーター、ジミー　320
ガーナ　110, 111, **306-7**
カーマイケル、ストークリー　311
カール5世（神聖ローマ皇帝）　158, 162, 198
カール大帝（シャルルマーニュ）　74, **82-3**, 88, 89
カルロス1世（スペイン）→カール5世
カヴァデール、マイルズ　161, 162
カヴール、カミッロ　239, 240
カエサル、ユリウス　53, **58-65**, 71
ガガーリン、ユーリイ　310

科学の発展　88-91, 137, 188, 194, 236-7
核兵器開発競争　268, 297, 308
カサス、バルトロメ・デ・ラス　146
カスター、ジョージ（将軍）　249
カスティヨンの戦い　**156-7**
カスティリオーネ、ジュゼッペ　186
カストロ、フィデル　309, 314, 315
火薬　127, 136, 156, 157
ガリバルディ、ジュゼッペ　238-9
カリフォルニアのゴールドラッシュ　**248-9**
ガリレイ、ガリレオ　188, 192
カルヴァン、ジャン　160, 161
カルタゴ　70-1
ガレノス　90, 93
ガレリウス（皇帝）　66
カロデンの戦い　199
カロリング朝ルネサンス　83
漢王朝　12, 35, 54, 57, 71, 104, 131
環境　28, 29, 269, 337-9
カンザス・ネブラスカ法　244, 245
ガンディー、モハンダス　13, 299, 300, 301, 306
カント、イマヌエル　193
カンバーランド公爵　199
官吏（中国）　84, 85, 124-5
キケロ　51, 61
気候変動　28-9, 30, 68, 75, 338-9
技術→テクノロジー
北大西洋条約機構（NATO）　297, 321, 323, 326
キッチナー（将軍）　265
キャサリン・オブ・アラゴン　198
旧石器時代　19, 22-7
9.11同時多発テロ　320, **327**
キューバ・ミサイル危機　**308-9**
キュロス大王（キュロス2世）　44, 45
共産主義　229, 268, 276-9, 281, 285, 296, 297, 304-5, 312-17, 322, 323
共産主義諸国　269, 281, 323
強制収容所　294, 295
恐怖政治　210, 212, 213
共和制ローマ　60-5
共和制ローマの崩壊　**60-5**
ギリシアの独立戦争　228, 239, 241, 260, 261
キリスト教の台頭　13, 66-7
キルデリクス　71
義和団　255
義和団の乱　254, 255
キング・ジュニア、マーティン・ルーサー　13, 15, 301, 311
金本位制　232
クヴィスリング、ヴィドクン　291
グーテンベルク、ヨハネス　155
クエーカー教徒　172
クスコ　114, 116
グスタフ・アドルフ（スウェーデン王）　166, 168
クセルクセス（ペルシア）　45
クック、ジェームズ（船長）　**189**
クノッソスの宮殿　**42-3**
クフ王　38

クメール・ルージュ　313
クメール帝国　108-9
グラール、ジョアン　**341**
クライシュ族　79-80
クライブ、ロバート（将軍）　191
クラウディウス（皇帝）　71
クラッスス　62
グラナダ陥落　**128-9**
グラント、ユリシーズ・S（将軍）　245, 247
クリミア戦争　243, 265
クルアーン→コーラン
クルワカンの王　114
クレイステネス　49
グレート・イースタン号　224, 225, 234
グレゴリウス7世（教皇）　96-7
クレマンソー、ジョルジュ　280
グレン、ジョン　310
クローヴィス（フランク人の王）　71, 82
グローバリゼーション　333
クロムウェル、オリヴァー　174-5, 199
クロンシュタットの反乱　279
啓蒙時代　13, 137, 188, **192-5**, 197, 205, 206, 210, 227
ケープタウン（オランダ植民地）　199
ゲーリング、ヘルマン　285
ゲッベルス、ヨーゼフ　295
月面着陸　310
ゲティスバーグの演説　**244-7**
ゲティスバーグの戦い　244-5
ケネディ、ジョン・フィッツジェラルド　308, 309, 315
ケプラー、ヨハネス　188
ケベックの戦い　191
ケルト人　70
ゲルハルト（クレモナ）　93
ゲルマン系諸民族　68-9
ケレンスキー、アレクサンドル　278
元王朝　102, 105, 122-3, 124, 127, 130
原子爆弾　293, 340
玄宗（皇帝）　85
建築　152-3, 170, 171, 256-7
源平合戦　98, 99
権利の章典　101, 175
乾隆帝　186, 187
ゴ・ディン・ディエム　312
「紅衛兵」　316, 317
康熙帝　186-7
工業化　202, 224-5, 243, 251, 253, 257, 281
紅巾の乱　122, 123
孔子（儒教）　57, 125, 130, 131
洪秀全　265
香辛料貿易　144, 151, 180, 182
高層ビル　257
鋼鉄　225
洪武帝→朱元璋
公民権運動　269, **311**
高麗　130
ゴータマ・シッダールタ　**40-1**
ゴート族　69, 76-7
ゴードン、チャールズ・ジョージ　265
コーラン（クルアーン）　79, 81
胡亥　57
古気候学　29
国際通貨基金（IMF）　332
国際連合　293, 325, **340**
国際連盟　275, 280

黒死病（ペスト） 15, 75, 104, **118-19**
呉三桂 186
コソヴォ 326
国会議事堂放火事件 **284-5**
ゴドフロワ・ド・ブイヨン 107
コルテス、エルナン 116, 148, 150
コルニーロフ、ラーヴル（将軍） 278
ゴルバチョフ、ミハイル 296, 322, 323
コルベール、ジャン・バティスト 190
コロンブス、クリストファー 15, 129, 136, **142-7**, 148, 149
コロンブス交換 **158-9**
コンキスタドール（征服者） 75, 116, 136, 149-51, 158
コンスタンティヌス1世（皇帝） 66-7
コンスタンティヌス11世（皇帝） 138
コンスタンティノープルの陥落 **138-41**, 154, 156
コンピューター科学 328-9

さ 行

サービト・イブン・クッラ 90
サイード・アル＝アンダルーシ 89
サイクス＝ピコ協定 272
「最高存在の祭典」 212
最終解決（ユダヤ人問題） 294-5
最終氷期最盛期 21, 26, 27, **28-9**
サウジアラビア 318, 320, 321
ササン朝ペルシア 80, 81
サファヴィー朝 139, 141, 170, 171, 198
サフラジェット 262-3
サラーフッディーン、ムハンマド 321
サラエヴォ包囲 326
サラゴサ条約 151
サラディン 106
サラミスの海戦 45
サルトル、ジャン＝ポール 324
サン・バルテルミの大虐殺 167, 198
産業革命 222-5, 229, 339
サンクトペテルブルク **196**, 197
塹壕 272
三国同盟 273
三十年戦争 133, 166, 167-9
三藩の乱 **186-7**
シアグリウス 71
G6 330
G20 333
シーザー、ジュリアス →カエサル、ユリウス
子嬰 57
ジェームズ1世（イギリス王） 175, 176
ジェームズ2世（イギリス王） 101, 175
ジェームズタウン、ヴァージニア州 172, 173
ジェファーソン、トマス 206-7
シオニズム 241, 302, 303
紫禁城（北京） 124, 125
シク王国 264
始皇帝 **54-7**
自然淘汰 237
七年戦争 **191**, 206
失業 282, 283
シッティング・ブル 249
「死の舞踏」 118, 119
司馬遷 12, 55, 56

シベリア鉄道 243
資本主義 137, 178, 182, 202, 229, 268, 269, 278, 279, 315, 316, 317, 322, 332, 333
シャーマン、ウィリアム 247
シャール・フォン・ベル、ヨハン・アダム 127
シャカ（ズールー族首長） 264
社会主義の出現 228-9
ジャコバイト（旧体制派） 199
ジャコバン派 212
ジャハンギール（皇帝） 171
ジャヤーヴァルマン2世（クメール王） 108
シャルル7世（フランス王） 156, 157
シャルル10世（フランス王） 228
シャルルマーニュ →カール大帝
ジャンヌ・ダルク 133
上海の大虐殺 305
周王朝 56, 70
十月革命 **276-9**
宗教改革 133, 136, **160-9**, 192, 198, 199
宗教戦争 166-9
集賢殿 130, 131
十字軍 75, 96, **106-7**, 139
修道院制度 97
シュールズベリー伯ジョン・トールボット 156
朱熹 131
儒教 →孔子
朱元璋 103, **120-7**
シュリーヴィジャヤ王国 108, 109
狩猟採集 19, 24, 26-7, 30, 31
ジュルジス・イブン・ジーブリール・イブン・ブフティーシュー 89
春秋時代 54, 55
ジョアン2世（ポルトガル王） 146, 149
ジョアン6世（ポルトガル王） 217
蔣介石 305, 317
蒸気機関 202, 222, 223-4
条約港 254
ジョージ2世（イギリス王） 199
ジョージ3世（イギリス王） 206
ジョージ5世（イギリス王） 262
女性 192, 262-3, 275, 324
ジョゼフ・ボナパルト 218
ジョット 152
ジョン王 100-1
ジョンソン、リンドン・B 313
シルウェステル2世（ローマ教皇） 92
シルクロード 41, 75, **104-5**
ジロンド派 212
晋王朝 71
清王朝 127, 137, **186-7**, 255, 265
進化 236-7
人権 202, 307, 325, 340
人権宣言 →「人間および市民権利の宣言」
人工衛星 310, 328, 329
人口増加 30, 35, 75, 202, 223, 234, 269, **335-9**
真実和解委員会 325
人種差別 324, 325
真珠湾 292, 340
神聖ローマ帝国 74, 82, 132, 167-8, 198, 199, 216
新世界 129, 136, 142-51, 158-9
新石器革命 19, 30-1
秦朝 55-7, 126
ジンナー、ムハンマド・アリー 300
人文主義 13, 155, 162

数学 90-1
スーリヤヴァルマン2世 108, 109
ズールー王国 264
スエズ運河 **230-5**, 242
スエズ危機 **318-21**
スエトニウス 64
スカルノ（大統領） 300, 340
スコット、マイケル 93
スターリン、ヨシフ 276, 279, **281**, 289, 292, 297
スターリングラードの戦い 288, 292
スティーヴンス、アレクサンダー 246
スティーヴンソン、ジョージ 220, 222, 223
スティムソン、ヘンリー・L 292
ステュアート、エリザベス（ボヘミアのエリザベス） 168
ステュアート、チャールズ・エドワード（王子） 199
スパルタ 44, 45, 51, 70
スパルタクス 62
スハルト 340
スプートニク 310
スフォルツァ家 152, 155
スペイン継承戦争 190
スペイン内戦 **285**, 289, 340
スミス、アダム 222, 223
スラ 60
スレイマン1世（スルタン、壮麗王） 141
生活水準 257, 269, 333
清教徒 →ピューリタン
聖職叙任権闘争 **96-7**
世宗 **130-1**
生態系の変化 158-9
青銅器時代 34, 37, 42, 43
青年トルコ革命 **260-1**
セーヴル条約 260, 261, 280
世界恐慌 →大恐慌
世界金融危機 268, **330-3**
世界経済 232, 235, 268
関ヶ原の戦い **184**, 185
赤軍派 341
絶対王政 190, 210
ゼノン（皇帝） 76
セポイの反乱 →インド大反乱
セルジューク朝トルコ 106, 107, 139
繊維産業 224
全インド・ムスリム連盟 300
1848年革命 **228-9**, 239, 240, 251
1968年革命 324
戦国時代（中国） 54, 55, 56
センナケリブ（アッシリアの王） 70
千人隊の遠征 **238-9**
線文字A 42, 43
宋王朝 13, 102-3, 122, 127, 131
ソクラテス 50-1
ソランダー、ダニエル 189
ソ連の解体 268, 322, 323
ソロン 48-9
ソンガイ帝国 110, 111
孫文 304, 305
ソンムの戦い 274

た 行

ダ・ヴィンチ、レオナルド 152, 153

索引

ダ・ガマ、ヴァスコ　144, 145, 149
ダーウィン、チャールズ（種の起源）　236-7
タイ　108, 109, 149
第1次三頭政治　62
第1次世界大戦　241, 260, 261, 268, **272-5**, 276, 280, 282
第1次中東戦争　319
第1次湾岸戦争　320
大運河（中国）　125
大気汚染　339
大恐慌　268, 282-3, 330, 333
対抗宗教改革運動　160, 163
太公望　70
呂尚　→太公望
大コロンビア　**216-19**
第3次中東戦争　302, 303, 320
大シスマ　132
「大粛清」　281
太宗（皇帝）　85
第2次英蘭戦争　177
第2次三頭政治　64
第2次世界大戦　268, 280, 281, 282, 283, 284, **288-95**, 297, 305, 308, 340
太平天国の乱　254, 255, 265
太平洋戦争　292-3
大北方戦争　197
「大躍進」　316, 317
第4次中東戦争　332
大陸会議　204, 206, 207
大陸封鎖　215
台湾　305
タスマン、アベル　189
ダッハウ　294
タフト、ウィリアム　233
タフマースプ（シャー）　198
タマレイン（ティムール帝国）　133
タラス河畔の戦い　84, 85
タリバン　341
ダレイオス（ペルシア王）　44, 45
ダレイオス3世（ペルシア王）　44, 52, 53
ダンケルク脱出　290
タンネンベルクの戦い　133
チェコスロヴァキア　289, 323, 326
チェンバレン、ネヴィル　289
地下鉄　256, 257
地図製作　93
チトー、ヨシップ・ブロズ　326
チムー文化　114, 116
チャーチル、ウィンストン　13, 290, 296
チャールズ1世（イギリス王）　101, **174-5**
チャールズ2世（イギリス王）　174, 175
チャウシェスク、ニコラエ　326
チャタルヒュユク　**30-1**
チャンパ　108, 109
中央アメリカ　114-17, 150, 151, 158-9
中国国民党　304-5
長征　**304-5**, 317
朝鮮王朝　130-1
朝鮮出兵（日本）　199
朝鮮戦争　297
チリ　150, 151, 341
チンギス・ハーン　102, 103, 104
ツヴィングリ、ウルリッヒ　161, 162
対馬沖海戦　253
ディアス、バルトロメウ　144, 145
ディアス、ポルフィリオ　265

DNA　21, 236, 337
DDT　337-8
Dデー　288
デイヴィソン、エミリー　**262-3**
ディオクレティアヌス（皇帝）　66
定住（初期の人類）　19, 30-1
ディドロ、ドゥニ　**192-3**, 194
ティベリウス（皇帝）　60, 65
ティリー将軍　168
鄭和　125
ティンダル、ウィリアム　162
テオドシウス1世（皇帝）　67
テオドリック（東ゴート族）　68, 69, 76
デカルト、ルネ　13, 188
テクノロジー（技術）　27, 75, 127, 136, 145, 155, 158, 159, 161, 202, 220-5, 328-9
デクラーク、F・W　325
テソソモク　114
哲学　35, 50-1, 192-5
鉄器時代　34
鉄道　202, 222-5, 233-4, 243, 248, 249, 253
デニソワ人（ヒト族）　20, 21
テノチティトラン　**112-16**, 150
テヘラン会談　293
デューラー、アルブレヒト　155
テルモピュライの戦い　45
デロス同盟　45, 48, 50
テロリズム　269, 321, 327
電信　234, 248, 249
テンプル騎士団　106, 107
デンマーク　240, 290
「天命」　70
天文学　90, 91, 127
ド・ゴール、シャルル　291, 301, 340
ドイツ騎士団　133
トゥールの戦い　132
唐王朝　35, 84-5, 127, 131
鄧小平　304, 316, 317
トゥキディデス　12
洞窟絵画　22-6
トゥサン・ルヴェルチュール　227
トゥパック・インカ・ユパンキ　116
徳川家康　184, 185
徳川幕府　99, 184, 185, 252-3
徳川秀忠　185
独立運動　216-19, 268-9, 298-301, 306-7
独立宣言　**204-7**
都市国家　44, 45, 48, 50, 52, 60, 70, 105, 154
都市文化　256-7
トトメス3世（ファラオ）　38, 39
豊臣秀吉　184, 185, 199
トラカエレル　116
トラファルガー沖の戦い　215
トリエント公会議　160, 163
トルーマン・ドクトリン　296, 312
ドル外交　233
トルコの近代化　203, 260-1
トルデシリャス条約　**148-51**
ドルフス、エンゲルベルト　285
奴隷貿易廃止法　**226-7**
トロツキー、レフ　278, 279
ドロヘダ包囲　199
トンキン湾事件　**312-13**

な 行

ナイチンゲール、フローレンス　265
内燃機関　222
ナイル川　38, 39
長崎　293, 340
ナショナリズム　14, 203, 229, 238-41, 306, 326
ナセル、ガマル（大佐）　318-20
ナチ党（ナチス・ドイツ、国家社会主義ドイツ労働者党）　275, 280, 283, 284-5, 286-93, 294-5
ナポレオン1世（皇帝）　210, 213, 214-5, 218, 227, 240, 250
ナポレオン3世（皇帝）　228, 240, 256, 265
ナポレオン戦争　214-15, 216, 217
涙の旅路　264
ナルメル王　38
ナントの勅令　166, 167, 190, 199
南北戦争　→アメリカ南北戦争
難民　321, 339
ニカイア公会議　66, 67
ニクソン、リチャード　316, 317
ニコライ2世（皇帝）　243, 276, 277, 278
ニコラオス・カナボス（皇帝）　139
西ゴート族　68, 69, 88, 128
西ローマ帝国　66-7, 68-9, 76, 82, 83
ニスタット条約　196
日露戦争　252, 253, 276
日清戦争　252, 253, 305
ニューコメン、トマス　223
「ニューディール」　283
ニュートン、アイザック（プリンキピア）　**188**, 192
ニュルンベルク裁判　295
「人間および市民権利の宣言」　211
ネアンデルタール人　20, 21
ネーデルラント連邦共和国　180, 181, 198
ネルー、ジャワハルラール　300
ネロ（皇帝）　66
粘土製兵士　56
農業　19, 30-1, 158-9, 181, 202, 222, 336-8
農業と健康　31
農作物　158-9, 181, 337-8
農奴解放　243
農民の反乱　161
ノルマン人のイギリス征服　132-3
ノルマンディー上陸作戦　→Dデー

は 行

パークス、ローザ　311
バーダー、アンドレアス　341
バーナーズ＝リー、ティム　328-9
バーナンキ、ベン　333
パーニーパットの戦い、第2次　170, 171
ハーバート（ケットン）　92
バーブル　170, 171
ハーラル3世（ノルウェー国王、苛烈王）　95
ハールーン・アッラシード（カリフ）　88-90
ハイチ革命　226, 227
バイト＝アルヒクマ（知恵の館）　89-90, 91, 93
ハインリヒ4世（神聖ローマ皇帝）　96-7
ハインリヒ5世　96, 97

ハウトマン、コルネリス・デ 180
パウルス3世 163
パウロ（使徒） 66
パクス・ロマーナ（ローマの平和） 64-5
ハクスリー、トマス 236
バグダードの建設 **86-93**
幕府 98-9
バスティーユ牢獄襲撃 **208-13**
八十年戦争 166
パチャクテク 116
発見の航海 95, 144-51
パッシェンデールの戦い **270-5**
閥族派（オプティマテス） 61, 62
バティスタ、フルヘンシオ 308, 315
ハドリアヌス（皇帝） 65
パナマ運河 232-3
バノックバーンの戦い 133
バビロニア 36, 37, 44, 45
ハプスブルク家 166, 167-9, 198, 199
パフラヴィー、モハンマド・レザー 320, 341
ハミルトン、アレグザンダー 207
パリ・コミューン 228
ハリソン、ジョン 189
パリ和平協定 312
バルカン戦争 241, 260, 261, 272
ハルシュタットのケルト文化 70
パルテノン（アテネ） 48, 49
ハルトゥーム包囲 265
バルフォア宣言 302, 303
パレスチナ解放機構（PLO） 318, 321
バレンツ、ウィレム 182
パン・アフリカ会議 306
バンクス、ジョーゼフ 189
パンクハースト、エメリン 263
ハングル 130, 131
ハンニバル 70-1
ハンムラビ（バビロンの王） **36-7**
ハンムラビ法典 **36-7**
反ユダヤ主義 251, 285, 289, 292
万里の長城 56, 126
東ゴート族 68, 69
東ローマ帝国（ビザンツ帝国） 53, 67, 68, 69, 74, **76-7**, 80, 81, 83, 88, 138-9, 141, 154
ヒクソス 39
ピサロ、フランシスコ 117, 148, 150
ビザンツ帝国　→東ローマ帝国
美術 22-7, 152, 153-5, 183
ヒズボラ 321
ビスマルク、オットー・フォン 240, 241, 258
ヒゼキヤ（ユダの王） 70
ピッグス湾侵攻 309, **314-15**
非同盟運動 301
ヒトラー、アドルフ 280, 283, 284-5, 288-92, 293, 294, 295
ピノチェト、アウグスト（将軍） 341
ピピン3世（フランク王） 82, 83
ヒムラー、ハインリヒ 295
ヒメネス、フランシスコ 162-3
百年戦争 13, 133, 156-7
ヒューム、デイヴィッド 194
ピューリタン（清教徒） 173, 175
ビューロー、ジャン 156
氷河期 19, 21, 24, 26, 27, **28-9**, 30
病気の蔓延 136, 149, 150, 158, 159, 269
平等 202, 212, 213, 244, 311, 324, 325

ピョートル大帝（ロシア） 196-7
ピラミッド 38, 39
ピルグリム（巡礼者） 158, 172-3
広島 293, 340
ビン・ラーディン、ウサーマ 321, 327
貧困 330
ヒンドゥー教 40, 41, 90, 108
ファイストス円盤 42, 43
ファシズム 284-5, 289, 340
ファルーク（エジプト王） 318, 319
フィボナッチ、レオナルド 93
フィリッポス2世（マケドニア） 51, 52
フィレンツェ（ルネサンス） 152-5
フェリペ2世（スペイン王） 166, 198, 199
フェルディナント1世（神聖ローマ皇帝） 198
フェルディナント2世（神聖ローマ皇帝） 167, 168
フェルナンド2世（アラゴン） 128, 129, 144, 146, 149
フェルナンド7世（スペイン王） 218
武王 70
ブキャナン大統領 233
福祉制度 332
武士 98, 99, 185
フス、ヤン 133, 160, 162
フス戦争 133
フセイン、サッダーム **320**, 341
フセイン（・イブン・アリー） 81
仏教 35, **40-1**, 108
武帝 12
プトレマイオス 90, 91, 93
プトレマイオス朝エジプト 53
フナイン・イブン・イスハーク 90
不平等 34, 244, 333
フビライ・ハーン **102-3**, 104, 105, 109, 122, 133
普仏戦争 241, 256, 265, 272-3
フマーユーン 170, 171
ブライテンフェルトの戦い 166, 168
プラタイアの戦い 45
ブラック・パンサー 324
プラッシーの戦い 191
プラトン 48, 51
プラハ窓外放出事件 **164-9**
フランク族 69, 81, 82, 83, 88, 89, 132
フランクリン、ベンジャミン 192
フランコ、フランシスコ（将軍） 285, 289, 340
フランス革命 190, 195, 203, 206, 207, **208-13**, 229
フランス革命戦争 212, 213, 214-15
フランツ・フェルディナント（大公） 273
フリードリヒ1世（神聖ローマ帝国皇帝、赤髭王） 107
フリードリヒ2世（神聖ローマ皇帝） 93
フリードリヒ2世（プロイセン王） 191, 197
フリードリヒ5世（プファルツ選帝侯） 168
フリードリヒ賢明公 162
ブリテンの戦い 290-1
プリマス、マサチューセッツ州 172, 173
フリンダース、マシュー 189
ブルートゥス、マルクス・ユニウス 63, 64
フルシチョフ、ニキータ 308, 309
プルタルコス 64
ブルネ、イザムバード・キングダム 224, 234
ブルネレスキ、フィリッポ 153, 155
ブレトン・ウッズ 330

文化大革命 313, **316-17**
フン族 68, 69
米英戦争 264
平均寿命 269, 336
ヘイグ、ダグラス 273-4
平氏 98, 99
ペイシストラトス 49
平民派（ポプラレス） 61, 62
ヘーゲル、ゲオルク 14
ベーコン、フランシス 188
北京条約 254, 255
ペスト　→黒死病
ペタン、フィリップ（元帥） 291
ベッセマー、ヘンリー 222, 225
ペドロ1世（ブラジル） 216, 217, 218
ベネズエラ 216, 219, 315
ペリクレス 48, 49, 50
ベリサリウス **76-7**
ペルシア戦争 **44-5**, 50, 53
ヘルツル、テオドール 303
ベルニエル、ルイジ 42
ヘルマン（ケルンテルン） 92
ベルリン会議 **258-9**
ベルリン空輸 **296-7**
ベルリンの壁 296, **322-3**, 326
ヘレニズム 51, 52-3, 90
ヘロドトス 12, 45
ペロポネソス戦争 12, 44, 45, 50, 51, 70
ベン・アリ 321
ペン、ウィリアム 172
ベン=グリオン、ダヴィド 302, 303
ヘンリー1世（イギリス王） 100
ヘンリー8世（イギリス王） 160, 162, 198
ホイヘンス、クリスティアーン 188
貿易 75, 104-5, 176-9, 223, 232, 232-5
封建制 55, 100, 157, 211, 252
砲術 156-7
ボウディッカ（イケニ族女王） 71
ポエニ戦争 70-1
ホー・チ・ミン 312
ボーア戦争 235, 258, 265
ホーキンス、ジョン 176
ホームステッド法 248
ポーランド侵攻（ナチス） **286-93**
ポーランド分割 197, 264
ポール、アリス 263
ボールトン、マシュー 224
ポーロ、マルコ 103, **104-5**
ボーローグ、ノーマン 336, 337
北軍 247
ボスニア紛争 326
ホメイニー、アーヤトッラー **320**, 327, 341
ボリシェヴィキ 276-9, 296
ボリバル、シモン **216-19**
ポル・ポト 313
ポルタヴァの戦い 196
ホルバイン、ハンス（子） 155
ホロコースト 294-5, 303
香港 254, 301
ポンペイ 60
ポンペイウス 62

索引

ま行

マインホフ、ウルリケ　341
マウマウの蜂起　301, 306
マウリヤ朝　40, 41
マウントバッテン、ルイス　300
マカートニー伯爵　254
マキャヴェリ　157
マクセンティウス（皇帝）　66
マグナ・カルタ　15, 75, **100-1**
マジャール人　69, 74, 132
マゼラン、フェルディナンド　144, 151
マッツィーニ、ジュゼッペ　238, 240
マティアス（神聖ローマ皇帝）　167
マデーロ、フランシスコ　265
マドックス（駆逐艦）　313
マフディスト　265
マムルーク朝　93, 138, 139
マヤ文明　34, 36, 71
マラーゲ　88, 91
マラズギルトの戦い　106, 139
マラトンの戦い　45
マリー・アントワネット（フランス王妃）　211
マリウス　60
マルクス・アントニウス　64
マルクス、カール　14, 229, 234, 268
マルコム X　311
マンコ・カパック　116
マンサ・ムーサ　**110-11**
満州族の侵入　122, 126, 127, 186-7
マンスール（カリフ）　88, 89, 91
マンデラ、ネルソン　**325**
マンハッタン計画　308
マンモス　28, 29
ミケーネ人　42
ミケランジェロ　152, 153, 154, 156
ミシシッピ文化　132
ミズーリ協定　244, 245
緑の革命　336-8
南アメリカ　216-19
源頼朝　**98-9**
ミノアのクレタ島　42-3
ミノア文明　42-3
ミハイル1世（総主教）　132
ミュンヘン会談　284, 289
ミラノ勅令　67
ミルウィウス橋の決戦　**66-7**
明朝　74, 103, **120-7**, 130, 137, 186, 187
ムアーウィヤ　78, 81
ムガル帝国　137, 170-1
ムスリム同胞団　320
ムッソリーニ、ベニート　275, 284, 285, 289
無敵艦隊（スペイン）　166, 199
ムバラク、ホスニ　321
ムハンマド・アムハド（スーダンの指導者）　265
ムハンマド（預言者）　**78-81**, 88
ムラービト朝　110, 111
メアリー2世（イギリス王）　175
明治維新　**252-3**
メイフラワー号　**172-3**
名誉革命　175
メキシコ革命　265, 314
メソポタミア　34, 36-7
メタクサス、イオアニス（将軍）　285

メッカ　78, 79-80, **110-11**
メッテルニヒ、クレメンス・フォン　240
メディチ家　152, 155
メフメト2世（スルタン）　138, 140, 141
メフメト5世（スルタン）　260
メフメト6世（スルタン）　261
メラート、ジェームズ　30
メロヴィング朝　71
綿花貿易　234-5
メンデル、グレゴール　236
モース、サミュエル　234
モーリタニア号　234
モーロ、アルド　324
モクテスマ　150
モクテスマ1世　115
文字　34-5, 42, 43, 130, 131
モズレー、オズワルド　285
モレーロス、ホセ　218, 219
モンケ（大ハーン）　93, 103
モンゴメリー（陸軍元帥）　292
モンゴル帝国　75, 93, 102-5, 108, 109, 122-3, 125, 126, 133
モンゴルフィエ兄弟　195
モンテスキュー　193, 195

や行・ら行・わ行

ヤルムーク川の戦い　80
ヤンカウの戦い　169
USSR　→ソヴィエト連邦
ユークリッド　→エウクレイデス
遊牧民による侵略　68-9
ユグノー　162, 167, 190
ユゴー、ヴィクトル　210
ユスティニアヌス（皇帝）　76-7
ユダ人　70
ユダヤ人　118, 119, 128, 129, 241, 285, 288, 292, 294-5, 302-3
ユトレヒト条約　190
雍正帝　187
ライプツィヒの戦い　215
ラクナウ包囲戦　**242**
ラムセス2世（ファラオ）　38, 39
ラムセス3世（ファラオ）　38
ラングトン、スティーヴン（カンタベリー大司教）　101
ランゴバルド王国　76, 77
ランジート・シング（国王）　264
リー、ロバート・ヘンリー　205
リー、ロバート・E（将軍）　244, 245, 246, 247
リーベック、ヤン・ファン　199
リーマン・ブラザーズ　331
リヴォフ、ゲオルギー・Y　278
李斯　57
李自成　127
李氏朝鮮　→朝鮮王朝
リシュリュー枢機卿　190
李舜臣（将軍）　199
李成桂　130, 131
リチャード1世（イギリス王）　107
リッチ、マテオ　127
リトル・ビッグホーンの戦い　249
劉邦　57
両シチリア王国　238, 239

リンカーン、エイブラハム　13, 207, 244, 245
リンディスファーン修道院　94-5
ルイ・フィリップ（「フランス国民の王」）　228
ルイジアナの購入　206
ルイ14世（フランス王）　**190**, 196, 199, 210-11
ルイ16世（フランス王）　206, 210-12
ルートヴィヒ1世（敬虔王）　83
ルソー、ジャン＝ジャック　193, 195
ルター、マルティン　**160-3**
ルッジェーロ2世（シチリア）　88, 93
ルドルフ2世（神聖ローマ皇帝）　167
ルネサンス　13, **152-5**
ルフェーブル・デタープル、ジャック　161
ルムンバ、パトリス　301, 307
冷戦　268, **296-7**, 301, 307, 308-9, 310, 322, 341
レーニン、ウラジーミル・イリイチ　276-9, 281, 296, 297
レーモン（マルセイユ）　93
レオ3世（ローマ教皇）　82, 83
レオ9世（教皇）　96, 132
レオ10世（教皇）　160, 162
レオニダス（スパルタ王）　45
レオポルド2世（ベルギー国王）　258, 259
歴史の歴史（史学史）　12-15
レコンキスタ　92, 107, **128-9**
レセップス、フェルディナン・ド　233
レパントの海戦　141
レピドゥス　64
「連帯」　322, 323
労働組合　229
労働者制定法（イギリス）　118, 119
ローザンヌ条約　260, 261
ローズ、セシル　258, 259
ローズヴェルト、セオドア　233
ローズヴェルト、フランクリン・D　283, 292
ローマ教皇　82, 83, 96-7, 132, 154, 155
ローマ帝国　35, 60, 61, 64-5, 71, 74
ローマの略奪（410年）　**68-9**
ロクロアの戦い　169
ロケット号　**220**, 222, 223
ロシア革命　**276-9**, 297
ロシア内戦　278-9
ロック、ジョン　194-5
ロバート・ブルース（スコットランド王）　133
ロベスピエール、マクシミリアン　210, 211, 212, 213
ロマン主義　14, 202
ロヨラ、イグナティウス　163, 187
ロンメル、エルヴィン（軍司令官）　292
ワーテルローの戦い　**214-15**
ワイセルベルクの戦い（白山の戦い）　168
ワイナ・カパック　116
ワシントン、ジョージ　207
ワット、ジェームズ　222, 223-4
ワリード2世（カリフ）　88
ワルシャワ条約機構　297, 323

日本語版監修にあたって

小島　毅

　歴史学とは、現在の人間が過去の人間を対象にして研究する学術である。歴史の叙述、すなわちどの事象を取り上げ、それをどのように表現するかは、著者の歴史観・世界観によって左右される。これを偏向と呼ぶ人もいるが、私はこの点にこそ歴史書の醍醐味があると思っている。歴史的事実とは、後世の記録者・叙述者が、彼／彼女らの判断基準に照らして記録・叙述すべきだと判断したものの集積だからだ。

　今朝あなたが歯を磨き忘れたという事件は、あなたがそれを日記に書いたりメールで知人に報告したりしたうえで、後世の歴史家がその記述に興味を持たなければ歴史的事実にはならない。その「事件」は、あなたが歴史上の重要人物として一挙手一投足が注目されているか、「21世紀の日本人は歯を磨いていたらしい」という過去の珍奇な習俗の証拠とされるか、いずれにせよ後世の興味関心によって初めて意味を持つ「事実」となる。

　回りくどい書き方をしたが、本書は「21世紀のイギリスの歴史家たちが描いた、それ以前の世界の歴史」であり、したがって「18世紀のイギリス人」とも「21世紀の日本人」とも違う内容になる。本書は、イギリスの歴史家たちによる現時点での歴史認識を示してくれているわけだ。叙述には各所に工夫がほどこされて読みやすく、今回こうして日本語版を提供できることは喜ばしい。読者諸賢には、ぜひ、日本人が著した世界史の本と比較して読むことで、本書の特徴を深く味わっていただきたい。

　とはいえ、歴史書の通例で、著者の思い込みや依拠した情報の古さによって、現在の定説とは異なる記述・表現が原著には散見された。そこで、まず訳者が精密に点検して事実確認を行い、明らかな誤記（年代の間違いなど）を訂正した。そのうえで、監修者が記述内容の誤謬を訂正している。たとえば、305ページの毛沢東の長征について、原書では「チベット山地やゴビ砂漠」を経由したとされているのだが、これを「雲南省の山岳地帯や広大な荒野」と改めた。

　日本語版読者にとって身近な日本史の記述の誤りについても、そのままにしておいては読者に違和感を抱かせると考え、かなり訂正した。ただし、鎌倉幕府成立について（98〜99ページ）、現在では源義経追捕を口実とする守護地頭設置を画期とみなして「いい箱（1185）作ろう、鎌倉幕府」と教えているわけだけれども、ここは著者の将軍職へのこだわりを尊重して1192年（いい国）のままとした。

　私は本格的な歴史学者ではなく、一介の中国思想研究者にすぎない。そのため、西洋史に詳しい匿名の校閲者にも全体を見てもらっている。特に欧米に関する記述がきちんと訂正されているのは、すべてそちらの功績である。

　ここで、近世の世界をつないだ2つの事象について、著者たちの歴史認識への私の違和感を述べておきたい。

　一つは、モンゴル帝国のイメージについて。本書を通じて13世紀のモンゴルの勃興はユーラシア各地で略奪・暴行をもたらしたように描かれている。私たちはその一部の表現に手を加えたが、ヨーロッパの人たちにとって、モンゴル帝国の記憶が今なおこのように語り継がれ続けているということをあらためて実感した。詳細に述べるゆとりはないが、モンゴル族はもともと交易を通じて農耕定着社会と接触しており、略奪よりも租税の方が効率的であることを早くから知っていた。にもかかわらず、フビライの代になってからようやくそれに気づいたとする書き方（103ページ）からは、著者たちが5世紀にローマを劫略したゲルマン民族（68ページ）と13世紀のモンゴル族とを同列視していることを窺わせる。史実としては、ユーラシア大陸の極西地域（俗にいうヨーロッパ）がそれ以降たどる発展の歴史は、モンゴルの平和（パクス・モンゴリカ、105ページ）の遺産の賜物なのである。

　また、オスマン帝国が陸路（シルクロード）を閉ざしたためにヨーロッパ人が海に乗り出したとする記述（105ページ）。東西交易では陸路と並んで古くから海路も発達しており、陶磁器のように重量のある商品はそちらで運ばれていた（それゆえセラミックロードとも呼ばれる）。この海路はペルシャ人やインド人、イスラム商人たちが担っており、ヨーロッパ人は新参者にすぎない。著者たちはヨーロッパ人による「地理上の発見」がその後の世界史を領導したように描きたいし、英語版の読者たちはそうした叙述を歓迎しているのだろう。

　人のふり見て我がふり直せ。本書は近年日本国内で力を増してきている歴史の描き方を反省するための、良き教材でもある。自分たちの民族がいかに偉大で優秀かを自己満足的に主張するのは、歴史のひとつの描き方、ひとつの歴史認識だろう。ただし、それはその民族にとってのものにすぎない。他の民族にはその民族なりの歴史認識がある。冒頭で述べたように歴史認識とその叙述には多様性があって当然だ。自分たちの歴史認識が絶対に正しいと考えるのは、一種の信仰にすぎない。

　他者の偏見を批判するだけではなく、それを鏡として自分の偏見に気づけること。それは他者（外国人や過去の人たち）が著した歴史叙述を読むことのひとつの重要な意義である。歴史を学ぶこと、特に他者の視線で語られる歴史叙述に触れることによって、私たちは過去に生じた過ちを繰り返す危険を避けることができる。中国の古諺に曰く、「殷鑑遠からず」と。

　説教くさいまとめ方になってしまったが、本書が広く読まれることを切望してやまない。

引用出典一覧

人類の起源
20-21 ユヴァル・ノア・ハラリ
22-27 ジャン=マリー・ショーヴェ、エリエット・ブリュネル・デシャン、クリスチャン・ヒラリー
28-29 ブライアン・フェイガン
30-31 マイケル・バルター

古代の文明
36-37 ハンムラビ
38-39 エジプト=ヒッタイト間の平和条約(エジプト側)
40-41 ゴータマ・シッダールタ
42-43 アーサー・J・エヴァンズ
44-45 ヘロドトス
46-51 トゥキディデス
52-53 プルタルコス
54-57 司馬遷
58-65 マルクス・ユニウス・ブルートゥス
66-67 コンスタンティヌス1世
68-69 ヒエロニムス

中世の世界
76-77 プロコピオス
78-81 ムハンマド
82-83 アルクイン
84-85 太宗皇帝
86-93 サイード・アル=アンダルーシ
94-95 アルクイン
96-97 教皇教書
98-99 慈円
100-01 ジョン王
102-03 マルコ・ポーロ
104-05 マルコ・ポーロ
106-07 ウルバヌス2世
108-09 アンリ・モア
110-11 シハーブ・アル=ウマリー
112-17 ベルナルディーノ・デ・サアグン
118-19 ジェフリー・ザ・ベイカー
120-27 洪武帝
128-29 教皇カリストゥス3世
130-31 世宗

近世の時代
138-41 コンスタンティヌス11世
142-47 クリストファー・コロンブス
148-51 トルデシリャス条約
152-55 ジョルジョ・ヴァザーリ
156-57 ジャン5世
158-59 クリストファー・コロンブス
160-63 マルティン・ルター
164-69 ハンス・ヘベーレ
170-71 アブル・ファズル
172-73 ウィリアム・ブラッドフォード
174-75 オリヴァー・クロムウェル
176-79 オトバ・クゴアーノ
180-83 ジョセフ・ペンソ・デ・ラ・ベガ
184-85 徳川家康
186-87 中国のことわざ
188 アイザック・ニュートン
189 クック船長
190 ルイ14世
191 フリードリヒ2世
192-95 ドゥニ・ディドロ
196-97 ピョートル大帝

変わりゆく社会
204-07 アメリカ独立宣言
208-13 ラ・ロシュフコー=リアンクール公爵
214-15 ナポレオン・ボナパルト
216-19 シモン・ボリバル
220-25 ジョン・ラスキン
226-27 ウィリアム・ウィルバーフォース
228-29 アレクシ・ド・トクヴィル
230-35 フェルディナン・ド・レセップス
236-37 チャールズ・ダーウィン
238-41 ジュゼッペ・ガリバルディ
242 キャサリン・メアリー・バートラム
243 アレクサンドル2世
244-47 エイブラハム・リンカーン
248-49 ジョン・L・オサリヴァン
250-51 イズラエル・ザングウィル
252-53 明治時代の日本の国家的標語
254-55 洪秀全
256-57 ギュスターヴ・エッフェル
258-59 セシル・ローズ
260-61 ケマル・アタテュルク
262-63 女性社会政治同盟の標語

現代の世界
270-75 あるドイツ兵
276-79 ウラジーミル・レーニン
280 フェルディナン・フォッシュ
281 ヨシフ・スターリン
282-83 ハーバート・フーヴァー
284-85 ベニート・ムッソリーニ
286-93 アドルフ・ヒトラー
294-95 ヘルマン・ゲーリング
296-97 アメリカ空軍中尉ケネス・ネッセン
298-301 ジャワハルラール・ネルー
302-03 ダヴィド・ベン=グリオン
304-05 毛沢東
306-07 クワメ・エンクルマ
308-09 ディーン・ラスク
310 ニキータ・フルシチョフ
311 マーティン・ルーサー・キング・ジュニア
312-13 リンドン・B・ジョンソン
314-15 フィデル・カストロ
316-17 文化大革命期の標語
318-21 ガマル・アブドゥ=ナセル
322-23 ダニエル・ジョンソン
324 アメリカ人のデモ参加者のプラカード
325 ネルソン・マンデラ
326 ラドヴァン・カラジッチ
327 ジョージ・W・ブッシュ
328-29 ティム・バーナーズ=リー
330-33 コフィ・アナン
334-39 潘基文

訳者あとがき

「大図鑑」シリーズの翻訳を担当するのはこれが2回目だ。かつて『世界文学大図鑑』を翻訳したことが楽しく貴重な経験となったので、つぎは『世界史』の刊行企画があるという話を担当編集者から聞いたその瞬間、みずから志願した。

学校時代に世界史を学んでから40年近くになるが、翻訳の仕事で必要になる機会も多く、ときどき新しい教科書を入手して目を通すようにしてきた。そうしたなかで、教科書の記述は少しずつ変化した。「地理上の発見」は「大航海時代」に、「オスマン・トルコ」は「オスマン帝国」になり、中南米や東南アジアやアフリカの記述がずいぶん増えた。事件の呼び名や人名・地名も微妙に変わったものが多く、現地での呼称や原音、そして少数派や抑圧された民族・国家の立場が尊重される傾向が強くなっている。おおむね、客観的で公平な記述に近づこうとしていると言ってよいだろう。

だが、監修者の後記にもあるとおり、時代や地域を問わず、客観的な歴史というものは存在しない。もともとイギリスで出版された本書が、東洋やアフリカの記述が控えめである一方で、プラハ窓外放出事件やパッシェンデールの戦いなど、初耳の人が多いであろう出来事を大きく扱っているのを見ると、世界にはいくつもの「世界史」があるのだと痛感する。日本の教科書と比べ読みすれば、きっと立体的な見方が得られるはずだ。

わたしが最も強く感じたのは、ヨーロッパでファシズムが蔓延していく過程や、それにともなう数々の残虐行為が、執拗なまでに細かく描かれていることだ。二度と過ちを犯してはならないという強烈なメッセージが感じられ、ぜひ日本の読者にも知ってもらいたいと思った。また、同時多発テロ以降の世界の諸問題(IT社会、リーマン・ショック、環境問題、人口問題など)が深く論じられているのも読み応えがある。もちろん、豊富な図版を用いてさまざまな切り口でわかりやすく解説してあるのは「大図鑑」シリーズの他巻とまったく同じであり、期待をけっして裏切らないとお約束する。

訳出にあたっては、唐木田みゆき、笹田元子、笹山裕子、手嶋由美子、中田有紀、信藤玲子、茂木靖枝、山田文の各氏に協力してもらった。引用文・発言の下調べや歴史的事実の正誤確認など、膨大な量の作業の積み重ねがなければ、こういった書物の翻訳はとうてい不可能である。この場を借りてお礼を申しあげる。

越前敏弥

図版出典一覧

Dorling Kindersley would like to thank Hannah Bowen, Polly Boyd, Diane Pengelly, and Debra Wolter for editorial assistance, Stephen Bere and Ray Bryant for design assistance, Alexandra Beeden for proofreading, and Helen Peters for the index.

PICTURE CREDITS

The publisher would like to thank the following for their kind permission to reproduce their photographs:

(Key: a-above; b-below/bottom; c-centre; f-far; l-left; r-right; t-top)

21 **Science Photo Library**: Javier Trueba / MSF (tl). 25 **Alamy Images**: Juan Carlos Muñoz (bl). **Getty Images**: Robert Frerck (c). 27 **Alamy Images**: Heritage Image Partnership Ltd (tl). **Getty Images**: Imagno (bl). 29 **Getty Images**: Sovfoto (tl). 37 **Alamy Images**: INTERFOTO (tl). 38 **Dreamstime.com**: Siempreverde22 (br). 41 **Alamy Images**: Art Directors & TRIP / ArkReligion.com (bl); imageBROKER / Olaf Krüger (tr). 43 **Bridgeman Images**: Archaeological Museum of Heraklion, Crete, Greece (tr). **Corbis**: Gustavo Tomsich (bl). 44 **Bridgeman Images**: © National Museums of Scotland / Bridgeman Images (cr). 45 **Corbis**: (bl). 49 **Corbis**: Atlantide Phototravel (tl). 51 **Alamy Images**: World History Archive (tr). 52 **Alamy Images**: World History Archive (cb). 53 **Corbis**: Leemage (bl). 55 **akg-images**: Pictures From History (tr). 56 **Dreamstime.com**: Zhongchao Liu (bl). 57 **akg-images**: (br). 61 **Alamy Images**: World History Archive (tr). 62 **Alamy Images**: The Art Archive (bl). 65 **Alamy Images**: Lanmas (b). 66 **Alamy Images**: Peter Horree (c). 69 **TopFoto.co.uk**: World History Archive (br). 77 **Corbis**: Christel Gerstenberg (tr). 79 **Alamy Images**: Prisma Archivo (tl). 80 **Alamy Images**: Heritage Image Partnership Ltd (tl). 83 **Getty Images**: APIC (tl). 85 **Alamy Images**: Heritage Image Partnership Ltd (tl). 89 **Alamy Images**: Lebrecht Music and Arts Photo Library (bl). 91 **Alamy Images**: The Art Archive (tr). 92 **Bridgeman Images**: Topkapi Palace Museum, Istanbul, Turkey (t). 93 **Bridgeman Images**: Bibliotheque Nationale, Paris, France / Archives Charmet (cb). 95 **Alamy Images**: North Wind Picture Archives (bl). 97 **TopFoto.co.uk**: The Granger Collection (tl). 98 **Getty Images**: DEA / A. DAGLI ORTI (c). 99 **Corbis**: The Print Collector (tr). 100 **Alamy Images**: PBL Collection (cr). 102 **Bridgeman Images**: National Museum of Chinese History, Beijing / Ancient Art and Architecture Collection Ltd. (br). 103 **Alamy Images**: Pictorial Press Ltd (tl). 105 **Corbis**: Leemage (tr). 106 **Bridgeman Images**: Emile (1804-92) / Château de Versailles, France / Bridgeman Images (c). 109 **Alamy Images**: ADS (tr). **Bridgeman Images**: Pictures from History / David Henley / Bridgeman Images (bl). 111 **Bridgeman Images**: Bibliotheque Nationale, Paris, France (br). 115 **Getty Images**: Dea Picture Library (br). 119 **Corbis**: Pascal Deloche / Godong (br). 123 **Alamy Images**: GL Archive (br). 125 **Bridgeman Images**: Pictures from History / Bridgeman Images (bl). 126 **Alamy Images**: Anton Hazewinkel (br). **Getty Images**: Universal History Archive (tr). 129 **Alamy Images**: Bildarchiv Monheim GmbH (cb). 130 **Bridgeman Images**: Pictures from History / Bridgeman Images (cr). 131 **Corbis**: Topic Photo Agency (tl). 139 **Alamy Images**: The Art Archive (tr). 140 **Alamy Images**: Sonia Halliday Photo Library (tc). **Getty Images**: Heritage Images (bl). 141 **Alamy Images**: Peter Eastland (tl). 145 **Getty Images**: Universal History Archive (bl). 147 **Corbis**: The Gallery Collection (tr). 150 **Alamy Images**: Lebrecht Music and Arts Photo Library (b). 151 **Alamy Images**: The Art Archive (tr). 153 **Alamy Images**: ivgalis (br). 154 **Corbis**: Jim Zuckerman (tr). 155 **TopFoto.co.uk**: The Granger Collection (tr). 157 **Rex Shutterstock**: British Library / Robana (tr). 161 **Getty Images**: UniversalImagesGroup (br). 162 **Alamy Images**: INTERFOTO (bl). 163 **Alamy Images**: Adam Eastland (tr). 166 **akg-images**: (tr). 168 **akg-images**: (bl). 171 **Alamy Images**: Dinodia Photos (tr). **Corbis**: Stapleton Collection (bl). 173 **Bridgeman Images**: Embleton, Ron / Private Collection / © Look and Learn (tl). 175 **Corbis**: Christie's Images (bl). 177 **The Art Archive**: F&A Archive (tr). 178 **The Art Archive**: Granger Collection (tr). 181 **Alamy Images**: North Wind Picture Archives (tl). 182 **Alamy Images**: FineArt (bl). 185 **Bridgeman Images**: Pictures from History / Bridgeman Images (tl). 186 **Corbis**: (c). 194 **Alamy Images**: ITAR-TASS Photo Agency (tl). 195 **Alamy Images**: World History Archive (br). 196 **Bridgeman Images**: De Agostini Picture Library / G. Dagli Orti (cr). 197 **Alamy Images**: Heritage Image Partnership Ltd (br). 206 **Alamy Images**: PAINTING (t). 207 **Corbis**: Christie's Images (bl). 211 **Alamy Images**: GL Archive (tl). 212 **TopFoto.co.uk**: Roger-Viollet (bl). 213 **Corbis**: Leemage (tr). 215 **Alamy Images**: Heritage Image Partnership Ltd (tr). 217 **Bridgeman Images**: Private Collection / Archives Charmet (tr). 218 **Alamy Images**: World History Archive (tl). 219 **Getty Images**: DEA / M. Seemuller (br). 223 **Getty Images**: Science & Society Picture Library (bl). 224 **Alamy Images**: Heritage Image Partnership Ltd (br). **Getty Images**: Print Collector (tc). 225 **Getty Images**: Stock Montage (bl). 227 **Bridgeman Images**: Wilberforce House, Hull City Museums and Art Galleries, UK (br). 228 **akg-images**: (bc). 233 **Alamy Images**: Everett Collection Historical (tl). 234 **Getty Images**: Popperfoto (bl). 235 **Getty Images**: Keystone-France (bl). 237 **Alamy Images**: World History Archive (bl). **Getty Images**: Science & Society Picture Library (tc). 239 **TopFoto.co.uk**: (bl). 240 **Alamy Images**: Peter Horree (tr). 241 **Alamy Images**: INTERFOTO (tr). **Getty Images**: Imagno (bl). 245 **Corbis**: (tl, bl). 247 **Corbis**: (bl). 249 **The Library of Congress, Washington DC**: (tl). 251 **Corbis**: AS400 DB (bl). 253 **Alamy Images**: Pictorial Press Ltd (bl). **The Library of Congress, Washington DC**: (tl). 255 **Alamy Images**: liszt collection (tl). 256 **Getty Images**: Underwood Archives (bc). 257 **Getty Images**: Science & Society Picture Library (br). 259 **Alamy Images**: The Print Collector (bl); Stock Montage, Inc. (tr). 261 **Bridgeman Images**: Pictures from History (bl); Private Collection / Archives Charmet (tc). 263 **Corbis**: Lebrecht Music & Arts / Lebrecht Music & Arts (bl). **Getty Images**: Hulton Archive (tl). 272 **Alamy Images**: World History Archive (bl). **Getty Images**: Fotosearch (tr). 274 **Alamy Images**: Heritage Image Partnership Ltd (tr). 275 **Getty Images**: IWM (br). 277 **Alamy Images**: David Cole (tr). 278 **TopFoto.co.uk**: ullsteinbild (bl). 279 **Corbis**: AS400 DB (tl). 282 **Getty Images**: Keystone-France (br). 283 **Getty Images**: National Archives (tr). 285 **Getty Images**: Imagno (tr). 289 **Getty Images**: Hugo Jaeger (tl). 290 **Getty Images**: William Vandivert (bl). 292 **Alamy Images**: Pictorial Press Ltd (tr). **Corbis**: Bettmann (br). 293 **Alamy Images**: GL Archive (tr); MPVHistory (tl). 295 **Getty Images**: Keystone (tl). 296 **Alamy Images**: Everett Collection Inc (bc). 297 **Corbis**: AS400 DB (tr). 299 **Alamy Images**: Dinodia Photos (tr). 300 **Alamy Images**: World History Archive (bl). 301 **Getty Images**: Popperfoto (tr). 303 **Alamy Images**: LOOK Die Bildagentur der Fotografen GmbH (tr). **Getty Images**: Horst Tappe (bl). 305 **Bridgeman Images**: Pictures from History (bl). **Getty Images**: Universal History Archive (tc). 307 **Corbis**: AS400 DB (bl). **Getty Images**: Mark Kauffman (tc). 309 **Getty Images**: Alfred Eisenstaedt (bl); (c). 313 **Naval History and Heritage Command**: NH 97908 (tl). 315 **Getty Images**: Miguel Vinas (tl). Reuters: Prensa Latina (tr). 317 **Getty Images**: Apic (bl); Photo 12 (tl). 319 **Getty Images**: Keystone-France (tl). 320 **Alamy Images**: Peter Jordan (tr). **Getty Images**: Stringer (bl). 323 **Getty Images**: Gerard Malie (tl). 329 **Alamy Images**: WENN Ltd (tl). 331 **Alamy Images**: Stacy Walsh Rosenstock (tr). 332 **Getty Images**: Spencer Grant (tl). 333 **Press Association Images**: Dominic Lipinski (bl). 336 **Getty Images**: Art Rickerby (br). 339 **Getty Images**: alohaspirit (tr)

All other images © Dorling Kindersley
For further information see: **www.dkimages.com**